中华人民共和国刑法

注释本

法律出版社法规中心　编

法律出版社
LAW PRESS CHINA
·北　京·

图书在版编目(CIP)数据

中华人民共和国刑法注释本 / 法律出版社法规中心编. -- 4版. -- 北京 : 法律出版社, 2024(2026.1重印).
(法律单行本注释本系列)
ISBN 978-7-5197-8208-5

Ⅰ. ①中… Ⅱ. ①法… Ⅲ. ①刑法-注释-中国 Ⅳ. ①D924.05

中国国家版本馆CIP数据核字(2023)第153102号

中华人民共和国刑法注释本
ZHONGHUA RENMIN GONGHEGUO XINGFA ZHUSHIBEN

法律出版社法规中心 编

责任编辑 李 群 陈昱希
装帧设计 李 瞻

出版发行 法律出版社
编辑统筹 法规出版分社
责任校对 张红蕊
责任印制 耿润瑜
经 销 新华书店

开本 850毫米×1168毫米 1/32
印张 16.5 字数 423千
版本 2024年1月第4版
印次 2026年1月第8次印刷
印刷 河北龙大印务有限公司

地址:北京市丰台区莲花池西里7号(100073)
网址:www.lawpress.com.cn
投稿邮箱:info@lawpress.com.cn
举报盗版邮箱:jbwq@lawpress.com.cn

销售电话:010-83938349
客服电话:010-83938350
咨询电话:010-63939796

书号:ISBN 978-7-5197-8208-5
定价:36.00元
凡购买本社图书,如有印装错误,我社负责退换。电话:010-83938349

编辑出版说明

现代社会是法治社会，社会发展离不开法治护航，百姓福祉少不了法律保障。遇到问题依法解决，已经成为人们处理矛盾、解决纠纷的不二之选。然而，面对纷繁复杂的法律问题，如何精准、高效地找到法律依据，如何完整、准确地理解和运用法律，日益成为人们“学法、用法”的关键所在。

为了帮助读者快速准确地掌握“学法、用法”的本领，我社开创性地推出了“法律单行本注释本系列”丛书，至今已十余年。本丛书历经多次修订完善，现已出版近百个品种，涵盖了社会生活的重要领域，已经成为广大读者学习法律、应用法律之必选图书。

本丛书具有以下特点：

1. 出版机构权威。成立于1954年的法律出版社，是全国首家法律专业出版机构，始终秉承“为人民传播法律”的宗旨，完整记录了中国法治建设发展的全过程，享有“社会科学类全国一级出版社”等荣誉称号，入选“全国百佳图书出版单位”。

2. 编写人员专业。本丛书皆由相关法律领域内的专业人士编写，并引入匿名审稿评估制度，确保图书内容始终紧跟法治进程，反映最新立法动态，体现条文本义内涵。

3. 法律文本标准。作为专业的法律出版机构，多年来，我社始终使用全国人民代表大会常务委员会公报刊登的法律文本，积淀了丰富的标准法律文本资源，并根据立法进度及时更新相关内容。

4. 条文注解精准。本丛书以立法机关的解读为蓝本，给每个条文提炼出条文主旨，并对重点条文进行注释，使读者能精准掌握立法意图，轻松理解条文内容。

5. 配套附录实用。书末“附录”部分收录的均为重要的相关法律、法规和司法解释，使读者在使用中更为便捷，使全书更为实用。

需要说明的是，本丛书中“适用提要”“条文主旨”“条文注释”等内容皆是编者为方便读者阅读、理解而编写，不同于国家正式通过、颁布的法律文本，不具有法律效力。本丛书不足之处，恳请读者批评指正。

我们用心打磨本丛书，以期待为法律相关专业的学生释法解疑，致力于为每个公民的合法权益撑起法律的保护伞。

法律出版社法规中心

2024 年 1 月

目　录

《中华人民共和国刑法》适用提要 ………………………… 1

中华人民共和国刑法

第一编　总则……………………………………………… 10
第一章　刑法的任务、基本原则和适用范围 ……………… 10
第一条　立法目的和根据……………………………… 10
第二条　任务…………………………………………… 10
第三条　罪刑法定原则………………………………… 10
第四条　法律面前人人平等原则……………………… 11
第五条　罪责刑相适应原则…………………………… 11
第六条　属地管辖权…………………………………… 12
第七条　属人管辖权…………………………………… 12
第八条　保护管辖权…………………………………… 13
第九条　普遍管辖权…………………………………… 13
第十条　域外刑事判决的消极承认…………………… 14
第十一条　外交代表的刑事豁免……………………… 14
第十二条　溯及力……………………………………… 14
第二章　犯罪……………………………………………… 15
第一节　犯罪和刑事责任……………………………… 15
第十三条　犯罪概念…………………………………… 15
第十四条　故意犯罪…………………………………… 16
第十五条　过失犯罪…………………………………… 17
第十六条　不可抗力和意外事件……………………… 18

第十七条　刑事责任年龄…………………………… 19
第十七条之一　已满七十五周岁的人犯罪的刑事责任…………………………… 20
第十八条　精神病人与醉酒的人的刑事责任能力…………………………… 20
第十九条　又聋又哑的人或盲人犯罪的刑事责任…………………………… 21
第二十条　正当防卫…………………………… 21
第二十一条　紧急避险…………………………… 23
第二节　犯罪的预备、未遂和中止…………………………… 24
第二十二条　犯罪预备…………………………… 24
第二十三条　犯罪未遂…………………………… 24
第二十四条　犯罪中止…………………………… 25
第三节　共同犯罪…………………………… 26
第二十五条　共同犯罪概念…………………………… 26
第二十六条　主犯…………………………… 27
第二十七条　从犯…………………………… 28
第二十八条　胁从犯…………………………… 28
第二十九条　教唆犯…………………………… 28
第四节　单位犯罪…………………………… 29
第三十条　单位负刑事责任的范围…………………………… 29
第三十一条　单位犯罪的处罚原则…………………………… 30
第三章　刑罚…………………………… 31
第一节　刑罚的种类…………………………… 31
第三十二条　刑罚的分类…………………………… 31
第三十三条　主刑种类…………………………… 31
第三十四条　附加刑种类…………………………… 31
第三十五条　驱逐出境…………………………… 32

第三十六条 民事赔偿责任…………………………… 32
第三十七条 非刑罚性处置措施……………………… 33
第三十七条之一 从业禁止…………………………… 34
第二节 管制……………………………………………… 35
第三十八条 管制的期限与执行……………………… 35
第三十九条 被管制罪犯的义务与权利……………… 35
第四十条 管制的解除………………………………… 36
第四十一条 管制刑期的计算和折抵………………… 36
第三节 拘役……………………………………………… 36
第四十二条 拘役的期限……………………………… 36
第四十三条 拘役的执行……………………………… 36
第四十四条 拘役刑期的计算………………………… 37
第四节 有期徒刑、无期徒刑 ………………………… 37
第四十五条 有期徒刑的期限………………………… 37
第四十六条 有期徒刑与无期徒刑的执行…………… 38
第四十七条 有期徒刑刑期的计算…………………… 38
第五节 死刑……………………………………………… 38
第四十八条 死刑的适用对象及核准程序…………… 38
第四十九条 死刑适用对象的限制…………………… 39
第五十条 死缓变更…………………………………… 40
第五十一条 死缓执行期间的计算…………………… 41
第六节 罚金……………………………………………… 42
第五十二条 罚金的判处……………………………… 42
第五十三条 罚金的缴纳……………………………… 43
第七节 剥夺政治权利…………………………………… 43
第五十四条 剥夺政治权利的内容…………………… 43
第五十五条 剥夺政治权利的期限…………………… 44
第五十六条 剥夺政治权利的适用对象……………… 44

第五十七条 对死刑、无期徒刑罪犯剥夺政治权利的适用 …………………………… 45
第五十八条 剥夺政治权利的刑期计算与执行……… 45
第八节 没收财产……………………………………… 46
第五十九条 没收财产的范围………………………… 46
第六十条 以没收的财产偿还债务…………………… 46
第四章 刑罚的具体运用……………………………… 47
第一节 量刑…………………………………………… 47
第六十一条 量刑根据………………………………… 47
第六十二条 从重处罚与从轻处罚…………………… 47
第六十三条 减轻处罚………………………………… 49
第六十四条 犯罪物品的处理………………………… 49
第二节 累犯…………………………………………… 50
第六十五条 一般累犯………………………………… 50
第六十六条 特殊累犯………………………………… 51
第三节 自首和立功…………………………………… 51
第六十七条 自首……………………………………… 51
第六十八条 立功……………………………………… 52
第四节 数罪并罚……………………………………… 53
第六十九条 判决宣告前一人犯数罪的并罚………… 53
第七十条 判决宣告后发现漏罪的并罚……………… 55
第七十一条 判决宣告后又犯新罪的并罚…………… 55
第五节 缓刑…………………………………………… 56
第七十二条 适用条件………………………………… 56
第七十三条 考验期限………………………………… 57
第七十四条 不适用缓刑的对象……………………… 57
第七十五条 缓刑犯应遵守的规定…………………… 58
第七十六条 缓刑的考察……………………………… 58

第七十七条 缓刑的撤销…………………………………… 58
第六节 减刑…………………………………………………… 59
第七十八条 适用条件与限度………………………………… 59
第七十九条 减刑程序………………………………………… 60
第八十条 无期徒刑减刑的刑期计算………………………… 60
第七节 假释…………………………………………………… 61
第八十一条 适用条件………………………………………… 61
第八十二条 假释程序………………………………………… 63
第八十三条 考验期限………………………………………… 63
第八十四条 假释犯应遵守的规定…………………………… 64
第八十五条 假释考验………………………………………… 64
第八十六条 假释的撤销……………………………………… 64
第八节 时效…………………………………………………… 65
第八十七条 追诉时效期限…………………………………… 65
第八十八条 追诉期限的延长………………………………… 66
第八十九条 追诉期限的计算………………………………… 66
第五章 其他规定……………………………………………… 67
第九十条 民族自治地方刑法适用的变通…………………… 67
第九十一条 公共财产的范围………………………………… 67
第九十二条 公民私人所有财产的范围……………………… 68
第九十三条 国家工作人员的范围…………………………… 68
第九十四条 司法工作人员的范围…………………………… 69
第九十五条 重伤的范围……………………………………… 70
第九十六条 违反国家规定之含义…………………………… 70
第九十七条 首要分子的范围………………………………… 70
第九十八条 告诉才处理的含义……………………………… 71
第九十九条 以上、以下、以内之界定………………………… 72
第一百条 前科报告制度……………………………………… 72
第一百零一条 总则的效力…………………………………… 72

第二编　分则……………………………………………………… 72
第一章　危害国家安全罪……………………………………………… 72
第一百零二条　背叛国家罪………………………………… 72
第一百零三条　分裂国家罪………………………………… 73
煽动分裂国家罪……………………………… 73
第一百零四条　武装叛乱、暴乱罪 ………………………… 73
第一百零五条　颠覆国家政权罪…………………………… 73
煽动颠覆国家政权罪……………………… 73
第一百零六条　与境外勾结的处罚规定…………………… 74
第一百零七条　资助危害国家安全犯罪活动罪……… 74
第一百零八条　投敌叛变罪………………………………… 74
第一百零九条　叛逃罪……………………………………… 74
第一百一十条　间谍罪……………………………………… 75
第一百一十一条　为境外窃取、刺探、收买、非法
提供国家秘密、情报罪 …………… 76
第一百一十二条　资敌罪…………………………………… 76
第一百一十三条　危害国家安全罪适用死刑、没
收财产的规定 ………………………… 76
第二章　危害公共安全罪……………………………………………… 76
第一百一十四条　放火罪、决水罪、爆炸罪、投放
危险物质罪、以危险方法危害
公共安全罪 ………………………… 76
第一百一十五条　放火罪、决水罪、爆炸罪、投放
危险物质罪、以危险方法危害
公共安全罪 ………………………… 77
失火罪、过失决水罪、过失爆炸
罪、过失投放危险物质罪、过失
以危险方法危害公共安全罪 ……… 77

第一百一十六条　破坏交通工具罪…………………… 77
第一百一十七条　破坏交通设施罪…………………… 78
第一百一十八条　破坏电力设备罪、破坏易燃易爆设备罪 …………………… 79
第一百一十九条　破坏交通工具罪、破坏交通设施罪、破坏电力设备罪、破坏易燃易爆设备罪 …………………… 80
过失损坏交通工具罪、过失损坏交通设施罪、过失损坏电力设备罪、过失损坏易燃易爆设备罪 ……… 80
第一百二十条　组织、领导、参加恐怖组织罪……… 80
第一百二十条之一　帮助恐怖活动罪……………… 81
第一百二十条之二　准备实施恐怖活动罪………… 82
第一百二十条之三　宣扬恐怖主义、极端主义、煽动实施恐怖活动罪………… 83
第一百二十条之四　利用极端主义破坏法律实施罪…………………………… 84
第一百二十条之五　强制穿戴宣扬恐怖主义、极端主义服饰、标志罪 ………… 85
第一百二十条之六　非法持有宣扬恐怖主义、极端主义物品罪 ………… 86
第一百二十一条　劫持航空器罪………………… 86
第一百二十二条　劫持船只、汽车罪 ………………… 87
第一百二十三条　暴力危及飞行安全罪…………… 87
第一百二十四条　破坏广播电视设施、公用电信设施罪 …………………… 87
过失损坏广播电视设施、公用电信设施罪 …………………… 87

第一百二十五条　非法制造、买卖、运输、邮寄、储存枪支、弹药、爆炸物罪…………… 88
非法制造、买卖、运输、储存危险物质罪………………………… 88
第一百二十六条　违规制造、销售枪支罪 ………… 89
第一百二十七条　盗窃、抢夺枪支、弹药、爆炸物、危险物质罪………………………… 90
抢劫枪支、弹药、爆炸物、危险物质罪；盗窃、抢夺枪支、弹药、爆炸物、危险物质罪 ………… 90
第一百二十八条　非法持有、私藏枪支、弹药罪……… 90
非法出租、出借枪支罪 ………… 90
非法出租、出借枪支罪 ………… 90
第一百二十九条　丢失枪支不报罪……………… 91
第一百三十条　非法携带枪支、弹药、管制刀具、危险物品危及公共安全罪 ………… 91
第一百三十一条　重大飞行事故罪……………… 92
第一百三十二条　铁路运营安全事故罪………… 92
第一百三十三条　交通肇事罪………………… 93
第一百三十三条之一　危险驾驶罪……………… 95
第一百三十三条之二　妨害安全驾驶罪………… 96
第一百三十四条　重大责任事故罪……………… 97
强令、组织他人违章冒险作业罪 …… 97
第一百三十四条之一　危险作业罪……………… 98
第一百三十五条　重大劳动安全事故罪………… 99
第一百三十五条之一　大型群众性活动重大安全事故罪……………………… 99
第一百三十六条　危险物品肇事罪……………… 99

第一百三十七条 工程重大安全事故罪…………… 99
第一百三十八条 教育设施重大安全事故罪……… 100
第一百三十九条 消防责任事故罪………………… 101
第一百三十九条之一 不报、谎报安全事故罪 ……… 101
第三章 破坏社会主义市场经济秩序罪…………… 102
第一节 生产、销售伪劣商品罪 ………………… 102
第一百四十条 生产、销售伪劣产品罪 ………… 102
第一百四十一条 生产、销售、提供假药罪……… 103
第一百四十二条 生产、销售、提供劣药罪……… 105
第一百四十二条之一 妨害药品管理罪………… 106
第一百四十三条 生产、销售不符合安全标准的食品罪 …………………… 107
第一百四十四条 生产、销售有毒、有害食品罪……… 108
第一百四十五条 生产、销售不符合标准的医用器材罪 …………………… 109
第一百四十六条 生产、销售不符合安全标准的产品罪 …………………… 110
第一百四十七条 生产、销售伪劣农药、兽药、化肥、种子罪 ………………… 110
第一百四十八条 生产、销售不符合卫生标准的化妆品罪 ………………… 111
第一百四十九条 对生产、销售伪劣商品行为的法条适用原则 ……………… 111
第一百五十条 单位犯本节规定之罪的处罚规定…… 112
第二节 走私罪……………………………………… 112
第一百五十一条 走私武器、弹药罪；走私核材料罪；走私假币罪 ……………… 112
走私文物罪；走私贵重金属罪；

走私珍贵动物、珍贵动物制品罪…………………… 112
走私国家禁止进出口的货物、物品罪…………………… 112
第一百五十二条 走私淫秽物品罪…………………… 115
走私废物罪…………………… 115
第一百五十三条 走私普通货物、物品罪 …………… 116
第一百五十四条 走私普通货物、物品罪 …………… 117
第一百五十五条 间接走私行为以相应走私犯罪论处的规定…………………… 118
第一百五十六条 走私共犯…………………… 119
第一百五十七条 武装掩护走私、抗拒缉私的处罚规定 …………………… 120
第三节 妨害对公司、企业的管理秩序罪 ………… 121
第一百五十八条 虚报注册资本罪…………………… 121
第一百五十九条 虚假出资、抽逃出资罪 …………… 122
第一百六十条 欺诈发行证券罪…………………… 123
第一百六十一条 违规披露、不披露重要信息罪 …… 124
第一百六十二条 妨碍清算罪…………………… 125
第一百六十二条之一 隐匿、故意销毁会计凭证、会计帐簿、财务会计报告罪……… 126
第一百六十二条之二 虚假破产罪…………………… 127
第一百六十三条 非国家工作人员受贿罪…………… 128
第一百六十四条 对非国家工作人员行贿罪………… 130
对外国公职人员、国际公共组织官员行贿罪…………………… 130
第一百六十五条 非法经营同类营业罪……………… 131
第一百六十六条 为亲友非法牟利罪………………… 132

第一百六十七条 签订、履行合同失职被骗罪 ……… 133
第一百六十八条 国有公司、企业、事业单位人员失职罪;国有公司、企业、事业单位人员滥用职权罪 ……… 134
第一百六十九条 徇私舞弊低价折股、出售公司、企业资产罪……… 135
第一百六十九条之一 背信损害上市公司利益罪…… 136
第四节 破坏金融管理秩序罪……… 138
第一百七十条 伪造货币罪……… 138
第一百七十一条 出售、购买、运输假币罪……… 140
金融工作人员购买假币、以假币换取货币罪……… 140
伪造货币罪……… 140
第一百七十二条 持有、使用假币罪 ……… 141
第一百七十三条 变造货币罪……… 142
第一百七十四条 擅自设立金融机构罪……… 143
伪造、变造、转让金融机构经营许可证、批准文件罪 ……… 143
第一百七十五条 高利转贷罪……… 145
第一百七十五条之一 骗取贷款、票据承兑、金融票证罪……… 145
第一百七十六条 非法吸收公众存款罪……… 146
第一百七十七条 伪造、变造金融票证罪 ……… 148
第一百七十七条之一 妨害信用卡管理罪……… 149
窃取、收买、非法提供信用卡信息罪……… 149
第一百七十八条 伪造、变造国家有价证券罪 ……… 151
伪造、变造股票、公司、企业

债券罪 …………………………… 151
第一百七十九条　擅自发行股票、公司、企业债券罪 …………………………… 152
第一百八十条　内幕交易、泄露内幕信息罪 ……… 152
利用未公开信息交易罪 ……… 152
第一百八十一条　编造并传播证券、期货交易虚假信息罪 ……………………… 154
诱骗投资者买卖证券、期货合约罪 ……………………… 154
第一百八十二条　操纵证券、期货市场罪 ……… 156
第一百八十三条　职务侵占罪 ………………… 156
贪污罪 …………………… 156
第一百八十四条　非国家工作人员受贿罪 ……… 156
第一百八十五条　挪用资金罪 ………………… 157
挪用公款罪 ………………… 157
第一百八十五条之一　背信运用受托财产罪 ……… 158
违法运用资金罪 ……… 158
第一百八十六条　违法发放贷款罪 …………… 159
第一百八十七条　吸收客户资金不入账罪 ……… 160
第一百八十八条　违规出具金融票证罪 ……… 160
第一百八十九条　对违法票据承兑、付款、保证罪 …… 161
第一百九十条　逃汇罪 ………………………… 161
第一百九十一条　洗钱罪 ……………………… 162
第五节　金融诈骗罪 ……………………………… 164
第一百九十二条　集资诈骗罪 ………………… 164
第一百九十三条　贷款诈骗罪 ………………… 165
第一百九十四条　票据诈骗罪 ………………… 167
金融凭证诈骗罪 ……………… 167

第一百九十五条　信用证诈骗罪…………………… 169
第一百九十六条　信用卡诈骗罪…………………… 169
盗窃罪……………………………… 170
第一百九十七条　有价证券诈骗罪………………… 171
第一百九十八条　保险诈骗罪……………………… 171
第一百九十九条　金融诈骗罪适用死刑和没收财产
的规定……………………………… 173
第二百条　单位犯金融诈骗罪的处罚规定………… 173
第六节　危害税收征管罪…………………………… 173
第二百零一条　逃税罪……………………………… 173
第二百零二条　抗税罪……………………………… 174
第二百零三条　逃避追缴欠税罪…………………… 175
第二百零四条　骗取出口退税罪…………………… 175
逃税罪、骗取出口退税罪 ……………… 175
第二百零五条　虚开增值税专用发票、用于骗取
出口退税、抵扣税款发票罪 ……… 176
第二百零五条之一　虚开发票罪…………………… 177
第二百零六条　伪造、出售伪造的增值税专用发
票罪 ……………………………… 178
第二百零七条　非法出售增值税专用发票罪……… 178
第二百零八条　非法购买增值税专用发票、购买
伪造的增值税专用发票罪 ……… 179
第二百零九条　非法制造、出售非法制造的用于
骗取出口退税、抵扣税款发票罪 …… 180
非法制造、出售非法制造的发票
罪 ………………………………… 180
非法出售用于骗取出口退税、抵
扣税款发票罪 …………………… 180

非法出售发票罪 …………………… 180
第二百一十条　盗窃罪…………………………………… 181
诈骗罪…………………………………… 181
第二百一十条之一　持有伪造的发票罪…………… 181
第二百一十一条　单位犯危害税收征管罪的处罚
规定…………………………………… 182
第二百一十二条　税务机关征缴优先原则………… 182
第七节　侵犯知识产权罪…………………………………… 182
第二百一十三条　假冒注册商标罪………………… 182
第二百一十四条　销售假冒注册商标的商品罪……… 183
第二百一十五条　非法制造、销售非法制造的注
册商标标识罪 …………………… 184
第二百一十六条　假冒专利罪……………………… 184
第二百一十七条　侵犯著作权罪…………………… 185
第二百一十八条　销售侵权复制品罪……………… 186
第二百一十九条　侵犯商业秘密罪………………… 187
第二百一十九条之一　为境外窃取、刺探、收买、
非法提供商业秘密罪 ……… 188
第二百二十条　单位犯侵犯知识产权罪的处罚
规定…………………………………… 188
第八节　扰乱市场秩序罪…………………………………… 188
第二百二十一条　损害商业信誉、商品声誉罪 ……… 188
第二百二十二条　虚假广告罪……………………… 188
第二百二十三条　串通投标罪……………………… 189
第二百二十四条　合同诈骗罪……………………… 189
第二百二十四条之一　组织、领导传销活动罪 ……… 191
第二百二十五条　非法经营罪……………………… 192
第二百二十六条　强迫交易罪……………………… 195

第二百二十七条 伪造、倒卖伪造的有价票证罪 …… 196
倒卖车票、船票罪 …………………… 196
第二百二十八条 非法转让、倒卖土地使用权罪 …… 197
第二百二十九条 提供虚假证明文件罪………………… 197
出具证明文件重大失实罪………… 197
第二百三十条 逃避商检罪……………………………… 198
第二百三十一条 单位犯扰乱市场秩序罪的处罚
规定………………………………… 199
第四章 侵犯公民人身权利、民主权利罪 ……………… 199
第二百三十二条 故意杀人罪………………………… 199
第二百三十三条 过失致人死亡罪…………………… 200
第二百三十四条 故意伤害罪………………………… 200
第二百三十四条之一 组织出卖人体器官罪………… 201
第二百三十五条 过失致人重伤罪…………………… 202
第二百三十六条 强奸罪……………………………… 202
第二百三十六条之一 负有照护职责人员性侵罪…… 204
第二百三十七条 强制猥亵、侮辱罪 ………………… 204
猥亵儿童罪………………………… 204
第二百三十八条 非法拘禁罪………………………… 205
非法拘禁罪、故意伤害罪、故意
杀人罪……………………………… 205
第二百三十九条 绑架罪……………………………… 206
第二百四十条 拐卖妇女、儿童罪 …………………… 208
第二百四十一条 收买被拐卖的妇女、儿童罪 ……… 210
第二百四十二条 妨害公务罪………………………… 211
聚众阻碍解救被收买的妇女、
儿童罪……………………………… 211
第二百四十三条 诬告陷害罪………………………… 212

第二百四十四条　强迫劳动罪 …… 213
第二百四十四条之一　雇用童工从事危重劳动罪 …… 213
第二百四十五条　非法搜查罪;非法侵入住宅罪 …… 214
第二百四十六条　侮辱罪;诽谤罪 …… 215
第二百四十七条　刑讯逼供罪;暴力取证罪;故意伤害罪;故意杀人罪 …… 217
第二百四十八条　虐待被监管人罪;故意伤害罪;故意杀人罪 …… 217
第二百四十九条　煽动民族仇恨、民族歧视罪 …… 218
第二百五十条　出版歧视、侮辱少数民族作品罪 …… 218
第二百五十一条　非法剥夺公民宗教信仰自由罪;侵犯少数民族风俗习惯罪 …… 219
第二百五十二条　侵犯通信自由罪 …… 219
第二百五十三条　私自开拆、隐匿、毁弃邮件、电报罪 …… 220
盗窃罪 …… 220
第二百五十三条之一　侵犯公民个人信息罪 …… 220
第二百五十四条　报复陷害罪 …… 223
第二百五十五条　打击报复会计、统计人员罪 …… 223
第二百五十六条　破坏选举罪 …… 224
第二百五十七条　暴力干涉婚姻自由罪 …… 224
第二百五十八条　重婚罪 …… 225
第二百五十九条　破坏军婚罪;强奸罪 …… 225
第二百六十条　虐待罪 …… 225
第二百六十条之一　虐待被监护、看护人罪 …… 227
第二百六十一条　遗弃罪 …… 228
第二百六十二条　拐骗儿童罪 …… 228
第二百六十二条之一　组织残疾人、儿童乞讨罪 …… 229

第二百六十二条之二　组织未成年人进行违反治安管理活动罪…………………… 230
第五章　侵犯财产罪…………………………………………………… 230
第二百六十三条　抢劫罪………………………………………… 230
第二百六十四条　盗窃罪………………………………………… 232
第二百六十五条　盗窃罪………………………………………… 234
第二百六十六条　诈骗罪………………………………………… 234
第二百六十七条　抢夺罪………………………………………… 235
第二百六十八条　聚众哄抢罪…………………………………… 236
第二百六十九条　转化抢劫……………………………………… 237
第二百七十条　侵占罪…………………………………………… 238
第二百七十一条　职务侵占罪…………………………………… 239
贪污罪………………………………………… 239
第二百七十二条　挪用资金罪…………………………………… 240
挪用公款罪…………………………………… 241
第二百七十三条　挪用特定款物罪……………………………… 242
第二百七十四条　敲诈勒索罪…………………………………… 243
第二百七十五条　故意毁坏财物罪……………………………… 244
第二百七十六条　破坏生产经营罪……………………………… 245
第二百七十六条之一　拒不支付劳动报酬罪………………… 245
第六章　妨害社会管理秩序罪………………………………………… 246
第一节　扰乱公共秩序罪…………………………………………… 246
第二百七十七条　妨害公务罪…………………………………… 246
袭警罪………………………………………… 246
第二百七十八条　煽动暴力抗拒法律实施罪………………… 248
第二百七十九条　招摇撞骗罪…………………………………… 248
第二百八十条　伪造、变造、买卖国家机关公文、证件、印章罪；盗窃、抢夺、毁灭国家

机关公文、证件、印章罪 …………………… 248
伪造公司、企业、事业单位、人民团体印章罪…………………………… 248
伪造、变造、买卖身份证件罪………… 249
第二百八十条之一 使用虚假身份证件、盗用身份证件罪 …………………… 250
第二百八十条之二 冒名顶替罪…………………… 251
第二百八十一条 非法生产、买卖警用装备罪 ……… 251
第二百八十二条 非法获取国家秘密罪………………… 251
非法持有国家绝密、机密文件、资料、物品罪 ………………… 252
第二百八十三条 非法生产、销售专用间谍器材、窃听、窃照专用器材罪 ………… 252
第二百八十四条 非法使用窃听、窃照专用器材罪 …………………………… 252
第二百八十四条之一 组织考试作弊罪………… 252
非法出售、提供试题、答案罪…… 252
代替考试罪………………… 253
第二百八十五条 非法侵入计算机信息系统罪……… 254
非法获取计算机信息系统数据、非法控制计算机信息系统罪…………………………… 254
提供侵入、非法控制计算机信息系统程序、工具罪 ……………… 254
第二百八十六条 破坏计算机信息系统罪…………… 255
第二百八十六条之一 拒不履行信息网络安全管理义务罪…………………… 256
第二百八十七条 利用计算机实施犯罪的提示性

规定…………………… 258
第二百八十七条之一 非法利用信息网络罪………… 258
第二百八十七条之二 帮助信息网络犯罪活动罪…… 260
第二百八十八条 扰乱无线电通讯管理秩序罪……… 260
第二百八十九条 对聚众“打砸抢”行为的处理 …… 262
第二百九十条 聚众扰乱社会秩序罪………………… 262
聚众冲击国家机关罪……………… 262
扰乱国家机关工作秩序罪………… 262
组织、资助非法聚集罪 …………… 262
第二百九十一条 聚众扰乱公共场所秩序、交通
秩序罪 ……………………… 264
第二百九十一条之一 投放虚假危险物质罪;编
造、故意传播虚假恐怖信
息罪 ……………… 264
编造、故意传播虚假信息罪…… 264
第二百九十一条之二 高空抛物罪…………………… 265
第二百九十二条 聚众斗殴罪………………………… 266
故意伤害罪;故意杀人罪 ………… 266
第二百九十三条 寻衅滋事罪………………………… 267
第二百九十三条之一 催收非法债务罪……………… 268
第二百九十四条 组织、领导、参加黑社会性质组
织罪………………………… 269
入境发展黑社会组织罪…………… 269
包庇、纵容黑社会性质组织罪 ……… 269
第二百九十五条 传授犯罪方法罪…………………… 271
第二百九十六条 非法集会、游行、示威罪………… 271
第二百九十七条 非法携带武器、管制刀具、爆炸
物参加集会、游行、示威罪……… 271

第二百九十八条 破坏集会、游行、示威罪…………… 272
第二百九十九条 侮辱国旗、国徽、国歌罪…………… 272
第二百九十九条之一 侵害英雄烈士名誉、荣誉罪…… 272
第三百条 组织、利用会道门、邪教组织、利用迷信破坏法律实施罪…………… 272
组织、利用会道门、邪教组织、利用迷信致人重伤、死亡罪…………… 273
强奸罪;诈骗罪…………… 273
第三百零一条 聚众淫乱罪…………… 274
引诱未成年人聚众淫乱罪…………… 274
第三百零二条 盗窃、侮辱、故意毁坏尸体、尸骨、骨灰罪…………… 274
第三百零三条 赌博罪…………… 274
开设赌场罪…………… 274
组织参与国(境)外赌博罪…………… 274
第三百零四条 故意延误投递邮件罪…………… 276
第二节 妨害司法罪…………… 276
第三百零五条 伪证罪…………… 276
第三百零六条 辩护人、诉讼代理人毁灭证据、伪造证据、妨害作证罪…………… 276
第三百零七条 妨害作证罪…………… 277
帮助毁灭、伪造证据罪…………… 277
第三百零七条之一 虚假诉讼罪…………… 277
第三百零八条 打击报复证人罪…………… 279
第三百零八条之一 泄露不应公开的案件信息罪…… 279
披露、报道不应公开的案件信息罪…………… 279
第三百零九条 扰乱法庭秩序罪…………… 280

第三百一十条 窝藏、包庇罪 …………………………… 280
第三百一十一条 拒绝提供间谍犯罪、恐怖主义犯罪、极端主义犯罪证据罪 ……… 281
第三百一十二条 掩饰、隐瞒犯罪所得、犯罪所得收益罪………………………… 282
第三百一十三条 拒不执行判决、裁定罪 ……… 284
第三百一十四条 非法处置查封、扣押、冻结的财产罪……………………………… 285
第三百一十五条 破坏监管秩序罪……………… 285
第三百一十六条 脱逃罪………………………… 285
劫夺被押解人员罪……………… 285
第三百一十七条 组织越狱罪…………………… 286
暴动越狱罪;聚众持械劫狱罪 …… 286
第三节 妨害国(边)境管理罪 ………………… 286
第三百一十八条 组织他人偷越国(边)境罪 ……… 286
第三百一十九条 骗取出境证件罪……………… 287
第三百二十条 提供伪造、变造的出入境证件罪;出售出入境证件罪…………………… 288
第三百二十一条 运送他人偷越国(边)境罪 ……… 288
第三百二十二条 偷越国(边)境罪 …………… 289
第三百二十三条 破坏界碑、界桩罪;破坏永久性测量标志罪……………………… 289
第四节 妨害文物管理罪……………………… 290
第三百二十四条 故意损毁文物罪……………… 290
故意损毁名胜古迹罪…………… 290
过失损毁文物罪………………… 290
第三百二十五条 非法向外国人出售、赠送珍贵文物罪 ………………………… 290

第三百二十六条 倒卖文物罪…………………………… 291
第三百二十七条 非法出售、私赠文物藏品罪 ……… 291
第三百二十八条 盗掘古文化遗址、古墓葬罪 ……… 291
盗掘古人类化石、古脊椎动物化石罪…………………………… 292
第三百二十九条 抢夺、窃取国有档案罪 ………… 292
擅自出卖、转让国有档案罪 ……… 292
第五节 危害公共卫生罪………………………………… 293
第三百三十条 妨害传染病防治罪……………………… 293
第三百三十一条 传染病菌种、毒种扩散罪 ………… 294
第三百三十二条 妨害国境卫生检疫罪……………… 294
第三百三十三条 非法组织卖血罪;强迫卖血罪 …… 294
故意伤害罪…………………………… 294
第三百三十四条 非法采集、供应血液、制作、供应血液制品罪 ………………… 295
采集、供应血液、制作、供应血液制品事故罪 ………………… 295
第三百三十四条之一 非法采集人类遗传资源、走私人类遗传资源材料罪……… 295
第三百三十五条 医疗事故罪…………………………… 295
第三百三十六条 非法行医罪…………………………… 296
非法进行节育手术罪……………… 296
第三百三十六条之一 非法植入基因编辑、克隆胚胎罪 …………………… 297
第三百三十七条 妨害动植物防疫、检疫罪 ……… 297
第六节 破坏环境资源保护罪…………………………… 298
第三百三十八条 污染环境罪…………………………… 298
第三百三十九条 非法处置进口的固体废物罪……… 299

擅自进口固体废物罪…………………… 299
第三百四十条 非法捕捞水产品罪…………………… 299
第三百四十一条 危害珍贵、濒危野生动物罪 ……… 299
非法狩猎罪……………………………… 300
非法猎捕、收购、运输、出售陆生野生动物罪………………………… 300
第三百四十二条 非法占用农用地罪………………… 300
第三百四十二条之一 破坏自然保护地罪………… 300
第三百四十三条 非法采矿罪………………………… 301
破坏性采矿罪…………………………… 301
第三百四十四条 危害国家重点保护植物罪………… 301
第三百四十四条之一 非法引进、释放、丢弃外来入侵物种罪………………………… 301
第三百四十五条 盗伐林木罪………………………… 301
滥伐林木罪……………………………… 302
非法收购、运输盗伐、滥伐的林木罪……………………………… 302
第三百四十六条 单位犯破坏环境资源保护罪的处罚规定…………………………… 302
第七节 走私、贩卖、运输、制造毒品罪 …………… 302
第三百四十七条 走私、贩卖、运输、制造毒品罪……………………………………… 302
第三百四十八条 非法持有毒品罪…………………… 305
第三百四十九条 包庇毒品犯罪分子罪;窝藏、转移、隐瞒毒品、毒赃罪……………… 305
包庇毒品犯罪分子罪…………………… 305
走私、贩卖、运输、制造毒品罪 …… 306
第三百五十条 非法生产、买卖、运输制毒物品、

走私制毒物品罪 …………………… 306
制造毒品罪 ……………………… 306
第三百五十一条 非法种植毒品原植物罪…………… 307
第三百五十二条 非法买卖、运输、携带、持有毒品原植物种子、幼苗罪 ……………… 308
第三百五十三条 引诱、教唆、欺骗他人吸毒罪 ……… 308
强迫他人吸毒罪………………………… 308
第三百五十四条 容留他人吸毒罪………………………… 309
第三百五十五条 非法提供麻醉药品、精神药品罪 ……………………………… 309
第三百五十五条之一 妨害兴奋剂管理罪……………… 310
第三百五十六条 毒品犯罪的再犯……………………… 310
第三百五十七条 毒品的范围及数量的计算原则…… 310
第八节 组织、强迫、引诱、容留、介绍卖淫罪…………… 311
第三百五十八条 组织卖淫罪;强迫卖淫罪 ………… 311
协助组织卖淫罪………………………… 311
第三百五十九条 引诱、容留、介绍卖淫罪…………… 313
引诱幼女卖淫罪………………………… 313
第三百六十条 传播性病罪……………………………… 314
第三百六十一条 特定单位的人员组织、强迫、引诱、容留、介绍卖淫的处理规定…… 314
第三百六十二条 窝藏、包庇罪 ………………………… 314
第九节 制作、贩卖、传播淫秽物品罪……………………… 315
第三百六十三条 制作、复制、出版、贩卖、传播淫秽物品牟利罪……………………… 315
为他人提供书号出版淫秽书刊罪………………………………………… 316
第三百六十四条 传播淫秽物品罪………………………… 317

组织播放淫秽音像制品罪………… 317
第三百六十五条 组织淫秽表演罪…………………… 317
第三百六十六条 单位犯本节规定之罪的处罚……… 318
第三百六十七条 淫秽物品的范围…………………… 318
第七章 危害国防利益罪………………………………… 319
第三百六十八条 阻碍军人执行职务罪……………… 319
阻碍军事行动罪…………………… 319
第三百六十九条 破坏武器装备、军事设施、军事通信罪……………………………… 319
过失损坏武器装备、军事设施、军事通信罪…………………… 319
第三百七十条 故意提供不合格武器装备、军事设施罪……………………………… 319
过失提供不合格武器装备、军事设施罪……………………………… 319
第三百七十一条 聚众冲击军事禁区罪……………… 320
聚众扰乱军事管理区秩序罪……… 320
第三百七十二条 冒充军人招摇撞骗罪……………… 320
第三百七十三条 煽动军人逃离部队罪;雇用逃离部队军人罪 …………………… 320
第三百七十四条 接送不合格兵员罪………………… 320
第三百七十五条 伪造、变造、买卖武装部队公文、证件、印章罪;盗窃、抢夺武装部队公文、证件、印章罪 ……………… 320
非法生产、买卖武装部队制式服装罪 ……………………………… 321
伪造、盗窃、买卖、非法提供、非法使用武装部队专用标

志罪 …………………………………… 321
第三百七十六条 战时拒绝、逃避征召、军事训练罪……………………………… 322
战时拒绝、逃避服役罪 …………… 322
第三百七十七条 战时故意提供虚假敌情罪………… 322
第三百七十八条 战时造谣扰乱军心罪…………… 322
第三百七十九条 战时窝藏逃离部队军人罪………… 322
第三百八十条 战时拒绝、故意延误军事订货罪 …… 322
第三百八十一条 战时拒绝军事征收、征用罪 ……… 322
第八章 贪污贿赂罪…………………………………… 323
第三百八十二条 贪污罪…………………………… 323
第三百八十三条 贪污罪的处罚规定……………… 324
第三百八十四条 挪用公款罪……………………… 326
第三百八十五条 受贿罪…………………………… 327
第三百八十六条 受贿罪的处罚规定……………… 328
第三百八十七条 单位受贿罪……………………… 329
第三百八十八条 斡旋受贿罪……………………… 330
第三百八十八条之一 利用影响力受贿罪………… 330
第三百八十九条 行贿罪…………………………… 331
第三百九十条 行贿罪的处罚规定………………… 332
第三百九十条之一 对有影响力的人行贿罪……… 333
第三百九十一条 对单位行贿罪…………………… 334
第三百九十二条 介绍贿赂罪……………………… 334
第三百九十三条 单位行贿罪……………………… 335
第三百九十四条 贪污罪…………………………… 335
第三百九十五条 巨额财产来源不明罪…………… 335
隐瞒境外存款罪………………… 335
第三百九十六条 私分国有资产罪………………… 336

私分罚没财物罪…………………… 336
第九章 渎职罪…………………………………………………… 336
第三百九十七条 滥用职权罪;玩忽职守罪 ………… 336
第三百九十八条 故意泄露国家秘密罪;过失泄露国家秘密罪…………………… 338
第三百九十九条 徇私枉法罪…………………… 339
民事、行政枉法裁判罪 ………… 339
执行判决、裁定失职罪;执行判决、裁定滥用职权罪 ………… 339
第三百九十九条之一 枉法仲裁罪…………………… 340
第四百条 私放在押人员罪…………………… 340
失职致使在押人员脱逃罪…………… 340
第四百零一条 徇私舞弊减刑、假释、暂予监外执行罪…………………………… 341
第四百零二条 徇私舞弊不移交刑事案件罪………… 341
第四百零三条 滥用管理公司、证券职权罪 ………… 342
第四百零四条 徇私舞弊不征、少征税款罪 ………… 342
第四百零五条 徇私舞弊发售发票、抵扣税款、出口退税罪……………………… 343
违法提供出口退税凭证罪………… 343
第四百零六条 国家机关工作人员签订、履行合同失职被骗罪 ………………… 343
第四百零七条 违法发放林木采伐许可证罪………… 344
第四百零八条 环境监管失职罪…………………… 344
第四百零八条之一 食品、药品监管渎职罪 ………… 345
第四百零九条 传染病防治失职罪………………… 345
第四百一十条 非法批准征收、征用、占用土地罪;非法低价出让国有土地使用

权罪…………………………………… 346
第四百一十一条 放纵走私罪………………………… 346
第四百一十二条 商检徇私舞弊罪…………………… 347
商检失职罪………………………… 347
第四百一十三条 动植物检疫徇私舞弊罪…………… 347
动植物检疫失职罪………………… 347
第四百一十四条 放纵制售伪劣商品犯罪行为罪…… 347
第四百一十五条 办理偷越国(边)境人员出入境证件罪;放行偷越国(边)境人员罪…………………………… 348
第四百一十六条 不解救被拐卖、绑架妇女、儿童罪……………………………… 348
阻碍解救被拐卖、绑架妇女、儿童罪…………………………… 348
第四百一十七条 帮助犯罪分子逃避处罚罪………… 348
第四百一十八条 招收公务员、学生徇私舞弊罪 …… 349
第四百一十九条 失职造成珍贵文物损毁、流失罪……………………………… 349
第十章 军人违反职责罪…………………………… 349
第四百二十条 军人违反职责罪的概念…………… 349
第四百二十一条 战时违抗命令罪…………………… 349
第四百二十二条 隐瞒、谎报军情罪;拒传、假传军令罪 ………………………… 349
第四百二十三条 投降罪……………………………… 349
第四百二十四条 战时临阵脱逃罪…………………… 350
第四百二十五条 擅离、玩忽军事职守罪 …………… 350
第四百二十六条 阻碍执行军事职务罪……………… 350
第四百二十七条 指使部属违反职责罪……………… 350

第四百二十八条 违令作战消极罪…………………… 350
第四百二十九条 拒不救援友邻部队罪………… 350
第四百三十条 军人叛逃罪……………………… 350
第四百三十一条 非法获取军事秘密罪………… 350
为境外窃取、刺探、收买、非法
提供军事秘密罪…………………… 351
第四百三十二条 故意泄露军事秘密罪;过失泄
露军事秘密罪 ……………… 351
第四百三十三条 战时造谣惑众罪……………… 351
第四百三十四条 战时自伤罪…………………… 351
第四百三十五条 逃离部队罪…………………… 351
第四百三十六条 武器装备肇事罪……………… 351
第四百三十七条 擅自改变武器装备编配用途罪…… 351
第四百三十八条 盗窃、抢夺武器装备、军用物资
罪…………………………………… 352
盗窃、抢夺枪支、弹药、爆炸物、
危险物质罪…………………… 352
第四百三十九条 非法出卖、转让武器装备罪 ……… 352
第四百四十条 遗弃武器装备罪………………… 352
第四百四十一条 遗失武器装备罪……………… 352
第四百四十二条 擅自出卖、转让军队房地产罪 …… 352
第四百四十三条 虐待部属罪…………………… 352
第四百四十四条 遗弃伤病军人罪……………… 352
第四百四十五条 战时拒不救治伤病军人罪………… 352
第四百四十六条 战时残害居民、掠夺居民财物
罪 ……………………………… 352
第四百四十七条 私放俘虏罪…………………… 353
第四百四十八条 虐待俘虏罪…………………… 353

第四百四十九条 战时缓刑…………………………… 353
第四百五十条 本章适用的主体范围………………… 353
第四百五十一条 战时的界定………………………… 353
附则……………………………………………………… 353
第四百五十二条 施行日期及法律的废止与保留…… 353

附 录 一

全国人民代表大会常务委员会关于惩治骗购外汇、逃汇和非法买卖外汇犯罪的决定(1998.12.29) …………… 356
全国人民代表大会常务委员会关于惩治走私、制作、贩卖、传播淫秽物品的犯罪分子的决定(2009.8.27 修正)……… 357
全国人民代表大会常务委员会关于严禁卖淫嫖娼的决定(2009.8.27 修正) ………………………………………… 359
全国人民代表大会常务委员会关于严惩拐卖、绑架妇女、儿童的犯罪分子的决定(2009.8.27 修正)……………… 361
全国人民代表大会常务委员会关于惩治破坏金融秩序犯罪的决定(1995.6.30) ……………………………………… 363
全国人民代表大会常务委员会关于惩治虚开、伪造和非法出售增值税专用发票犯罪的决定(1995.10.30) ………… 368
全国人民代表大会常务委员会关于取缔邪教组织、防范和惩治邪教活动的决定(1999.10.30) …………………… 370
全国人民代表大会常务委员会关于维护互联网安全的决定(2009.8.27 修正)………………………………………… 371
全国人民代表大会常务委员会关于《中华人民共和国刑法》第九十三条第二款的解释(2009.8.27 修正)………… 373
全国人民代表大会常务委员会关于《中华人民共和国刑法》第二百二十八条、第三百四十二条、第四百一十条的解释(2009.8.27 修正)…………………………………………… 374

全国人民代表大会常务委员会关于《中华人民共和国刑法》第三百八十四条第一款的解释(2002.4.28) …………………… 374
全国人民代表大会常务委员会关于《中华人民共和国刑法》第二百九十四条第一款的解释(2002.4.28) …………………… 375
全国人民代表大会常务委员会关于《中华人民共和国刑法》第三百一十三条的解释(2002.8.29) …………………………… 375
全国人民代表大会常务委员会关于《中华人民共和国刑法》第九章渎职罪主体适用问题的解释(2002.12.28) ……… 376
全国人民代表大会常务委员会关于《中华人民共和国刑法》有关信用卡规定的解释(2004.12.29) ………………………… 377
全国人民代表大会常务委员会关于《中华人民共和国刑法》有关文物的规定适用于具有科学价值的古脊椎动物化石、古人类化石的解释(2005.12.29) ……………………………… 377
全国人民代表大会常务委员会关于《中华人民共和国刑法》有关出口退税、抵扣税款的其他发票规定的解释(2005.12.29) ……………………………………………………… 377
全国人民代表大会常务委员会关于《中华人民共和国刑法》第三十条的解释(2014.4.24) ………………………………… 378
全国人民代表大会常务委员会关于《中华人民共和国刑法》第一百五十八条、第一百五十九条的解释(2014.4.24) ……… 378
全国人民代表大会常务委员会关于《中华人民共和国刑法》第二百六十六条的解释(2014.4.24) ………………………… 378
全国人民代表大会常务委员会关于《中华人民共和国刑法》第三百四十一条、第三百一十二条的解释(2014.4.24) ……… 379

附　录　二

《刑法》历次修改条文新旧对照表 ………………………… 380

附 录 三

《刑法》相关司法解释、司法业务文件汇总 …………………… 456

附 录 四

最高人民法院刑事指导案例汇总…………………………………… 474

《中华人民共和国刑法》适用提要

刑法是国家的基本法律。1979 年制定的《刑法》[①],至 1997 年修订之前,经过近二十年的实践,总的看来,《刑法》规定的任务和基本原则是正确的,许多具体规定是可行的,对于打击犯罪,保护人民,维护国家的统一和安全,维护社会秩序,维护人民民主专政的政权和社会主义制度,保障社会主义建设事业的顺利进行,发挥了重要的作用。同时,也反映出一些问题:一是制定《刑法》时对有些犯罪行为具体分析研究不够,规定得不够具体,不好操作,或者执行时随意性较大,如渎职罪、流氓罪、投机倒把罪三个"口袋",规定得都比较笼统;二是有些犯罪行为现在已经发展得很严重,如走私犯罪、毒品犯罪,需要相应加重刑罚;三是随着十几年来我国政治、经济和社会生活的发展变化,出现了许多新情况、新问题,发生了一些新的犯罪行为。为了适应与犯罪斗争的实际需要,有必要对《刑法》进行修订、补充和完善。

在这期间,由于来不及也没有条件对《刑法》进行全面、完整的修改,对需要修改补充的,全国人民代表大会常务委员会陆续对《刑法》作出了 22 个修改补充规定和决定。另外,在一些民事、经济、行政法律中规定了"依照""比照"《刑法》的有关规定追究刑

① 为方便阅读,本书中的法律名称均使用简称。

事责任的有 130 条。1996 年，在进行调查研究、广泛征求意见的基础上，全国人民代表大会常务委员会法制工作委员会会同公检法等有关部门和法律专家，认真总结 17 年来实施《刑法》的实践经验，研究国外有关刑事法律规定和现代刑事立法的发展趋势，草拟了刑法修订草案。此次修订《刑法》，主要考虑：第一，要制定一部统一的、比较完备的刑法。（1）将《刑法》实施 17 年来由全国人民代表大会常务委员会作出的有关《刑法》的修改补充规定和决定研究修改编入《刑法》；（2）将一些民事、经济、行政法律中“依照”“比照”《刑法》有关条文追究刑事责任的规定，改为《刑法》的具体条款；（3）将拟制定的《反贪污贿赂法》和中央军委提请常委会审议的《惩治军人违反职责犯罪条例》编入《刑法》，在《刑法》中规定为贪污贿赂罪和军人违反职责罪两章；（4）对于新出现的需要追究刑事责任的犯罪行为，经过研究认为比较成熟、比较有把握的，尽量增加规定。第二，注意保持法律的连续性和稳定性。对《刑法》的原有规定，包括文字表述和量刑规定，原则上没什么问题的，尽量不作修改。第三，对一些原来比较笼统、原则的规定，尽量把犯罪行为研究清楚，作出具体规定。1997 年 3 月 14 日，第八届全国人民代表大会第五次会议审议通过了对《刑法》的修订。《刑法》原来为 192 条，此次修改增至 452 条。制定一部统一的、比较完备的刑法，是进一步完善我国刑事法律制度和司法制度的重大步骤，对于进一步实行依法治国，建设社会主义法治国家，具有重要的意义。

1999 年 12 月 25 日，第九届全国人民代表大会常务委员会第十三次会议通过了《刑法修正案》，在惩治违反会计法犯罪和惩治期货犯罪方面作了补充和修改。

为了惩治毁林开垦和乱占滥用林地的犯罪，切实保护森林资源，2001 年 8 月 31 日，第九届全国人民代表大会常务委员会第二十三次会议通过了《刑法修正案（二）》，将《刑法》第三百四十二条修改为："违反土地管理法规，非法占用耕地、林地等农用地，改变被占用土地用途，数量较大，造成耕地、林地等农用地大量毁坏的，处五年以下有期徒刑或者拘役，并处或者单处罚金。"

为了严厉打击恐怖活动犯罪，更好地维护国家安全和社会秩序，保障人民生命、财产安全，2001 年 12 月 29 日，第九届全国人民代表大会常务委员会第二十五次会议通过了《中华人民共和国刑法修正案（三）》，对《刑法》的相关条文进行了补充和修改。

为了惩治破坏社会主义市场经济秩序、妨害社会管理秩序和国家机关工作人员的渎职犯罪行为，保障公民的人身安全，2002 年 12 月 28 日，第九届全国人民代表大会常务委员会第三十一次会议通过了《刑法修正案（四）》，对《刑法》的相关条文作了修改和补充。

1997 年修改后的《刑法》，对妨害公司、企业管理秩序的犯罪、破坏金融管理秩序的犯罪、金融诈骗犯罪以及侵犯公民人身权利的犯罪、危害国防利益的犯罪等作了规定。近年来，在这些方面又出现了一些新的应当给予刑事制裁的严重违法行为。为此，2005 年 2 月 28 日，第十届全国人民代表大会常务委员会第十四次会议通过了《刑法修正案（五）》，对这些犯罪行为的定罪和量刑作了补充和修改。

为了加强安全生产，惩治妨害安全生产的犯罪行为，以及维护正常的经济秩序，打击商业贿赂行为和操纵证券价格等犯罪行为，2006 年 6 月 29 日，第十届全国人民代表大会常务委员会第二十二次会议通过了《刑法修正案（六）》，对 1997 年《刑法》的相关条文作了补充和修改。

2009 年 2 月 28 日，第十一届全国人民代表大会常务委员会第七次会议通过了《刑法修正案（七）》，确立了个人信息刑事保护制度；对网络犯罪界定扩大，加大了打击力度；对偷税罪处理方式也进行了重大修改，确立了"先行政处罚后刑事追究"的基本原则;此外,还扩大了索贿受贿罪的主体范围,提高了巨额财产来源不明罪的法定刑。

为了适应近年来经济社会出现的新问题和新情况,贯彻落实宽严相济的刑事政策,2011 年 2 月 25 日,第十一届全国人民代表大会常务委员会第十九次会议通过了《刑法修正案(八)》。修正案完善了死刑法律规定,适当减少死刑罪名,取消 13 个经济性非暴力犯罪的死刑,并调整死刑与无期徒刑、有期徒刑之间的结构关系,改变原来存在的死刑偏重、生刑偏轻等问题;完善黑社会性质组织等犯罪的法律规定,扩大特殊累犯的范围,加大对恐怖活动犯罪的惩处力度,修改《刑法》第 153 条和第 343 条的法律规定,增加规定虚开普通发票和持有伪造的发票的犯罪;完善未成年人和老年人犯罪从宽处理的规定,进一步明确缓刑适用条件,完善管制刑及缓刑、假释的执行方式,进一步落实坦白从宽的刑事政策;加强对民生的保护,修改《刑法》第 141 条、第 338 条的法律规定,降低入罪门槛,增加一些对社会危害严重、人民反响强烈的罪名,加大对损害弱势群体的犯罪的惩处力度。此外,修正案还对危害国家安全的有关犯罪、盗窃罪的规定等作了修改或者补充。

2015 年 8 月 29 日,第十二届全国人民代表大会常务委员会第十六次会议通过了《刑法修正案(九)》,这是对刑法的又一次重要修改。主要内容有:(1)进一步减少适用死刑罪名。第一,取消了 9 个罪名的死刑。第二,对死刑缓期执行制度作了进一步完善。第三,还调整了分则中对绑架犯罪的量刑幅度,取消了绝对死刑的适用,使刑罚更好地体现罪刑相适应原则。(2)加大对恐怖主义、极端主义犯罪的惩治力度。一是增加规定了一些新的犯罪行为;二是注重了对恐怖活动犯罪在规定自由刑的同时规定财产刑;三是增加规定了为参加恐怖活动组织,接受恐怖活动培训或者实施恐怖活动偷越国(边)境的犯罪。(3)完善惩处网络犯罪的法律规定。一是对现有的一些规定作出修改,进一步加大对这类犯罪的打击力度；二是针对网络治理方面存在的突出问题，结合网络安全法草案的有关规定，增加规定了一些新的犯罪行为。(4)严密反腐败法网，加大对腐败犯罪的惩处力度。一是进一步完善了贪污、受贿罪的规定；二是完善了行贿犯罪的规定。此外，《刑法修正案(九)》从司法实际出发，对判处有期徒刑、拘役、管制的并罚进一步作了相应的制度安排，突破了一直以来对数罪只执行一种主刑的惯例，使刑法中各刑种的并罚都有了着落，制度更加周延。规定了职业禁止，进一步完善了非刑罚的预防性措施。

2017 年 9 月 1 日，第十二届全国人民代表大会常务委员会第二十九次会议通过了《国歌法》，其中第 15 条规定，在公共场合，故意篡改国歌歌词、曲谱，以歪曲、贬损方式奏唱国歌，或者以其他方式侮辱国歌的，由公安机关处以警告或者 15 日以下拘留；构成犯罪的，依法追究刑事责任。与之相对应，第十二届全国人民代表大会常务委员会第三十次会议于 2017 年 11 月 4 日通过了《刑法修正案(十)》，对《刑法》第 299 条进行了相应修改。其中，在公共场合，故意以焚烧、毁损、涂划、玷污、践踏等方式侮辱中华人民共和国国旗、国徽的，处 3 年以下有期徒刑、拘役、管制或者剥夺政治权利。在公共场合，故意篡改中华人民共和国国歌歌词、曲谱，以歪曲、贬损方式奏唱国歌，或者以其他方式侮辱国歌，情节严重的，依照前述的规定处罚。这明确了侮辱国歌行为构成犯罪的刑事责任。

2020 年 12 月 26 日，第十三届全国人民代表大会常务委员会第二十四次会议通过了《刑法修正案(十一)》，这次修改主要围绕维护人民群众生命安全、安全生产、金融市场秩序、知识产权、生态环境、与疫情防控相关的公共卫生安全等领域的刑法治理和保护。主要内容有：(1)明确在特定情形下，经特别程序，对法定最低刑事责任年龄作个别下调。(2)增加特殊职责人员性侵未成年人犯罪规定。(3)高空抛物、干扰公共交通工具正常行驶等行为危及公共安全入刑。(4)完善惩治食品药品犯罪,与《药品管理法》等法律做好衔接。(5)强化公共卫生刑事保障。一是修改妨害传染病防治罪,进一步明确新冠肺炎疫情等依法确定的采取甲类传染病管理措施的传染病,属于本罪调整范围;二是在维护国家安全和生物安全方面,防范生物威胁,与《生物安全法》相衔接,增加三类犯罪,即非法从事人类基因编辑、克隆胚胎犯罪,严重危害国家人类遗传资源安全犯罪和非法处置外来入侵物种犯罪;三是与《全国人民代表大会常务委员会关于全面禁止非法野生动物交易、革除滥食野生动物陋习、切实保障人民群众生命健康安全的决定》相衔接,将以食用为目的非法猎捕、收购、运输、出售除珍贵、濒危野生动物以外的在野外环境自然生长繁殖的陆生野生动物,情节严重的行为增加规定为犯罪,从源头上控制重大公共卫生风险的发生。(6)对知识产权犯罪进行了重大修改。一是对假冒注册商标罪,销售假冒注册商标的商品罪,非法制造、销售非法制造的注册商标标识罪,侵犯著作权罪,销售侵权复制品罪,侵犯商业秘密罪等有关规定作出修改完善,适当提高这六个犯罪的刑罚,进一步加大惩治力度;二是根据实践需要,与修改后的《著作权法》《商标法》等衔接,增加侵犯服务商标犯罪规定,完善侵犯著作权罪中作品种类、侵权情形、有关表演者权等邻接权,以及完善侵犯商业秘密的情形等;三是完善有关犯罪门槛规定等。

2023 年 12 月 29 日,第十四届全国人民代表大会常务委员会第七次会议通过了《刑法修正案(十二)》,这次修改主要是就行贿和民营企业内部人员腐败相关犯罪规定作进一步完善,涉及两个方面的内容:(1)加大对行贿犯罪的惩治力度。一是修改完善《刑法》第 390 条行贿罪的处罚规定。行贿罪的最高刑是无期徒刑,在法定刑上体现了严厉惩治。这次修改主要是将党中央确定要重点查处的行贿行为在立法上进一步加强惩治,增加一款规定:对多次行贿、向多人行贿,国家工作人员行贿等七类情形从重处罚。同时,调整行贿罪的起刑点和刑罚档次,与受贿罪相衔接。二是为贯彻落实从严惩治行贿犯罪的精神,做好衔接,加大对单位受贿、对单位行贿犯罪行为的惩处力度。将《刑法》第387条单位受贿罪的刑罚由原来最高判处5年有期徒刑的一档刑罚,修改为“三年以下有期徒刑或者拘役”和“三年以上十年以下有期徒刑”两档刑罚;在《刑法》第391条对单位行贿罪中,增加一档“三年以上七年以下有期徒刑,并处罚金”的刑罚。三是调整、提高《刑法》第393条单位行贿罪的刑罚。实践中单位行贿案件较多,与个人行贿相比法定刑相差悬殊。一些行贿人以单位名义行贿,规避处罚,导致案件处理不平衡,惩处力度不足。草案将单位行贿罪刑罚由原来最高判处5年有期徒刑的一档刑罚,修改为“三年以下有期徒刑或者拘役,并处罚金”和“三年以上十年以下有期徒刑,并处罚金”两档刑罚。(2)增加惩治民营企业内部人员腐败相关犯罪。《刑法》第165条、第166条和第169条分别规定了非法经营同类营业罪、为亲友非法牟利罪和徇私舞弊低价折股、出售国有资产罪,这次修改在上述三个条文中各增加一款,将现行对“国有公司、企业”等相关人员适用的犯罪扩展到民营企业,民营企业内部人员具有上述相应行为,故意损害民营企业利益,造成重大损失的,也要追究刑事责任,进一步加大对民营企业产权和企业家权益保护力度,加强对民营企业平等保护。

中华人民共和国刑法

（1979年7月1日第五届全国人民代表大会第二次会议通过　1997年3月14日第八届全国人民代表大会第五次会议修订　根据1998年12月29日第九届全国人民代表大会常务委员会第六次会议通过的《关于惩治骗购外汇、逃汇和非法买卖外汇犯罪的决定》、1999年12月25日第九届全国人民代表大会常务委员会第十三次会议通过的《中华人民共和国刑法修正案》、2001年8月31日第九届全国人民代表大会常务委员会第二十三次会议通过的《中华人民共和国刑法修正案（二）》、2001年12月29日第九届全国人民代表大会常务委员会第二十五次会议通过的《中华人民共和国刑法修正案（三）》、2002年12月28日第九届全国人民代表大会常务委员会第三十一次会议通过的《中华人民共和国刑法修正案（四）》、2005年2月28日第十届全国人民代表大会常务委员会第十四次会议通过的《中华人民共和国刑法修正案（五）》、2006年6月29日第十届全国人民代表大会常务委员会第二十二次会议通过的《中华人民共和国刑法修正案（六）》、2009年2月28日第十一届全国人民代表大会常务委员会第七次会议通过的《中华人民共和国刑法修正案（七）》、2009年8月27日第十一届全国人民代表大会常务委员会第十次会议通过的《关于修改部分法律的决定》、2011年2月25日第十一届全国人民代表大会常务委员会第十九次会议通过的《中华人民共和国刑法修正案（八）》、2015年8月29日第十二届全国人民代表大会常务委员会第十六次会议通过的《中华人民共和国刑法修正案（九）》、2017年11月4日第十二届全国人民代表大会常务委员会第三十次会议通过的《中华人民共和国刑法修正案（十）》、2020年12月26日第十三届全国人民代表大会常务委员会第二十四次会议通过的《中华人民共和国刑法修正案（十一）》和2023年12月29日第十四届全国人民代表大会常务委员会第七次会议通过的《中华人民共和国刑法修正案（十二）》修正）

第一编 总 则

第一章 刑法的任务、基本原则和适用范围

第一条 【立法目的和根据】①为了惩罚犯罪,保护人民,根据宪法,结合我国同犯罪作斗争的具体经验及实际情况,制定本法。

第二条 【任务】中华人民共和国刑法的任务,是用刑罚同一切犯罪行为作斗争,以保卫国家安全,保卫人民民主专政的政权和社会主义制度,保护国有财产和劳动群众集体所有的财产,保护公民私人所有的财产,保护公民的人身权利、民主权利和其他权利,维护社会秩序、经济秩序,保障社会主义建设事业的顺利进行。

第三条 【罪刑法定原则】法律明文规定为犯罪行为的,依照法律定罪处刑;法律没有明文规定为犯罪行为的,不得定罪处刑。

条文注释②

第3条是关于罪刑法定原则的规定。罪刑法定原则的基本含义是"法无明文规定不为罪,法无明文规定不处罚",即犯罪法定化与刑罚法定化。罪刑法定原则的基本内容包括:一是法律主义,法官只能根据成文法律定罪量刑;二是禁止溯及既往,不能适用事后法;三是禁止类推解释,不得对法律未规定但与之相类似的行为定罪量刑;四

① 条文主旨为编者所加,其中总则部分的条旨是为方便读者查找相应法条而概括;分则部分的条旨,则是根据《最高人民法院关于执行〈中华人民共和国刑法〉确定罪名的规定》及最高人民法院、最高人民检察院发布的八个补充规定确定的罪名。

② 条文注释为编者所加,全书同。

是禁止绝对不定期刑,不得判处犯罪人绝对不确定的刑期。罪刑法定原则可以防止司法人员恣意枉断,随意出罪入罪,使公民的合法权益得到切实保障。

第四条 【法律面前人人平等原则】对任何人犯罪,在适用法律上一律平等。不允许任何人有超越法律的特权。

条文注释

刑法面前人人平等原则是我国《刑法》的又一项基本原则。刑法面前人人平等,这是刑事司法公正、平等的基础和前提。刑法面前人人平等原则有两层含义:一是要做到刑事司法公正,即定罪公正、量刑公正、行刑公正。人民法院、人民检察院、公安机关对犯罪的任何人,不分民族、种族、职业、出身、性别、宗教信仰、教育程度、财产情况、职位高低和功劳大小,都应予以刑事追究,公正、平等地适用法律。二是不允许任何人有超越法律的特权。

第五条 【罪责刑相适应原则】刑罚的轻重,应当与犯罪分子所犯罪行和承担的刑事责任相适应。

条文注释

罪责刑相适应原则,是指刑罚的轻重不仅要和犯罪行为的社会危害程度相适应,而且还要与行为人的刑事责任相适应,即结合行为人的主观恶性和人身危险性的大小,把握行为人的罪行和其自身各个方面的因素,确定其刑事责任,对其适用轻重相当的刑罚。简言之,就是法官量刑时既要考虑罪行的轻重,又要考虑犯罪人的人身危险性。罪行本身的轻重是由犯罪的主客观事实本身所决定的,而刑事责任的轻重虽然主要是由犯罪的主客观事实决定,可是许多案件之外的表明犯罪人人身危险性程度的事实或情节,虽不能说明罪行的轻重,但能够说明刑事责任的轻重。例如,自首与立功可以说明行为人的人身危险性减轻,但不表明其所犯罪行也减轻。

第六条 【属地管辖权】凡在中华人民共和国领域内犯罪的，除法律有特别规定的以外，都适用本法。

凡在中华人民共和国船舶或者航空器内犯罪的，也适用本法。

犯罪的行为或者结果有一项发生在中华人民共和国领域内的，就认为是在中华人民共和国领域内犯罪。

条文注释

属地原则，是指以本国领域为本国刑法的适用范围，不论犯罪人是本国人还是外国人，凡是在本国领域内犯罪的人，一律适用本国《刑法》的管辖原则。属地原则的基础是国家主权原则。根据国际法的一般原则，国家享有属地优越权（或称领土最高权），因此，在一国境内，不论是本国人还是外国人犯了罪，该国均有刑事管辖权，并对罪行适用本国刑法进行追诉。属地性是行使管辖权的首要根据。

根据我国《刑法》关于犯罪地的确定标准，犯罪行为与结果均发生在我国领域内的，适用我国《刑法》；仅行为发生在我国领域内或仅结果发生在我国领域内的，也适用我国《刑法》。不仅如此，只有一部分行为或者只有一部分结果发生在我国领域内时，也适用我国《刑法》。

第七条 【属人管辖权】中华人民共和国公民在中华人民共和国领域外犯本法规定之罪的，适用本法，但是按本法规定的最高刑为三年以下有期徒刑的，可以不予追究。

中华人民共和国国家工作人员和军人在中华人民共和国领域外犯本法规定之罪的，适用本法。

条文注释

属人原则，是指以自然人的国籍为标准来进行刑法适用的原则。我国《刑法》的属人管辖是指中华人民共和国公民的犯罪应适用我国《刑法》。中华人民共和国公民，是指具有中国国籍的人，包括定居在外国而没有取得外国国籍的华侨和临时出国的人员以及已经取得我国国籍的外国血统的人。根据我国《国籍法》的规定，我们不承认双重国籍，定居在国外的我国公民，凡自愿加入或取得外国国籍的，即自动丧失我国国籍，不再属于我国公民。

第八条　【保护管辖权】外国人在中华人民共和国领域外对中华人民共和国国家或者公民犯罪，而按本法规定的最低刑为三年以上有期徒刑的，可以适用本法，但是按照犯罪地的法律不受处罚的除外。

条文注释

本条是关于刑事管辖中保护管辖原则的规定。我国《刑法》从保护国家和公民利益出发，在一定程度上采取了保护管辖原则，之所以说是在“一定程度上”，是因为《刑法》对于外国人在域外犯罪行使管辖权受到一些条件的限制：(1)限于对中华人民共和国国家或者公民犯罪的。对中华人民共和国国家犯罪，主要是指我国《刑法》规定的危害我国国家安全和利益的各种犯罪；对中华人民共和国公民犯罪，主要是指我国《刑法》规定侵犯我国公民人身权利、民主权利和其他权利的一些犯罪。(2)限于按我国《刑法》规定的最低刑为3年以上有期徒刑的犯罪。这是指该罪的法定最低起刑点必须是3年以上有期徒刑。(3)根据犯罪地的法律，也认为是犯罪，应当给予刑事处罚的，才能适用我国《刑法》。如果犯罪地法律规定不予处罚，尽管符合前两个条件，也不能适用我国《刑法》。

本条中的“外国人”，是指具有外国国籍和无国籍的人。

第九条　【普遍管辖权】对于中华人民共和国缔结或者参加的国际条约所规定的罪行，中华人民共和国在所承担条约义务的范围内行使刑事管辖权的，适用本法。

条文注释

普遍管辖原则以保护各国的共同利益为标准，认为凡是国际条约所规定的侵犯各国共同利益的犯罪，不管犯罪人的国籍与犯罪地的属性，缔约国或参加国发现罪犯在其领域之内时就应行使刑事管辖权。根据本条规定，行使普遍管辖权受到一定限制：(1)我国行使普遍管辖权的犯罪应是国际条约所规定的罪行；(2)我国是相关条约的缔约国或参加国;(3)该行为被我国《刑法》规定为犯罪。

第十条 【域外刑事判决的消极承认】凡在中华人民共和国领域外犯罪,依照本法应当负刑事责任的,虽然经过外国审判,仍然可以依照本法追究,但是在外国已经受过刑罚处罚的,可以免除或者减轻处罚。

第十一条 【外交代表的刑事豁免】享有外交特权和豁免权的外国人的刑事责任,通过外交途径解决。

条文注释

"享有外交特权和豁免权",是指根据国际公约,在国家互惠的基础上,为保证驻在本国的外交代表机构及其工作人员正常执行职务而给予的一种特别权利和待遇。享有外交特权和豁免权的外国人不受我国《刑法》管辖。但是,享有外交特权和豁免权的外国人并不能恣意违反我国《刑法》,为所欲为,如果他们的行为已经构成犯罪,可以要求派遣国召其回国,宣布其为"不受欢迎"的人,请求派遣国向我国表示道歉或支付损害赔偿。

享有外交特权和豁免权的外国人主要包括外交代表、使馆行政技术人员以及与他们共同生活的配偶、未成年子女;来访的外国国家元首、政府首脑、外交部长及其他同等身份的官员等。至于参加联合国及其专门机构召开的国际会议的外国代表,临时来中国的联合国及其专门机构的官员和专家,联合国及其专门机构的代表机构和工作人员,按中国加入的有关国际公约和签订的有关协议,事实上也享有外交特权和豁免权。

第十二条 【溯及力】中华人民共和国成立以后本法施行以前的行为,如果当时的法律不认为是犯罪的,适用当时的法律;如果当时的法律认为是犯罪的,依照本法总则第四章第八节的规定应当追诉的,按照当时的法律追究刑事责任,但是如果本法不认为是犯罪或者处刑较轻的,适用本法。

本法施行以前,依照当时的法律已经作出的生效判决,继续有效。

条文注释

刑法的溯及力,即刑法溯及既往的效力,是指刑法生效后,对它生效前未经审判或者判决尚未确定的行为是否适用的问题。如果适用即为有溯及力,反之则为无溯及力。我国《刑法》溯及力采从旧兼从轻原则,即原则上并不具有溯及既往的效力,但新法不认为是犯罪或者处刑较轻的,则应适用新法。从旧兼从轻原则排斥绝对从新原则,以防止国家刑罚权的无限扩张。根据从旧兼从轻原则,应当按以下情况分别处理:(1)当时的法律不认为是犯罪,而新法认为是犯罪的,适用当时的法律。(2)当时的法律认为是犯罪,而新法不认为是犯罪的,只要这种行为在本法施行以前尚未处理或者处理尚未确定的案件,就应适用新法。(3)当时法律认为是犯罪,新法亦规定为犯罪,如果新法处刑较轻,适用新法;如果旧法处刑较轻,适用旧法。

此外,根据2001年12月7日《最高人民法院、最高人民检察院关于适用刑事司法解释时间效力问题的规定》,司法解释的溯及力与《刑法》溯及力相同,亦采从旧兼从轻原则。

第二章 犯 罪

第一节 犯罪和刑事责任

第十三条 【犯罪概念】一切危害国家主权、领土完整和安全,分裂国家、颠覆人民民主专政的政权和推翻社会主义制度,破坏社会秩序和经济秩序,侵犯国有财产或者劳动群众集体所有的财产,侵犯公民私人所有的财产,侵犯公民的人身权利、民主权利和其他权利,以及其他危害社会的行为,依照法律应当受刑罚处罚的,都是犯罪,但是情节显著轻微危害不大的,不认为是犯罪。

条文注释

犯罪应具有以下三个特征:(1)犯罪的社会危害性,即指行为对于我国《刑法》所保护的各种利益及其整体的危害;(2)犯罪的刑事违法性,即指行为违反《刑法》规范;(3)犯罪的应受刑罚处罚性,即指行为应当受到《刑法》的否定性评价和刑罚处罚。

本条"但书"的规定,指出了区分罪与非罪的一般标准。但书规定将那些虽然具有一定程度的社会危害性,但情节显著轻微社会危害不大的行为排除在犯罪范畴之外,即指《刑法》认为这类行为根本不构成犯罪,而非为免予刑事处罚或不以犯罪论处。

第十四条　【故意犯罪】明知自己的行为会发生危害社会的结果,并且希望或者放任这种结果发生,因而构成犯罪的,是故意犯罪。

故意犯罪,应当负刑事责任。

条文注释

本条是关于故意犯罪概念的规定。所谓故意犯罪必须同时具备以下两个特征:(1)行为人对自己的行为会发生危害社会的结果,必须是明知的。而这种明知既包括对必然发生危害结果的明知,也包括对可能发生危害结果的明知。(2)行为人的心理必须处于希望或者放任的状态。本条所说的"故意"是指行为人对其行为产生的后果所持的心理状态,是构成故意犯罪的主观要件,又可分为"直接故意"和"间接故意"。前者是指行为人明知自己的行为必然或者可能会发生危害社会的结果,而且希望这种结果的发生;后者是指行为人明知自己的行为可能会发生危害社会的结果,而采取漠不关心、听之任之的放任态度。区别两者对判断行为人的主观恶性大小、其危害行为的社会危害程度、决定量刑,都具有重要意义。

本条还应注意,"刑事责任"和"刑罚"是两个不同的概念,二者既有联系又有区别。"刑事责任"是犯罪行为人在社会和国家面前承担的责任,是刑罚的前提条件,只有对负有刑事责任的人,才能施以刑罚;而刑罚是承担刑事责任的结果,是法院以国家的名义对犯罪人进行惩罚和教育改造的手段,是预防犯罪人重新犯罪并警戒其他人的制裁措施。负有刑事责任的人在某些情况下不一定受到刑罚处罚,如具有法定可以免除处罚情节的,可以不处以刑罚;但受刑罚处罚的人，必须是负有刑事责任的人。具备犯罪构成要件是负刑事责任的依据。

第十五条　【过失犯罪】应当预见自己的行为可能发生危害社会的结果，因为疏忽大意而没有预见，或者已经预见而轻信能够避免，以致发生这种结果的，是过失犯罪。

过失犯罪，法律有规定的才负刑事责任。

条文注释

本条是关于过失犯罪概念的规定。过失犯罪分为两种：1. 疏忽大意的过失犯罪。这是指行为人应当预见自己的行为可能发生危害社会的结果，因为疏忽大意而没有预见，以致发生了这种危害社会的结果，构成犯罪。第1款规定的"应当预见"是指行为人对其行为结果具有认识的能力。"应当预见"要求根据行为人的具体情况，行为人对自己的行为可能发生危害社会的结果能够作出正确的判断。行为人的具体情况，主要是指行为人的年龄、责任能力、文化程度、知识的广度和深度、职业专长、工作经验、社会经验等。上述情况不同，行为人对其行为可能发生危害结果的认识能力也不同。疏忽大意的过失有两点特征：(1)行为人对自己的行为可能发生危害社会的结果具有认知能力，即应当预见；(2)由于行为人主观上粗心大意，忽略了对行为后果的认真考虑，盲目实施了这种行为，以致发生了危害社会的结果。2. 过于自信的过失犯罪。这是指行为人已经预见到自己的行为可能发生危害社会的结果而轻信能够避免，以致发生了这种危害社会的结果，构成犯罪。过于自信过失也有两点特征：(1)行为人已经预见到自己的行为可能会发生危害社会的结果；(2)由于行为人过高地估计自己的能力等原因，相信自己能够避免这种结果的发生，以致发生了这种危害结果。不论是疏忽大意的过失还是过于自信的过失，其共同特点是行为人都不希望危害社会的结果发生，即主观上都没有危害社会的意图。

对于本条规定应当注意以下两点：

1. 注意区分疏忽大意的过失犯罪与意外事件，以划清罪与非罪的界限。二者的根本区别是:前者由于行为人主观上有过失,即行为人由于主观上疏忽大意,对自己的行为可能发生危害社会的结果应当预见而没有预见,以致发生了这种结果;而后者是由于客观上不可抗拒,主观上不能预见的原因造成了危害社会的结果,行为人对危害社会的结果主观上没有过失,不负刑事责任。

2. 注意区分过于自信的过失犯罪与间接故意的故意犯罪,以划清过失犯罪与故意犯罪的界限。二者的根本区别是:前者的行为人在主观上并不具有希望或者放任危害结果发生的心理状态,其对危害结果的发生持反对态度;而后者的行为人对这种危害结果是否发生持漠不关心、听之任之、有意放任的态度,主观恶性更大。

第十六条 【不可抗力和意外事件】行为在客观上虽然造成了损害结果,但是不是出于故意或者过失,而是由于不能抗拒或者不能预见的原因所引起的,不是犯罪。

条文注释

意外事件,是指不以行为人主观意志为转移,因行为人无法预料的原因而发生的意外事故。意外事件实际上包含两种情况:一种情况是由于不可抗拒的原因而发生了损害结果,如自然灾害、突发事件及其他行为人无法阻挡的原因造成了损害结果;另一种情况是由于不能预见的原因造成了损害结果,即根据损害结果发生当时的主客观情况,行为人没有预见,也不可能预见会发生损害结果。由于行为人主观上没有故意或过失,对实际发生的损害结果没有罪过,不应当负刑事责任。"不可抗拒",是指不以行为人的意志为转移,行为人无法阻挡或控制损害结果的发生。"不能预见",是指根据行为人的主观情况和发生损害结果当时的客观情况,行为人不具有能够预见的条件和能力,损害结果的发生完全出乎行为人的意料。

第十七条 【刑事责任年龄】已满十六周岁的人犯罪，应当负刑事责任。

已满十四周岁不满十六周岁的人，犯故意杀人、故意伤害致人重伤或者死亡、强奸、抢劫、贩卖毒品、放火、爆炸、投放危险物质罪的，应当负刑事责任。

已满十二周岁不满十四周岁的人，犯故意杀人、故意伤害罪，致人死亡或者以特别残忍手段致人重伤造成严重残疾，情节恶劣，经最高人民检察院核准追诉的，应当负刑事责任。

对依照前三款规定追究刑事责任的不满十八周岁的人，应当从轻或者减轻处罚。

因不满十六周岁不予刑事处罚的，责令其父母或者其他监护人加以管教；在必要的时候，依法进行专门矫治教育。

条文注释

刑事责任年龄分为完全负刑事责任年龄、相对负刑事责任年龄和完全不负刑事责任年龄三个阶段。不满 12 周岁，是完全不负刑事责任年龄阶段；已满 12 周岁不满 16 周岁，是相对负刑事责任年龄阶段；已满 16 周岁，是完全负刑事责任年龄阶段。其中相对负刑事责任年龄段又分为已满 14 周岁不满 16 周岁和已满 12 周岁不满 14 周岁两个年龄段。

需要注意的是：(1)已满 14 周岁不满 16 周岁的人，只对本条中的八种严重暴力犯罪行为负刑事责任，这里所规定的八种犯罪，是指具体犯罪行为而不是具体罪名。(2)鉴于近年来低龄未成年人实施严重犯罪的案件时有发生并引发社会广泛关注，基于维护公平正义和保护未成年人权益的双重考虑，为寻求二者之间的平衡，《刑法修正案(十一)》增加了第 3 款的规定，对法定最低刑事责任年龄作个别下调的同时，又对其适用加以严格限制。(3)对被追究刑事责任的不满 18 周岁的人“应当”从轻或者减轻处罚，即必须从轻或者减轻处罚。

第十七条之一 【已满七十五周岁的人犯罪的刑事责任】已满七十五周岁的人故意犯罪的，可以从轻或者减轻处罚；过失犯罪的，应当从轻或者减轻处罚。

条文注释

根据本条规定，对已满75周岁的老年人犯罪予以从宽处罚，体现了对老年人的特殊保护。需要注意的是，已满75周岁的老年人犯故意犯罪与过失犯罪量刑规定是不同的。已满75周岁的老年人犯故意犯罪的可以从轻或者减轻处罚，而非“应当”；已满75周岁的老年人犯过失犯罪的，应当从轻或者减轻处罚，而非“可以”。

第十八条 【精神病人与醉酒的人的刑事责任能力】精神病人在不能辨认或者不能控制自己行为的时候造成危害结果，经法定程序鉴定确认的，不负刑事责任，但是应当责令他的家属或者监护人严加看管和医疗；在必要的时候，由政府强制医疗。

间歇性的精神病人在精神正常的时候犯罪，应当负刑事责任。

尚未完全丧失辨认或者控制自己行为能力的精神病人犯罪的，应当负刑事责任，但是可以从轻或者减轻处罚。

醉酒的人犯罪，应当负刑事责任。

条文注释

精神病人刑事责任能力的判断不仅要进行医学判断，而且还要进行心理学判断。首先，判断行为人是否患有精神病，由精神病医学专家鉴定；其次，判断行为人是否因为患有精神病而不能辨认或者不能控制自己的行为，由司法工作人员判断。如果精神病医学专家的鉴定意见是行为人没有患精神病，司法工作人员就必须肯定行为人具有责任能力；如果精神病医学专家的鉴定意见是行为人患有精神病，司法工作人员则应在此基础上进一步判断行为人是否具有责任能力。只有这样，才是医学标准与心理学标准的统一。

对于间歇性精神病人，如果其在实施犯罪行为时，精神正常、具有责任能力，当然应对自己的行为承担刑事责任；即使实施行为后精神不正常,也应承担责任。

尚未完全丧失辨认或者控制自己行为能力的精神病人,由于其尚能辨认或者控制自己行为,只是这种能力有所减弱,而非丧失,因此行为人应当承担刑事责任,但是可以从轻或者减轻处罚。

醉酒分为生理性醉酒与病理性醉酒两种情况。生理性醉酒即普通醉酒,它不是精神病的一种。一般认为,在生理醉酒情况下,行为人还具有责任能力,故对其实施的犯罪行为应当负刑事责任;即使其责任能力有所减弱,但由于醉酒由行为人自己造成,也不得从轻或者减轻处罚。病理性醉酒则属于精神病的一种,病理性醉酒人的行为紊乱、记忆缺失、出现意识障碍,并伴有幻觉、错觉、妄想等精神病症状。一般认为,病理性醉酒人属于精神病人,完全丧失责任能力,在没有意识到病理性醉酒的情况下不承担刑事责任。如果具有责任能力的行为人,已知自己有病理性醉酒的历史,而故意或者过失使自己一时陷入丧失或者尚未完全丧失责任能力的状态,并在该状态下实施了符合客观构成要件的违法行为,应当承担刑事责任。

第十九条　【又聋又哑的人或盲人犯罪的刑事责任】又聋又哑的人或者盲人犯罪,可以从轻、减轻或者免除处罚。

条文注释

本条适用的对象是又聋又哑的人和盲人,只聋不哑或只哑不聋的人不适用本条;并且本条主要适用对象是先天聋哑人或幼年即已经聋哑的人和先天无视力的人或幼年丧失视力的人。对于极少数知识和智力水平不低于正常人、犯罪时具备完全刑事责任能力的聋哑人、盲人可以不考虑予以从宽处罚。

第二十条　【正当防卫】为了使国家、公共利益、本人或者他人的人身、财产和其他权利免受正在进行的不法侵害,而采取的制止不法侵害的行为,对不法侵害人造成损害的,属于正当防卫,不负刑事责任。

正当防卫明显超过必要限度造成重大损害的，应当负刑事责任，但是应当减轻或者免除处罚。

对正在进行行凶、杀人、抢劫、强奸、绑架以及其他严重危及人身安全的暴力犯罪，采取防卫行为，造成不法侵害人伤亡的，不属于防卫过当，不负刑事责任。

条文注释

正当防卫，是指为了国家、公共利益，本人或者他人的人身、财产安全免受正在进行的不法侵害，而采取的制止不法侵害并对不法侵害人造成损害的行为。正当防卫成立必须满足以下条件：(1)存在实际的不法侵害；(2)不法侵害必须正在进行；(3)必须是为了使国家、公共利益、本人或他人的人身、财产和其他权利免受不法侵害；(4)防卫行为必须针对不法侵害人进行；(5)防卫行为没有明显超过必要限度，造成重大损害。

本条第2款是关于防卫过当的规定。防卫过当，是指防卫明显超过必要限度，造成重大损害，应当负刑事责任的犯罪行为。防卫过当应当同时具备以下特征：(1)必须是明显地超过必要限度。“明显超过必要限度”，是指一般人都能够认识到其防卫强度已经超过了正当防卫所必需的强度。(2)对不法侵害人造成了重大损害。“重大损害”，是指由于防卫人明显超过必要限度的防卫行为造成不法侵害人人身伤亡及其他能够避免的严重的损害。防卫过当的行为应当负刑事责任，但对防卫过当的行为毕竟不能等同于犯罪行为，应当减轻或者免除处罚。

本条第3款是关于特殊防卫权或无限防卫权的规定。对于正在进行行凶、杀人、抢劫、强奸、绑架以及其他严重危及人身安全的暴力犯罪，采取防卫行为，不受正当防卫必要限度的限制，是本条第2款规定的例外情形。这是特殊情况下对公民正当防卫权的特殊保障。

第二十一条 【紧急避险】为了使国家、公共利益、本人或者他人的人身、财产和其他权利免受正在发生的危险,不得已采取的紧急避险行为,造成损害的,不负刑事责任。

紧急避险超过必要限度造成不应有的损害的,应当负刑事责任,但是应当减轻或者免除处罚。

第一款中关于避免本人危险的规定,不适用于职务上、业务上负有特定责任的人。

条文注释

紧急避险,是指为了使国家、公共利益、本人或者他人的人身、财产和其他权利免受正在发生的危险,在紧急情形下不得已采取的损害较小合法权益的行为。紧急避险的成立必须具备以下条件:(1)客观上存在一定的危险。如果实际中并不存在危险,而行为人主观想象或臆测误认为存在危险并实行所谓的避险,致使合法权益受到损害,则在刑法理论上称为“假想避险”。对于假想避险,应根据处理事实认识错误的原则,确定是否应当负刑事责任。(2)危险正在发生。在危险尚未开始或者已经结束的情况下,实行所谓的避险而对合法权益造成损害的,称为“避险不适时”。(3)必须是不得已的紧急情况。所谓“不得已”,是指在危险已经发生的非常时刻,从当时的实际情况看,除了采取紧急避险措施外,别无他法能够避免危险,即紧急避险成为唯一的选择。(4)必须具有避险意图。如果行为人主观上没有避险的意图,那么其行为尽管在客观上避免了某种合法权益免遭危害,也不属于紧急避险。(5)损害的利益不能等于或大于所要保护的利益。如果紧急避险行为所损害的利益等于或大于所要保护的利益,即属于“避险过当”,其具有三个特征:其一,避险行为客观上超过了必要限度并造成了不应有的损害,即避险行为所造成的损害等于或大于所要保护的利益。这是避险过当行为人承担刑事责任的客观基础。其二,行为人对过当的行为及结果主观上具有罪过,即存在故意或过失。其三,应当追究刑事责任,但是应当减轻或者免除处罚。

第二节　犯罪的预备、未遂和中止

第二十二条　【犯罪预备】为了犯罪，准备工具、制造条件的，是犯罪预备。

对于预备犯，可以比照既遂犯从轻、减轻处罚或者免除处罚。

条文注释

犯罪预备的成立需要满足以下三个条件：(1)主观上有犯罪故意；(2)客观上实施了犯罪预备行为，但尚未着手实施犯罪；(3)未能着手实施犯罪是行为人意志以外的原因造成的，而非犯罪人自动中止。犯罪预备主要包括准备工具和制造条件两种情况。“准备工具”，是指准备为实施犯罪所必需的作案工具和其他物品。“制造条件”，是指除准备犯罪工具和其他物品以外的其他为顺利进行犯罪活动、达到犯罪目的而创造条件的行为。

由于犯罪预备仅处于犯罪的预备阶段，尚未着手实施犯罪，犯罪结果也未发生，其社会危害程度要轻于既遂犯，因此对预备犯的处罚要轻于既遂犯，可以比照既遂犯从轻、减轻处罚或者免除处罚。

第二十三条　【犯罪未遂】已经着手实行犯罪，由于犯罪分子意志以外的原因而未得逞的，是犯罪未遂。

对于未遂犯，可以比照既遂犯从轻或者减轻处罚。

条文注释

犯罪未遂应当同时具备以下特征：(1)犯罪分子已经着手实行犯罪。这是其同犯罪预备相区别的主要标志。已经着手实行犯罪，表明行为人已经从犯罪预备阶段进入实行阶段，即行为人从为实施犯罪创造条件进入了开始完成犯罪的阶段，其犯罪意图已经通过着手实行的犯罪行为体现出来。已经着手实行犯罪体现了具体犯罪构成主客观要件的统一。(2)犯罪未得逞，即犯罪分子没有实现本法分则规定的具体犯罪的犯罪构成。这是犯罪未遂与犯罪既遂相区别的主要标志。本法分则对犯罪既遂规定了三种情况:一是要求有犯罪分子所追求的损害结果发生,如故意杀人罪的既遂,必须有被害者死亡的结果;二是要求犯罪行为在客观上造成了发生某种危害结果的危险状态,如破坏交通工具罪和破坏交通设施罪,只要造成了足以使交通工具发生倾覆、毁坏危险状态的,就构成犯罪既遂;三是不要求发生实际损害结果,只要完成了法定的犯罪行为,就构成犯罪既遂,如叛国罪、分裂国家罪,只要实施了法定的危害行为,就构成犯罪既遂。(3)犯罪未得逞是由于犯罪分子意志以外的原因。这是犯罪未遂与犯罪中止相区别的主要标志。"犯罪分子意志以外的原因",是指不以犯罪分子的主观意志为转移的一切原因。它既包括外界的客观原因,如被害人的反抗、第三人的阻止、自然力的障碍、客观情况的变化等,也包括犯罪分子本人的原因,如对自己实施犯罪的能力、方法、手段估计不足,对事实判断错误等。

由于犯罪未遂的结果是犯罪未能得逞,其社会危害性要小于犯罪既遂,因此,规定对未遂犯可以比照既遂犯从轻或者减轻处罚。"可以"从轻或减轻,是指不是一律必须从轻或减轻,而是应当根据案件的具体情况决定是否从轻或减轻。

第二十四条　【犯罪中止】在犯罪过程中,自动放弃犯罪或者自动有效地防止犯罪结果发生的,是犯罪中止。

对于中止犯,没有造成损害的,应当免除处罚;造成损害的,应当减轻处罚。

条文注释

犯罪中止应当同时具备以下特征:(1)犯罪中止发生在犯罪过程中。犯罪中止是故意犯罪发展过程中的一种犯罪形态。它可能发生在犯罪预备阶段,也可能发生在犯罪的实行阶段。所谓"犯罪过程中",是指犯罪既遂前的整个犯罪过程中。犯罪既遂之后的任何主动弥补损失的行为都不是犯罪中止,只是悔罪的表现。(2)犯罪中止必须是犯罪分子自动放弃或者自动有效地防止犯罪结果的发生。"自动放弃犯罪",是指犯罪分子在着手实施犯罪之前,主动放弃犯罪意图和为犯罪创造条件，停止着手实施犯罪，或者在着手实施犯罪之后，犯罪结果发生之前，主动放弃继续犯罪，中止犯罪行为。“自动有效地防止犯罪结果的发生”，是指犯罪人在已经着手实施犯罪之后，犯罪结果发生之前，主动放弃继续犯罪，并主动采取积极措施防止了犯罪结果的发生。

自动性是犯罪中止的本质特征，也是它与犯罪未遂、犯罪预备的本质区别。犯罪中止的自动性，是指行为人自认为可以继续完成犯罪，但是在主观上自愿放弃犯罪，自愿防止结果发生，从而阻止犯罪达到既遂状态。犯罪中止的自动性可以从两个方面来理解：其一，行为人自认为当时可以继续实施和完成犯罪。其二，行为人出于本人意志而放弃犯罪。“出于本人意志”并不要求行为人出于真心悔悟、同情被害人等伦理性动机，即使出于恐惧、惊愕等动机而放弃犯罪的，依然可以认定为“出于本人意志”。然而，如果并不存在外界干扰因素，而行为人却误以为存在外界干扰因素，而不得不放弃犯罪的，不能认为其自动中止犯罪，而应当认定为犯罪未遂。

第三节 共同犯罪

第二十五条 【共同犯罪概念】共同犯罪是指二人以上共同故意犯罪。

二人以上共同过失犯罪，不以共同犯罪论处；应当负刑事责任的，按照他们所犯的罪分别处罚。

条文注释

成立共同犯罪需要满足四个条件：(1)有两个以上达到刑事责任年龄、具有刑事责任能力的人。(2)主观上必须具有共同的犯罪故意，包括实行故意、组织故意、教唆故意、帮助故意。(3)客观上必须具有共同的犯罪行为，包括实行行为、组织行为、教唆行为、帮助行为。(4)共同犯罪人的犯罪行为必须指向同一犯罪客体。行为人具有共同犯罪故意，对他人犯罪暗中进行帮助的，构成片面共犯，应认定为共同犯罪。二人以上共谋实行某犯罪行为，但只有一部分人基于共同的意思实行了犯罪的，没有直接实行犯罪的共谋人与实行了犯罪的人，一起构成共同犯罪。二人以上共同过失犯罪，不以共同犯罪论处，按照他们所犯的过失罪分别处罚。

关联法规

《最高人民法院关于审理贪污、职务侵占案件如何认定共同犯罪几个问题的解释》

第二十六条 【主犯】组织、领导犯罪集团进行犯罪活动的或者在共同犯罪中起主要作用的，是主犯。

三人以上为共同实施犯罪而组成的较为固定的犯罪组织，是犯罪集团。

对组织、领导犯罪集团的首要分子，按照集团所犯的全部罪行处罚。

对于第三款规定以外的主犯，应当按照其所参与的或者组织、指挥的全部犯罪处罚。

条文注释

主犯包括以下两类：(1)组织、领导犯罪集团进行犯罪活动的犯罪分子；(2)其他在共同犯罪中起主要作用的犯罪分子。组织、领导犯罪集团进行犯罪活动的犯罪分子，就是犯罪集团的首要分子。“组织”主要是指为首纠集他人组成犯罪集团，使集团成员固定或基本固定。联系本法第97条，“领导”就是指策划、指挥。在共同犯罪中起主要作用的犯罪分子，是指除犯罪集团的首要分子以外的在共同犯罪中对共同犯罪的形成、实施与完成起决定或重要作用的犯罪分子。

需要注意的是，首要分子并不都是主犯，主犯也并不都是首要分子。根据本法第97条的规定，首要分子分为两类：一类是犯罪集团中的首要分子，另一类是聚众犯罪中的首要分子。犯罪集团中的首要分子都是主犯，除了首要分子外，其他起主要作用的犯罪分子也是主犯。聚众犯罪中，《刑法》分则规定只处罚首要分子的，如果首要分子只有一人，则只有一人构成犯罪，无共同犯罪，也无所谓主犯与从犯之分;如果首要分子有两人以上,应根据各首要分子在聚众犯罪中所起的作用,分别认定为主犯与从犯,而非都是主犯。

第二十七条 【从犯】在共同犯罪中起次要或者辅助作用的,是从犯。

对于从犯,应当从轻、减轻处罚或者免除处罚。

条文注释

从犯可分为两类:(1)在共同犯罪中起次要作用的犯罪分子,即对共同犯罪的形成与共同犯罪行为的实施、完成起次于主犯作用的犯罪分子;(2)在共同犯罪中起辅助作用的犯罪分子,即为共同犯罪提供方便、帮助创造条件的犯罪分子,主要是指帮助犯。从犯是相对于主犯而言的。认定从犯时,要根据行为人在共同犯罪中所处的地位、对共同故意形成的作用、实际参与的程度、具体行为的样态、对结果所起的作用等进行具体分析,判断其是否在共同犯罪中起次要或辅助作用。从犯在共同犯罪中起次于主犯的作用,故《刑法》对其采取了必减原则。

第二十八条 【胁从犯】对于被胁迫参加犯罪的,应当按照他的犯罪情节减轻处罚或者免除处罚。

条文注释

胁从犯,是指被胁迫参加犯罪的人,即在他人威胁下不完全自愿地参加共同犯罪,并在共同犯罪中起较小作用的人。胁从犯的责任轻于从犯。胁从犯是共犯的一种,只能存在于共同犯罪中,故对胁从犯的认定不能脱离共同犯罪的成立条件。应当注意的是,行为人身体完全受强制、完全丧失意志自由或者符合紧急避险条件实施了某种行为的,不构成胁从犯。

第二十九条 【教唆犯】教唆他人犯罪的,应当按照他在共同犯罪中所起的作用处罚。教唆不满十八周岁的人犯罪的,应当从重处罚。

如果被教唆的人没有犯被教唆的罪,对于教唆犯,可以从轻或者减轻处罚。

条文注释

教唆犯,是指教唆他人犯罪的人,即故意引起他人实行犯罪意图的人。教唆犯有两个基本特征:(1)教唆犯是犯意的制造者,也即通过对他人灌输犯罪意图,以制造犯意为己任的共同犯罪人。(2)教唆犯通过他人实现其犯罪意图。教唆犯在共同犯罪中起主要作用的,按主犯处罚;起次要作用的,按从犯处罚。

教唆犯罪既遂与否,应以教唆结果是否发生为标准。教唆行为没有引起教唆的人的犯意或者被教唆的人没有实施被教唆的犯罪而是实施了其他犯罪的,对于教唆犯而言,均是未得逞,视为教唆未遂。被教唆人实施了被教唆的具体犯罪行为,但是由于教唆人意志以外的原因,使被教唆人实施的犯罪未遂,属于未遂犯的教唆犯。被教唆的人实施了被教唆的犯罪而未得逞的,对于教唆犯既要考虑犯罪未遂情节,又要考虑其在共犯中所起的作用进行量刑处罚。

第四节 单位犯罪

第三十条 【单位负刑事责任的范围】公司、企业、事业单位、机关、团体实施的危害社会的行为,法律规定为单位犯罪的,应当负刑事责任。

条文注释

单位犯罪,是指公司、企业、事业单位、机关、团体为本单位牟取非法利益,由单位的决策机构按照单位的决策程序决定,由直接责任人员具体实施的,且刑法有明文规定的犯罪。"公司、企业、事业单位"既包括国有、集体所有的公司、企业、事业单位,也包括依法设立的合资经营企业、合作经营企业和具有法人资格的独资、私营等公司、企业、事业单位。

单位犯罪具有如下特征:(1)单位犯罪是公司、企业、事业单位、机关、团体犯罪,即单位本身犯罪,而不是单位的各个成员的犯罪之集合;(2)单位犯罪是由单位的决策机构按照单位的决策程序决定,由直接责任人员实施的,单位犯罪是在单位整体意志的支配下实施的;(3)单位犯罪以刑法有明文规定为前提,即只有当刑法规定了单位可以成为某种犯罪的行为主体时,才可能将单位认定为犯罪主体。

具有下列情形的不以单位犯罪论处:(1)个人为进行违法犯罪活动而设立的公司、企业、事业单位实施犯罪的;(2)公司、企业、事业单位设立后,以实施犯罪为主要活动的;(3)盗用单位名义实施犯罪,违法所得由实施犯罪的个人私分的。

关联法规

《全国人民代表大会常务委员会关于〈中华人民共和国刑法〉第三十条的解释》

《最高人民法院关于审理单位犯罪案件具体应用法律有关问题的解释》

第三十一条 【单位犯罪的处罚原则】单位犯罪的,对单位判处罚金,并对其直接负责的主管人员和其他直接责任人员判处刑罚。本法分则和其他法律另有规定的,依照规定。

条文注释

本条需要注意两个司法文件的规定。《最高人民法院关于审理单位犯罪案件对其直接负责的主管人员和其他直接责任人员是否区分主犯、从犯问题的批复》规定,在审理单位故意犯罪案件时,对其直接负责的主管人员和其他直接责任人员,可不区分主犯、从犯,按照其在单位犯罪中所起的作用判处刑罚。《最高人民法院研究室关于外国公司、企业、事业单位在我国领域内犯罪如何适用法律问题的答复》规定了以下两点:(1)符合我国法人资格条件的外国公司、企业、事业单位,在我国领域内实施危害社会的行为,依照我国《刑法》构成犯罪的,应当依照我国《刑法》关于单位犯罪的规定追究刑事责任。(2)个人为在我国领域内进行违法犯罪活动而设立的外国公司、企业、事业单位实施犯罪的,或者外国公司、企业、事业单位设立后在我国领域内以实施违法犯罪为主要活动的,不以单位犯罪论处。

第三章　刑　　罚

第一节　刑罚的种类

第三十二条　【刑罚的分类】刑罚分为主刑和附加刑。

条文注释

主刑就是对犯罪分子适用的主要的、主导的刑罚方法。它的特点是只能独立适用，不能附加适用；既不能用来补充其他主刑，也不能用来补充附加刑。

附加刑也称从刑，是相对主刑而言、作为主刑的补充而附加的刑罚方法。它的特点是既能独立适用，又能附加适用。当附加适用时，其附加于已适用的主刑，而且对于同一犯罪和同一犯罪人可以同时适用两个以上附加刑。

第三十三条　【主刑种类】主刑的种类如下：

（一）管制；

（二）拘役；

（三）有期徒刑；

（四）无期徒刑；

（五）死刑。

第三十四条　【附加刑种类】附加刑的种类如下：

（一）罚金；

（二）剥夺政治权利；

（三）没收财产。

附加刑也可以独立适用。

条文注释

主刑的种类有：(1)管制。管制是对犯罪分子不实行关押，但限制其一定自由,依法实行社区矫正的刑罚方法。(2)拘役。拘役是剥夺犯罪分子短期的人身自由,对犯罪分子实行就近关押改造的刑罚方法。它适用于罪行较轻的犯罪分子。(3)有期徒刑。有期徒刑是剥夺犯罪分子一定期限的人身自由,并对其进行教育改造的刑罚方法。(4)无期徒刑。无期徒刑是剥夺犯罪分子终身自由的刑罚方法,是仅次于死刑的一种严厉的刑罚方法,只适用于严重的犯罪。(5)死刑。死刑,是指剥夺犯罪分子生命的刑罚方法。从执行方式上,死刑又可分为死刑立即执行和死刑缓期执行。死刑只适用于罪行极其严重的犯罪分子。

附加刑的种类有:(1)罚金。罚金,是指强制犯罪分子向国家缴纳一定数额金钱,对罪犯进行经济制裁的一种刑罚方法。它主要适用于破坏社会主义市场经济秩序的犯罪和其他牟利型、侵犯财产型的犯罪。(2)剥夺政治权利。剥夺政治权利,是指依法剥夺犯罪分子一定期限参加国家管理和政治活动权利的刑罚方法。它主要适用于危害国家安全和其他严重危害社会治安的犯罪分子。对于无期徒刑和死刑的犯罪分子,应当附加剥夺政治权利终身。(3)没收财产。没收财产,是指将犯罪分子个人所有的财产的一部分或者全部强行无偿地收归国有的一种刑罚方法。它主要适用于危害国家安全罪、破坏社会主义市场经济秩序罪、侵犯财产罪及妨害社会管理秩序罪中较严重的犯罪。

第三十五条　【驱逐出境】对于犯罪的外国人,可以独立适用或者附加适用驱逐出境。

第三十六条　【民事赔偿责任】由于犯罪行为而使被害人遭受经济损失的,对犯罪分子除依法给予刑事处罚外,并应根据情况判处赔偿经济损失。

承担民事赔偿责任的犯罪分子,同时被判处罚金,其财产不足以全部支付的,或者被判处没收财产的,应当先承担对被害人的民事赔偿责任。

条文注释

民事赔偿责任的适用条件是:(1)被害人遭受了实际的经济损失或必然遭受损失。(2)被害人的经济损失与被告人的犯罪行为之间存在因果联系。(3)适用的对象必须是依法被判处刑罚的犯罪分子。犯罪分子被免予刑事处罚或者对其不需要判处刑罚的,不适用本条规定,而适用第37条的规定。

此外,还需要注意两个问题:(1)关于精神损害赔偿。刑事案件的被害人由于被告人的犯罪行为遭受精神损失而提起的附带民事诉讼,或者在该刑事案件审结以后,被害人另行提起精神损害赔偿民事诉讼的,人民法院不予受理。(2)关于聚众斗殴的损害赔偿。聚众斗殴中受重伤或者死亡的人,既是故意伤害罪或者故意杀人罪的受害人,又是聚众斗殴犯罪的行为人。对于参加聚众斗殴受重伤或者死亡的人或其家属提出的民事赔偿请求,依法应予支持,并适用混合过错责任原则。

第三十七条 【非刑罚性处置措施】对于犯罪情节轻微不需要判处刑罚的,可以免予刑事处罚,但是可以根据案件的不同情况,予以训诫或者责令具结悔过、赔礼道歉、赔偿损失,或者由主管部门予以行政处罚或者行政处分。

条文注释

本条包含两层意思:(1)对于犯罪情节轻微不需要判处刑罚的犯罪分子,可以免予刑事处罚。“可以免予刑事处罚”必须同时具备两个条件,只有在既“犯罪情节轻微”又“不需要判处刑罚”的情况下,对犯罪分子才“可以免予刑事处罚”。“犯罪情节轻微”,是指已经构成犯罪,但犯罪的性质、情节及危害后果都很轻。“不需要判处刑罚的”,是指不适用刑事处罚也可达到教育目的,犯罪人已认罪、悔罪等,对其没有必要判处刑罚。(2)对“免予刑事处罚”的犯罪分子,可以根据案件的不同情况,采用非刑罚方法处理。

第三十七条之一　【从业禁止】因利用职业便利实施犯罪，或者实施违背职业要求的特定义务的犯罪被判处刑罚的，人民法院可以根据犯罪情况和预防再犯罪的需要，禁止其自刑罚执行完毕之日或者假释之日起从事相关职业，期限为三年至五年。

被禁止从事相关职业的人违反人民法院依照前款规定作出的决定的，由公安机关依法给予处罚；情节严重的，依照本法第三百一十三条的规定定罪处罚。

其他法律、行政法规对其从事相关职业另有禁止或者限制性规定的，从其规定。

条文注释

本条第1款共作了三个方面的规定：(1)禁止从事相关职业的预防性措施适用于利用职业便利实施犯罪或者实施违背职业要求的特定义务的犯罪被判处刑罚的罪犯。本款规定的“被判处刑罚”，包括被判处主刑和附加刑，单处罚金或者独立适用剥夺政治权利的，也属于本款规定的“被判处刑罚”。但对于依照本法第37条规定予以定罪，但免予刑事处罚的犯罪分子，不适用从业禁止的规定。(2)人民法院可以根据犯罪情况和预防再犯罪的需要，对犯罪分子决定适用从业禁止。这里规定的“可以”，是指对于因利用职业便利实施犯罪或者实施违背职业要求的特定义务的犯罪被判处刑罚的人，不是一律都要予以从业禁止，而是要根据犯罪情况和预防再犯罪的需要，具体决定是否适用从业禁止。(3)从业禁止的预防性措施的起始时间是自刑罚执行完毕或者假释之日起。从业禁止的效力当然适用于刑罚执行期间。对于被判处有期徒刑、无期徒刑被假释的犯罪分子，从业禁止从假释之日起计算。

第2款从两个方面规定了违反从业禁止决定的法律后果：(1)被禁止从事相关职业的人违反人民法院依法作出的从业禁止的决定的，由公安机关依法给予处罚。这种情形，主要是针对违反人民法院作出的从业禁止决定，但情节比较轻微，尚不构成犯罪的。(2)情节严重的，依照本法第313条的规定定罪处罚。这里规定的“情节严重”,主要是指违反人民法院从业禁止决定,经有关方面劝告、纠正仍不改正的,因违反从业禁止决定受到行政处罚后又违反的,或者违反从业禁止决定且在从业过程中又有违法行为的等情形。

第二节 管 制

第三十八条 【管制的期限与执行】管制的期限,为三个月以上二年以下。

判处管制,可以根据犯罪情况,同时禁止犯罪分子在执行期间从事特定活动,进入特定区域、场所,接触特定的人。

对判处管制的犯罪分子,依法实行社区矫正。

违反第二款规定的禁止令的,由公安机关依照《中华人民共和国治安管理处罚法》的规定处罚。

条文注释

管制是对罪犯不予关押,但限制其一定自由的一种刑罚方法,属于典型的限制自由刑。它的特点在于犯罪人在社会上处于相对自由的状态,但其活动范围受到一定的限制。这一特点,使它不仅在我国的刑罚体系中属于一种轻刑,而且这种刑罚方法具有很大的灵活性和经济性。此外,管制体现了行刑的社会化原则,使犯罪分子适于社会生活,利于教育和改造。管制是短期限制自由刑,期限为3个月以上2年以下,执行方式为社区矫正。为了保障社区矫正的效果,对于判处管制的犯罪分子,可以根据犯罪情况,有针对性地对其进行必要的行为约束,禁止犯罪分子在执行期间从事特定活动,进入特定区域、场所,接触特定的人。如果违反禁令的,由公安机关依照《治安管理处罚法》的规定处罚。

第三十九条 【被管制罪犯的义务与权利】被判处管制的犯罪分子,在执行期间,应当遵守下列规定:

(一)遵守法律、行政法规,服从监督;

（二）未经执行机关批准，不得行使言论、出版、集会、结社、游行、示威自由的权利；

（三）按照执行机关规定报告自己的活动情况；

（四）遵守执行机关关于会客的规定；

（五）离开所居住的市、县或者迁居，应当报经执行机关批准。

对于被判处管制的犯罪分子，在劳动中应当同工同酬。

第四十条 【管制的解除】被判处管制的犯罪分子，管制期满，执行机关应即向本人和其所在单位或者居住地的群众宣布解除管制。

第四十一条 【管制刑期的计算和折抵】管制的刑期，从判决执行之日起计算；判决执行以前先行羁押的，羁押一日折抵刑期二日。

条文注释

管制的刑期，从判决执行之日起计算，即判决开始执行的当日起计算，当日包括在刑期之内；判决执行以前先行羁押的，羁押 1 日折抵管制刑期 2 日。这样规定是因为判决执行以前的先行羁押，是剥夺人身自由的关押，而管制则是限制人身自由，不对人进行关押，因此规定先行羁押 1 日折抵管制刑期 2 日是合理的。这里规定的“先行羁押”是指判决开始执行以前，针对被判处刑罚的同一行为而实行的关押。

第三节 拘　役

第四十二条 【拘役的期限】拘役的期限，为一个月以上六个月以下。

第四十三条 【拘役的执行】被判处拘役的犯罪分子，由公安机关就近执行。

在执行期间，被判处拘役的犯罪分子每月可以回家一天至两天；参加劳动的，可以酌量发给报酬。

条文注释

拘役由公安机关执行，主要是指在公安机关的看管之下进行劳动改造，其人身自由已被剥夺，并应置于执行人员的看管之下。这里所说的“就近执行”，是指由犯罪分子所在地的县、市或市辖区的公安机关设置的拘役所执行；没有建立拘役所的，可放在公安机关的看守所执行。对参加劳动的拘役人员，根据他们的劳动表现、技术水平等情况，可以酌量发给报酬。这里规定的是“可以”酌量发给报酬，而不是必须发给报酬。这与被判处管制的犯罪分子在劳动中“同工同酬”的规定，是有差别的。

第四十四条　【拘役刑期的计算】拘役的刑期，从判决执行之日起计算；判决执行以前先行羁押的，羁押一日折抵刑期一日。

条文注释

拘役的刑期，从判决执行之日起计算，即从犯罪分子实际被执行拘役开始之日计算。对于虽已作出拘役判决，但犯罪分子尚未交付公安机关执行的，还不能算判决执行之日，不能开始计算刑期。这里所说的判决执行以前先行羁押的，羁押1日折抵刑期1日，是指判决执行前对犯罪嫌疑人、被告人逮捕、刑事拘留后进行关押的期间，应当羁押1日折抵拘役刑期1日。

第四节　有期徒刑、无期徒刑

第四十五条　【有期徒刑的期限】有期徒刑的期限，除本法第五十条、第六十九条规定外，为六个月以上十五年以下。

条文注释

有期徒刑是剥夺犯罪分子一定期限的人身自由的刑罚，是我国刑罚中适用范围最广泛的一种。根据本条规定，有期徒刑的最低期限为6个月，与拘役相衔接；最高期限为15年。本条规定了两种除外情形:一是根据本法第50条的规定,被判处死刑缓期执行的罪犯,在死缓执行期间,如果确有重大立功表现,2年期满后可以减为25年有期徒刑;二是根据本法第69条的规定,对犯罪分子实行数罪并罚,有期徒刑总和刑期不满35年的,最高不能超过20年,总和刑期在35年以上的,最高不能超过25年。这两条规定的有期徒刑的最高期限是有期徒刑最高刑期的例外规定。

第四十六条 【有期徒刑与无期徒刑的执行】被判处有期徒刑、无期徒刑的犯罪分子,在监狱或者其他执行场所执行;凡有劳动能力的,都应当参加劳动,接受教育和改造。

第四十七条 【有期徒刑刑期的计算】有期徒刑的刑期,从判决执行之日起计算;判决执行以前先行羁押的,羁押一日折抵刑期一日。

第五节 死 刑

第四十八条 【死刑的适用对象及核准程序】死刑只适用于罪行极其严重的犯罪分子。对于应当判处死刑的犯罪分子,如果不是必须立即执行的,可以判处死刑同时宣告缓期二年执行。

死刑除依法由最高人民法院判决的以外,都应当报请最高人民法院核准。死刑缓期执行的,可以由高级人民法院判决或者核准。

条文注释

本条规定的"罪行极其严重",是指所犯罪行对国家和人民的利益危害特别严重和情节特别恶劣的。根据这一规定,《刑法》分则对于可以适用死刑的条文作了严格的限制,如对可以判处死刑的,都规定了"致人重伤、死亡或者使公私财产遭受重大损失的""造成严重后果的""情节特别严重"等。为了限制适用死刑,本条还规定,对于应当判处死刑的犯罪分子,如果不是必须立即执行的,可以判处死刑同时宣告缓期二年执行,即死刑缓期二年执行的制度。死刑缓期二年执行并不是一个独立的刑种,而是死刑的一种执行方式。判处死刑缓期二年执行的前提同判处死刑立即执行一样,必须是"罪行极其严重",应当判处死刑的。如果法律对该罪没有规定死刑,或者所犯罪行不该判处死刑,就不能适用死刑缓期二年执行。判处死刑缓期二年执行,是因为根据案件的具体情况和犯罪分子的悔罪表现,可以对其不立即执行死刑。"不是必须立即执行",是区分死刑立即执行与死刑缓期二年执行的原则界限。至于什么是属于"不是必须立即执行",法律没有作具体规定。根据司法实践经验,一般是指该罪犯罪行虽然极其严重,但民愤尚不特别大;犯罪分子投案自首或者有立功表现的;共同犯罪中有多名主犯,其中的首要分子或者罪行最严重的主犯已判处死刑立即执行,其他主犯不具有立即执行必要的;被害人在犯罪发生前或者发生过程中有明显过错的,等等。

关联法规

《最高人民法院关于统一行使死刑案件核准权有关问题的决定》

第四十九条 【死刑适用对象的限制】犯罪的时候不满十八周岁的人和审判的时候怀孕的妇女,不适用死刑。

审判的时候已满七十五周岁的人,不适用死刑,但以特别残忍手段致人死亡的除外。

条文注释

需要注意的是,我国《刑法》中规定的死刑包括死刑立即执行和死刑缓期执行,因此,犯罪时未满18周岁的人和审判的时候怀孕的妇女,也不能被判处死刑缓期执行。另外,怀孕妇女因涉嫌犯罪在羁押期间自然流产后,又因同一事实被起诉、交付审判的,应当视为"审判的时候怀孕的妇女",依法不适用死刑。

审判的时候已满75周岁的人,原则上不适用死刑,包括死刑缓期执行与死刑立即执行。但是以特别残忍手段致人死亡的情况例外,这种情况是可以对已满75周岁的犯罪人判处死刑的。

第五十条　【死缓变更】判处死刑缓期执行的，在死刑缓期执行期间，如果没有故意犯罪，二年期满以后，减为无期徒刑；如果确有重大立功表现，二年期满以后，减为二十五年有期徒刑；如果故意犯罪，情节恶劣的，报请最高人民法院核准后执行死刑；对于故意犯罪未执行死刑的，死刑缓期执行的期间重新计算，并报最高人民法院备案。

对被判处死刑缓期执行的累犯以及因故意杀人、强奸、抢劫、绑架、放火、爆炸、投放危险物质或者有组织的暴力性犯罪被判处死刑缓期执行的犯罪分子，人民法院根据犯罪情节等情况可以同时决定对其限制减刑。

条文注释

死刑缓期执行不是独立的刑种，而是死刑的一种执行方式。被判处死刑缓期执行的罪犯存在执行死刑和不再执行死刑两种可能。对于本条第 1 款所说的“故意犯罪”，依照本法第 14 条的规定，是指明知自己的行为会发生危害社会的结果，并且希望或者放任这种结果发生，因而构成犯罪的，不包括过失犯罪。是否构成“故意犯罪”，具体要看行为人的行为是否符合《刑法》分则关于个罪犯罪构成的要件的规定。判处死刑缓期执行的，在死刑缓期执行期间，如果确有重大立功表现的，2 年期满以后，减为 25 年有期徒刑。这里所说的“重大立功表现”，是指本法第 78 条所列的重大立功表现之一。本款中的“情节恶劣”，需要结合犯罪的动机、手段、危害、造成的后果等犯罪情节，以及罪犯在缓期执行期间的改造、悔罪表现等综合确定。对于故意犯罪、情节恶劣的，在认定构成故意犯罪的判决、裁定发生法律效力后，应当层报最高人民法院核准执行死刑后，执行死刑。判处死刑缓期执行的，在死刑缓期执行期间，对于故意犯罪未执行死刑的，死刑缓期执行的期间重新计算。这里所规定的“故意犯罪未执行死刑的”，是指故意犯罪，但不属于情节恶劣，因而不执行死刑的。在这种情况下，死刑缓期执行期间重新计算，自故意犯罪的判决确定之日起计算。之所以规定重新计算缓期执行期间，是因为罪犯在原缓期执行期间故意犯罪，虽然依法不需要执行死刑，但仍属于在 2 年缓期执行期间仍具有明显社会危险的情形，需要重新确定一个缓期执行期间，再根据在新的缓期执行期内的表现，决定是否执行死刑、减为无期徒刑还是减为25年有期徒刑。需要注意的是，本款规定的故意犯罪，必须发生在死刑缓期执行期间，如果发生在死刑缓期执行期满后，不适用本款规定，而应当依照《刑法》第69条、第71条有关数罪并罚的规定处理。故意犯罪发生在死刑缓期执行期间，司法机关在缓期执行期满以后发现犯罪事实的，适用本款的规定。

本条第2款规定了限制减刑。本款的“累犯”没有犯罪性质的限制。有组织的暴力性犯罪，不限于本款所列举的几种暴力犯罪，可以包括有组织的实施故意伤害、破坏交通工具、以危险方法危害公共安全、黑社会性质的组织犯罪等。需要指出的是，上述规定只是划定了一个可以限制减刑的人员的范围，并不是上述被判处死刑缓期执行的九类罪犯都要限制减刑，应由人民法院根据其所实施犯罪的具体情况等综合考虑决定。这里的“同时”，是罪犯被判处死刑缓期执行的同时，不是死刑缓期执行2年期满以后减刑的“同时”。“限制减刑”，是指对犯罪分子虽然可以适用减刑，但其实际执行刑期比其他被判处死刑缓期执行的罪犯减刑后的实际执行刑期更长。根据本法第78条的规定，对于判处死刑缓期2年执行，人民法院依照本款规定限制减刑的犯罪分子，缓期执行期满后依法减为无期徒刑的，实际执行的刑期不能少于25年，缓期执行期满后依法减为25年有期徒刑的，实际执行的刑期不能少于20年。

第五十一条 【死缓执行期间的计算】死刑缓期执行的期间，从判决确定之日起计算。死刑缓期执行减为有期徒刑的刑期，从死刑缓期执行期满之日起计算。

条文注释

本条所说的“判决确定之日”，即判决生效之日，而不是指判决执行之日。因此，罪犯在判决生效后尚未送监执行的期限应当计入2年考验期内；但是对罪犯在判决生效前先行羁押的日期不能折抵在2年考验期内。死刑缓期执行减为有期徒刑的，是指对确有重大立功表现直接减为有期徒刑的，其有期徒刑的刑期从死刑缓期执行期满之日起计算。如果减刑裁定在死刑缓期执行期满以后生效，死刑缓期执行期满之日至裁定减刑之日之间相隔的时间应计入有期徒刑的刑期内，但罪犯在死缓判决生效前先行羁押的日期和缓期执行的2年考验期不能计入有期徒刑的期限内。

第六节 罚 金

第五十二条 【罚金的判处】判处罚金，应当根据犯罪情节决定罚金数额。

条文注释

《最高人民法院关于适用财产刑若干问题的规定》（以下简称《规定》）对罚金刑的适用作了具体的规定，应注意以下方面：第一，对于《刑法》规定"并处"没收财产或者罚金的犯罪，必须在判处主刑的同时，依法判处相应的财产刑。对于《刑法》规定"可以并处"没收财产或者罚金的，原则上也要尽可能地对犯罪分子适用财产刑；只有在犯罪分子确实没有财产可供执行，且根据案件情况，对犯罪分子也可不判处财产刑的情况下，才可以考虑不对其判处财产刑。第二，针对数个财产刑并罚的问题：(1)对于同时被判处了数个罚金刑的，应当依照并科原则，将所判处的罚金数额相加，决定执行总和数额；(2)对于同时判处了罚金和没收部分财产的，应当依照并科原则决定合并执行；(3)对于同时判处了罚金和没收全部财产的，考虑到被判处这种附加刑的罪犯大多被判处了较重刑罚，如死刑、无期徒刑，没收全部财产以后基本上已经没有再执行罚金刑的可能性，因此，《规定》应当依照吸收原则，只决定执行没收全部财产。第三，单处罚金需要具备三个方面的条件：(1)必须是犯罪情节较轻；(2)适用单处罚金不会再危害社会的；(3)犯罪分子主观恶性较小，比如是初犯、偶犯，犯罪后有悔罪表现等。在司法实践中应当注意，只有在犯罪分子同时符合上述三方面条件的情况下，才可以考虑对其单处罚金。

第五十三条　【罚金的缴纳】罚金在判决指定的期限内一次或者分期缴纳。期满不缴纳的，强制缴纳。对于不能全部缴纳罚金的，人民法院在任何时候发现被执行人有可以执行的财产，应当随时追缴。

由于遭遇不能抗拒的灾祸等原因缴纳确实有困难的，经人民法院裁定，可以延期缴纳、酌情减少或者免除。

条文注释

罚金的执行可以分为四种情况：(1)一次缴纳。一次缴纳就是在判决所确定的期限内，强制犯罪分子一次性地将判决所确定的罚金额全部缴清。一次缴纳的执行方式主要适用于罚金数额不多，或者罚金数额虽然较多，但犯罪分子经济状况良好，缴纳并不困难的情况。(2)分期缴纳。分期缴纳是在判决确定期限内，分多次强制犯罪分子把判决所确定的罚金额全部缴清。分期缴清适用于罚金数额较多，犯罪分子无力一次缴纳，或者尽管罚金数额不多，但犯罪分子经济能力较差而无力一次缴纳的情况。(3)强制缴纳。强制缴纳即强迫犯罪分子缴纳罚金。它适用于有能力缴纳而拒不缴纳罚金的犯罪分子。(4)随时追缴。随时追缴是指对于不能全部缴纳罚金的犯罪分子，人民法院在发现被执行人有可以执行的财产的任何时候，都可以强制要求犯罪分子缴纳罚金的执行方式。

第七节　剥夺政治权利

第五十四条　【剥夺政治权利的内容】剥夺政治权利是剥夺下列权利：

（一）选举权和被选举权；

（二）言论、出版、集会、结社、游行、示威自由的权利；

（三）担任国家机关职务的权利；

（四）担任国有公司、企业、事业单位和人民团体领导职务的权利。

条文注释

剥夺政治权利，是指剥夺犯罪人参加国家管理和政治活动的权利的一种刑罚方法。剥夺的政治权利包括以下四项内容：(1)选举权和被选举权。《全国人民代表大会和地方各级人民代表大会选举法》规定，公民可以参加选举活动，有按照本人的自由意志投票选举人民代表等职务的权利，和被提名为人民代表等职务的候选人，当选为人民代表等职务的权利。选举权和被选举权是公民的一项基本政治权利。(2)言论、出版、集会、结社、游行、示威自由的权利。这六项自由是我国《宪法》规定的公民的基本政治自由，是人民发表意见、参加政治活动和国家管理的自由权利。(3)担任国家机关职务的权利，既包括领导职务，也包括其他职务。(4)担任国有公司、企业、事业单位和人民团体领导职务的权利。担任国有公司、企业、事业单位和人民团体非领导职务，或担任集体、私营公司、企业和事业单位领导职务的权利皆不属于犯罪人被剥夺政治权利的范围。

第五十五条 【剥夺政治权利的期限】剥夺政治权利的期限，除本法第五十七条规定外，为一年以上五年以下。

判处管制附加剥夺政治权利的，剥夺政治权利的期限与管制的期限相等，同时执行。

第五十六条 【剥夺政治权利的适用对象】对于危害国家安全的犯罪分子应当附加剥夺政治权利；对于故意杀人、强奸、放火、爆炸、投毒、抢劫等严重破坏社会秩序的犯罪分子，可以附加剥夺政治权利。

独立适用剥夺政治权利的，依照本法分则的规定。

条文注释

剥夺政治权利既可以附加适用，又可以独立适用。附加剥夺政治权利的对象包括两类：(1)对于危害国家安全的犯罪分子，应当剥夺政治权利。此类犯罪分子公然与人民为敌，严重危害了国家利益，所以《刑法》规定对这类犯罪分子不论罪行轻重，都必须附加剥夺政治权利。(2)对于故意杀人、强奸、放火、爆炸、投毒、抢劫等严重破坏社会秩序的犯罪分子，可以附加剥夺政治权利。法院在适用时有一定的自由裁量的权力。对故意伤害、盗窃等其他严重破坏社会秩序的犯罪，犯罪分子主观恶性较深、犯罪情节恶劣、罪行严重的，也可以依法剥夺政治权利。

独立适用剥夺政治权利的对象，由《刑法》分则加以规定。主要分布在《刑法》分则第1章危害国家安全罪，第4章侵犯公民人身权利、民主权利罪，第6章妨害社会管理秩序罪，第7章危害国防利益罪中。

第五十七条　【对死刑、无期徒刑罪犯剥夺政治权利的适用】对于被判处死刑、无期徒刑的犯罪分子，应当剥夺政治权利终身。

在死刑缓期执行减为有期徒刑或者无期徒刑减为有期徒刑的时候，应当把附加剥夺政治权利的期限改为三年以上十年以下。

第五十八条　【剥夺政治权利的刑期计算与执行】附加剥夺政治权利的刑期，从徒刑、拘役执行完毕之日或者从假释之日起计算；剥夺政治权利的效力当然施用于主刑执行期间。

被剥夺政治权利的犯罪分子，在执行期间，应当遵守法律、行政法规和国务院公安部门有关监督管理的规定，服从监督；不得行使本法第五十四条规定的各项权利。

条文注释

第58条第1款是关于附加剥夺政治权利的刑期如何计算和在主刑执行期间对罪犯是否剥夺政治权利的规定。根据本款规定，判处有期徒刑、拘役而附加剥夺政治权利的，剥夺政治权利的刑期，从主刑执行完毕之日或者从假释之日起计算。但是，剥夺政治权利的效力则从主刑执行之日起开始发生，即在主刑执行期间，也应同时剥夺政治权利。在这种情况下，被附加剥夺政治权利的罪犯被实际剥夺政治权利的时间要比判决中确定的剥夺政治权利的期限长，等于罪犯主刑刑期和剥夺政治权利刑期的总和。应当注意的是，被判处有期徒刑、拘役而没有附加剥夺政治权利的，在刑罚执行期间仍应享有一定的政治权利。依照《全国人民代表大会常务委员会关于县级以下人民代表大会代表直接选举的若干规定》，应准许他们行使选举权。

关联法规

《最高人民法院关于在执行附加刑剥夺政治权利期间犯新罪应如何处理的批复》

第八节　没收财产

第五十九条　【没收财产的范围】没收财产是没收犯罪分子个人所有财产的一部或者全部。没收全部财产的，应当对犯罪分子个人及其扶养的家属保留必需的生活费用。

在判处没收财产的时候，不得没收属于犯罪分子家属所有或者应有的财产。

条文注释

没收财产属于刑罚的一种。根据罪责自负的原则，没收财产刑只能是针对犯罪分子个人的财产，从而要明确犯罪分子对哪些财产具有所有权。犯罪分子本人所有的财产，是指属于犯罪分子个人的财物及其在与他人共有财产中依法应有的份额。应注意的是，要依据有关的民事法律界定犯罪分子个人所有的财产，严格划清犯罪分子本人财产与其家属或者他人财产的界限。只有是依法确定为犯罪分子个人所有的财产，才能予以没收。犯罪分子个人所有的财产包括以下几个方面：(1)犯罪分子的合法收入、储蓄、房屋和其他生活资料；(2)依法归犯罪分子所有的生产资料；(3)犯罪分子所有的股份、股票、债券和其他财产。

第六十条　【以没收的财产偿还债务】没收财产以前犯罪分子所负的正当债务，需要以没收的财产偿还的，经债权人请求，应当偿还。

条文注释

以没收的财产偿还债务，应具备以下条件：(1)应偿还的债务必须是犯罪分子在被判处没收财产以前所负的债务。(2)犯罪分子所负的债务必须是正当债务,如果是赌债等非正当债务,不在此范围内。(3)该债务需要以没收的财产偿还,即没有其他财产可供犯罪分子偿还债务。(4)必须经债权人请求,如债权人不向法院提出请求,则不予偿还。

第四章　刑罚的具体运用

第一节　量　　刑

第六十一条　【量刑根据】对于犯罪分子决定刑罚的时候,应当根据犯罪的事实、犯罪的性质、情节和对于社会的危害程度,依照本法的有关规定判处。

条文注释

本条中的"犯罪的事实",是指客观存在的犯罪的一切实际情况的总和。它既包括属于犯罪构成要件的基本事实,也包括犯罪构成要件以外的影响犯罪社会危害程度的其他事实。"犯罪的性质",是指犯的是什么罪,即应确立的罪名。犯罪性质不同,反映出的社会危害性程度也有差别,因而法定刑的轻重也有所区别。"犯罪的情节",是指犯罪构成要件的基本事实以外的其他能够影响犯罪社会危害程度的各种具体事实情况。"社会危害程度",是指犯罪行为对社会造成或可能造成的损害程度。它作为犯罪的本质特征,不仅是区别罪与非罪、重罪与轻罪的根据之一,而且是决定对犯罪人是否判处刑罚和判刑轻重的主要依据。社会危害程度应当通过分析、考察犯罪事实、性质与情节,进行综合评价。

第六十二条　【从重处罚与从轻处罚】犯罪分子具有本法规定的从重处罚、从轻处罚情节的,应当在法定刑的限度以内判处刑罚。

条文注释

本条应特别注意"法定刑的限度以内"的含义,这是指《刑法》分则针对某种特定的犯罪的特定情节规定的量刑幅度,既包括适用的刑种,也包括该条文具体规定的刑期。人民法院在决定量刑时,应当根据犯罪的事实、情节、社会危害程度以及刑罚的具体量刑幅度,判处相应的刑罚,不得超出法定最低刑和法定最高刑判处。根据本条规定,应当在法定刑的限度内判处刑罚的有两种情况:

(1)具有从重处罚情节。从重处罚是指在法定刑的幅度内,对犯罪分子适用相对较重的刑种或者处以相对较长的刑期。《刑法》总则规定的从重处罚情节如教唆不满18周岁的人犯罪、累犯等。《刑法》分则规定的从重处罚情节如奸淫不满14周岁的幼女的;国家机关工作人员利用职权非法拘禁他人的;利用、教唆未成年人走私、贩卖、运输毒品或者向未成年人出售毒品的;缉毒人员或者其他国家机关工作人员掩护、包庇走私、贩卖、运输、制造毒品的犯罪分子的,等等。在法定刑幅度内适用相对较重的刑罚,是指在犯罪分子所犯罪行应适用的法定刑幅度内相对从重。如果《刑法》分则对某罪名规定数个刑罚幅度的,首先要依法确定该犯罪分子应适用的幅度,然后在该幅度内从重。从重也并不意味着一律判处该幅度的最高刑罚,而是要根据犯罪分子的具体犯罪行为和情节、危害后果等,相对于其如果没有该从重情节的情况下所应判处的刑罚,适当从重。

(2)具有从轻处罚情节。从轻处罚是指在法定刑的幅度内,对犯罪分子适用相对较轻的刑种或者处以较短的刑期。从轻处罚的情节是刑法明确规定的,我国规定的从轻处罚的情节大多数见于《刑法》总则,如犯罪形态中的预备犯、未遂犯、中止犯,共同犯罪中的从犯、胁从犯,防卫过当、紧急避险超过必要限度的、被教唆的人未犯被教唆的罪的、犯罪后有自首、立功情节的,等等。《刑法》规定的从轻处罚的情节可以分为两类:一类是应当予以从轻处罚;另一类是可以予以从轻处罚。对于《刑法》规定应当予以从轻处罚的,人民法院在量刑时必须充分考虑该情节,处以相对较轻的刑罚;对于《刑法》规定可以从轻处罚的情节,人民法院在量刑时也必须充分考虑该情节,综合全案情况,决定是否予以从轻处罚以及从轻的幅度。

第六十三条　【减轻处罚】犯罪分子具有本法规定的减轻处罚情节的，应当在法定刑以下判处刑罚；本法规定有数个量刑幅度的，应当在法定量刑幅度的下一个量刑幅度内判处刑罚。

犯罪分子虽然不具有本法规定的减轻处罚情节，但是根据案件的特殊情况，经最高人民法院核准，也可以在法定刑以下判处刑罚。

条文注释

减轻处罚，是指在法定刑以下判处刑罚，有数个量刑幅度的，应当在法定量刑幅度的下一个量刑幅度内判处刑罚。“法定刑”，是指根据被告人所犯罪行的轻重，应当分别适用《刑法》规定的不同条款或者相应的量刑幅度。减轻处罚不同于从轻处罚，后者是指在《刑法》分则条文规定的刑罚幅度内选择较轻的刑种或者较短的刑期。我国《刑法》规定的减轻处罚的情节有：预备犯、未遂犯、中止犯、从犯、胁从犯，犯罪后自首、立功等。《刑法》规定的减轻处罚的情节包括两类：一类是硬性的，即应当予以减轻处罚；另一类是弹性的，即可以予以减轻处罚。

本条第2款是量刑规则的例外规定。在适用这一规定时，必须经最高人民法院核准。

第六十四条　【犯罪物品的处理】犯罪分子违法所得的一切财物，应当予以追缴或者责令退赔；对被害人的合法财产，应当及时返还；违禁品和供犯罪所用的本人财物，应当予以没收。没收的财物和罚金，一律上缴国库，不得挪用和自行处理。

条文注释

对犯罪分子违法所得的财物和违禁品等的处理分为以下四种情况：(1)犯罪分子违法所得的一切财物，应当予以追缴或者责令退赔。违法所得的财物，是指犯罪分子因实施犯罪活动，而取得的全部财物，包括金钱或者物品。“追缴”，是指将犯罪分子的违法所得强制收归国有。“责令退赔”，是指犯罪分子已将违法所得使用、挥霍或者毁坏的，也要责令其按违法所得财物的价值退赔。(2)对于追缴和退赔的违法所得,如果是属于被害人的合法财物,应当及时返还。对于被害人的合法财产被损坏或者已经不存在的,应当折价退赔。(3)对于违禁品和供犯罪所用的本人财物,应当没收。“违禁品”,是指依照国家规定,公民不得私自留存、使用的物品。如枪支、弹药、毒品以及淫秽物品等。“供犯罪所用的本人财物”,是指供犯罪分子进行犯罪活动而使用的属于他本人所有的钱款和物品。(4)对于依法没收的财物和罚金,一律上缴国库,即由最后结案的单位统一上缴国家财政,不得挪作他用。

第二节　累　　犯

第六十五条　【一般累犯】被判处有期徒刑以上刑罚的犯罪分子,刑罚执行完毕或者赦免以后,在五年以内再犯应当判处有期徒刑以上刑罚之罪的,是累犯,应当从重处罚,但是过失犯罪和不满十八周岁的人犯罪的除外。

前款规定的期限,对于被假释的犯罪分子,从假释期满之日起计算。

条文注释

构成一般累犯必须同时具备四个条件:(1)前罪和后罪必须都是被判处有期徒刑以上刑罚的,包括被判处有期徒刑、无期徒刑或者死刑缓期二年执行的犯罪分子。其中,后罪是未然的,即审判人员根据犯罪人的犯罪事实、犯罪性质、犯罪情节等作出的对犯罪人应判处有期徒刑以上刑罚的预判断。(2)后罪发生的时间必须在前罪的刑罚执行完毕或者赦免以后5年以内。在刑罚执行期间再犯罪的,不适用本款规定,应当依照本法关于数罪并罚的规定处罚。这里的“刑罚执行完毕”仅指主刑执行完毕。对于有期徒刑以上的主刑已经执行完毕,但附加刑尚未执行完毕的,应以主刑执行完毕之日为累犯期间的起算时间。对被假释的犯罪人而言,在假释考验期满后5年内又故意犯新罪的,可以构成累犯,因为假释犯的假释考验期满时就“认为原判刑罚已经执行完毕”。但对于被判处有期徒刑宣告缓刑的犯罪人而言,在缓刑考验期满后的5年内又犯新罪的,不能构成累犯,因为缓刑犯的考验期限满时“原判的刑罚就不再执行”,不发生刑罚执行完毕的问题。(3)前罪和后罪必须都是故意犯罪。如果其中有一个罪是过失犯罪,就不符合累犯的条件。(4)前罪犯罪时犯罪人已满18周岁。

第六十六条　【特殊累犯】危害国家安全犯罪、恐怖活动犯罪、黑社会性质的组织犯罪的犯罪分子,在刑罚执行完毕或者赦免以后,在任何时候再犯上述任一类罪的,都以累犯论处。

条文注释

构成特殊累犯必须符合三个条件:(1)犯罪分子所犯的前罪和后罪必须是危害国家安全罪、恐怖活动犯罪、黑社会性质的组织犯罪其中的一种,前罪与后罪中有一罪不是危害国家安全罪、恐怖活动犯罪、黑社会性质的组织犯罪中的一种,则不能构成特殊累犯;(2)不论是否判处刑罚、判处何种刑罚或者刑罚的轻重,只要构成犯罪即可,不受判处有期徒刑以上刑罚的限制;(3)特殊累犯不受5年期限的限制。

第三节　自首和立功

第六十七条　【自首】犯罪以后自动投案,如实供述自己的罪行的,是自首。对于自首的犯罪分子,可以从轻或者减轻处罚。其中,犯罪较轻的,可以免除处罚。

被采取强制措施的犯罪嫌疑人、被告人和正在服刑的罪犯,如实供述司法机关还未掌握的本人其他罪行的,以自首论。

犯罪嫌疑人虽不具有前两款规定的自首情节,但是如实供述自己罪行的,可以从轻处罚;因其如实供述自己罪行,避免特别严重后果发生的,可以减轻处罚。

条文注释

本条第1款规定了一般自首，指犯罪人自动投案，如实供述自己罪行的行为。这种自首必须具备以下条件：(1)犯罪人自动投案，指犯罪人在犯罪之后归案之前，主动、直接向公安机关、人民检察院、人民法院交代自己的犯罪事实，听候司法机关处理的行为。(2)犯罪人如实供述自己的全部罪行。如实供述自己的罪行，是指犯罪嫌疑人自动投案后，如实交代自己的主要犯罪事实。犯有数罪的犯罪嫌疑人仅如实供述所犯数罪中部分犯罪的，只对如实供述部分犯罪的行为，认定为自首。共同犯罪案件中的犯罪嫌疑人，除如实供述自己的罪行，还应当供述其所知的同案犯，主犯则应当供述其所知的其他同案犯的共同犯罪事实，才能认定为自首。犯罪嫌疑人自动投案并如实供述自己的罪行后又翻供的，不能认定为自首；但在一审判决前又能如实供述的，应当认定为自首。

特别自首，是指已经被采取强制措施的犯罪嫌疑人、被告人和正在服刑的罪犯，如实供述司法机关尚未掌握，并且与司法机关已掌握的或者判决确定的罪行属不同种罪行的行为。如果供述司法机关尚未掌握的罪行，与司法机关已掌握的或者判决确定的罪行属同种罪行的，可以酌情从轻处罚；如果供述的同种罪行较重的，一般应当从轻处罚。如果司法机关已经掌握了犯罪人的其他罪行，只是向犯罪嫌疑人核实其他罪行的有关情况，不成立自首。

第六十八条　【立功】犯罪分子有揭发他人犯罪行为，查证属实的，或者提供重要线索，从而得以侦破其他案件等立功表现的，可以从轻或者减轻处罚；有重大立功表现的，可以减轻或者免除处罚。

条文注释

立功，是指犯罪分子犯罪后揭发他人犯罪行为，查证属实，或者提供重要线索，从而得以侦破其他案件，以及其他对国家和社会有突出贡献的行为。根据立功表现形式，可分为三种情况：(1)揭发他人的犯罪行为，查证属实的。“揭发他人犯罪行为”，是指揭发同案犯共同犯罪以外的其他犯罪。(2)提供重要线索，从而使司法机关得以侦破其他案件的。“重要线索”,是指对侦破案件具有决定意义的线索。(3)其他立功表现,如阻止他人犯罪活动,协助司法机关抓捕其他犯罪嫌疑人(包括同案犯),阻止其他犯罪人逃跑,在抢险救灾中表现突出,等等。

根据犯罪分子立功大小,立功可分为一般立功和重大立功两种情况:(1)一般立功,是指犯罪分子揭发他人的犯罪行为经查证属实是较轻的犯罪,或者司法机关根据犯罪分子提供的线索侦破的是一般犯罪的案件。(2)重大立功,是指提供侦破其他重大案件的重要线索、阻止他人实施重大犯罪活动等。

关联法规

《最高人民法院关于处理自首和立功若干具体问题的意见》

《最高人民法院关于处理自首和立功具体应用法律若干问题的解释》

第四节　数罪并罚

第六十九条　【判决宣告前一人犯数罪的并罚】判决宣告以前一人犯数罪的,除判处死刑和无期徒刑的以外,应当在总和刑期以下、数刑中最高刑期以上,酌情决定执行的刑期,但是管制最高不能超过三年,拘役最高不能超过一年,有期徒刑总和刑期不满三十五年的,最高不能超过二十年,总和刑期在三十五年以上的,最高不能超过二十五年。

数罪中有判处有期徒刑和拘役的,执行有期徒刑。数罪中有判处有期徒刑和管制,或者拘役和管制的,有期徒刑、拘役执行完毕后,管制仍须执行。

数罪中有判处附加刑的,附加刑仍须执行,其中附加刑种类相同的,合并执行,种类不同的,分别执行。

条文注释

本条第1款规定的数罪并罚原则,应注意以下两点:

(1)对于犯罪分子犯有数罪的,都应对各罪分别作出判决,而不能"估堆"判处刑罚。对犯罪分子的各罪所判处的刑罚中,有死刑或者无期徒刑的,由于死刑是最严厉的刑罚,无期徒刑在自由刑中刑期最长,在适用数罪并罚原则时,实际上死刑和无期徒刑就会吸收其他主刑,即在有死刑的数罪中实际执行死刑;在没有判处死刑,而有无期徒刑和其他主刑的数罪中实际执行无期徒刑。

(2)对于数个罪都是被判处有期徒刑的,将每个犯罪判处的有期徒刑刑期相加计算得出总和刑期,对于总和刑期不满 35 年的,数罪并罚的期限不能超过 20 年,即在数刑中最高刑以上总和刑期(最长为 20 年)以下决定执行的刑期。对于总和刑期等于或者超过 35 年的,数罪并罚的期限最高不能超过 25 年,即在数刑中最高刑以上 25 年以下决定执行的刑期;对于数个罪都是被判处管制的,不论管制的总和刑期多少年,决定执行的管制刑期最高不能超过 3 年;对于数个罪都是被判处拘役的,不论拘役的总和刑期多少年,决定执行的拘役刑期不能超过 1 年。

第 2 款是关于被判处有期徒刑、拘役、管制不同种刑罚如何并罚的规定。根据本款规定,数罪中有判处有期徒刑和拘役的,执行有期徒刑,拘役不再执行,实际上相当于有期徒刑吸收了拘役;数罪中有判处有期徒刑和管制,或者拘役和管制的,有期徒刑、拘役执行完毕后,管制仍须执行。需要注意的是,对于一人因犯数罪被判处多个有期徒刑、多个拘役或者多个管制的,要先根据本条第 1 款的规定,对同种刑罚进行折算并罚,再根据本款规定对不同种刑罚进行并罚确定执行的刑期。对于数罪中同时被判处有期徒刑、拘役和管制的,根据本款的规定,执行有期徒刑,拘役不再执行,但管制仍须执行,也就是说,对该罪犯在执行有期徒刑后,再执行管制。

第 3 款是关于数罪中有判处附加刑的,附加刑如何执行的规定。根据本款规定,在数罪中有一个罪判处附加刑,或者数罪都判处附加刑,附加刑种类相同的,合并之后一并执行,种类不同的,同时或者依次分别执行。"合并执行",是指对于种类相同的多个附加刑,期限或者数额相加之后一并执行,如同时判处多个罚金刑的,罚金数额相加之后一并执行，同时判处多个剥夺政治权利的，将数个剥夺政治权利的期限相加执行。需要注意的是，相同种类的多个附加刑并不适用限制加重原则。

第七十条 【判决宣告后发现漏罪的并罚】判决宣告以后，刑罚执行完毕以前，发现被判刑的犯罪分子在判决宣告以前还有其他罪没有判决的，应当对新发现的罪作出判决，把前后两个判决所判处的刑罚，依照本法第六十九条的规定，决定执行的刑罚。已经执行的刑期，应当计算在新判决决定的刑期以内。

条文注释

人民法院的判决宣告并已发生法律效力以后，刑罚还没有执行完毕以前，发现被判刑的犯罪分子在判决宣告以前还有其他罪没有判决的，不论新发现的罪与原判决的罪是否属于同种罪，都应当实行数罪并罚。但如果在第一审人民法院的判决宣告以后，被告人提出上诉或者人民检察院提出抗诉，判决尚未发生法律效力的，第二审人民法院在审理期间，发现原审被告人在第一审判决宣告以前还有同种漏罪没有判决的，第二审人民法院应当裁定撤销原判，发回原审人民法院重新审判，第一审人民法院重新审判时，不适用数罪并罚的规定。

第七十一条 【判决宣告后又犯新罪的并罚】判决宣告以后，刑罚执行完毕以前，被判刑的犯罪分子又犯罪的，应当对新犯的罪作出判决，把前罪没有执行的刑罚和后罪所判处的刑罚，依照本法第六十九条的规定，决定执行的刑罚。

条文注释

“被判刑的犯罪分子又犯罪的”，是指被判刑的犯罪分子在刑罚执行期间又犯依照《刑法》应当受到刑罚处罚的新罪。根据本条规定，对在执行刑罚期间又犯新罪的，应当先对犯罪分子所犯的新罪作出判决，再将新罪判处的刑期与前罪未执行的刑期相加，依照本法第69条的规定，决定应执行的刑期。“没有执行的刑罚”，也就是原判刑罚没有执行完的剩余部分,如原判决对犯罪分子确定的刑罚是20年,对新犯的罪作出判决时,犯罪分子已经执行了15年,原判决没有执行完的刑罚就是5年。然后,把这剩余的5年和新罪判处的刑罚再按照本法第69条的规定,决定执行的刑罚。需要注意的是,这里的"刑罚执行完毕"应当是指主刑执行完毕,而不包括罚金、剥夺政治权利等附加刑。

第五节 缓 刑

第七十二条 【适用条件】对于被判处拘役、三年以下有期徒刑的犯罪分子,同时符合下列条件的,可以宣告缓刑,对其中不满十八周岁的人、怀孕的妇女和已满七十五周岁的人,应当宣告缓刑:

(一)犯罪情节较轻;

(二)有悔罪表现;

(三)没有再犯罪的危险;

(四)宣告缓刑对所居住社区没有重大不良影响。

宣告缓刑,可以根据犯罪情况,同时禁止犯罪分子在缓刑考验期限内从事特定活动,进入特定区域、场所,接触特定的人。

被宣告缓刑的犯罪分子,如果被判处附加刑,附加刑仍须执行。

条文注释

缓刑就是有条件地不执行刑罚,其特点在于,犯罪人被判处了一定的刑罚,同时宣告暂不予执行,但又在一定的时间内保留着执行的可能性。缓刑是一种刑罚执行制度,而不是一种刑罚。根据本条规定,缓刑适用的对象必须是被判处拘役或3年以下有期徒刑的特定的犯罪分子。缓刑适用条件有四个:(1)犯罪情节较轻,即犯罪人的行为性质不严重、犯罪情节不恶劣。如果犯罪情节恶劣、性质严重,则不能适用缓刑。(2)有悔罪表现,即犯罪人对于其犯罪行为能够认识到错误,真诚悔悟并有悔改的意愿和行为。比如,积极向被害人道歉、赔偿被害人的损失、获取被害人的谅解等。(3)没有再犯罪的危险,即对犯罪人适用缓刑,其不会再次犯罪。如果犯罪人有可能再次侵害被害人,或者由于生活条件、环境的影响而可能再次犯罪,如犯罪人为常习犯等,则不能对其适用缓刑。(4)宣告缓刑对所居住社区没有重大不良影响,即对犯罪人适用缓刑不会对其所居住社区的安全、秩序和稳定带来重大不良影响。这种影响必须是重大的、现实的影响,具体情形由法官根据个案情况来判断。

第七十三条　【考验期限】拘役的缓刑考验期限为原判刑期以上一年以下,但是不能少于二个月。

有期徒刑的缓刑考验期限为原判刑期以上五年以下,但是不能少于一年。

缓刑考验期限,从判决确定之日起计算。

条文注释

根据本法第42条的规定,拘役的期限为1个月以上6个月以下,数罪并罚不能超过1年。即使犯罪分子被判处1个月的拘役,拘役的缓刑考验期限也不能少于2个月,因为缓刑是附条件地暂不执行刑罚,在缓刑考验期对犯罪分子的人身危险性进行考察,如果没有《刑法》第77条规定情形的,就不再执行原判刑罚。对犯罪分子的考察需要时间,时间过短,不足以起到考察的作用。如果实行数罪并罚,犯罪分子被判处1年的拘役,缓刑的考验期限也只能在1年以下2个月以上的范围内确定。

缓刑考验期限,应当从判决确定之日起计算,所谓判决确定之日,即判决发生法律效力之日。此处所称的缓刑考验期,是指法律规定的对宣告缓刑的犯罪分子在社会上对其进行考察的期限。

第七十四条　【不适用缓刑的对象】对于累犯和犯罪集团的首要分子,不适用缓刑。

条文注释

本条规定的"犯罪集团",是指《刑法》第26条规定的,3人以上为共同实施犯罪而组成的较为固定的犯罪组织。"犯罪集团的首要分子”，是指在犯罪集团进行犯罪活动中起组织、领导作用的主要犯罪分子。

第七十五条 【缓刑犯应遵守的规定】被宣告缓刑的犯罪分子，应当遵守下列规定：

（一）遵守法律、行政法规，服从监督；

（二）按照考察机关的规定报告自己的活动情况；

（三）遵守考察机关关于会客的规定；

（四）离开所居住的市、县或者迁居，应当报经考察机关批准。

第七十六条 【缓刑的考察】对宣告缓刑的犯罪分子，在缓刑考验期限内，依法实行社区矫正，如果没有本法第七十七条规定的情形，缓刑考验期满，原判的刑罚就不再执行，并公开予以宣告。

第七十七条 【缓刑的撤销】被宣告缓刑的犯罪分子，在缓刑考验期限内犯新罪或者发现判决宣告以前还有其他罪没有判决的，应当撤销缓刑，对新犯的罪或者新发现的罪作出判决，把前罪和后罪所判处的刑罚，依照本法第六十九条的规定，决定执行的刑罚。

被宣告缓刑的犯罪分子，在缓刑考验期限内，违反法律、行政法规或者国务院有关部门关于缓刑的监督管理规定，或者违反人民法院判决中的禁止令，情节严重的，应当撤销缓刑，执行原判刑罚。

条文注释

对缓刑犯的处理结果共分三种情况：(1)缓刑犯在缓刑考验期限内如果又犯新罪，或者发现在判决宣告以前还有其他罪没有判决的，应当撤销缓刑，对新发现的罪或者新犯的罪作出判决，把前罪和后罪所判处的刑罚按照本法第69条的规定实行数罪并罚。(2)缓刑犯在缓刑考验期限内如果违反法律、行政法规或者国务院有关部门有关缓刑的监督管理规定，或者违反人民法院判决中的禁止令，情节严重的，应当撤销缓刑，执行原判刑罚。(3)缓刑犯在缓刑考验期限内如果没有上述情况，缓刑考验期满，原判的刑罚就不再执行，并予以公开宣告。

第六节　减　　刑

第七十八条　【适用条件与限度】被判处管制、拘役、有期徒刑、无期徒刑的犯罪分子,在执行期间,如果认真遵守监规,接受教育改造,确有悔改表现的,或者有立功表现的,可以减刑;有下列重大立功表现之一的,应当减刑:

(一)阻止他人重大犯罪活动的;

(二)检举监狱内外重大犯罪活动,经查证属实的;

(三)有发明创造或者重大技术革新的;

(四)在日常生产、生活中舍己救人的;

(五)在抗御自然灾害或者排除重大事故中,有突出表现的;

(六)对国家和社会有其他重大贡献的。

减刑以后实际执行的刑期不能少于下列期限:

(一)判处管制、拘役、有期徒刑的,不能少于原判刑期的二分之一;

(二)判处无期徒刑的,不能少于十三年;

(三)人民法院依照本法第五十条第二款规定限制减刑的死刑缓期执行的犯罪分子,缓期执行期满后依法减为无期徒刑的,不能少于二十五年,缓期执行期满后依法减为二十五年有期徒刑的,不能少于二十年。

条文注释

减刑,是指对于被判处管制、拘役、有期徒刑、无期徒刑的犯罪人,在刑罚执行期间,如果认真遵守监规,接受教育改造,确有悔改表现,或者有立功表现的,适当减轻原判刑罚的制度。减轻刑罚即将较重的刑种减轻为较轻的刑种,或把较长的刑期减轻为较短的刑期。减刑的适用必须具备以下条件:(1)减刑的适用对象限于被判处管制、拘役、有期徒刑、无期徒刑的犯罪分子。(2)从适用减刑的实质条件上看,减刑分为弹性减刑和硬性减刑。对于弹性减刑来说,犯罪分子只要在刑罚执行期间认真遵守监规,接受教育改造,确有悔改或立功表现,就可以适用减刑。对于硬性减刑来说,犯罪分子在刑罚执行期间具有法定的六种重大立功表现时,就应当适用减刑。(3)减刑幅度必须适当。犯罪分子在刑罚执行期间的减刑,既可以是一次减刑,也可以是多次减刑,但无论是一次还是多次都不能超过本条规定的限度。

第七十九条 【减刑程序】对于犯罪分子的减刑,由执行机关向中级以上人民法院提出减刑建议书。人民法院应当组成合议庭进行审理,对确有悔改或者立功事实的,裁定予以减刑。非经法定程序不得减刑。

第八十条 【无期徒刑减刑的刑期计算】无期徒刑减为有期徒刑的刑期,从裁定减刑之日起计算。

条文注释

关于减刑需要注意以下规定:

1. 有期徒刑罪犯在刑罚执行期间的减刑幅度。(1)确有悔改表现,或者有立功表现的,一次减刑一般不超过1年有期徒刑;(2)确有悔改表现并有立功表现,或者有重大立功表现的,一次减刑一般不超过2年有期徒刑。

2. 有期徒刑罪犯的减刑起始时间和间隔时间。(1)被判处5年以上有期徒刑的罪犯,一般在执行1年6个月以上方可减刑,两次减刑之间一般应当间隔1年以上。(2)被判处不满5年有期徒刑的罪犯,可以比照前述规定,适当缩短起始和间隔时间。(3)确有重大立功表现的,可以不受上述减刑起始和间隔时间的限制。此外,有期徒刑的减刑起始时间自判决执行之日起计算。

3. 无期徒刑罪犯在刑罚执行期间,确有悔改表现,或者有立功表现的,服刑2年以后,可以减刑。减刑幅度为:(1)确有悔改表现,或者有立功表现的,一般可以减为20年以上22年以下有期徒刑;(2)有重大立功表现的,可以减为15年以上20年以下有期徒刑。此外,无期徒刑罪犯经过一次或几次减刑后,其实际执行的刑期不能少于13年,起始时间应当自无期徒刑判决确定之日起计算。

4. 死刑缓期执行罪犯减为无期徒刑后的减刑。(1)确有悔改表现,或者有立功表现的,服刑2年以后可以减为25年有期徒刑;(2)有重大立功表现的,服刑2年以后可以减为23年有期徒刑。此外,死刑缓期执行罪犯经过一次或几次减刑后,其实际执行的刑期不能少于15年,死刑缓期执行期间不包括在内。

5. 被限制减刑的死刑缓期执行罪犯,缓期执行期满后依法被减为无期徒刑的,或者因有重大立功表现被减为25年有期徒刑的,应当比照未被限制减刑的死刑缓期执行罪犯在减刑的起始时间、间隔时间和减刑幅度上从严掌握。

6. 判处管制、拘役的罪犯,以及判决生效后剩余刑期不满1年有期徒刑的罪犯,符合减刑条件的,可以酌情减刑,其实际执行的刑期不能少于原判刑期的1/2。

7. 判处拘役或者3年以下有期徒刑并宣告缓刑的罪犯,一般不适用减刑。前述规定的罪犯在缓刑考验期限内有重大立功表现的,可以参照《刑法》第78条的规定,予以减刑,同时应依法缩减其缓刑考验期限。拘役的缓刑考验期限不能少于2个月,有期徒刑的缓刑考验期限不能少于1年。

8. 被判处10年以上有期徒刑、无期徒刑的罪犯在刑罚执行期间又犯罪,被判处有期徒刑以下刑罚的,自新罪判决确定之日起2年内一般不予减刑;新罪被判处无期徒刑的,自新罪判决确定之日起3年内一般不予减刑。

第七节　假　　释

第八十一条　【适用条件】被判处有期徒刑的犯罪分子,执行原判刑期二分之一以上,被判处无期徒刑的犯罪分子,实际执行十三年以上，如果认真遵守监规，接受教育改造，确有悔改表现，没有再犯罪的危险的，可以假释。如果有特殊情况，经最高人民法院核准，可以不受上述执行刑期的限制。

对累犯以及因故意杀人、强奸、抢劫、绑架、放火、爆炸、投放危险物质或者有组织的暴力性犯罪被判处十年以上有期徒刑、无期徒刑的犯罪分子，不得假释。

对犯罪分子决定假释时，应当考虑其假释后对所居住社区的影响。

条文注释

假释，是指被判处有期徒刑、无期徒刑的部分犯罪人，在执行一定刑罚之后，确有悔改表现，不致再危害社会，可以附条件地予以提前释放的制度。附条件，是指被假释的犯罪人，如果遵守一定条件，就认为原判刑罚已经执行完毕；倘若没有遵守一定条件，就收监执行原判刑罚及至数罪并罚。

假释的适用必须具备以下条件：(1)假释只适用被判处有期徒刑和无期徒刑的犯罪分子，并且累犯以及因严重的暴力性犯罪被判10年以上有期徒刑、无期徒刑的犯罪分子不得适用假释。(2)假释只适用于已经执行部分刑期的犯罪分子，即有期徒刑的犯罪分子执行原判刑期1/2以上，无期徒刑的犯罪分子，实际执行13年以上。这因为只有通过一定时间的刑罚执行才能确切掌握犯罪分子是否悔改并预测其是否会危害社会。本条规定的不受上述刑期限制的“特殊情况”，是指国家政治、国防、外交等方面特殊需要的情况。(3)适用假释必须满足一定的实质条件，即犯罪分子必须认真遵守监规，接受教育改造，确有悔改表现，不致再危害社会。“不致再危害社会”，是指罪犯在刑罚执行期间一贯表现好，不致违法、重新犯罪的，或者是老年、身体有残疾(不含自伤致残)，并丧失作案能力的。

关于假释，应注意以下问题：1. 罪犯适用假释时可以依法从宽掌握的情形包括：(1)过失犯罪的罪犯、中止犯罪的罪犯、被胁迫参加犯罪的罪犯；(2)因防卫过当或者紧急避险过当而被判处有期徒刑以上刑罚的罪犯;(3)犯罪时未满18周岁的罪犯;(4)基本丧失劳动能力、生活难以自理,假释后生活确有着落的老年罪犯、患严重疾病罪犯或者身体残疾罪犯;(5)服刑期间改造表现特别突出的罪犯;(6)具有其他可以从宽假释情形的罪犯。罪犯既符合法定减刑条件,又符合法定假释条件的,可以优先适用假释。2. 办理假释案件,认定"没有再犯罪的危险",除符合《刑法》第81条规定的情形外,还应当根据犯罪的具体情节、原判刑罚情况,在刑罚执行中的一贯表现,罪犯的年龄、身体状况、性格特征,假释后生活来源以及监管条件等因素综合考虑。《刑法》第81条第1款规定的"特殊情况",是指有国家政治、国防、外交等方面特殊需要的情况。

关联法规

《最高人民法院关于办理减刑、假释案件具体应用法律的规定》

《最高人民法院关于办理减刑、假释案件具体应用法律的补充规定》

第八十二条　【假释程序】对于犯罪分子的假释,依照本法第七十九条规定的程序进行。非经法定程序不得假释。

第八十三条　【考验期限】有期徒刑的假释考验期限,为没有执行完毕的刑期;无期徒刑的假释考验期限为十年。

假释考验期限,从假释之日起计算。

条文注释

针对假释的相关期间,还应注意:1. 对假释的起始时间作了从严规定:(1)被判处有期徒刑的罪犯假释时,执行原判刑期1/2的时间,应当从判决执行之日起计算,判决执行以前先行羁押的,羁押1日折抵刑期1日。(2)被判处无期徒刑的罪犯假释时,《刑法》中关于实际执行刑期不得少于13年的时间,应当从判决生效之日起计算。判决生效以前先行羁押的时间不予折抵。(3)被判处死刑缓期执行的罪犯减为无期徒刑或者有期徒刑后,实际执行15年以上,方可假释,该实际执行时间应当从死刑缓期执行期满之日起计算。死刑缓期执行期间不包括在内,判决确定以前先行羁押的时间不予折抵。2. 罪犯减刑后又假释的，间隔时间不得少于1年；对一次减去1年以上有期徒刑后，决定假释的，间隔时间不得少于1年6个月。罪犯减刑后余刑不足2年，决定假释的，可以适当缩短间隔时间。

第八十四条 **【假释犯应遵守的规定】**被宣告假释的犯罪分子，应当遵守下列规定：

（一）遵守法律、行政法规，服从监督；

（二）按照监督机关的规定报告自己的活动情况；

（三）遵守监督机关关于会客的规定；

（四）离开所居住的市、县或者迁居，应当报经监督机关批准。

第八十五条 **【假释考验】**对假释的犯罪分子，在假释考验期限内，依法实行社区矫正，如果没有本法第八十六条规定的情形，假释考验期满，就认为原判刑罚已经执行完毕，并公开予以宣告。

第八十六条 **【假释的撤销】**被假释的犯罪分子，在假释考验期限内犯新罪，应当撤销假释，依照本法第七十一条的规定实行数罪并罚。

在假释考验期限内，发现被假释的犯罪分子在判决宣告以前还有其他罪没有判决的，应当撤销假释，依照本法第七十条的规定实行数罪并罚。

被假释的犯罪分子，在假释考验期限内，有违反法律、行政法规或者国务院有关部门关于假释的监督管理规定的行为，尚未构成新的犯罪的，应当依照法定程序撤销假释，收监执行未执行完毕的刑罚。

条文注释

假释的撤销分为三种情形：(1)如果假释犯在假释考验期限内又犯新罪，无论所犯的新罪是故意犯罪还是过失犯罪，是重罪还是轻罪，都要撤销假释，对新罪作出判决，将新罪所判处的刑罚与前罪没有执行完的刑罚，按照《刑法》第71条规定的数罪并罚原则决定应当执行的刑罚。(2)在假释考验期限内，如果发现假释犯在原判决前还有未判决的罪，而且没判决的罪没有超过追诉实效，也应撤销假释，对没有判决的罪作出判决，将未判之罪所判处的刑罚与前罪判处的刑罚按照《刑法》第70条规定的数罪并罚原则决定应当执行的刑罚。(3)在假释考验期限内,假释犯有违反法律、行政法规或者国务院有关部门关于假释的监督管理规定的行为,尚未构成新的犯罪的,应当依照法定程序撤销假释,收监执行没有执行完毕的刑罚。

第八节　时　　效

第八十七条　【追诉时效期限】犯罪经过下列期限不再追诉:

(一)法定最高刑为不满五年有期徒刑的,经过五年;

(二)法定最高刑为五年以上不满十年有期徒刑的,经过十年;

(三)法定最高刑为十年以上有期徒刑的,经过十五年;

(四)法定最高刑为无期徒刑、死刑的,经过二十年。如果二十年以后认为必须追诉的,须报请最高人民检察院核准。

条文注释

追诉时效,是指按照刑法规定追究犯罪分子刑事责任的有效期限。犯罪分子的罪行已经超过了刑法规定的追诉时效期限的,不再追究其刑事责任;如果已经被追究了刑事责任,该案件应当予以撤销。

在确定法定最高刑时应当区分不同情况加以认定:(1)如果所犯罪行应适用的条款的刑罚分别规定有多条或多款时,即按其罪行应当适用的条款计算法定最高刑。(2)如果是同一条文中有几个量刑幅度时即按其罪行应当适用的量刑幅度的法定最高刑计算。(3)如果只有单一的量刑幅度时,即按此条的法定最高刑计算。例如,犯故意杀人罪,法定最高刑有两档:一档是死刑;一档为10年,应根据犯罪情节来确定最高法定刑是10年还是死刑。

第八十八条　【追诉期限的延长】在人民检察院、公安机关、国家安全机关立案侦查或者在人民法院受理案件以后，逃避侦查或者审判的，不受追诉期限的限制。

被害人在追诉期限内提出控告，人民法院、人民检察院、公安机关应当立案而不予立案的，不受追诉期限的限制。

条文注释

本条规定不受追诉时效限制的情况有以下两种：

(1)人民检察院、公安机关、国家安全机关立案侦查或者在人民法院受理案件以后，逃避侦查或者审判的，不受追诉时效的限制。这里所说的“立案侦查以后”，是指人民检察院、公安机关、国家安全机关依照《刑事诉讼法》的规定按照自己的管辖范围，对发现犯罪事实或者犯罪嫌疑人的案件予以立案，开始进行侦查以后。这里所说的“受理案件以后”，是指人民法院依照《刑事诉讼法》关于审判管辖的规定，接受人民检察院提起公诉或受理被害人自诉之日起。“逃避侦查或者审判”，主要是指以逃避、隐藏的方法逃避刑事追究。

(2)被害人在追诉期限内提出控告，人民法院、人民检察院、公安机关应当立案而不予立案的，不受追诉时效期限的限制。“被害人”，是指遭受犯罪行为侵害的自然人和单位。“控告”，是指被害人对侵犯本人、本单位合法权益的犯罪行为向司法机关告诉，要求追究侵害人的法律责任的行为。“应当立案”，是指符合《刑事诉讼法》规定的有犯罪事实需要追究刑事责任的立案条件，应当立案侦查的。“不予立案”，是指对符合立案条件的，不属于《刑事诉讼法》规定的没有犯罪事实，或者犯罪事实显著轻微，不需要追究刑事责任不予立案的情况，但人民法院、人民检察院、公安机关却未予立案。

第八十九条　【追诉期限的计算】追诉期限从犯罪之日起计算；犯罪行为有连续或者继续状态的，从犯罪行为终了之日起计算。

在追诉期限以内又犯罪的，前罪追诉的期限从犯后罪之日起计算。

条文注释

特殊情况下追诉期限的起算时间,有以下三种情形:

(1)犯罪行为处于连续状态的,从犯罪行为终了之日起计算。也就是说,犯罪人连续实施同一罪名的犯罪,时效期限从其最后一个犯罪行为施行完毕时开始计算。"连续状态",是指犯罪人在一定时期,以一个故意连续实施数个独立的犯罪行为触犯同一罪名的。例如,某罪犯多次在汽车上扒窃,其连续扒窃行为即是盗窃罪的"连续"状态。

(2)犯罪行为处于继续状态的,从犯罪行为终了之日起计算。也就是说,犯罪人的犯罪行为在一定时间处于持续状态的,时效期限自这种持续状态停止的时候起开始计算。"继续状态"也就是持续状态,是指犯罪人实施的同一犯罪行为在一定时间内处于接连不断的状态。例如,非法拘禁他人,在被害人脱离拘禁以前,该犯罪就一直属于继续状态。

(3)在追诉期限内又犯罪的,前一犯罪的追诉期限从后罪的犯罪行为完成或停止之日计算。这里的前罪和后罪并未限定为同一种罪名,只要构成犯罪即可。只要再犯新罪,前罪开始计算的时效期限就归于无效,而从犯后罪之日起计算。

第五章　其他规定

第九十条　【民族自治地方刑法适用的变通】民族自治地方不能全部适用本法规定的,可以由自治区或者省的人民代表大会根据当地民族的政治、经济、文化的特点和本法规定的基本原则,制定变通或者补充的规定,报请全国人民代表大会常务委员会批准施行。

第九十一条　【公共财产的范围】本法所称公共财产,是指下列财产:

(一)国有财产;

(二)劳动群众集体所有的财产;

（三）用于扶贫和其他公益事业的社会捐助或者专项基金的财产。

在国家机关、国有公司、企业、集体企业和人民团体管理、使用或者运输中的私人财产，以公共财产论。

第九十二条 【公民私人所有财产的范围】本法所称公民私人所有的财产，是指下列财产：

（一）公民的合法收入、储蓄、房屋和其他生活资料；

（二）依法归个人、家庭所有的生产资料；

（三）个体户和私营企业的合法财产；

（四）依法归个人所有的股份、股票、债券和其他财产。

第九十三条 【国家工作人员的范围】本法所称国家工作人员，是指国家机关中从事公务的人员。

国有公司、企业、事业单位、人民团体中从事公务的人员和国家机关、国有公司、企业、事业单位委派到非国有公司、企业、事业单位、社会团体从事公务的人员，以及其他依照法律从事公务的人员，以国家工作人员论。

条文注释

第93条规定的"国家机关"，是指国家的权力机关、行政机关、司法机关以及军事机关。国家机关是依据《宪法》和法律设立的，依法承担一定的国家和社会公共事务的管理职责和权力的组织。需要注意的是，国家机关的设立和对国家机关中工作人员的编制管理是性质不同的两个问题，只要是依法设立的行使一定国家管理职权的组织就是国家机关，至于组织人事部门在编制上对其是按照行政编制还是事业编制进行管理，并不影响其作为国家机关的性质。"从事公务的人员"，是指在上述国家机关中行使一定职权、履行一定职务的人员。在上述国家机关中从事劳务性工作的人员，如司机、门卫、炊事员、清洁工等勤杂人员以及部队战士等，不属于国家工作人员范畴。

"以国家工作人员论"，主要包括以下三个方面：(1)在国有公司、企业、事业单位、人民团体中从事公务的人员。这里规定的"从事公务的人员”，是指在公司、企业等单位中具有经营、管理职责，或履行一定职务的人员，在公司、企业等上述单位中不具有管理职责的一般工人、临时工等其他勤杂人员，不属于本条规定的从事公务的人员。(2)国家机关、国有公司、企业、事业单位委派到非国有公司、企业、事业单位、社会团体从事公务的人员。“委派”主要是指在一些具有国有资产成分的中外合资企业、合作企业、股份制企业当中，国有公司、企业或其他有关国有单位为了行使对所参与的国有资产的管理权而派驻的管理人员。这里也包括有的国家机关、国有事业单位委派一些人员到非国有事业单位、社会团体中从事公务的人员。(3)其他依照法律从事公务的人员，这些人虽不是上述单位的人员，但依照法律规定从事国家事务工作。

关联法规

《全国人民代表大会常务委员会关于〈中华人民共和国刑法〉第九十三条第二款的解释》

《全国人民代表大会常务委员会关于〈中华人民共和国刑法〉第九章渎职罪主体适用问题的解释》

第九十四条　【司法工作人员的范围】本法所称司法工作人员，是指有侦查、检察、审判、监管职责的工作人员。

条文注释

根据本条的规定，司法工作人员主要包括以下四种人员：(1)担任侦查职责的人员，主要是指公安机关、国家安全机关、检察机关依照《刑事诉讼法》规定的管辖分工，对犯罪嫌疑人的犯罪行为进行侦查的人员。(2)担任检察职责的人员，主要是指检察机关担任批准逮捕、审查起诉、出庭支持公诉、法律监督工作职责的人员。(3)担任审判职责的人员，主要是指在人民法院担任与审判工作有关的职务的人员，包括正副院长、正副庭长、审判委员会委员、审判员、书记员。(4)担任监管职责的人员，主要是指公安机关、国家安全机关以及司法行政部门所属的有关机关(监狱、看守所等)中担任监管犯罪嫌疑人、被告人、罪犯职责的人员。

本条还应注意两个问题：(1)本条关于“司法工作人员”的概念不同于一般所说的司法机关工作人员的概念。不是所有在公安机关、国家安全机关、人民检察院、人民法院以及看守所、监狱等监管机关工作的人员都属于司法工作人员，只有担负本条规定的四种职责之一的，才能被认定为是本法所说的“司法工作人员”。(2)本条所说的具有侦查、检察、审判、监管职责的人员不是只限于直接做上述工作的人员，在公安机关、国家安全机关、人民检察院、人民法院以及看守所、监狱等监管机关中负责侦查、检察、审判、监管工作的领导人员也都属于司法工作人员。

第九十五条　【重伤的范围】本法所称重伤，是指有下列情形之一的伤害：

（一）使人肢体残废或者毁人容貌的；

（二）使人丧失听觉、视觉或者其他器官机能的；

（三）其他对于人身健康有重大伤害的。

关联法规

《人体损伤程度鉴定标准》

第九十六条　【违反国家规定之含义】本法所称违反国家规定，是指违反全国人民代表大会及其常务委员会制定的法律和决定，国务院制定的行政法规、规定的行政措施、发布的决定和命令。

第九十七条　【首要分子的范围】本法所称首要分子，是指在犯罪集团或者聚众犯罪中起组织、策划、指挥作用的犯罪分子。

条文注释

根据第97条的规定，本法所说的“首要分子”主要包括两类人：

1. 在犯罪集团中起组织、策划、指挥作用的犯罪分子。“犯罪集团”是指3人以上为共同实施犯罪而组成的较为固定的犯罪组织。主要具有以下特征：(1)人数在3人以上，主要成员固定或基本固定。(2)经常纠集在一起进行一种或数种犯罪活动。(3)有明显的首要分子。有的首要分子是在纠集过程中形成的，有的首要分子则在纠集开始时就是组织者和领导者。(4)有预谋地实施犯罪活动。(5)不论作案次数多少,对社会造成的危害或其具有的危险性都很严重。"组织",主要是指将其他犯罪人纠集在一起。"策划",主要是指为犯罪活动如何实施拟订办法、方案。"指挥",是指在犯罪的各个阶段指使、命令其他犯罪人去实施犯罪行为等。

2. 在聚众犯罪中起组织、策划、指挥作用的犯罪分子。"聚众犯罪",是指纠集多人共同实施犯罪活动,如聚众斗殴、聚众哄抢公私财物的犯罪等。"聚众犯罪"与"犯罪集团"不同,是因进行犯罪将众人聚集起来的,而不具有较固定的犯罪组织和成员。

第九十八条　【告诉才处理的含义】本法所称告诉才处理,是指被害人告诉才处理。如果被害人因受强制、威吓无法告诉的,人民检察院和被害人的近亲属也可以告诉。

条文注释

根据《刑法》分则的规定,"告诉才处理"的犯罪主要包括第246条侮辱、诽谤罪,第257条暴力干涉婚姻自由罪,第260条虐待罪(被害人没有能力告诉,或者因受到强制、威吓无法告诉的除外),第270条侵占罪等。"告诉才处理",是指只有被害人向人民法院提出控告,要求对犯罪人追究刑事责任时,人民法院才能受理,如果有权进行告诉的人不告诉,法院则不能受理。

根据本条的规定,有权进行告诉的主体有三种:(1)告诉才处理的刑事案件的被害人。(2)人民检察院在被害人因受强制、威吓而无法告诉的情况下可以告诉。"受强制",是指被害人受到暴力的控制,如被捆绑、拘禁等。"威吓",是指被害人受到威胁、恐吓,不敢向人民法院提出控告。(3)告诉才处理的刑事案件中被害人的近亲属在被害人因受强制、威吓而无法告诉的情况下也可以告诉。"被害人的近亲属",是指被害人的父母、子女、配偶、同胞兄弟姊妹。

第九十九条 **【以上、以下、以内之界定】**本法所称以上、以下、以内,包括本数。

第一百条 **【前科报告制度】**依法受过刑事处罚的人,在入伍、就业的时候,应当如实向有关单位报告自己曾受过刑事处罚,不得隐瞒。

犯罪的时候不满十八周岁被判处五年有期徒刑以下刑罚的人,免除前款规定的报告义务。

第一百零一条 **【总则的效力】**本法总则适用于其他有刑罚规定的法律,但是其他法律有特别规定的除外。

条文注释

第101条包括两个方面的内容:(1)本法总则适用于其他有刑罚规定的法律,主要是指《刑法》总则规定的原则对于其他有定罪处刑规定的法律也适用,在依照其他法律规定对犯罪人判处刑罚时,也要依照《刑法》总则的规定。"其他有刑罚规定的法律",是指除《刑法》以外的其他有定罪处刑规定的法律,包括全国人大常委会通过的对《刑法》所作的决定或者补充规定,在民事、经济、行政等法律中对《刑法》所补充规定的犯罪行为及其刑罚的规定,等等。(2)其他法律有特别规定的除外。这是指在其他有刑罚规定的法律中,对于涉及《刑法》总则的有关问题又作出了特殊规定,即在一定范围、一定限度内对《刑法》总则的有关规定不再适用,而依照该法律的特别规定执行。

第二编　分　　则

第一章　危害国家安全罪

第一百零二条 **【背叛国家罪】**勾结外国,危害中华人民共和国的主权、领土完整和安全的,处无期徒刑或者十年以上有期徒刑。

与境外机构、组织、个人相勾结，犯前款罪的，依照前款的规定处罚。

第一百零三条　【分裂国家罪】组织、策划、实施分裂国家、破坏国家统一的，对首要分子或者罪行重大的，处无期徒刑或者十年以上有期徒刑；对积极参加的，处三年以上十年以下有期徒刑；对其他参加的，处三年以下有期徒刑、拘役、管制或者剥夺政治权利。

【煽动分裂国家罪】煽动分裂国家、破坏国家统一的，处五年以下有期徒刑、拘役、管制或者剥夺政治权利；首要分子或者罪行重大的，处五年以上有期徒刑。

关联法规

《最高人民法院、最高人民检察院关于办理妨害预防、控制突发传染病疫情等灾害的刑事案件具体应用法律若干问题的解释》第10条第2款

第一百零四条　【武装叛乱、暴乱罪】组织、策划、实施武装叛乱或者武装暴乱的，对首要分子或者罪行重大的，处无期徒刑或者十年以上有期徒刑；对积极参加的，处三年以上十年以下有期徒刑；对其他参加的，处三年以下有期徒刑、拘役、管制或者剥夺政治权利。

策动、胁迫、勾引、收买国家机关工作人员、武装部队人员、人民警察、民兵进行武装叛乱或者武装暴乱的，依照前款的规定从重处罚。

第一百零五条　【颠覆国家政权罪】组织、策划、实施颠覆国家政权、推翻社会主义制度的，对首要分子或者罪行重大的，处无期徒刑或者十年以上有期徒刑；对积极参加的，处三年以上十年以下有期徒刑；对其他参加的，处三年以下有期徒刑、拘役、管制或者剥夺政治权利。

【煽动颠覆国家政权罪】以造谣、诽谤或者其他方式煽动颠覆国家政权、推翻社会主义制度的，处五年以下有期徒刑、拘役、管制或者剥夺政治权利；首要分子或者罪行重大的，处五年以上有期徒刑。

关联法规

《最高人民法院关于审理非法出版物刑事案件具体应用法律若干问题的解释》第1条

《最高人民法院、最高人民检察院关于办理妨害预防、控制突发传染病疫情等灾害的刑事案件具体应用法律若干问题的解释》第10条第2款

第一百零六条 【与境外勾结的处罚规定】与境外机构、组织、个人相勾结,实施本章第一百零三条、第一百零四条、第一百零五条规定之罪的,依照各该条的规定从重处罚。

第一百零七条 【资助危害国家安全犯罪活动罪】境内外机构、组织或者个人资助实施本章第一百零二条、第一百零三条、第一百零四条、第一百零五条规定之罪的,对直接责任人员,处五年以下有期徒刑、拘役、管制或者剥夺政治权利;情节严重的,处五年以上有期徒刑。

第一百零八条 【投敌叛变罪】投敌叛变的,处三年以上十年以下有期徒刑;情节严重或者带领武装部队人员、人民警察、民兵投敌叛变的,处十年以上有期徒刑或者无期徒刑。

第一百零九条 【叛逃罪】国家机关工作人员在履行公务期间,擅离岗位,叛逃境外或者在境外叛逃的,处五年以下有期徒刑、拘役、管制或者剥夺政治权利;情节严重的,处五年以上十年以下有期徒刑。

掌握国家秘密的国家工作人员叛逃境外或者在境外叛逃的,依照前款的规定从重处罚。

条文注释

叛逃罪的客观要件是:(1)必须在履行公务期间叛逃。履行公务期间可以理解为担任公职并正常履行职责期间。(2)必须是擅离岗位叛逃。没有离开自己工作岗位的,不成立叛逃。(3)必须有叛逃行为,包括两种方式:一是在境内履行公务期间叛逃境外;二是在境外履行公务期间叛逃。司法实践中,国家工作人员出国考察逾期不归的行为,不能一概而论。如果是在境外投奔境外营垒,可以认定为叛逃罪。如果目的只是求职、求学或投奔亲友,并无危害国家安全的意图或行为,不能构成本罪。

第一百一十条 【间谍罪】有下列间谍行为之一,危害国家安全的,处十年以上有期徒刑或者无期徒刑;情节较轻的,处三年以上十年以下有期徒刑:

(一)参加间谍组织或者接受间谍组织及其代理人的任务的;

(二)为敌人指示轰击目标的。

条文注释

间谍罪,是指参加间谍组织,接受间谍组织及其代理人的任务,或者为敌人指示轰击目标,危害国家安全的行为。

1. 本罪的客观构成要件包括三种危害国家安全的行为:(1)参加间谍组织。这里的间谍组织,是指外国或境外敌对势力设立的,旨在搜集我国政治、经济、军事、文化等各方面国家秘密或情报,进行颠覆、破坏活动,危害我国国家安全的组织。参加间谍组织,是指经过一定程序和手续成为该组织的从事间谍活动的正式成员。(2)虽未参加却接受间谍组织及其代理人任务。这里的"间谍组织代理人",是指受间谍组织或者其成员的指使、委托、资助,进行或者授意、指使他人进行危害中华人民共和国国家安全活动的人。接受间谍组织及其代理人的任务,是指虽然没有参加该间谍组织成为其正式成员,但是一次或数次的接受间谍组织及其代理人的指示,为其进行收集、刺探、窃取、提供我国情报的间谍活动,危害国家安全。(3)为敌人指示轰击目标。为敌人指示轰击目标,是指采取各种方式,向敌人指明其所要轰炸或者攻击的我方目标的位置、特征等,为敌人提供方便。

2. 主观构成要件为故意,故意的内容因行为方式不同而不完全相同:(1)参加间谍组织的,必须明知是间谍组织而参加;(2)接受间谍任务的,必须明知是间谍组织或其代理人派遣的任务而接受;(3)指示轰击目标的,必须明知对方是敌人而向其指示轰击目标。但不论行为人实施何种行为,都明知自己的行为会发生危害国家安全的结果,并且希望或者放任这种结果的发生。

第一百一十一条　【为境外窃取、刺探、收买、非法提供国家秘密、情报罪】为境外的机构、组织、人员窃取、刺探、收买、非法提供国家秘密或者情报的，处五年以上十年以下有期徒刑；情节特别严重的，处十年以上有期徒刑或者无期徒刑；情节较轻的，处五年以下有期徒刑、拘役、管制或者剥夺政治权利。

关联法规

《最高人民法院关于审理为境外窃取、刺探、收买、非法提供国家秘密、情报案件具体应用法律若干问题的解释》

第一百一十二条　【资敌罪】战时供给敌人武器装备、军用物资资敌的，处十年以上有期徒刑或者无期徒刑；情节较轻的，处三年以上十年以下有期徒刑。

第一百一十三条　【危害国家安全罪适用死刑、没收财产的规定】本章上述危害国家安全罪行中，除第一百零三条第二款、第一百零五条、第一百零七条、第一百零九条外，对国家和人民危害特别严重、情节特别恶劣的，可以判处死刑。

犯本章之罪的，可以并处没收财产。

第二章　危害公共安全罪

第一百一十四条　【放火罪、决水罪、爆炸罪、投放危险物质罪、以危险方法危害公共安全罪】放火、决水、爆炸以及投放毒害性、放射性、传染病病原体等物质或者以其他危险方法危害公共安全，尚未造成严重后果的，处三年以上十年以下有期徒刑。

条文注释

(1)放火罪，是指故意引起火灾，危害公共安全的行为。客观构成要件为实施放火行为，危害公共安全。“放火”，是指故意使对象物燃烧、引起火灾的行为；火灾，是指在时间上或者空间上失去控制的燃烧所造成的灾害。放火的方法没有限制，燃烧的对象物既可以是财物，也可以是财物以外的其他物质。主观构成要件为故意，即明知自己的放火行为会发生危害公共安全的结果，并且希望或放任这种结果的发生。(2)决水罪，是指故意破坏水利设施，制造水患，危害公共安全的行为。(3)爆炸罪，是指行为人故意用爆炸的方法，危害公共安全的行为。客观方面为行为人引发爆炸物或者用其他方法制造爆炸，危害公共安全的行为。主观方面为故意。(4)投放危害物质罪，是指故意投放毒害性、放射性、传染病病原体等物质，危害公共安全的行为。(5)以危险方法危害公共安全罪，是指故意使用放火、决水、爆炸、投放危险物质以外的危险方法危害公共安全的行为。

第一百一十五条　【放火罪、决水罪、爆炸罪、投放危险物质罪、以危险方法危害公共安全罪】放火、决水、爆炸以及投放毒害性、放射性、传染病病原体等物质或者以其他危险方法致人重伤、死亡或者使公私财产遭受重大损失的，处十年以上有期徒刑、无期徒刑或者死刑。

【失火罪、过失决水罪、过失爆炸罪、过失投放危险物质罪、过失以危险方法危害公共安全罪】过失犯前款罪的，处三年以上七年以下有期徒刑；情节较轻的，处三年以下有期徒刑或者拘役。

关联法规

《最高人民法院、最高人民检察院关于办理妨害预防、控制突发传染病疫情等灾害的刑事案件具体应用法律若干问题的解释》第1条

第一百一十六条　【破坏交通工具罪】破坏火车、汽车、电车、船只、航空器，足以使火车、汽车、电车、船只、航空器发生倾覆、毁坏危险，尚未造成严重后果的，处三年以上十年以下有期徒刑。

条文注释

破坏交通工具罪，是指故意破坏火车、汽车、电车、船只、航空器，足以使其发生倾覆、毁坏危险的行为。本罪的客观方面是：(1)行为破坏的对象是关涉公共安全的火车、汽车、电车、船只、航空器。“汽

车”亦包括大型拖拉机,因为破坏大型拖拉机也会发生危害公共安全的结果。一般来说,交通工具处于下列状态,方能成为本罪对象:一是交通工具正在行驶(飞行)中;二是交通工具处于已交付随时使用的状态;三是交通工具不需要再检修便使用的状态。(2)行为人实施了破坏行为,不影响交通运输安全的破坏行为不包括在内。(3)破坏行为中以使火车、汽车、船只或者航空器发生倾覆、毁坏危险。本罪主观方面是故意,既包括直接故意,亦包括间接故意。

第一百一十七条 【破坏交通设施罪】破坏轨道、桥梁、隧道、公路、机场、航道、灯塔、标志或者进行其他破坏活动,足以使火车、汽车、电车、船只、航空器发生倾覆、毁坏危险,尚未造成严重后果的,处三年以上十年以下有期徒刑。

条文注释

构成本罪必须同时符合以下条件:(1)行为人主观上必须具有破坏的故意。(2)破坏行为必须是针对涉及交通安全的设施的。如果破坏的是与交通安全无关的设施,不影响车辆行驶、船只航行、航空器飞行安全,则不构成本罪。“其他破坏活动”,是指破坏上述列举以外的其他交通设施和虽然没有直接破坏上述交通设施,但却足以使火车、汽车、电车、船只、航空器发生倾覆、毁坏危险的行为,如乱发指示信号、干扰无线电通信、导航,在铁轨上放置障碍物等。应当强调的是,这里所说的“破坏”,不仅包括使交通设施遭受有形的损坏,也包括对交通设施正常功能的损害,如发出无线电干扰信号,使正常行驶中的交通工具与指挥、导航系统不能联系,致使该交通工具处于极大的风险之中的行为等。(3)破坏行为必须是足以使火车、汽车、电车、船只、航空器发生倾覆、毁坏危险的。这里所说的“足以”,是指行为人对交通设施的破坏程度,已达到可以使交通工具发生倾覆或者毁坏的现实可能性和威胁。如果其破坏交通设施的程度不会造成这种现实危险的,则不构成本罪。

第一百一十八条　【破坏电力设备罪、破坏易燃易爆设备罪】破坏电力、燃气或者其他易燃易爆设备,危害公共安全,尚未造成严重后果的,处三年以上十年以下有期徒刑。

条文注释

破坏电力设备罪和盗窃罪等犯罪的区分,应注意:(1)盗窃电力设备危害公共安全,但不构成盗窃罪的,以破坏电力设备罪定罪处罚。这种情形主要是盗窃电力设备,其行为危害了公共安全,符合破坏电力设备罪的构成,但其盗窃的电力设备价值较低,盗窃数额尚未达到盗窃罪的数额标准。此时,该行为不构成盗窃罪,而应当以破坏电力设备罪定罪处罚。(2)盗窃电力设备,同时构成盗窃罪和破坏电力设备罪的,应当按照"择一重处罚"的原则,即依照《刑法》处罚较重的规定定罪处罚。这种情形下,既可能以盗窃罪定罪处罚,也可能以破坏电力设备罪定罪处罚。虽然一般情况下,破坏电力设备罪的量刑似乎比盗窃罪要重,但实践中也可能存在盗窃的电力设备非常贵重,盗窃数额巨大或者特别巨大,按照盗窃罪定罪量刑比按照破坏电力设备罪定罪量刑要重的情况。(3)盗窃电力设备,没有危及公共安全的,不能构成破坏电力设备罪,但应当追究刑事责任的,可以根据案件的不同情况,按照盗窃罪等犯罪处罚。与前两种情形都不同,这种情形下盗窃电力设备没有危及公共安全的,不能以破坏电力设备罪定罪处罚;但如果该行为构成其他犯罪的,如盗窃数额达到盗窃罪标准的,以盗窃罪定罪处罚;盗窃数额尚未达到盗窃罪标准,不构成盗窃罪,但应当追究刑事责任的,根据具体情况,可以分别以故意毁坏财物罪、破坏生产经营罪等犯罪处理。

关联法规

《最高人民法院关于审理破坏电力设备刑事案件具体应用法律若干问题的解释》

《最高人民法院、最高人民检察院关于办理盗窃油气、破坏油气设备等刑事案件具体应用法律若干问题的解释》

第一百一十九条　【破坏交通工具罪、破坏交通设施罪、破坏电力设备罪、破坏易燃易爆设备罪】破坏交通工具、交通设施、电力设备、燃气设备、易燃易爆设备，造成严重后果的，处十年以上有期徒刑、无期徒刑或者死刑。

【过失损坏交通工具罪、过失损坏交通设施罪、过失损坏电力设备罪、过失损坏易燃易爆设备罪】过失犯前款罪的，处三年以上七年以下有期徒刑；情节较轻的，处三年以下有期徒刑或者拘役。

第一百二十条　【组织、领导、参加恐怖组织罪】组织、领导恐怖活动组织的，处十年以上有期徒刑或者无期徒刑，并处没收财产；积极参加的，处三年以上十年以下有期徒刑，并处罚金；其他参加的，处三年以下有期徒刑、拘役、管制或者剥夺政治权利，可以并处罚金。

犯前款罪并实施杀人、爆炸、绑架等犯罪的，依照数罪并罚的规定处罚。

条文注释

恐怖活动组织一般具备以下特征：(1)成员必须是3人以上，这是恐怖活动组织在人数上的最低限制。(2)恐怖活动组织必须具有特定的目的，一般带有政治、意识形态等性质，不具有这方面的目的，仅是为实施普通犯罪而结合起来的犯罪集团，与恐怖活动组织是有明显区别的。(3)恐怖活动组织具有较严密的组织性。其成员相对固定且内部存在领导与被领导的关系，有组织、领导者，有骨干分子，也有一般成员，纪律性和组织性较强。(4)恐怖活动组织有一定的稳定性。即恐怖活动组织建立以后，在较长时间内存在和维系，并随时准备实施暴力恐怖犯罪，而不是实施完一次恐怖活动后就解散。

需要注意的是：(1)本罪是选择性罪名，行为人只要实施了组织、领导、积极参加或者参加恐怖组织行为之一的，便构成本罪。行为人实施本条第1款规定的两个或者两个以上的行为，如既组织又领导恐怖组织的，也只成立一罪，不实行数罪并罚。(2)本罪的主观方面是故意，一般具有借助恐怖活动组织实施恐怖活动的目的。实践中，对于参加恐怖活动组织而言，行为人必须明知是恐怖活动组织而自愿参加的，才能构成本罪。对于那些因不明真相，因受蒙蔽、欺骗而参加恐怖活动组织，一经发现即脱离关系，实际上也没有参与实施恐怖活动的，不能认定为犯罪。

关联法规

《反恐怖主义法》

第一百二十条之一　【帮助恐怖活动罪】资助恐怖活动组织、实施恐怖活动的个人的，或者资助恐怖活动培训的，处五年以下有期徒刑、拘役、管制或者剥夺政治权利，并处罚金；情节严重的，处五年以上有期徒刑，并处罚金或者没收财产。

为恐怖活动组织、实施恐怖活动或者恐怖活动培训招募、运送人员的，依照前款的规定处罚。

单位犯前两款罪的，对单位判处罚金，并对其直接负责的主管人员和其他直接责任人员，依照第一款的规定处罚。

条文注释

构成本条规定的犯罪应当符合以下条件：(1)主观上必须是故意，即犯罪分子明知对方是恐怖活动组织、是实施恐怖活动的个人或者是从事、参加恐怖活动培训而予以资助。不知道对方是恐怖活动组织、实施恐怖活动的个人、恐怖活动培训，而是由于受欺骗而为其提供资助的，不构成本罪。这是区分罪与非罪的重要界限。(2)必须是实施了相应的资助行为，即实施了为恐怖活动组织、实施恐怖活动的个人或者为恐怖活动培训筹集、提供经费、物资或者提供场所以及其他物质便利的行为。提供资助的犯罪动机是多种多样的，但不同动机不影响本罪的构成。(3)资助的对象必须是恐怖活动组织、实施恐怖活动的个人或者恐怖活动培训。其中，“恐怖活动组织”，是指本法第120条规定的恐怖活动组织，既包括在我国境内的恐怖活动组织，也包括在境外其他国家或者地区的恐怖活动组织，既包括由官方名单确认的恐怖活动组织，也包括未经官方名单确认，但符合其实质特征的恐怖活动组织；“实施恐怖活动的个人”，包括预谋实施、准备实施和实际实施恐怖活动的个人，既包括在我国境内实施恐怖活动，也包括在其他国家和地区实施恐怖活动，实施恐怖活动的个人包括我国公民、外国人和无国籍人；“恐怖活动培训”，既包括为实施恐怖活动而进行的培训活动，也包括去参加或者接受恐怖活动培训的行为，既包括在我国境内开展的恐怖活动培训，也包括在我国境外开展的恐怖活动培训。

本条还应当注意以下两点：(1)要注意本罪与参加恐怖活动组织、实施恐怖活动犯罪的区别。构成本罪的主观故意只是资助恐怖活动组织、实施恐怖活动的个人和恐怖活动培训，而不是作为恐怖活动组织的成员负责有关筹集资金、物资的活动，也不是直接资助恐怖活动组织或者个人所实施的恐怖犯罪活动，其主观故意与被资助对象的犯罪故意是不一致的。如果行为人与恐怖活动组织或者实施恐怖活动的个人通谋，为其提供物资、资金、账号、证明，或者为其提供运输、保管或者其他方便的，属于共同犯罪，根据《刑法》总则关于共同犯罪的有关规定进行惩处。(2)资助只能是以有形的物质性利益进行帮助，即只能是提供经费、活动场所、训练基地、各种宣传通信设备、设施等，如果行为人不是提供物质上的帮助，仅是在精神上、舆论宣传等方面给予支持帮助，不能认定为本款规定的资助行为。

第一百二十条之二　【准备实施恐怖活动罪】有下列情形之一的，处五年以下有期徒刑、拘役、管制或者剥夺政治权利，并处罚金；情节严重的，处五年以上有期徒刑，并处罚金或者没收财产：

（一）为实施恐怖活动准备凶器、危险物品或者其他工具的；

（二）组织恐怖活动培训或者积极参加恐怖活动培训的；

（三）为实施恐怖活动与境外恐怖活动组织或者人员联络的；

（四）为实施恐怖活动进行策划或者其他准备的。

有前款行为，同时构成其他犯罪的，依照处罚较重的规定定罪处罚。

条文注释

本条规定了以下四种准备实施恐怖活动的犯罪行为：

(1)为实施恐怖活动准备凶器、危险物品或者其他工具。这一行为的前提是“为实施恐怖活动”。“凶器”,是指用来实施犯罪行为,能够对人身健康、生命等造成危险的枪支等武器、刀具、棍棒、爆炸物等物品。“危险物品”,是指具有燃烧性、爆炸性、腐蚀性、毒害性、放射性等特性,能够引起人身伤亡,或者造成公共利益和人民群众重大财产损害的物品。“其他工具”,是指能够为恐怖活动犯罪提供便利,或者有利于提高实施暴力恐怖活动能力的物品,如汽车、手机、地图、指南针等。

(2)组织恐怖活动培训或者积极参加恐怖活动培训。这里所说的“恐怖活动培训”,在内容上,既可以是传授、灌输恐怖主义思想、主张,也可以是进行心理、体能训练或者传授、训练制造工具、武器、炸弹等方面的犯罪技能和方法,还可以是进行恐怖活动的实战训练等。在具体的组织方式上,包括当面讲授、开办培训班、组建训练营、开办论坛等。

(3)为实施恐怖活动与境外恐怖活动组织或者人员联络。进行联络的方式多种多样,包括直接见面、写信、打电话、发电子邮件等。只要是为实施恐怖活动而与境外恐怖活动或者人员联络的,都要依照本款规定追究刑事责任。

(4)为实施恐怖活动进行策划或者其他准备。这里的“策划”,是指制订恐怖活动计划,选择实施恐怖活动的目标、地点、时间,分配恐怖活动任务等行为。“其他准备”是关于准备实施恐怖活动犯罪的兜底性规定,指上述规定的四种准备行为之外的其他为实施恐怖活动而进行的准备活动。

第一百二十条之三　【宣扬恐怖主义、极端主义、煽动实施恐怖活动罪】以制作、散发宣扬恐怖主义、极端主义的图书、音频视频资料或者其他物品,或者通过讲授、发布信息等方式宣扬恐怖主义、极端主义的,或者煽动实施恐怖活动的,处五年以下有期徒刑、拘役、管制或者剥夺政治权利,并处罚金;情节严重的,处五年以上有期徒刑,并处罚金或者没收财产。

条文注释

理解本条应当注意以下两个问题：

(1)要注意区分煽动和教唆行为。不指向具体的恐怖活动，而是概括性地煽动实施恐怖活动的，属于本条规定的煽动行为。对于鼓动、要求、怂恿他人参加或者实施特定的恐怖活动的，则应当按照《刑法》关于教唆的规定定罪处罚。如果既有煽动行为也有教唆行为，两者出现竞合的情形，应当按照处罚较重的规定定罪量刑。

(2)本罪名属于选择性罪名。从司法实践情况看，宣扬恐怖主义、极端主义和煽动实施恐怖活动往往交织在一起。有些犯罪分子在宣扬恐怖主义、极端主义的同时，也会煽动被宣传对象去实施恐怖活动。因此，在适用本条规定时，任何人无论是同时实施了宣扬恐怖主义、极端主义和煽动实施恐怖活动的行为，还是仅仅实施了宣扬恐怖主义、极端主义或者煽动实施恐怖活动行为中的某一种行为，都构成本罪，应当依法追究刑事责任。

第一百二十条之四　【利用极端主义破坏法律实施罪】利用极端主义煽动、胁迫群众破坏国家法律确立的婚姻、司法、教育、社会管理等制度实施的，处三年以下有期徒刑、拘役或者管制，并处罚金；情节严重的，处三年以上七年以下有期徒刑，并处罚金；情节特别严重的，处七年以上有期徒刑，并处罚金或者没收财产。

条文注释

构成本条规定的犯罪，需要符合以下几个方面的条件：(1)本罪的行为方式，表现为利用极端主义煽动、胁迫群众。只有利用极端主义实施本条规定的煽动、胁迫行为的，才构成本罪。“煽动”，是指利用极端主义，以各种方式对他人进行要求、鼓动、怂恿，意图使他人产生犯意，去实施所煽动的行为。“胁迫”，是指通过暴力、威胁等手段，对他人形成心理强制，迫使其从事胁迫者希望其实施的特定行为。(2)本罪中煽动、胁迫的目的，是破坏国家法律制度的实施。(3)本罪的直接危害，是破坏国家法律规定的管理制度，使国家法律确定的婚姻、司法、教育、社会管理等制度得不到有效实施。同时，本罪的危害还在于，这一行为还会使被煽动、胁迫的特定对象产生认识混乱或者恐惧心理，损害其个人的合法权益，进而危及公共利益、社会安全和秩序。因此，本罪不以被煽动、胁迫者实施破坏国家法律制度的具体行为为必要条件，只要行为人实施了煽动、胁迫的行为，就已经构成本罪。

还应注意的是，“利用极端主义”是构成本罪的一个要件，而对于煽动、胁迫他人破坏国家法律制度实施但没有利用极端主义的，应当根据具体情况分别处理。对于组织、利用会道门、邪教组织或者利用迷信破坏国家法律、行政法规实施，构成犯罪的，依照本法第300条的规定定罪处罚。有些人由于狭隘思想或者愚昧等原因，对宗教教义、民族风俗习惯产生不正确的理解，并进而破坏国家法律实施的，如果构成犯罪，可以按照本法的其他规定定罪处罚。不构成犯罪的，依法予以行政处罚或者进行批评、教育。

第一百二十条之五　【强制穿戴宣扬恐怖主义、极端主义服饰、标志罪】以暴力、胁迫等方式强制他人在公共场所穿着、佩戴宣扬恐怖主义、极端主义服饰、标志的，处三年以下有期徒刑、拘役或者管制，并处罚金。

条文注释

本条规定的犯罪主体为一般主体，即任何强制他人在公共场所穿着、佩戴宣扬恐怖主义、极端主义服饰、标志的人。犯罪侵害的客体是多重客体，既在社会范围内渗透恐怖主义、极端主义思想，又侵犯被害人的人身权利、民主权利，同时也妨害社会管理秩序。犯罪的主观要件为故意，对强制他人在公共场所穿着、佩戴宣扬恐怖主义、极端主义服饰、标志的行为和结果都是明知并且希望结果的发生。本条的“公共场所”既包括群众进行公开活动的场所，如商店、影剧院、体育场、街道等；也包括各类单位，如机关、团体、事业单位的办公场所，企业生产经营场所，医院、学校、幼儿园等；还包括公共交通工具，如火车、轮船、长途客运汽车、公共电车、汽车、民用航空器等。

第一百二十条之六 【非法持有宣扬恐怖主义、极端主义物品罪】明知是宣扬恐怖主义、极端主义的图书、音频视频资料或者其他物品而非法持有，情节严重的，处三年以下有期徒刑、拘役或者管制，并处或者单处罚金。

条文注释

本罪作为持有型犯罪，是一项补充性罪名。根据本条规定，非法持有宣扬恐怖主义、极端主义物品的犯罪，是指明知是宣扬恐怖主义、极端主义的图书、音频视频资料或者其他物品而非法持有，情节严重的行为。本罪在主观上要求是故意，即行为人明知是宣扬恐怖主义、极端主义的图书、音频视频资料或者其他物品而非法持有的，才能构成本罪。这里所说的"明知"，是指知道或者应当知道。本罪在客观上要求行为人有非法持有的行为。这里所规定的"持有"，是指行为人对恐怖主义、极端主义宣传品处于占有、支配、控制的一种状态。不仅随身携带可以认定为持有，在其住所、驾驶的运输工具上发现的恐怖主义、极端主义宣传品也可以认定为持有。根据本条规定，明知是宣扬恐怖主义、极端主义的图书、音频视频资料或者其他物品而非法持有的行为，只有达到情节严重的，才构成犯罪。

第一百二十一条 【劫持航空器罪】以暴力、胁迫或者其他方法劫持航空器的，处十年以上有期徒刑或者无期徒刑；致人重伤、死亡或者使航空器遭受严重破坏的，处死刑。

条文注释

根据本条的规定，行为人构成本罪必须是实施了以暴力、威胁或者其他方法劫持航空器的行为。这里所说的"暴力"，主要是指犯罪分子使用强暴手段，如杀害、殴打等方法劫持航空器的行为；"胁迫"，主要是指犯罪分子以爆炸飞机、枪杀旅客等手段要挟、强迫机组人员服从其劫持航空器的命令的行为；"其他方法"，是指犯罪分子使用除暴力、威胁方法以外的方法劫持航空器的行为，如航空器的驾驶人员，利用驾驶航空器的便利条件，违反规定直接驾机非法出逃境外，危害公众安全的行为。这里规定的“航空器”，是指各种运送旅客和运输物资的空中运输工具。

第一百二十二条　【劫持船只、汽车罪】以暴力、胁迫或者其他方法劫持船只、汽车的，处五年以上十年以下有期徒刑；造成严重后果的，处十年以上有期徒刑或者无期徒刑。

第一百二十三条　【暴力危及飞行安全罪】对飞行中的航空器上的人员使用暴力，危及飞行安全，尚未造成严重后果的，处五年以下有期徒刑或者拘役；造成严重后果的，处五年以上有期徒刑。

条文注释

根据本条的规定，构成本罪的主体是一般主体，即任何在飞行中的航空器上的人员都可以构成本罪的主体。其中，“飞行中”是指航空器从装载完毕、机舱外部各门均已关闭时起，直至打开任一机舱门以便卸载时为止。构成本罪还必须具备以下条件：1. 必须是使用暴力。即对飞行中航空器上的人员使用暴力，如使用凶器行凶或者斗殴等。2. 危及飞行安全。在飞行中的航空器上，任何使用暴力的情况都会危及飞行安全，但本罪在处刑上区分了两种情况：(1)尚未造成严重后果的；(2)造成严重后果的。其中，“造成严重后果的”，主要是指因行为人在航空器中使用暴力的行为，致使航空器不能正常航行，以致迫降、坠毁等。

第一百二十四条　【破坏广播电视设施、公用电信设施罪】破坏广播电视设施、公用电信设施，危害公共安全的，处三年以上七年以下有期徒刑；造成严重后果的，处七年以上有期徒刑。

【过失损坏广播电视设施、公用电信设施罪】过失犯前款罪的，处三年以上七年以下有期徒刑；情节较轻的，处三年以下有期徒刑或者拘役。

条文注释

破坏广播电视设施、公用电信设施罪，是指破坏广播电视设施、公用电信设施，危害公共安全的行为。“广播电视设施”，主要是指发射无线电广播信号的台站,传播新闻信息的电视发射台、转播台和电视台的接收电视图像的设备以及有线广播电视传播覆盖设施等。“公用电信设施”,主要是指无线电发报设施、设备,电话交换局、台、站和无线电通信网络、微波、监测、传真电信设备,卫星电信的发射与接收电讯号的设备以及用于航海、航空的无线电通讯、导航设备、设施等。破坏行为主要表现为两种形态:(1)使广播电视设施、公用电信设施受到物理上的毁损;(2)使广播电视设施、公用电信设施丧失应有性能。

关联法规

《最高人民法院关于审理破坏广播电视设施等刑事案件具体应用法律若干问题的解释》

《最高人民法院关于审理破坏公用电信设施刑事案件具体应用法律若干问题的解释》第1条

《最高人民法院、最高人民检察院关于办理组织和利用邪教组织犯罪案件具体应用法律若干问题的解释》第15条

第一百二十五条 【非法制造、买卖、运输、邮寄、储存枪支、弹药、爆炸物罪】非法制造、买卖、运输、邮寄、储存枪支、弹药、爆炸物的,处三年以上十年以下有期徒刑;情节严重的,处十年以上有期徒刑、无期徒刑或者死刑。

【非法制造、买卖、运输、储存危险物质罪】非法制造、买卖、运输、储存毒害性、放射性、传染病病原体等物质,危害公共安全的,依照前款的规定处罚。

单位犯前两款罪的,对单位判处罚金,并对其直接负责的主管人员和其他直接责任人员,依照第一款的规定处罚。

条文注释

本条第1款是对非法制造、买卖、运输、邮寄、储存枪支、弹药、爆炸物的犯罪及其处罚的规定。这里所说的“非法”,既包括违反法律、法规,也包括违反国家有关部门发布的规章、通告等规范性文件。其中,“制造”,是指以各种方法生产枪支、弹药、爆炸物的行为;“买

卖”,是指行为人购买或者出售枪支、弹药、爆炸物的行为;“运输”,是指通过各种交通工具移送枪支、弹药、爆炸物的行为;“邮寄”,是指通过邮局将枪支、弹药、爆炸物寄往目的地的行为;“储存”,是指明知是他人非法制造、买卖、运输、邮寄的枪支、弹药、爆炸物而为其存放的行为。应当注意的是,这里所说的“运输”与“邮寄”的主要区别是运输方式:一个是通过交通工具,另一个是通过邮政系统,“运输”一般较“邮寄”的数量要多。本款规定的“枪支”,是指以火药或者压缩气体等为动力,利用管状器具发射金属弹丸或者其他物质,足以致人伤亡或者丧失知觉的各种枪支。包括军用的手枪、步枪、冲锋枪、机枪以及射击运动用的各种枪支,还有各种民用的狩猎用枪等。“弹药”,是指上述枪支所使用的子弹、火药等;“爆炸物”,是指具有爆破性并对人体造成杀伤的物品,如手榴弹、炸药以及雷管、爆破筒、地雷等。本罪是选择性罪名,实施两种以上行为的仍按一罪处理,不实行数罪并罚。

本条第2款为非法制造、买卖、运输、储存危险物质罪,是指非法制造、买卖、运输、储存毒害性、放射性、传染病病原体等物质,危害公共安全的行为。本罪属于具体危险犯,行为必须对公共安全造成了现实的、具体的危险。

关联法规

《最高人民法院关于审理非法制造、买卖、运输枪支、弹药、爆炸物等刑事案件具体应用法律若干问题的解释》第1、2、7~10条

《最高人民法院、最高人民检察院关于办理非法制造、买卖、运输、储存毒鼠强等禁用剧毒化学品刑事案件具体应用法律若干问题的解释》第1~3条

第一百二十六条 【违规制造、销售枪支罪】依法被指定、确定的枪支制造企业、销售企业,违反枪支管理规定,有下列行为之一的,对单位判处罚金,并对其直接负责的主管人员和其他直接责任人员,处五年以下有期徒刑;情节严重的,处五年以上十年以下有期徒刑;情节特别严重的,处十年以上有期徒刑或者无期徒刑:

（一）以非法销售为目的，超过限额或者不按照规定的品种制造、配售枪支的；

（二）以非法销售为目的，制造无号、重号、假号的枪支的；

（三）非法销售枪支或者在境内销售为出口制造的枪支的。

关联法规

《最高人民法院关于审理非法制造、买卖、运输枪支、弹药、爆炸物等刑事案件具体应用法律若干问题的解释》第3条

第一百二十七条 【盗窃、抢夺枪支、弹药、爆炸物、危险物质罪】盗窃、抢夺枪支、弹药、爆炸物的，或者盗窃、抢夺毒害性、放射性、传染病病原体等物质，危害公共安全的，处三年以上十年以下有期徒刑；情节严重的，处十年以上有期徒刑、无期徒刑或者死刑。

【抢劫枪支、弹药、爆炸物、危险物质罪；盗窃、抢夺枪支、弹药、爆炸物、危险物质罪】抢劫枪支、弹药、爆炸物的，或者抢劫毒害性、放射性、传染病病原体等物质，危害公共安全的，或者盗窃、抢夺国家机关、军警人员、民兵的枪支、弹药、爆炸物的，处十年以上有期徒刑、无期徒刑或者死刑。

第一百二十八条 【非法持有、私藏枪支、弹药罪】违反枪支管理规定，非法持有、私藏枪支、弹药的，处三年以下有期徒刑、拘役或者管制；情节严重的，处三年以上七年以下有期徒刑。

【非法出租、出借枪支罪】依法配备公务用枪的人员，非法出租、出借枪支的，依照前款的规定处罚。

【非法出租、出借枪支罪】依法配置枪支的人员，非法出租、出借枪支，造成严重后果的，依照第一款的规定处罚。

单位犯第二款、第三款罪的，对单位判处罚金，并对其直接负责的主管人员和其他直接责任人员，依照第一款的规定处罚。

条文注释

非法持有、私藏枪支、弹药罪，是指违反枪支、弹药管理规定，非法持有、私藏枪支、弹药的行为。“非法持有”，是指不符合配备、配置枪支、弹药条件的人员，违反枪支管理法律、法规的规定，擅自持有枪

支、弹药的行为。“私藏”，是指依法配备、配置枪支、弹药的人员，在配备、配置枪支、弹药的条件消失后，违反枪支管理法律、法规的规定，私自藏匿所配备、配置的枪支、弹药且拒不交出的行为。

非法出租、出借枪支罪，是指依法配备公务用枪的人员与单位，非法出租、出借枪支的，或者依法配置枪支的人员和单位，非法出租、出借枪支，造成严重后果的行为。“依法配备公务用枪的人员”，包括公安机关、国家安全机关、监狱、劳教机关的人民警察、人民法院、人民检察院的司法警察和担负案件侦查任务的检察人员、海关的缉私人员、国家重要的军工、金融、仓储、科研等单位的专职守护人员、押运人员等。“非法出租”，是指违反国家有关枪支管理的规定，擅自将枪支在一段时间内有偿租给他人或单位使用的行为；“非法出借”，是指违反国家有关枪支管理的规定，擅自将枪支无偿借给他人或单位使用的行为。

此外，还应注意以下两个问题：(1)依法配置枪支的人员的非法出租、出借行为必须造成严重后果，如使用人利用该枪支打伤、打死人等情况。也就是说，如果非法出租、出借民用枪支的行为没有造成严重后果的，则应按有关规定处理，不构成犯罪。(2)若明知他人使用枪支进行犯罪行为，而出租、出借枪支给他人的，与他人成立相应犯罪的共犯。

关联法规

《最高人民法院关于审理非法制造、买卖、运输枪支、弹药、爆炸物等刑事案件具体应用法律若干问题的解释》第4、5条

第一百二十九条　【丢失枪支不报罪】依法配备公务用枪的人员，丢失枪支不及时报告，造成严重后果的，处三年以下有期徒刑或者拘役。

第一百三十条　【非法携带枪支、弹药、管制刀具、危险物品危及公共安全罪】非法携带枪支、弹药、管制刀具或者爆炸性、易燃性、放射性、毒害性、腐蚀性物品，进入公共场所或者公共交通工具，危及公共安全，情节严重的，处三年以下有期徒刑、拘役或者管制。

条文注释

根据第130条的规定，构成本罪的，必须具备以下两个条件：(1)行为人具有非法携带枪支、弹药、管制刀具或者其他危险物品，进入公共场所或者公共交通工具的行为。这里所说的“枪支、弹药”及“爆炸性、易燃性、放射性、毒害性、腐蚀性物品”的含义与范围与本章其他条文所规定的内容是一致的。本条规定的“管制刀具”，是指国家依法进行管制，只能由特定人员持有、使用，禁止私自生产、买卖、持有的刀具，如匕首、三棱刮刀、弹簧刀以及类似的单刃刀、双刃刀和三棱尖刀等。“公共场所”，主要是指大众进行公开活动的场所，如商店、影剧院、体育场、街道等。“公共交通工具”，是指火车、轮船、长途客运汽车、公共电车、汽车、民用航空器等。(2)必须危及公共安全，且是情节严重的行为，才能构成本罪。一般而言，非法携带枪支、弹药、管制刀具或者其他危险物品进入公共场所或者公共交通工具，行为本身就必然危及公共安全，使广大公民及国家财产处于危险之中，但根据本条规定，只有上述行为达到情节严重的程度，才能构成本罪。

关联法规

《最高人民法院关于审理非法制造、买卖、运输枪支、弹药、爆炸物等刑事案件具体应用法律若干问题的解释》第6条

第一百三十一条　【重大飞行事故罪】航空人员违反规章制度，致使发生重大飞行事故，造成严重后果的，处三年以下有期徒刑或者拘役；造成飞机坠毁或者人员死亡的，处三年以上七年以下有期徒刑。

第一百三十二条　【铁路运营安全事故罪】铁路职工违反规章制度，致使发生铁路运营安全事故，造成严重后果的，处三年以下有期徒刑或者拘役；造成特别严重后果的，处三年以上七年以下有期徒刑。

条文注释

根据第132条的规定，构成本罪，必须符合以下条件：(1)构成本罪的主体必须是铁路职工。“铁路职工”，是指从事铁路管理、运输、维修等工作的人员，既包括工人，也包括管理人员。(2)行为人的行

为违反了关于铁路运营安全方面的规章制度，致使发生铁路运营安全事故。这里所说的“违反规章制度”，是指违反了有关主管部门制定、颁布的保证铁路运输安全的各种规章和制度，包括交通法规、技术操作规程、运输管理工作制度等。“铁路运营安全事故”，是指铁路在运输过程中发生的火车倾覆、出轨、撞车等造成人员伤亡、机车毁坏以及致使公私财产遭受重大损失的严重事件。这里规定的“铁路运营安全事故”不包括列车晚点、不能正点发车或到达等非安全事故。(3)由于行为人的行为，造成了严重后果。本条规定的“造成严重后果的”，是指造成人员伤亡和公私财产遭受重大损失等结果。

第一百三十三条　【交通肇事罪】违反交通运输管理法规，因而发生重大事故，致人重伤、死亡或者使公私财产遭受重大损失的，处三年以下有期徒刑或者拘役；交通运输肇事后逃逸或者有其他特别恶劣情节的，处三年以上七年以下有期徒刑；因逃逸致人死亡的，处七年以上有期徒刑。

条文注释

本罪主体是一般主体，即凡是达到刑事责任年龄、具有刑事责任能力的人皆可构成本罪主体。本罪的客观方面表现为：(1)行为人必须有违反交通运输管理法规的行为。交通运输管理法规，是指与保障交通运输安全有关的各种法规，包括海上、内河、公路、城市道路等交通安全管理法规。(2)必须有重大交通事故发生，致人重伤、死亡或者使公共财产遭受重大损失。(3)重大交通事故必须发生在交通过程中以及与交通有直接关系的活动中。(4)重大交通事故与行为人违反交通运输法规具有因果关系。本罪的主观方面是过失，这种过失是指行为人对自己违反交通法规行为所造成的严重后果的心理态度而言，而不是对于违反交通法规的行为。

关于本罪还需要注意以下几个方面：

1. 交通肇事致1人以上重伤，负事故全部或者主要责任，并具有下列情形之一的，以交通肇事罪定罪处罚：(1)酒后、吸食毒品后驾驶机动车辆的；(2)无驾驶资格驾驶机动车辆的；(3)明知是安全装置不全或者安全机件失灵的机动车辆而驾驶的;(4)明知是无牌证或者已报废的机动车辆而驾驶的;(5)严重超载驾驶的;(6)为逃避法律追究逃离事故现场的。

2. 交通肇事具有下列情形之一的,处3年以下有期徒刑或者拘役:(1)死亡1人或者重伤3人以上,负事故全部或者主要责任的;(2)死亡3人以上,负事故同等责任的;(3)造成公共财产或者他人财产直接损失,负事故全部或者主要责任,无能力赔偿数额在30万元以上的。

3. 交通肇事具有下列情形之一的,属于"有其他特别恶劣情节",处3年以上7年以下有期徒刑:(1)死亡2人以上或者重伤5人以上,负事故全部或者主要责任的;(2)死亡6人以上,负事故同等责任的;(3)造成公共财产或者他人财产直接损失,负事故全部或者主要责任,无能力赔偿数额在60万元以上的。

4. 应注意区别以下两种情形:(1)交通肇事后,单位主管人员、机动车辆所有人、承包人或者乘车人指使肇事人逃逸,致使被害人因得不到救助而死亡的,以交通肇事罪的共犯论处。本罪所述"因逃逸致人死亡",是指行为人在交通肇事后为逃避法律追究而逃跑,致使被害人因得不到救助而死亡的情形。(2)行为人在交通肇事后为逃避法律追究,将被害人带离事故现场后隐藏或者遗弃,致使被害人无法得到救助而死亡或者严重残疾的,以故意杀人罪或者故意伤害罪定罪处罚。

5. 还应区分公共交通管理范围的问题:(1)在实行公共交通管理的范围内发生重大交通事故的,依照交通肇事罪及相关司法解释的规定办理。(2)在公共交通管理的范围外,驾驶机动车辆或者使用其他交通工具致人伤亡或者致使公共财产或者他人财产遭受重大损失,构成犯罪的,分别依照本法第134条、第135条、第233条等规定定罪处罚。

关联法规

《最高人民法院关于审理交通肇事刑事案件具体应用法律若干问题的解释》

第一百三十三条之一　【危险驾驶罪】在道路上驾驶机动车，有下列情形之一的，处拘役，并处罚金：

（一）追逐竞驶，情节恶劣的；

（二）醉酒驾驶机动车的；

（三）从事校车业务或者旅客运输，严重超过额定乘员载客，或者严重超过规定时速行驶的；

（四）违反危险化学品安全管理规定运输危险化学品，危及公共安全的。

机动车所有人、管理人对前款第三项、第四项行为负有直接责任的，依照前款的规定处罚。

有前两款行为，同时构成其他犯罪的，依照处罚较重的规定定罪处罚。

条文注释

危险驾驶罪的犯罪主体为一般主体，即任何在道路上行驶的机动车的驾驶人。本罪侵害的是双重客体，主要是道路交通秩序，同时也威胁到不特定多数人的生命、财产安全。犯罪人在主观上应当为故意，尽管犯罪人在主观上并没有追求交通事故、人员伤亡等后果的发生，但是对于危险驾驶的行为是明知或者放任发生的。构成本罪的前提是在道路上驾驶机动车。根据《道路交通安全法》第119条的规定，本款规定中的“道路”，是指公路、城市道路和虽在单位管辖范围但允许社会机动车通行的地方，包括广场、公共停车场等用于公众通行的场所。同样，根据该条规定，“机动车”，是指以动力装置驱动或者牵引，上道路行驶的供人员乘用或者用于运送物品以及进行工程专项作业的轮式车辆。

根据本条第1款的规定，构成危险驾驶罪的行为有以下四种：

第一种行为是追逐竞驶，情节恶劣。这里规定的“追逐竞驶”，就是平常所说的“飙车”，是指在道路上，以在较短的时间内通过某条道路为目标或者以同行的其他车辆为竞争目标，追逐行驶。具体情形包括在道路上进行汽车驾驶“计时赛”，或者若干车辆在同时行进中互相追赶等，既包括超过限定时速的追逐竞驶，也包括未超过限定时速的追逐竞驶。根据本款规定，在道路上追逐竞驶，情节恶劣的才构成犯罪。判断是否“情节恶劣”，应结合追逐竞驶所在的道路、时段、人员流量，追逐竞驶造成的危害程度以及危害后果等方面进行认定。

第二种行为是醉酒驾驶机动车。醉酒驾车是指车辆驾驶人员经呼气酒精含量检测，显示血液酒精含量超过80mg/100ml的驾驶行为。

第三种行为是从事校车业务或者旅客运输，严重超过额定乘员载客，或者严重超过规定时速行驶。需要注意的是，未取得从事校车业务的许可、不具备旅客运输的营运资格或者不具备其他相关资质，不影响本罪刑事责任的认定，只要从事了校车业务或者旅客运输，严重超过额定乘员载客，或者严重超过规定时速行驶的，都应当依照本条规定追究刑事责任。

第四种行为是违反危险化学品安全管理规定运输危险化学品，危及公共安全。这里所规定的“危及公共安全的”，是划分罪与非罪的重要界限。在实践中，对于是否危及公共安全，应当结合运输的危险化学品的性质、品种及数量，运输的时间、路线，违反安全管理规定的具体内容及严重程度，一旦发生事故可能造成的损害后果等综合作出判断。

关联法规

《最高人民法院、最高人民检察院、公安部、司法部关于办理醉酒危险驾驶刑事案件适用法律若干问题的意见》

第一百三十三条之二　【妨害安全驾驶罪】对行驶中的公共交通工具的驾驶人员使用暴力或者抢控驾驶操纵装置，干扰公共交通工具正常行驶，危及公共安全的，处一年以下有期徒刑、拘役或者管制，并处或者单处罚金。

前款规定的驾驶人员在行驶的公共交通工具上擅离职守，与他人互殴或者殴打他人，危及公共安全的，依照前款的规定处罚。

有前两款行为，同时构成其他犯罪的，依照处罚较重的规定定罪处罚。

条文注释

本条是《刑法修正案(十一)》新增的条文。本罪的犯罪主体为一般主体。本罪的客观方面要求行为人必须是对公共交通工具的驾驶人员使用暴力或者抢控驾驶公共交通工具的操纵装置,并且要求公共交通工具处于正在行驶状态。本罪的主观方面为故意。

第一百三十四条　【重大责任事故罪】在生产、作业中违反有关安全管理的规定,因而发生重大伤亡事故或者造成其他严重后果的,处三年以下有期徒刑或者拘役;情节特别恶劣的,处三年以上七年以下有期徒刑。

【强令、组织他人违章冒险作业罪】强令他人违章冒险作业,或者明知存在重大事故隐患而不排除,仍冒险组织作业,因而发生重大伤亡事故或者造成其他严重后果的,处五年以下有期徒刑或者拘役;情节特别恶劣的,处五年以上有期徒刑。

条文注释

根据本条第1款的规定,认定重大责任事故罪应当注意以下问题:1. 该罪的主体是在各类生产经营活动中从事生产、作业及其指挥管理的人员。只要在生产、作业中违反有关安全管理的规定,造成不特定人员伤亡或者公私财产重大损害的,无论其生产、作业性质,均可以构成该罪。2. 本罪在客观方面表现为在生产、作业中违反有关安全管理的规定,因而发生重大伤亡事故或者造成严重后果。(1)行为人违反了有关安全管理的规定,这既包括国家制定的关于安全管理的法律、法规,如《安全生产法》等,也包括行业或者管理部门制定的关于安全生产、作业的规章制度、操作章程等。(2)行为人违反有关安全管理规定的行为引起了重大伤亡事故,造成严重后果。本条规定了"重大伤亡"和"严重后果"两个标准,但只要具备其一便构成犯罪。其中,造成其他严重后果,是指除重大伤亡事故以外的其他后果,包括重大财产损失等。关于重大伤亡或者"其他严重后果"的认定标准,由于生产领域、地域、时间等情况的不同,一般由相关领域的管理规定作出规定。3. 本罪在主观方面表现为过失。本罪的"过失”，是指行为人对造成的重大人身伤亡或者其他严重后果持过失心理。而对违反安全管理规定本身，行为人的心理既可以是过失，也可以是故意，这对认定本罪没有影响，但在量刑时可以作为一个情节予以考虑。如果行为人对危害结果出于故意的心理状态，则不构成本罪，应当按照其他相应的犯罪定罪处罚。

本条第2款关于强令他人违章冒险作业或明知存在重大事故隐患而不排除，仍冒险组织作业的处罚的规定。“强令他人违章冒险作业”，主要是指负有生产、作业指挥和管理职责的人员，为了获取高额利润，采取违反安全管理规定的行为，在生产、作业人员拒绝的情况下，利用职权或者其他强制手段强令工人违章冒险作业。“明知存在重大事故隐患而不排除，仍冒险组织作业”主要是指负有生产、作业指挥和管理职责的人员，为了获取高额利润，明知道存在安全生产隐患而仍不排除，冒着危险组织工人进行作业。需要注意的是，“强令”不一定表现为恶劣的态度、强硬的语言或者行动，只要是能够对工人产生精神强制，使其不敢违抗命令，不得不违章冒险作业，均构成“强令”。

关联法规

《最高人民法院、最高人民检察院关于办理危害生产安全刑事案件适用法律若干问题的解释》

第一百三十四条之一　【危险作业罪】在生产、作业中违反有关安全管理的规定，有下列情形之一，具有发生重大伤亡事故或者其他严重后果的现实危险的，处一年以下有期徒刑、拘役或者管制：

（一）关闭、破坏直接关系生产安全的监控、报警、防护、救生设备、设施，或者篡改、隐瞒、销毁其相关数据、信息的；

（二）因存在重大事故隐患被依法责令停产停业、停止施工、停止使用有关设备、设施、场所或者立即采取排除危险的整改措施，而拒不执行的；

（三）涉及安全生产的事项未经依法批准或者许可，擅自从事矿山开采、金属冶炼、建筑施工，以及危险物品生产、经营、储存等高度危险的生产作业活动的。

条文注释

本条是《刑法修正案(十一)》新增的条文。本罪是危险犯,规定了三种在生产、作业中违反有关安全管理的规定的具体情形,本罪成立要求具有发生重大伤亡事故或者严重后果的现实危险。

第一百三十五条　【重大劳动安全事故罪】安全生产设施或者安全生产条件不符合国家规定,因而发生重大伤亡事故或者造成其他严重后果的,对直接负责的主管人员和其他直接责任人员,处三年以下有期徒刑或者拘役;情节特别恶劣的,处三年以上七年以下有期徒刑。

第一百三十五条之一　【大型群众性活动重大安全事故罪】举办大型群众性活动违反安全管理规定,因而发生重大伤亡事故或者造成其他严重后果的,对直接负责的主管人员和其他直接责任人员,处三年以下有期徒刑或者拘役;情节特别恶劣的,处三年以上七年以下有期徒刑。

第一百三十六条　【危险物品肇事罪】违反爆炸性、易燃性、放射性、毒害性、腐蚀性物品的管理规定,在生产、储存、运输、使用中发生重大事故,造成严重后果的,处三年以下有期徒刑或者拘役;后果特别严重的,处三年以上七年以下有期徒刑。

条文注释

根据第136条的规定,构成本罪的主体为从事生产、储存、运输、使用危险物品的工作的人员。行为人在主观上是出于过失,若行为人是故意制造爆炸等事故的,则不适用本条定罪处刑,而应适用其他有关条款定罪处罚,如爆炸罪等。本罪在客观上必须具有违反危险物品管理规定的行为。根据本条规定,行为人违反危险物品管理规定的行为必须引发重大事故,造成严重后果的,才构成犯罪。

第一百三十七条　【工程重大安全事故罪】建设单位、设计单位、施工单位、工程监理单位违反国家规定,降低工程质量标准,造成重大安全事故的,对直接责任人员,处五年以下有期徒刑或者拘役,并处罚金;后果特别严重的,处五年以上十年以下有期徒刑,并处罚金。

条文注释

根据本条的规定,构成本罪必须具备以下条件:(1)构成本罪的主体是单位,即建设单位、设计单位、施工单位及工程监理单位。其中,“建设单位”,是指对建设工程拥有所有权或者使用权的部门,也就是“业主”;“设计单位”,是指对建设工程进行专门设计的单位;“施工单位”,主要是指按照设计单位的设计及各种标准、要求进行建筑物建设的部门;“工程监理单位”,是指受建设单位聘请,担任工程质量监督工作的单位。(2)主观上,行为人虽然并不希望重大安全事故的发生,但为了投机取巧,从中牟利,其降低工程质量标准的行为是故意的。(3)行为人在客观方面实施了违反国家规定,降低工程质量标准的行为,如降低水泥标号、使用不合格的残次建筑材料等,并造成了重大安全事故。是否造成重大安全事故,是区分罪与非罪的重要界限。这里所说的“重大安全事故”,是指该建筑工程在建设中以及交付使用后,由于达不到质量标准或者存在严重问题,导致楼房倒塌、桥梁断裂、铁路塌陷,造成人员伤亡或者火车、汽车等交通工具倾覆事故等。

第一百三十八条　【教育设施重大安全事故罪】明知校舍或者教育教学设施有危险,而不采取措施或者不及时报告,致使发生重大伤亡事故的,对直接责任人员,处三年以下有期徒刑或者拘役;后果特别严重的,处三年以上七年以下有期徒刑。

条文注释

本罪的行为主体是对教育教学设施负有管理责任的人员。非上述人员不能成为本罪的主体。所谓直接负责的主管人员,主要是指对有危险的校舍或者教育教学设施采取安全措施的有关领导;所谓直接责任人员,主要是指对有危险的校舍或者教育教学设施采取安全措施的具体工作人员。本罪行为表现为不作为,即在校舍或其他教育教学设施存在危险的情况下,不采取措施消除、避免危险或者不及时向有关部门报告,以致发生重大伤亡事故的行为。本罪的主观方面为过失,法条中的“明知”并不等同于故意犯罪中的“明知”,只是表明行为人已经预见到发生侵害结果的危险。

第一百三十九条　【消防责任事故罪】违反消防管理法规，经消防监督机构通知采取改正措施而拒绝执行，造成严重后果的，对直接责任人员，处三年以下有期徒刑或者拘役；后果特别严重的，处三年以上七年以下有期徒刑。

第一百三十九条之一　【不报、谎报安全事故罪】在安全事故发生后，负有报告职责的人员不报或者谎报事故情况，贻误事故抢救，情节严重的，处三年以下有期徒刑或者拘役；情节特别严重的，处三年以上七年以下有期徒刑。

条文注释

不报、谎报安全事故罪具有以下特征：(1)犯罪的主体是特殊主体，即对安全事故的发生负有报告职责的人员。“安全事故”，是指环境污染、水灾、矿难、大型群众性活动中发生的重大伤亡事故等各种安全事故。“负有报告职责的人员”，通常是指生产经营单位的主要负责人、雇主，对安全生产、作业负有组织、监督、管理职责的部门的监督检查人员，以及直接造成安全事故的责任人员。(2)行为人实施了不报或者谎报的行为。“不报”，是指行为人不按照规定及时报告。实践中，有的行为人一开始隐瞒了事故真实情况，被发现后不得已才报告，这种情况应视为不报。“谎报”，是指行为人虽然将发生安全事故这件事按照规定向有关部门作了报告，但对事故的真实情况如人员伤亡、财产损失、事故原因等作了虚假的描述或隐瞒了某些情况，作避重就轻的描述。(3)由于行为人不报或者谎报事故情况，贻误事故抢救，情节严重的才构成犯罪，这是本罪罪与非罪的界限。“贻误事故抢救”既包括贻误对受伤人员的救治，也包括贻误对财产的抢救。“情节严重”，主要是指由于负有报告职责的人不报或者谎报事故情况，使原本可以得救的人员失去了生还的机会；或者由于行为人不报或者谎报事故情况，使有关部门没能采取及时有效的救助措施，造成伤员人数、财产损失扩大等情况。“情节特别严重”，主要是指负有报告职责的人在事故发生后不仅自己不报、谎报事故情况，而且还指使、授意甚至阻止他人报告,或者逃匿、伪造、破坏事故现场、转移、藏匿、销毁有关证据,不仅贻误了事故抢救,而且还给事故调查处理设置障碍等情况。实践中,应当注意把握不报、谎报行为与安全事故的因果关系,本条主要是针对由于行为人不报或者谎报的行为致使贻误了事故抢救的最佳时机,造成事故进一步扩大的情况。

第三章 破坏社会主义市场经济秩序罪

第一节 生产、销售伪劣商品罪

第一百四十条 【生产、销售伪劣产品罪】生产者、销售者在产品中掺杂、掺假,以假充真,以次充好或者以不合格产品冒充合格产品,销售金额五万元以上不满二十万元的,处二年以下有期徒刑或者拘役,并处或者单处销售金额百分之五十以上二倍以下罚金;销售金额二十万元以上不满五十万元的,处二年以上七年以下有期徒刑,并处销售金额百分之五十以上二倍以下罚金;销售金额五十万元以上不满二百万元的,处七年以上有期徒刑,并处销售金额百分之五十以上二倍以下罚金;销售金额二百万元以上的,处十五年有期徒刑或者无期徒刑,并处销售金额百分之五十以上二倍以下罚金或者没收财产。

条文注释

根据本条的规定,生产、销售伪劣产品罪必须具备以下几个条件:(1)生产者、销售者有生产、销售伪劣产品并从中牟利的故意,如果行为人在主观上不是故意的,不知所售产品是次品,而当作正品出售了,应承担民事责任,不能作为犯罪。(2)生产者、销售者在客观上实施了“在产品中掺杂、掺假,以假充真,以次充好或者以不合格产品冒充合格产品”等行为。所谓“在产品中掺杂、掺假”,是指在产品中掺入杂质或者异物,致使产品质量不符合国家法律、法规或者产品明示质量标准规定的质量要求,降低、失去其应有使用性能的行为。

“以假充真”，是指以不具有某种使用性能的产品冒充具有该种使用性能的产品的行为。“以次充好”，是指以低等级、低档次产品冒充高等级、高档次产品，或者以残次、废旧零配件组合、拼装后冒充正品或者新产品的行为。“不合格产品”，是指不符合《产品质量法》第26条第2款规定的质量要求的产品。对上述行为难以确定的，应当委托法律、行政法规规定的产品质量检验机构进行鉴定。(3)生产者、销售者在产品中掺杂、掺假，以假充真，以次充好或者以不合格产品冒充合格产品，销售金额必须达到5万元以上，才构成犯罪，如果销售金额不足5万元的，不构成犯罪。(4)生产、销售伪劣产品的犯罪主体是生产者、销售者，消费者不能构成本罪的主体。

关联法规

《最高人民法院、最高人民检察院关于办理生产、销售伪劣商品刑事案件具体应用法律若干问题的解释》

《最高人民法院、最高人民检察院关于办理非法生产、销售烟草专卖品等刑事案件具体应用法律若干问题的解释》

《最高人民法院、最高人民检察院关于办理妨害预防、控制突发传染病疫情等灾害的刑事案件具体应用法律若干问题的解释》第2条

《最高人民法院、最高人民检察院关于办理危害食品安全刑事案件适用法律若干问题的解释》

第一百四十一条　【生产、销售、提供假药罪】生产、销售假药的，处三年以下有期徒刑或者拘役，并处罚金；对人体健康造成严重危害或者有其他严重情节的，处三年以上十年以下有期徒刑，并处罚金；致人死亡或者有其他特别严重情节的，处十年以上有期徒刑、无期徒刑或者死刑，并处罚金或者没收财产。

药品使用单位的人员明知是假药而提供给他人使用的，依照前款的规定处罚。

条文注释

“假药”，是指依照《药品管理法》的规定，属于假药和按假药处

理的药品、非药品。根据《药品管理法》第98条的规定,假药包括:(1)药品所含成分与国家药品标准规定的成分不符的;(2)以非药品冒充药品或者以他种药品冒充此种药品的;(3)变质的药品;(4)药品所标明的适应症或者功能主治超出规定范围。

结合司法解释,以下几个问题应当注意:

1. 生产、销售假药,具有下列情形之一的,应当酌情从重处罚:(1)生产、销售的假药以孕产妇、婴幼儿、儿童或者危重病人为主要使用对象的;(2)生产、销售的假药属于麻醉药品、精神药品、医疗用毒性药品、放射性药品、避孕药品、血液制品、疫苗的;(3)生产、销售的假药属于注射剂药品、急救药品的;(4)医疗机构、医疗机构工作人员生产、销售假药的;(5)在自然灾害、事故灾难、公共卫生事件、社会安全事件等突发事件期间,生产、销售用于应对突发事件的假药的;(6)两年内曾因危害药品安全违法犯罪活动受过行政处罚或者刑事处罚的;(7)其他应当酌情从重处罚的情形。

2. 以生产、销售假药为目的,实施下列行为之一的,应当认定为本条规定的“生产”:(1)合成、精制、提取、储存、加工炮制药品原料的行为;(2)将药品原料、辅料、包装材料制成成品过程中,进行配料、混合、制剂、储存、包装的行为;(3)印制包装材料、标签、说明书的行为。

3.《刑法修正案(十一)》将“药品使用单位的人员明知是假药而提供给他人使用”的行为规定为犯罪,增加了药品使用单位的人员的刑事责任。

4. 明知他人实施危害药品安全犯罪,而有下列情形之一的,以共同犯罪论处:(1)提供资金、贷款、账号、发票、证明、许可证件的;(2)提供生产、经营场所、设备或者运输、储存、保管、邮寄、销售渠道等便利条件的;(3)提供生产技术或者原料、辅料、包装材料、标签、说明书的;(4)提供虚假药物非临床研究报告、药物临床试验报告及相关材料的;(5)提供广告宣传的;(6)提供其他帮助的。

关联法规

《最高人民法院、最高人民检察院关于办理危害药品安全刑事案件适用法律若干问题的解释》

第一百四十二条　【生产、销售、提供劣药罪】生产、销售劣药，对人体健康造成严重危害的，处三年以上十年以下有期徒刑，并处罚金；后果特别严重的，处十年以上有期徒刑或者无期徒刑，并处罚金或者没收财产。

药品使用单位的人员明知是劣药而提供给他人使用的，依照前款的规定处罚。

条文注释

“劣药”，是指依照《药品管理法》的规定属于劣药的药品。根据《药品管理法》第98条的规定，有下列情形之一的，为劣药：(1)药品成份的含量不符合国家药品标准；(2)被污染的药品；(3)未标明或者更改有效期的药品；(4)未注明或者更改产品批号的药品；(5)超过有效期的药品；(6)擅自添加防腐剂、辅料的药品；(7)其他不符合药品标准规定的药品。

在执行中应当注意区分生产、销售劣药罪与其他罪的区别。(1)与神汉、巫婆利用迷信手段骗取财物的区别：二者除犯罪主体不同外，在客观方面，生产、销售劣药罪有生产、销售劣药行为，而神汉、巫婆则是利用迷信手段，把根本不具备药品效能和外观、包装的物品当成是药品进行诈骗钱财，其所利用的不是人们认为药品可以治病的科学心理，而是利用人们的愚昧、迷信心理。(2)与生产、销售伪劣产品罪的区别：如果生产、销售劣药行为，同时触犯了两种罪名，则按处刑较重的罪处罚；如果生产、销售劣药，没有对人体造成严重危害的后果，而销售金额在5万元以上，则不构成生产、销售劣药罪，而应以生产、销售伪劣产品罪处罚。

《刑法修正案(十一)》将“药品使用单位的人员明知是劣药而提供给他人使用”的行为规定为犯罪，增加了药品使用单位的人员的刑事责任。

关联法规

《最高人民法院、最高人民检察院关于办理危害药品安全刑事案件适用法律若干问题的解释》

第一百四十二条之一　【妨害药品管理罪】违反药品管理法规,有下列情形之一,足以严重危害人体健康的,处三年以下有期徒刑或者拘役,并处或者单处罚金;对人体健康造成严重危害或者有其他严重情节的,处三年以上七年以下有期徒刑,并处罚金:

(一)生产、销售国务院药品监督管理部门禁止使用的药品的;

(二)未取得药品相关批准证明文件生产、进口药品或者明知是上述药品而销售的;

(三)药品申请注册中提供虚假的证明、数据、资料、样品或者采取其他欺骗手段的;

(四)编造生产、检验记录的。

有前款行为,同时又构成本法第一百四十一条、第一百四十二条规定之罪或者其他犯罪的,依照处罚较重的规定定罪处罚。

条文注释

本条是《刑法修正案(十一)》新增设的罪名。为进一步强化药品安全,保护人民群众安全,与《药品管理法》等法律作好衔接,《刑法修正案(十一)》完善了惩治药品犯罪的规定。本次修正过程中总结了长春长生疫苗事件等案件的经验教训,与修改后的《药品管理法》进一步衔接,将违反药品管理法规的这四种行为单独规定为一罪。

根据本条的规定,要成立本罪必须具备如下条件:第一,本罪的客体是复杂客体,主要客体是药品管理秩序,次要客体是人的健康权、生命权等合法权益。第二,本罪的客观方面表现为违反药品管理法律、法规,实施了本条规定的四种行为。第三,本罪的主体只能是申请、生产、进口、销售药品的自然人或者单位。第四,本罪的主观方面为故意。即行为人明知其行为违反药品管理法规,且足以严重威胁人体健康,而仍然为之。行为人实施本条规定的行为的目的通常是为了谋取非法利润,但该目的不是本罪成立的必备条件。如果行为人不是出于故意,而是出于过失实施了本条规定的四种行为的,则不能作为犯罪处理。

第一百四十三条　【生产、销售不符合安全标准的食品罪】生产、销售不符合食品安全标准的食品,足以造成严重食物中毒事故或者其他严重食源性疾病的,处三年以下有期徒刑或者拘役,并处罚金;对人体健康造成严重危害或者有其他严重情节的,处三年以上七年以下有期徒刑,并处罚金;后果特别严重的,处七年以上有期徒刑或者无期徒刑,并处罚金或者没收财产。

条文注释

理解本条,结合司法解释,应注意以下问题:

1. 生产、销售不符合食品安全标准的食品,具有下列情形之一的,应当认定为本条规定的“足以造成严重食物中毒事故或者其他严重食源性疾病”:(1)含有严重超出标准限量的致病性微生物、农药残留、兽药残留、重金属、污染物质以及其他危害人体健康的物质的;(2)属于病死、死因不明或者检验检疫不合格的畜、禽、兽、水产动物及其肉类、肉类制品的;(3)属于国家为防控疾病等特殊需要明令禁止生产、销售的;(4)婴幼儿食品中生长发育所需营养成分严重不符合食品安全标准的;(5)其他足以造成严重食物中毒事故或者严重食源性疾病的情形。

2. 生产、销售不符合食品安全标准的食品,具有下列情形之一的,应当认定为本条规定的“对人体健康造成严重危害”:(1)造成轻伤以上伤害的;(2)造成轻度残疾或者中度残疾的;(3)造成器官组织损伤导致一般功能障碍或者严重功能障碍的;(4)造成10人以上严重食物中毒或者其他严重食源性疾病的;(5)其他对人体健康造成严重危害的情形。

3. 针对食品滥用添加行为,应从三个方面理解司法解释的相关法律适用标准:(1)针对现实生活中大量存在流通、贮存环节的添加行为,将《刑法》规定的“生产、销售”细化为“加工、销售、运输、贮存”等环节，以此实现对食品加工、流通等整个链条的全程覆盖；(2)针对食用农产品种植、养殖中的滥用添加问题，明确《刑法》规定的“食品”除加工食品之外，还包括食用农产品；(3)基于滥用添加的食品依照有关行政法规属于不符合食品安全标准的食品，明确食品滥用添加行为，足以造成严重食物中毒事故或者其他严重食源性疾病的，应以生产、销售不符合安全标准的食品罪定罪处罚。

关联法规

《国务院关于加强食品等产品安全监督管理的特别规定》

《最高人民法院、最高人民检察院关于办理危害食品安全刑事案件适用法律若干问题的解释》

《最高人民法院、最高人民检察院关于办理生产、销售伪劣商品刑事案件具体应用法律若干问题的解释》第4条

第一百四十四条 【生产、销售有毒、有害食品罪】在生产、销售的食品中掺入有毒、有害的非食品原料的，或者销售明知掺有有毒、有害的非食品原料的食品的，处五年以下有期徒刑，并处罚金；对人体健康造成严重危害或者有其他严重情节的，处五年以上十年以下有期徒刑，并处罚金；致人死亡或者有其他特别严重情节的，依照本法第一百四十一条的规定处罚。

条文注释

生产、销售有毒、有害食品罪，是指生产、销售的食品中掺入有毒、有害的非食品原料，或者销售明知掺有有毒、有害的非食品原料的食品的行为。客观行为表现为三种类型：(1)在生产的食品中掺入有毒、有害的非食品原料；(2)在销售的食品中掺入有毒、有害的非食品原料；(3)明知掺有有毒、有害的非食品原料的食品而销售。所谓“有毒、有害的非食品原料”，是指对人体具有生理毒性，食用后会引起不良反应，损害机体健康的不能食用的原料。如制酒时加入工业酒精加工成食用酒，在饮料中加入国家严禁使用的非食用色素等。

应当注意生产、销售有毒、有害食品罪与其他犯罪的区别：

(1)与生产、销售不符合食品安全标准的食品罪的区别。生产、销售不符合食品安全标准的食品罪在食品中掺入的原料也可能有毒、有害，但其本身是食品原料，其毒害性是由于食品原料污染或者腐败变质所引起的，而生产、销售有毒、有害食品罪往食品中掺入的则是有毒、有害的非食品原料。

(2)与故意投放危险物质罪的区别。投放危险物质罪的目的是造成不特定多数人死亡或伤亡，而生产、销售有毒、有害食品罪的目的则是获取非法利润，行为人对在食品中掺入有毒、有害非食品原料虽然是明知的，但并不追求致人伤亡的危害结果的发生。

(3)与过失投放危险物质罪的区别。主要在于主观心理状态不同，过失投放危险物质罪不是故意在食品中掺入有毒害性的非食品原料，而是疏忽大意或者过于自信造成的；而生产、销售有毒、有害食品罪则是故意在食品中掺入有毒害性的非食品原料。

关联法规

《最高人民法院、最高人民检察院关于办理危害食品安全刑事案件适用法律若干问题的解释》

《最高人民法院、最高人民检察院关于办理非法生产、销售、使用禁止在饲料和动物饮用水中使用的药品等刑事案件具体应用法律若干问题的解释》

《最高人民法院、最高人民检察院关于办理生产、销售伪劣商品刑事案件具体应用法律若干问题的解释》第5条

第一百四十五条　【生产、销售不符合标准的医用器材罪】生产不符合保障人体健康的国家标准、行业标准的医疗器械、医用卫生材料，或者销售明知是不符合保障人体健康的国家标准、行业标准的医疗器械、医用卫生材料，足以严重危害人体健康的，处三年以下有期徒刑或者拘役，并处销售金额百分之五十以上二倍以下罚金；对人体健康造

成严重危害的，处三年以上十年以下有期徒刑，并处销售金额百分之五十以上二倍以下罚金；后果特别严重的，处十年以上有期徒刑或者无期徒刑，并处销售金额百分之五十以上二倍以下罚金或者没收财产。

第一百四十六条 【生产、销售不符合安全标准的产品罪】生产不符合保障人身、财产安全的国家标准、行业标准的电器、压力容器、易燃易爆产品或者其他不符合保障人身、财产安全的国家标准、行业标准的产品，或者销售明知是以上不符合保障人身、财产安全的国家标准、行业标准的产品，造成严重后果的，处五年以下有期徒刑，并处销售金额百分之五十以上二倍以下罚金；后果特别严重的，处五年以上有期徒刑，并处销售金额百分之五十以上二倍以下罚金。

条文注释

在实际执行中应当注意第146条与其他犯罪的区别：(1)本罪与爆炸罪、放火罪的区别。本罪的目的是非法牟利，没有致人伤亡或造成财产损失的犯罪目的，而爆炸罪、放火罪则是通过制造爆炸、放火等方式以求直接达到致人伤亡或造成财产损失的目的。(2)本罪与生产、销售伪劣产品罪的界限。生产、销售不符合安全标准的电器、压力容器、易燃易爆产品的行为，同时触犯两个罪名的，按处刑较重的罪处罚。如果生产、销售不符合安全标准的电器、压力容器、易燃易爆产品的行为没有造成严重后果，不构成本罪，但销售金额在5万元以上的，应按生产、销售伪劣产品罪处罚。

第一百四十七条 【生产、销售伪劣农药、兽药、化肥、种子罪】生产假农药、假兽药、假化肥，销售明知是假的或者失去使用效能的农药、兽药、化肥、种子，或者生产者、销售者以不合格的农药、兽药、化肥、种子冒充合格的农药、兽药、化肥、种子，使生产遭受较大损失的，处三年以下有期徒刑或者拘役，并处或者单处销售金额百分之五十以上二倍以下罚金；使生产遭受重大损失的，处三年以上七年以下有期徒刑，并处销售金额百分之五十以上二倍以下罚金；使生产遭受特别重大损失的，处七年以上有期徒刑或者无期徒刑，并处销售金额百分之五十以上二倍以下罚金或者没收财产。

条文注释

在实际执行中应当注意本罪与其他罪的区别：(1)与破坏生产经营罪的区别。本罪的目的是非法牟利，采取的方式是生产、销售伪劣农药、兽药、化肥和种子；而破坏生产经营罪则是为了泄愤报复或者其他个人目的，采取的方式是毁坏机器设备、残害耕畜或其他方法。(2)与生产、销售伪劣产品罪的区别。生产、销售伪劣农药、兽药、化肥、种子行为，如果同时触犯两个罪名，按处刑较重的罪处罚。如果实施以上行为，未使生产遭受较大损失，但销售金额在5万元以上的，按生产、销售伪劣产品罪定罪处罚。

第一百四十八条　【生产、销售不符合卫生标准的化妆品罪】生产不符合卫生标准的化妆品，或者销售明知是不符合卫生标准的化妆品，造成严重后果的，处三年以下有期徒刑或者拘役，并处或者单处销售金额百分之五十以上二倍以下罚金。

第一百四十九条　【对生产、销售伪劣商品行为的法条适用原则】生产、销售本节第一百四十一条至第一百四十八条所列产品，不构成各该条规定的犯罪，但是销售金额在五万元以上的，依照本节第一百四十条的规定定罪处罚。

生产、销售本节第一百四十一条至第一百四十八条所列产品，构成各该条规定的犯罪，同时又构成本节第一百四十条规定之罪的，依照处罚较重的规定定罪处罚。

条文注释

生产、销售特定伪劣产品，但并不符合《刑法》第141条至第148条规定的构成要件时，并不意味着绝对不成立犯罪；如果销售金额在5万元以上，则依照《刑法》第140条的规定，认定为生产、销售伪劣产品罪。所谓“生产、销售本节第一百四十一条至第一百四十八条所列产品,不构成各该条规定的犯罪”,是指行为人虽然生产、销售了《刑法》第141条至第148条所列的特定伪劣产品,却没有发生各该条所规定的侵害结果或具体危险。

第一百五十条 【单位犯本节规定之罪的处罚规定】单位犯本节第一百四十条至第一百四十八条规定之罪的,对单位判处罚金,并对其直接负责的主管人员和其他直接责任人员,依照各该条的规定处罚。

第二节 走 私 罪

第一百五十一条 【走私武器、弹药罪;走私核材料罪;走私假币罪】走私武器、弹药、核材料或者伪造的货币的,处七年以上有期徒刑,并处罚金或者没收财产;情节特别严重的,处无期徒刑,并处没收财产;情节较轻的,处三年以上七年以下有期徒刑,并处罚金。

【走私文物罪;走私贵重金属罪;走私珍贵动物、珍贵动物制品罪】走私国家禁止出口的文物、黄金、白银和其他贵重金属或者国家禁止进出口的珍贵动物及其制品的,处五年以上十年以下有期徒刑,并处罚金;情节特别严重的,处十年以上有期徒刑或者无期徒刑,并处没收财产;情节较轻的,处五年以下有期徒刑,并处罚金。

【走私国家禁止进出口的货物、物品罪】走私珍稀植物及其制品等国家禁止进出口的其他货物、物品的,处五年以下有期徒刑或者拘役,并处或者单处罚金;情节严重的,处五年以上有期徒刑,并处罚金。

单位犯本条规定之罪的,对单位判处罚金,并对其直接负责的主管人员和其他直接责任人员,依照本条各款的规定处罚。

条文注释

走私武器、弹药罪,是指违反海关法规,走私武器、弹药的行为。走私,是指违反海关管理法律、法规,逃避海关监管,非法运输、携带、邮寄物品进出国(边)境的行为。直接向走私人非法收购国家禁止进口物品的,或者在内海、领海运输、收购、贩卖国家禁止进出口物品的，亦按走私行为对待。走私的仿真枪经鉴定为枪支，构成犯罪的，应以走私武器罪定罪处罚。走私的仿真枪虽经鉴定为枪支并构成犯罪，但不是以牟利或者从事违法犯罪活动为目的走私，且无其他严重情节的，可以依法从宽处理。

走私核材料罪，是指违反海关法规，走私核材料的行为。走私假币罪，是指违反海关法规，走私伪造的货币的行为。其中的"货币"，是指可在国内市场流通或者兑换的人民币、境外货币。

走私文物罪，是指违反海关法规，走私国家禁止出口的文物的行为。本罪仅限于将文物从境内走私至境外的行为，而不包括将文物从境外走私至境内的行为。具有科学价值的古脊椎动物化石、古人类化石适用本法有关文物的规定。

走私贵重金属罪，是指违反海关法规，走私国家禁止出口的黄金、白银或者其他贵重金属的行为。本罪仅限于将贵重金属从境内走私至境外的行为，而不包括将贵重金属从境外走私至境内的行为。

走私珍贵动物、珍贵动物制品罪，是指违反海关法规，走私国家禁止进出口的珍贵动物或者珍贵动物制品的行为。珍贵动物，指列入《国家重点保护野生动物名录》中的国家一、二级保护野生动物和列入《濒危野生动植物种国际贸易公约》附录一、附录二中的野生动物以及驯养的上述物种。另外，不以牟利为目的，为留作纪念而走私珍贵动物制品进境，数额不满 10 万元的，可以免予刑事处罚，情节显著轻微，不构成犯罪的，按一般行政违法行为处理。

走私国家禁止进出口的货物、物品罪，是指违反海关法规，走私珍稀植物、珍稀植物制品和《刑法》第 151 条第 1 款、第 2 款，第 152 条，第 347 条规定以外的国家禁止进出口的其他货物、物品的行为。国家禁止进出口的货物、物品的规定，散见于众多法律、行政法规以及国务院有关部门依据法律、行政法规的授权发布的禁止进出口货物、物品目录当中，此外，我国缔结或者参加的国际条约、协定中亦有关于禁止进出口的货物、物品的规定。综合这些禁止进出口的货物、物品的规定，除珍稀植物及其制品、古生物化石等禁止进出口的货物、物品以外，其他禁止进出口的货物、物品，根据其性质和危害程度可大致分为以下四类：第一类是国家禁止进出口或者严格限制进出口的有毒化学品及含有这类化学品的物质。第二类是来自境外疫区的动植物及其产品。第三类是国家出于保护国内资源和自然环境的需要而禁止进出口的货物、物品，如硅砂、木炭、腐殖土等。第四类是上述货物、物品以外的其他禁止进出口的货物、物品，主要有切割车、旧汽车、旧机电产品，以及仿真枪、管制刀具等。

还应注意的是，实施走私犯罪，具有下列情形之一的，应当认定为犯罪既遂：

(1)在海关监管现场被查获的。海关有权执法的地域空间并不限于海关监管区，在有权执法的地域行使执法权力时查获走私犯罪，均应认定为在海关监管现场被查获。

(2)以虚假申报方式走私，申报行为实施完毕的。需要注意以下两点：一是行为人的申报行为独立于海关的查验行为，申报行为是否实施完毕的判断不受是否进入查验环节以及查验是否通过的影响。查验行为属于不受行为人控制的海关监管活动，报关行为实施完毕，在法律上即可视同为行为人的走私行为已经实施完毕。二是申报行为实施完毕标准与海关监管现场被查获标准并行不悖。在通关走私当中，实施申报行为与海关监管现场被查获的时间不具有同步性和必然的先后顺序。申报行为尚未实施完毕即在海关监管现场被查获，只要根据相关证据足以认定构成走私犯罪的，同样应认定为走私既遂。

(3)以保税货物或者特定减税、免税进口的货物、物品为对象走私，在境内销售的，或者申请核销行为实施完毕的。需要注意以下三点：一是是否实际牟利不影响既遂的认定。《刑法》第 154 条规定的“销售牟利”的落脚点在于销售而非牟利，牟利系后续走私犯罪的主观目的要件而非客观要件，牟利目的实现与否不影响后续走私犯罪既遂的认定。二是销售行为需要客观实施，但不要求销售行为实施完毕，销售行为是后续走私犯罪的一个重要客观行为。同时，本着与前述其他走私犯罪未遂标准相协调的要求，走私犯罪的既遂，不要求销售行为实行完毕或者完成货物、物品的交付。在销售过程中被查获的，也应认定为犯罪既遂。三是尚未实施销售行为但申请核销行为已经实施完毕的，以犯罪既遂论处。较之销售行为，申请核销行为对于后续走私犯罪的完成更具实质性意义，与前述虚假申报通关走私的道理相同，尚未着手销售但已经申请核销的，同样应认定为既遂，而不以实际骗取核销为条件。

关联法规

《最高人民法院、最高人民检察院关于办理走私刑事案件适用法律若干问题的解释》

第一百五十二条　【走私淫秽物品罪】以牟利或者传播为目的，走私淫秽的影片、录像带、录音带、图片、书刊或者其他淫秽物品的，处三年以上十年以下有期徒刑，并处罚金；情节严重的，处十年以上有期徒刑或者无期徒刑，并处罚金或者没收财产；情节较轻的，处三年以下有期徒刑、拘役或者管制，并处罚金。

【走私废物罪】逃避海关监管将境外固体废物、液态废物和气态废物运输进境，情节严重的，处五年以下有期徒刑，并处或者单处罚金；情节特别严重的，处五年以上有期徒刑，并处罚金。

单位犯前两款罪的，对单位判处罚金，并对其直接负责的主管人员和其他直接责任人员，依照前两款的规定处罚。

条文注释

走私淫秽物品罪，是指以牟利或者传播为目的，逃避海关监管，运输、携带、邮寄淫秽的影片、录像带、录音带、图片、书刊或者其他淫秽物品进出国（边）境的行为。本罪对象是淫秽物品，根据《刑法》第367条第1款的规定，所谓“淫秽物品”，是指具体描绘性行为或者露骨宣扬色情的诲淫性的书刊、影片、录像带、录音带、图片及其他淫秽物品。同时，根据《刑法》第367条第2款、第3款的规定，有关人体生理、医学知识的科学著作不是淫秽物品。包含有色情内容的有艺术价值的文学、艺术作品不视为淫秽物品。本罪主观构成要件除故意外，还要求有牟利或者传播的目的。

第一百五十三条 【走私普通货物、物品罪】走私本法第一百五十一条、第一百五十二条、第三百四十七条规定以外的货物、物品的，根据情节轻重，分别依照下列规定处罚：

（一）走私货物、物品偷逃应缴税额较大或者一年内曾因走私被给予二次行政处罚后又走私的，处三年以下有期徒刑或者拘役，并处偷逃应缴税额一倍以上五倍以下罚金。

（二）走私货物、物品偷逃应缴税额巨大或者有其他严重情节的，处三年以上十年以下有期徒刑，并处偷逃应缴税额一倍以上五倍以下罚金。

（三）走私货物、物品偷逃应缴税额特别巨大或者有其他特别严重情节的，处十年以上有期徒刑或者无期徒刑，并处偷逃应缴税额一倍以上五倍以下罚金或者没收财产。

单位犯前款罪的，对单位判处罚金，并对其直接负责的主管人员和其他直接责任人员，处三年以下有期徒刑或者拘役；情节严重的，处三年以上十年以下有期徒刑；情节特别严重的，处十年以上有期徒刑。

对多次走私未经处理的，按照累计走私货物、物品的偷逃应缴税额处罚。

条文注释

构成走私普通货物、物品罪必须具备以下几个要件：(1)行为人主观方面是故意犯罪，要具有偷逃关税的目的。(2)行为人在客观上具有逃避海关监管，走私普通货物、物品，偷逃应缴税额，应当追究刑事责任的行为。本条规定的“本法第一百五十一条、第一百五十二条、第三百四十七条规定以外的货物、物品”，实践中主要包括两类：一类是国家限制进出口的货物、物品，即国家对其进口或者出口实行配额或者许可证管理的货物、物品。例如，烟、酒、贵重中药材及其成药、汽车、摩托车等。另一类是应纳税货物、物品。例如，玻璃制品、造纸材料、塑料等进口货物和钨矿砂及精矿、淡水鱼、虾、海蜇等出口物品。“应缴税额”，包括进出口货物、物品应当缴纳的进出口关税和进口环节海关代征税的税额。应缴税额以走私行为实施时的税则、税率、汇率和完税价格计算;多次走私的,以每次走私行为实施时的税则、税率、汇率和完税价格逐票计算;走私行为实施时间不能确定的,以案发时的税则、税率、汇率和完税价格计算。“一年内曾因走私被给予二次行政处罚后又走私”中的“一年内”,以因走私第一次受到行政处罚的生效之日与“又走私”行为实施之日的时间间隔计算确定;“被给予二次行政处罚”的走私行为,包括走私普通货物、物品以及其他货物、物品;“又走私”行为仅指走私普通货物、物品。“多次走私未经处理”,包括未经行政处理和刑事处理。

应注意在走私本条规定的货物、物品的同时,走私本法第151条、第152条、第347条、第350条规定的物品的正确处理问题。在走私的货物、物品中藏匿本法前述条文规定的货物、物品,构成犯罪的,以实际走私的货物、物品定罪处罚,构成数罪的,实行数罪并罚。

第一百五十四条　【走私普通货物、物品罪】下列走私行为,根据本节规定构成犯罪的,依照本法第一百五十三条的规定定罪处罚:

(一)未经海关许可并且未补缴应缴税额,擅自将批准进口的来料加工、来件装配、补偿贸易的原材料、零件、制成品、设备等保税货物,在境内销售牟利的;

(二)未经海关许可并且未补缴应缴税额,擅自将特定减税、免税进口的货物、物品,在境内销售牟利的。

条文注释

本条第1项规定“未经海关许可并且未补缴应缴税额,擅自将批准进口的来料加工、来件装配、补偿贸易的原材料、零件、制成品、设备等保税货物,在境内销售牟利”的行为,是走私行为。本项规定的“保税货物”,根据《海关法》的规定,是指经海关批准未办理纳税手续进境,在境内储存、加工、装配后复运出境的货物。保税货物包括通过加工贸易、补偿贸易等方式进口的货物,以及在保税仓库、保税工厂、保税区或者免税商店等储存、加工、寄售的货物。

本条第2项所列的走私行为是“未经海关许可并且未补缴应缴税额,擅自将特定减税、免税进口的货物、物品,在境内销售牟利的”。本项所说的“特定减税、免税进口的货物、物品”，主要是指：经济特区等特定地区进口的货物；三资企业进口的货物；为特定用途进口的货物等。

第一百五十五条 【间接走私行为以相应走私犯罪论处的规定】下列行为，以走私罪论处，依照本节的有关规定处罚：

（一）直接向走私人非法收购国家禁止进口物品的，或者直接向走私人非法收购走私进口的其他货物、物品，数额较大的；

（二）在内海、领海、界河、界湖运输、收购、贩卖国家禁止进出口物品的，或者运输、收购、贩卖国家限制进出口货物、物品，数额较大，没有合法证明的。

条文注释

1. 本条第1项所列行为，要以犯罪论处应符合：

（1）行为人在境内必须直接向走私人非法收购国家禁止进口或者走私进口的其他货物、物品，即所谓的“第一手交易”。如果不是直接向走私分子收购走私进境的货物、物品，而是经过第二手、第三手甚至更多的收购环节后收购的，即使收购人明知是走私货物、物品，也不能以走私罪论处。

（2）直接向走私人非法收购武器、弹药、核材料或者伪造的货币和淫秽物品等禁止进口物品的，没有数额的限制；但收购走私进口的其他货物、物品，必须达到数额较大，才能构成犯罪。

2. 本条第2项所列行为，要以走私罪论处应符合：

（1）行为人必须在内海、领海、界河、界湖运输、收购、贩卖国家禁止进出口物品或者国家限制进出口的货物、物品。“内海”，是指我国领海基线以内包括海港、领海、海峡、直基线与海岸之间的海域，还包括内河的入海口水域，它属于我国内水的范围。“领海”，是指邻接我国陆地领土和内水的一带海域。我国的领海宽度从领海基线量起为12海里。“界河”，是指我国与另一国家之间的分界河流。“界湖”，是指我国与另一国家之间的分界湖泊。界河和界湖都是可航水域。如果行为人不是在内海、领海、界河、界湖，而是在内地运输、收购、贩卖国家禁止进出口的货物、物品或者国家限制进出口的货物、物品，不能以走私罪论处。

(2)在内海、领海、界河、界湖运输、收购、贩卖国家限制进出口的货物、物品，必须达到数额较大且没有合法证明，才能构成犯罪。本项所称“国家限制进出口货物、物品”，是指国家对进口或者出口实行配额或者许可证管理的货物、物品，其他一般应纳税物品不包括在内。本项所说的“合法证明”，是指有关主管部门颁发的进出口货物、物品许可证、准运证等能证明其来源、用途合法的证明文件。只有数额达到较大，又无合法证明的，才能以走私罪论处。

第一百五十六条　【走私共犯】与走私罪犯通谋，为其提供贷款、资金、帐号、发票、证明，或者为其提供运输、保管、邮寄或者其他方便的，以走私罪的共犯论处。

条文注释

本条规定的以走私罪论处的行为应当具备以下两个条件：(1)行为人在主观上有犯罪故意。“与走私罪犯通谋”，是指行为人有犯罪故意的外在表现形式，主要是指事前与走私罪犯共同商议，制订走私计划以及进行走私分工等活动。(2)行为人在客观上有为走私罪犯“提供贷款、资金、帐号、发票、证明，或者为其提供运输、保管、邮寄或者其他方便”等行为。“提供贷款、资金”，是指金融机构或者其他单位的工作人员，提供贷款、资金给走私分子从事犯罪活动；“提供帐号”，是指将本人或者单位在银行或者金融机构中设立的帐号提供给走私分子，供其在走私中使用；“提供发票”，是指为走私分子提供可作为记帐、纳税、报销等凭据的写有售出商品名称、数量、价格、金额、日期等内容的发货票或者空白发票等；“提供证明”，是指非法为走私分子提供运输、收购、贩卖走私货物、物品所需要的有关证明，如进出口许可证、商检证明等；“提供运输方便”，是指为犯罪分子运输走私货物、物品提供各种运输工具；“提供保管方便”，是指为犯罪分子存放走私货物、物品提供存放仓库、场所或者代为储存、保管等便利；“提供邮寄方便”，是指海关、邮电工作人员明知他人邮寄的物品是国家禁止进出口的物品，或者是超过国家规定的进出境限额的物品而准予邮寄的行为；“其他方便”，是指除上述所列情形以外的其他各种帮助，如为犯罪分子传递重要信息等。

第一百五十七条 【武装掩护走私、抗拒缉私的处罚规定】武装掩护走私的，依照本法第一百五十一条第一款的规定从重处罚。

以暴力、威胁方法抗拒缉私的，以走私罪和本法第二百七十七条规定的阻碍国家机关工作人员依法执行职务罪，依照数罪并罚的规定处罚。

条文注释

本条第1款规定的“武装掩护走私”，是指行为人携带武器用以保护走私活动的行为。只要犯罪分子携带武器武装掩护，无论其是否使用武器，都不影响本条的适用。应当注意的是，《刑法》对武装掩护走私有特别规定的，根据特别规定处罚。如对于武装掩护走私、贩卖、运输、制造毒品的，应当根据本法第347条第2款的规定，处15年有期徒刑、无期徒刑或者死刑，并处没收财产，而不是适用本款规定。

本条第2款规定的“暴力”，一般是指使用有形的力量，如殴打、捆绑等；“威胁”，一般是指使用无形的力量，使对方在精神上形成压力，在心理上造成一种恐惧感，如扬言对他人使用暴力，或以杀害、毁坏财产、报复家人、破坏名誉等相威胁。应当注意的是，行为人必须是走私分子，而且其走私行为已经构成犯罪，又有以暴力、威胁方法抗拒缉私的行为，才能以数罪并罚的规定处罚。根据本法第69条的规定，数罪并罚是指对两个以上独立的犯罪实行并罚。如果行为人的走私行为尚不构成走私罪，但使用暴力、威胁方法抗拒缉私的，则只能按本法第277条阻碍国家机关工作人员依法执行职务罪定罪处罚。

第三节　妨害对公司、企业的管理秩序罪

第一百五十八条　【虚报注册资本罪】申请公司登记使用虚假证明文件或者采取其他欺诈手段虚报注册资本，欺骗公司登记主管部门，取得公司登记，虚报注册资本数额巨大、后果严重或者有其他严重情节的，处三年以下有期徒刑或者拘役，并处或者单处虚报注册资本金额百分之一以上百分之五以下罚金。

单位犯前款罪的，对单位判处罚金，并对其直接负责的主管人员和其他直接责任人员，处三年以下有期徒刑或者拘役。

条文注释

根据本条的规定，本罪有以下几个构成要件：(1)犯罪主体是特殊主体，即必须是申请公司登记的个人或者单位。这里所说的"公司"，是指依法实行注册资本实缴登记制的公司。(2)行为人在客观上必须实施了使用虚假证明文件或者采取其他欺诈手段虚报注册资本，欺骗公司登记主管部门的行为。这里所说的"证明文件"，主要是指依法设立的注册会计师事务所和审计师事务所等法定验资机构依法对申请公司登记的人的出资所出具的验资报告、资产评估报告、验资证明等材料。"其他欺诈手段"，主要是指采取贿赂等非法手段收买有关机关和部门的工作人员，恶意串通，虚报注册资本，或者采用其他隐瞒事实真相的方法欺骗公司登记主管部门的行为。"公司登记主管部门"，是指工商行政管理机关。这里需要指出的是，无论使用虚假证明文件还是采取其他欺诈手段，其目的是虚报注册资本，欺骗公司登记主管机关。如果使用虚假证明文件或者其他欺诈手段是为了夸大公司员工的人数或生产经营条件，虚构生产经营场所等，与虚报注册资本无关，不构成本罪。如果使用虚假的证明文件或者采取其他欺诈手段，没有到工商行政管理机关去申请公司设立登记，而是去欺骗另一方当事人，签订经济合同，诈骗钱财，也不构成本罪，对其行为应当依照《刑法》其他有关条款进行处罚。(3)行为人必须取

得了公司登记，而且虚报注册资本数额巨大、后果严重或者有其他严重情节的，才构成犯罪。“取得公司登记”，是指经工商行政管理部门核准并发给企业法人营业执照，还包括取得公司设立登记和变更登记的情况。如果在申请登记过程中，工商行政管理部门发现其使用的是虚假的证明文件或者采取了欺诈手段，没有予以登记，不构成本罪。因此，“取得公司登记”是区分罪与非罪的一个重要界限。虚报注册资本必须有“数额巨大”、后果严重或者有其他严重情节的，才构成犯罪，这是本罪区分罪与非罪的另一个界限。如果虚报注册资本，欺骗公司登记主管机关，数额不大，后果不严重，也没有其他严重情节，就不构成犯罪。

应注意的是，2013年修改后的《公司法》规定，除法律、行政法规和国务院另有规定实行注册资本实缴登记制的公司以外，对于实行注册资本认缴登记制的公司，法律已不再将实收资本作为公司登记的法定条件。2014年4月24日《全国人民代表大会常务委员会关于〈中华人民共和国刑法〉第一百五十八条、第一百五十九条的解释》，明确《刑法》第158条、第159条的规定，只适用于依法实行注册资本实缴登记制的公司。

第一百五十九条　【虚假出资、抽逃出资罪】公司发起人、股东违反公司法的规定未交付货币、实物或者未转移财产权，虚假出资，或者在公司成立后又抽逃其出资，数额巨大、后果严重或者有其他严重情节的，处五年以下有期徒刑或者拘役，并处或者单处虚假出资金额或者抽逃出资金额百分之二以上百分之十以下罚金。

单位犯前款罪的，对单位判处罚金，并对其直接负责的主管人员和其他直接责任人员，处五年以下有期徒刑或者拘役。

条文注释

根据本条规定，虚假出资、抽逃出资罪的构成要件是：(1)此罪的犯罪主体是特殊主体，为公司的发起人或者股东，也就是依法创立筹办公司的人和公司的出资人。(2)行为人必须有违反有关法律关于注册资本实缴制度的规定，未交付货币、实物或者未转移财产权，虚假出资,或者在公司成立后又抽逃其出资的行为。“未交付货币”,是指没有按规定足额交付其所认缴的出资额或者根本就没有交付任何货币。“未交付实物或者未转移财产权”,是指以实物、工业产权、非专利技术或者土地使用权出资的,根本没有实物移交或者没有办理所有权、土地使用权转让手续。“虚假出资”,主要是指对以实物、工业产权、非专利技术或者土地使用权出资的,在评估作价时,故意高估或者低估作价,然后再作为出资等情况。“公司成立后又抽逃其出资”一般包括两种情况:一种是为达到设立公司的目的,通过向其他企业借款或者向银行贷款等手段取得资金,作为自己的出资,待公司登记成立后,又抽回这些资金;另一种是在公司设立时,依法缴纳了自己的出资,但当公司成立后,又将其出资撤回。(3)虚假出资、抽逃出资的数额巨大、后果严重或者有其他严重情节的,才构成犯罪。这是划分罪与非罪的主要界限。

本条还应注意抽逃出资与转让出资的区别。公司发起人、股东在公司成立后如需收回或减少自己的资本,可以依照法律规定采取转让出资或适当减少注册资本的方式,这与抽逃出资的行为是根本不同的。此外,本条亦只适用于依法实行注册资本实缴登记制的公司。

第一百六十条　【欺诈发行证券罪】在招股说明书、认股书、公司、企业债券募集办法等发行文件中隐瞒重要事实或者编造重大虚假内容,发行股票或者公司、企业债券、存托凭证或者国务院依法认定的其他证券,数额巨大、后果严重或者有其他严重情节的,处五年以下有期徒刑或者拘役,并处或者单处罚金;数额特别巨大、后果特别严重或者有其他特别严重情节的,处五年以上有期徒刑,并处罚金。

控股股东、实际控制人组织、指使实施前款行为的,处五年以下有期徒刑或者拘役,并处或者单处非法募集资金金额百分之二十以上一倍以下罚金;数额特别巨大、后果特别严重或者有其他特别严重情节的,处五年以上有期徒刑,并处非法募集资金金额百分之二十以上一倍以下罚金。

单位犯前两款罪的，对单位判处非法募集资金金额百分之二十以上一倍以下罚金，并对其直接负责的主管人员和其他直接责任人员，依照第一款的规定处罚。

条文注释

本条应特别注意两个问题：(1)必须已经实际发行了股票、公司债券、企业债券、存托凭证或国务院依法认定的其他证券，如果制作了虚假的招股说明书、认股书或公司、企业债券募集办法，但只锁在办公室抽屉里，或者还未来得及发行就被阻止，未实施向社会发行股票或公司、企业债券的行为，不构成犯罪。是否已经发行了股票、债券是区分罪与非罪的一个重要界限。(2)如果有限责任公司、股份有限公司和其他企业法人的直接负责的主管人员和其他有直接责任的人员将非法募集的资金中饱私囊，落入个人腰包，则属于贪污行为或侵占行为，构成犯罪的，应当分别依照贪污罪、职务侵占罪的规定定罪处罚。

第一百六十一条　【违规披露、不披露重要信息罪】依法负有信息披露义务的公司、企业向股东和社会公众提供虚假的或者隐瞒重要事实的财务会计报告，或者对依法应当披露的其他重要信息不按照规定披露，严重损害股东或者其他人利益，或者有其他严重情节的，对其直接负责的主管人员和其他直接责任人员，处五年以下有期徒刑或者拘役，并处或者单处罚金；情节特别严重的，处五年以上十年以下有期徒刑，并处罚金。

前款规定的公司、企业的控股股东、实际控制人实施或者组织、指使实施前款行为的，或者隐瞒相关事项导致前款规定的情形发生的，依照前款的规定处罚。

犯前款罪的控股股东、实际控制人是单位的，对单位判处罚金，并对其直接负责的主管人员和其他直接责任人员，依照第一款的规定处罚。

条文注释

《刑法修正案(十一)》对本条作了以下修改:(1)加重了量刑,并增加了情节特别严重的量刑档次。将3年以下有期徒刑或拘役改为5年以下有期徒刑或者拘役。增加了“情节特别严重的,处五年以上十年以下有期徒刑,并处罚金。”加大对相关行为的惩治力度,提高资本市场的违法成本。(2)取消罚金幅度。删除“单处二万元以上二十万元以下罚金的规定”,修改为“并处罚金”,取消了罚金限制。(3)增设“控股股东、实际控制人”作为“实施”“组织”“指使”行为的犯罪主体,单独作为一款予以规定。在资本与经营相分离的普遍情况下,一般不可因为经营人的不法行为而对单位进行处罚,不符合罪责自负的基本逻辑。此次修改明确了如果控股股东、实际控制人实施或者组织、指使实施相关违规行为或者隐瞒相关事项导致规定的情形发生的,应当定罪处罚。(4)新增“单位犯前款罪的”情形。修改之前,本罪虽然是单位犯罪,但在刑罚处罚上,是单罚制,仅对单位的主管人员与直接负责人进行处罚,单位并非受刑罚处罚的主体。《刑法修正案(十一)》将“单位犯前款罪的”修改为“犯前款罪的控股股东、实际控制人是单位的”,对单位处以罚金刑。增设的单位犯罪,是指“单位”在作为“控股股东、实际控制人”时,实施或者组织、指使前款行为或者隐瞒相关事项导致前款规定的情形发生后,将单位作为犯罪主体进行刑事处罚,实行双罚制。

第一百六十二条 【妨碍清算罪】公司、企业进行清算时,隐匿财产,对资产负债表或者财产清单作虚伪记载或者在未清偿债务前分配公司、企业财产,严重损害债权人或者其他人利益的,对其直接负责的主管人员和其他直接责任人员,处五年以下有期徒刑或者拘役,并处或者单处二万元以上二十万元以下罚金。

条文注释

根据本条规定,构成本罪必须具备以下几个要件:(1)本罪的主体在一般情况下,是进行清算的公司、企业法人。但如果清算组成员与公司、企业相勾结共同实施本条规定的行为,也应以共同犯罪依照本条规定追究刑事责任。(2)本罪在客观方面表现为在公司、企业清算时,有隐匿财产,对资产负债表或者财产清单作虚伪记载,或者在公司、企业清偿债务前分配公司、企业财产的行为。本条所说的“隐匿财产”,是指将公司、企业财产予以转移、隐藏。公司、企业的财产既包括资金,也包括工具、设备、产品、货物等各种财物。“对资产负债表或者财产清单作虚伪记载”,是指公司、企业在制作资产负债表或者财产清单时,故意采取隐瞒或者欺骗等方法,对资产负债或者财产清单进行虚报,以达到逃避公司、企业债务的目的。“在未清偿债务前分配公司、企业财产”,是指在清算过程中,违反法律规定,在清偿债务之前,就分配公司、企业的财产,这样的结果,会造成对公司、企业所欠债务不能履行,损害债权人的合法权益。(3)行为人隐匿公司、企业的财产,在未清偿债务前分配公司、企业的财产,严重损害债权人或其他人利益的,才构成犯罪。如果公司、企业虽有隐瞒财产或在未清偿债务之前分配公司、企业财产等行为,并没有影响向债权人履行还债义务,或者对债权人或者其他人利益虽有损害,但尚未达到严重的程度,不能构成此罪。

应注意本罪与职务侵占罪、贪污罪的区别:尽管这几个罪名都可能有隐匿公司、企业财产的行为,但本罪的犯罪主体是公司和企业法人,其目的是逃避公司、企业债务;而职务侵占罪、贪污罪的主体是自然人,其目的是将公司、企业的财产非法占为己有。如果是清算组的成员利用职务上的便利,侵吞、窃取、骗取或者以其他手段非法将进行清算的公司、企业财物据为己有的,应当以职务侵占罪追究其刑事责任;国有公司、企业的工作人员有以上行为的,应当以贪污罪追究刑事责任。

第一百六十二条之一　【隐匿、故意销毁会计凭证、会计帐簿、财务会计报告罪】隐匿或者故意销毁依法应当保存的会计凭证、会计帐簿、财务会计报告,情节严重的,处五年以下有期徒刑或者拘役,并处或者单处二万元以上二十万元以下罚金。

单位犯前款罪的,对单位判处罚金,并对其直接负责的主管人员和其他直接责任人员,依照前款的规定处罚。

条文注释

本条虽然放在《刑法》分则第3章的“妨害对公司、企业的管理秩序罪”一节中，并不意味着该条的犯罪主体仅限于公司、企业。对于该条的法律含义应从条文本身的内容去分析理解，而不要只从节名来划定本条的犯罪主体。本条的犯罪主体不仅包括国有公司、企业，也包括国有事业单位一样。按照本条的规定，所有必须依照《会计法》的规定办理会计事务的国家机关、社会团体、公司、企业、事业单位等组织和个人，都可以成为该罪的犯罪主体。

第一百六十二条之二　【虚假破产罪】公司、企业通过隐匿财产、承担虚构的债务或者以其他方法转移、处分财产，实施虚假破产，严重损害债权人或者其他人利益的，对其直接负责的主管人员和其他直接责任人员，处五年以下有期徒刑或者拘役，并处或者单处二万元以上二十万元以下罚金。

条文注释

根据本条的规定，构成虚假破产罪必须具备以下几个要件：(1)本罪的主体是公司、企业。(2)本罪的主观方面是故意犯罪，即具有通过虚假破产逃避债务的犯罪故意。(3)本罪的客观方面表现为通过隐匿财产、承担虚构的债务或者以其他方法转移，处分财产，实施虚假破产的行为，严重损害了债权人或者其他人利益。本条规定的“隐匿财产”，是指将公司、企业的财产予以转移、隐藏，或者对公司、企业的财产清单和资产负债表作虚假记载，或者采用少报、低报的手段，故意隐瞒、缩小公司、企业财产的实际数额。“承担虚构的债务”，是指夸大公司、企业的负债状况，目的是造成公司资不抵债的假象。“以其他方法转移、处分财产”，是指以隐匿财产、承担虚构的债务以外的方法转移、处分公司、企业的财产，如将公司、企业财产无偿或者以明显不合理的低价转让，以明显高于市场的价格受让财产，放弃公司、企业的债权等。“实施虚假破产”是“隐匿财产、承担虚构的债务或者以其他方法转移、处分财产”的目的，是本罪行为的本质特征，是指通过上述转移、处分财产的行为，造成本不符合法律规定的破产条件的公司、企业不能清偿到期债务或者资不抵债的假象，从而向人民法院申请宣告破产或者被债权人申请宣告破产，致使公司、企业进入有关法律规定的破产程序。严重损害债权人的利益，是指由于公司、企业的上述行为，使本应得到偿还的债权人的巨额债务无法得到偿还等。严重损害其他人利益，主要是指由于公司、企业的上述行为造成公司、企业拖欠的职工工资、劳动保险费用和国家税款得不到清偿，或者使公司、企业的其他股东的合法权益受到损害等情形。

需要注意的是，如果公司、企业虽然实施了通过隐匿财产、承担虚构的债务或者以其他方法转移、处分财产，实施虚假破产的行为，但尚未对债权人或者其他人的利益造成严重损害的，不能构成本条规定的犯罪，应当由有关主管部门对其行为进行处理。

第一百六十三条 【非国家工作人员受贿罪】公司、企业或者其他单位的工作人员，利用职务上的便利，索取他人财物或者非法收受他人财物，为他人谋取利益，数额较大的，处三年以下有期徒刑或者拘役，并处罚金；数额巨大或者有其他严重情节的，处三年以上十年以下有期徒刑，并处罚金；数额特别巨大或者有其他特别严重情节的，处十年以上有期徒刑或者无期徒刑，并处罚金。

公司、企业或者其他单位的工作人员在经济往来中，利用职务上的便利，违反国家规定，收受各种名义的回扣、手续费，归个人所有的，依照前款的规定处罚。

国有公司、企业或者其他国有单位中从事公务的人员和国有公司、企业或者其他国有单位委派到非国有公司、企业以及其他单位从事公务的人员有前两款行为的，依照本法第三百八十五条、第三百八十六条的规定定罪处罚。

条文注释

本罪为身份犯，行为主体必须是公司、企业或者其他单位的工作人员。但是，国有公司企业或者其他国有单位中从事公务的人员以及其他国家工作人员利用职务上的便利索取、收受贿赂的，构成《刑法》第385条规定的受贿罪。“公司、企业的工作人员”，是指在公司、企业、其他单位中从事领导、组织、管理工作的人员，如公司的董事、监事以及公司、企业的经理、厂长、财会人员以及其他受公司、企业聘用从事管理事务的人员。“其他单位的工作人员”包括非国有事业单位或者其他组织的工作人员，如教育、科研、医疗、体育、出版等单位的从事组织领导以及履行监督、管理职责的人员。本罪行为内容为利用职务上的便利，索取他人财物或者非法收受他人财物，为他人谋取利益，数额较大的行为，包括三个方面的内容：(1)必须利用职务上的便利。(2)必须索取或者收受他人财物，且数额较大。(3)不管是索取他人财物，还是收受他人财物，都必须有为他人谋取利益的要件。但“为他人谋取利益”不要求必须实施为他人谋取利益行为，只要允诺为他人谋取利益即可。

本条第3款应注意，根据《最高人民法院关于如何认定国有控股、参股股份有限公司中的国有公司、企业人员的解释》，为准确认定《刑法》分则第3章第3节中的国有公司、企业人员，对国有控股、参股的股份有限公司中的国有公司、企业人员解释如下：国有公司、企业委派到国有控股、参股公司从事公务的人员，以国有公司、企业人员论。这里需要说明的是：(1)委派的形式具有多样性。根据《全国法院审理经济犯罪案件工作座谈会纪要》第1条第2项的规定，包括任命、指派、提名、批准等。不论被委派人的身份如何，只要是接受国家机关、国有公司、企业、事业单位委派，代表国家机关、国有公司、企业、事业单位到非国有公司、企业、事业单位、社会团体从事公务的人员，都可以认定为国家机关、国有公司、企业、事业单位委派到非国有公司、企业、事业单位、社会团体从事公务的人员。(2)委派内容具有公务性。受委派从事的工作必须是代表国有单位在非国有单位中行使组织、领导、监督、管理等职责，才具有受委派的实质内容。虽然表面上某些任命可能是出于国有控股、参股股份有限公司股东大会或董事会的决议或依照公司章程选举，但只要实质上符合受委派从事公务的情形，就应认定为国有公司、企业工作人员。

第一百六十四条 【对非国家工作人员行贿罪】为谋取不正当利益，给予公司、企业或者其他单位的工作人员以财物，数额较大的，处三年以下有期徒刑或者拘役，并处罚金；数额巨大的，处三年以上十年以下有期徒刑，并处罚金。

【对外国公职人员、国际公共组织官员行贿罪】为谋取不正当商业利益，给予外国公职人员或者国际公共组织官员以财物的，依照前款的规定处罚。

单位犯前两款罪的，对单位判处罚金，并对其直接负责的主管人员和其他直接责任人员，依照第一款的规定处罚。

行贿人在被追诉前主动交待行贿行为的，可以减轻处罚或者免除处罚。

条文注释

本条第1款是关于个人向公司、企业或者其他单位的工作人员行贿及其处罚的规定。本款包含三层含义：(1)行为人必须具有谋取不正当利益的目的。行贿犯罪中“谋取不正当利益”，是指行贿人谋取违反法律、法规、规章或者政策规定的利益，或者要求对方违反法律、法规、规章、政策、行业规范的规定提供帮助或者各种便利条件，以获取私利的情况。另外，在招标投标、政府采购等商业活动中，违背公平原则，给予相关人员财物以谋取竞争优势的，也属于“谋取不正当利益”。(2)行为人必须实施了给予公司、企业或者其他单位的工作人员以财物的行为。这里的“给予”应当是实际给付行为，即作为贿赂物的财物已经从行贿人手中转移到受贿人控制之下。(3)行贿的财物必须达到数额较大，才构成犯罪。

本条第2款是关于为谋取不正当商业利益，给予外国公职人员或者国际公共组织官员以财物的犯罪的规定。其中，“为谋取不正当商业利益”，是指行为人谋取违反法律、法规、规章或者政策规定的利益，或者要求对方违反法律、法规、规章、政策、行业规范的规定提供帮助或者各种便利条件，以获取私利的情况。另外，这里所称的“外国公职人员”，是指外国经任命或选举担任立法、行政、行政管理或者司法职务的人员，以及为外国国家及公共机构或者公营企业行使公共职能的人员；“国际公共组织官员”，是指国际公务人员或者经国际组织授权代表该组织行事的人员；“财物”还包括证明资产的产权或者权益的法律文件或者文书。

应注意本条第4款关于对行贿人减轻处罚或者免除处罚的规定，其必须具备两个条件：一是必须主动交待行贿行为；二是交待的时间必须在被追诉之前，二者缺一不可。“主动交待”，是指行贿人主动向司法机关或者其他有关部门如实交待其行贿事实。因司法机关调查或者其他有关部门查询而不得不交待的，或者为了避重就轻不如实交待的，均不属于本款中的“主动交待”。本款所称“在被追诉前”，是指在司法机关立案、开始追究刑事责任之前。如果司法机关已经发现了行贿事实，并认为应当追究刑事责任而立案后，行贿人交待行贿行为的，不适用本款规定。

关联法规

《最高人民法院、最高人民检察院关于办理商业贿赂刑事案件适用法律若干问题的意见》

第一百六十五条　【非法经营同类营业罪】国有公司、企业的董事、监事、高级管理人员，利用职务便利，自己经营或者为他人经营与其所任职公司、企业同类的营业，获取非法利益，数额巨大的，处三年以下有期徒刑或者拘役，并处或者单处罚金；数额特别巨大的，处三年以上七年以下有期徒刑，并处罚金。

其他公司、企业的董事、监事、高级管理人员违反法律、行政法规规定，实施前款行为，致使公司、企业利益遭受重大损失的，依照前款的规定处罚。

条文注释

对本罪如何区分罪与非罪，即本罪与一般违法经营行为的界限，是认识本罪的关键。区分罪与非罪可以从下列情况判定：(1)行为人是否利用了职务之便。如果行为人并未利用职务之便而经营同类营业的，就不能以犯罪论处，如行为人虽然经营了与其所任职公司、企业同类的营业,并获利巨大,但这一行为与其所任职的职务无关,就不构成犯罪。(2)行为人经营的是否为同类营业。构成本罪必须是经营与其所任职公司、企业同类的营业,如果行为人经营的不是同类营业,不构成犯罪。(3)行为人获取的非法利益是否达到数额巨大。如果行为人利用了职务之便,并且经营与其所任职公司、企业同类的营业,但获取非法利益未达到数额巨大,不能以犯罪论处。《刑法修正案(十二)》将企业的相关人员规定为"董事、监事、高级管理人员",与《公司法》相衔接。

《刑法修正案(十二)》修改《刑法》第165、166、169条,将对"国有公司、企业"等相关人员适用的犯罪扩大到民营企业。应当说,上述三类犯罪在国有企业上比较典型,这是国有企业的性质和特点造成的。近年来,随着民营企业的发展变化,民营企业内部人员也不断出现上述情况,严重损害民营企业利益,有的企业反映,内部关键岗位人员在外另起炉灶,转移企业利润,侵犯商业秘密,侵占企业商业资源,或者将企业商业机会、利益通过各种隐蔽方式转移给亲友企业,给公司、企业利益造成重大损失。如果发生在民营企业,按照以往的规定无法处理,故需要与时俱进,2023年《刑法修正案(十二)》完善了相关规定。

第一百六十六条　【为亲友非法牟利罪】国有公司、企业、事业单位的工作人员,利用职务便利,有下列情形之一,致使国家利益遭受重大损失的,处三年以下有期徒刑或者拘役,并处或者单处罚金;致使国家利益遭受特别重大损失的,处三年以上七年以下有期徒刑,并处罚金:

(一)将本单位的盈利业务交由自己的亲友进行经营的;

(二)以明显高于市场的价格从自己的亲友经营管理的单位采购商品、接受服务或者以明显低于市场的价格向自己的亲友经营管理的单位销售商品、提供服务的;

(三)从自己的亲友经营管理的单位采购、接受不合格商品、服务的。

其他公司、企业的工作人员违反法律、行政法规规定，实施前款行为，致使公司、企业利益遭受重大损失的，依照前款的规定处罚。

第一百六十七条　【签订、履行合同失职被骗罪】国有公司、企业、事业单位直接负责的主管人员，在签订、履行合同过程中，因严重不负责任被诈骗，致使国家利益遭受重大损失的，处三年以下有期徒刑或者拘役；致使国家利益遭受特别重大损失的，处三年以上七年以下有期徒刑。

条文注释

根据第167条的规定，签订、履行合同失职被骗罪有如下特征：(1)犯罪主体是特殊主体，即国有公司、企业、事业单位直接负责的主管人员。(2)行为人在签订、履行合同过程中，因严重不负责任被诈骗。本条中的“严重不负责任”在实践中有各种各样的表现：盲目轻信，不认真审查对方当事人的合同主体资格、资信情况；不认真审查对方的履约能力和货源情况；贪图个人私利，不关心产品的质量和价格，只关心个人能否得到回扣；在得到好处后，在质量上舍优求劣，在价格上舍低就高，在路途上舍近求远，在供货来源上舍公取私；无视规章制度和工作纪律，擅自越权，签订或者履行经济合同；急于推销产品，上当受骗；不辨真假，盲目吸收投资，同假外商签订引资合作协议等；违反规定为他人签订经济合同提供担保，导致发生纠纷时承担保证责任，等等。(3)本罪须以致使国家利益遭受重大损失为条件。

还应注意的是，《全国人民代表大会常务委员会关于惩治骗购外汇、逃汇和非法买卖外汇犯罪的决定》第7条明确规定：“金融机构、从事对外贸易经营活动的公司、企业的工作人员严重不负责任，造成大量外汇被骗购或者逃汇，致使国家利益遭受重大损失的，依照刑法第一百六十七条的规定定罪处罚。”该决定的这一规定，扩大了本条犯罪主体的范围。“金融机构”，是指经外汇管理机关批准，有权经营外汇业务的商业银行和外汇交易中心。“从事对外贸易经营活动的公司、企业”，即对外贸易经营者，是指有权从事货物进出口与技术进出口的外贸单位以及国际服务贸易企业和组织。行为人在客观方面实施了严重不负责任，造成大量外汇被骗购或者逃汇的行为。“严重不负责任”，是指违反国家有关外汇管理的法律、法规和规章制度，不履行或不正确履行应当履行的职责，或者在履行职责中马虎草率，敷衍塞责，不负责任，或者放弃职守，对自己应当负责的工作撒手不管等。行为人实施上述行为，还必须“致使国家利益遭受重大损失的”才能构成本罪，是否“致使国家利益遭受重大损失的”是区分罪与非罪的界限，如果未使国家利益遭受重大损失的，可以由有关部门给予批评教育或者行政处分。

第一百六十八条 【国有公司、企业、事业单位人员失职罪；国有公司、企业、事业单位人员滥用职权罪】国有公司、企业的工作人员，由于严重不负责任或者滥用职权，造成国有公司、企业破产或者严重损失，致使国家利益遭受重大损失的，处三年以下有期徒刑或者拘役；致使国家利益遭受特别重大损失的，处三年以上七年以下有期徒刑。

国有事业单位的工作人员有前款行为，致使国家利益遭受重大损失的，依照前款的规定处罚。

国有公司、企业、事业单位的工作人员，徇私舞弊，犯前两款罪的，依照第一款的规定从重处罚。

条文注释

本条列举了国有公司、企业工作人员渎职犯罪两种常见的行为，即严重不负责任和滥用职权。“严重不负责任”客观上表现为不履行、不正确履行或者放弃履行自己的职责，通常表现为工作马马虎虎，草率行事，或公然违反职责规定，或放弃职守，对自己负责的工作撒手不管等。“滥用职权”，通常表现为行为人超越职责权限或违反行使职权所应遵守的程序。根据本条规定，如果行为人严重不负责任或者滥用职权的行为，造成国有公司、企业破产或严重损失，致使国家利益遭受重大损失的就构成犯罪；行为如果没有达到致使国家利益遭受重大损失的，则不构成犯罪。这是区分罪与非罪的重要界限。

关联法规

《最高人民法院关于审理扰乱电信市场管理秩序案件具体应用法律若干问题的解释》第6条

《最高人民法院、最高人民检察院关于办理妨害预防、控制突发传染病疫情等灾害的刑事案件具体应用法律若干问题的解释》第4条

第一百六十九条　【徇私舞弊低价折股、出售公司、企业资产罪】 国有公司、企业或者其上级主管部门直接负责的主管人员，徇私舞弊，将国有资产低价折股或者低价出售，致使国家利益遭受重大损失的，处三年以下有期徒刑或者拘役；致使国家利益遭受特别重大损失的，处三年以上七年以下有期徒刑。

其他公司、企业直接负责的主管人员，徇私舞弊，将公司、企业资产低价折股或者低价出售，致使公司、企业利益遭受重大损失的，依照前款的规定处罚。

条文注释

根据本条的规定，本罪具有以下特征：(1)本罪主体是特殊主体，即国有公司、企业或者其上级主管部门直接负责的主管人员和其他公司、企业直接负责的主管人员。《刑法修正案(十二)》之前本罪主体是国有公司、企业或者其上级主管部门直接负责的主管人员，《刑法修正案(十二)》对本条增加了一款，将本罪主体扩展到“其他公司、企业直接负责的主管人员”。(2)行为人在客观上有徇私舞弊，将公司、企业资产低价折股或者低价出售的行为。本条中的“国有资产”，是指国家以各种形式对国有公司、企业投资和投资收益形成的财产，以及依据法律、行政法规认定的公司、企业国有财产。“将国有资产低价折股或者低价出售”，其表现形式多种多样，比如，在合资、合营、股份制改革过程中，对国有财产不进行资产评估，或者虽进行资产评估，但背离所评估资产的价值低价折股；低估实物资产；国有资产未按重置价格折股，未计算其增值部分，只是按账面原值

折股;对公司、企业的商标、信誉等无形资产未计入国家股;不经主管部门批准,不经评估组织作价,擅自将属于企业的土地、厂房低价卖给小团体或私营业主,从中收取回扣。对于其他公司、企业而言,则指的是其他公司、企业的资产。(3)行为人有前述行为,致使国家利益或公司、企业利益遭受重大损失的,才构成犯罪。本条第1款中"致使国家利益遭受重大损失",一般是指造成国有公司、企业财产流失严重或造成国有公司、企业严重亏损,无法进行生产经营,濒临倒闭等。本条第2款中的"致使公司、企业利益遭受重大损失",是指造成该公司、企业财产流失严重或造成该公司、企业严重亏损,无法进行生产经营,濒临倒闭等。《刑法修正案(十二)》增加了第2款的规定,将其他公司、企业直接负责的主管人员徇私舞弊,将公司、企业资产低价折股或者低价出售的犯罪行为纳入到《刑法》规制中。

第一百六十九条之一　【背信损害上市公司利益罪】上市公司的董事、监事、高级管理人员违背对公司的忠实义务,利用职务便利,操纵上市公司从事下列行为之一,致使上市公司利益遭受重大损失的,处三年以下有期徒刑或者拘役,并处或者单处罚金;致使上市公司利益遭受特别重大损失的,处三年以上七年以下有期徒刑,并处罚金:

(一)无偿向其他单位或者个人提供资金、商品、服务或者其他资产的;

(二)以明显不公平的条件,提供或者接受资金、商品、服务或者其他资产的;

(三)向明显不具有清偿能力的单位或者个人提供资金、商品、服务或者其他资产的;

(四)为明显不具有清偿能力的单位或者个人提供担保,或者无正当理由为其他单位或者个人提供担保的;

(五)无正当理由放弃债权、承担债务的;

(六)采用其他方式损害上市公司利益的。

上市公司的控股股东或者实际控制人,指使上市公司董事、监事、高级管理人员实施前款行为的,依照前款的规定处罚。

犯前款罪的上市公司的控股股东或者实际控制人是单位的,对单位判处罚金,并对其直接负责的主管人员和其他直接责任人员,依照第一款的规定处罚。

条文注释

与公司、企业的经营管理人员个人利用职务之便,收受贿赂、侵占公司资产,以牟取私利不同,本罪中损害上市公司利益的行为总是以公司行为的形式出现,是上市公司"自己损害自身的利益"。操纵公司从事有损自身利益的行为,是这种行为在形式上的重要特点。而本罪的行为人,即上市公司的董事、监事、高级管理人员,则是以履行相关经营管理职责的名义,从事决策、执行等"职务行为",形式上并不存在牟取个人私利的情况。但是,从行为人代表上市公司所进行的经营活动的本质看,则是严重损害上市公司自身利益的,行为人是利用其代表上市公司从事经营管理活动的身份,故意为上市公司安排不公平交易,将上市公司的资金、利益向外输送到其他公司、企业中去。

行为人利用职务便利,操纵上市公司损害自身利益,主要有以下几种表现形式:

(1)无偿向其他单位或者个人提供资金、商品、服务或者其他资产。认定这种行为,要注意与一些企业正常的捐赠行为相区别。捐赠行为在形式上也符合无偿提供资金、商品、服务的特征,但是,捐赠在性质上是一种慈善活动,捐助的对象一般是有特殊困难的弱势群体,或者是社会公益组织。而本罪中的无偿提供资金、商品、服务的行为,是一种利益输送行为,是上市公司的董事、监事、高级管理人员利用职务便利,让上市公司从事损己利人的"自杀行为",是"掏空"上市公司的一种手段,其提供资产的对象、数额、目的、对上市公司的影响,都与正常的企业捐赠行为有明显区别。

(2)以明显不公平的条件,提供、接受资金、商品、服务或者其他资产。这种利益输送在进、出两个环节都可以实现。在进的环节,有意高估交易对价，接受他人的资金、商品、服务，如在商品、服务采购过程中，以明显高于市场的价格采购商品，接受服务；在接受资产转让时，故意高估对方资产的实际价值，多支付对价。在出的环节，以明显低于市场的价格出售商品，或者将公司优良资产、预期良好的盈利项目，低价转让等。明显不公平的条件，主要是指交易价格明显高于、低于市场价格或者资产的实际价值。

(3)向明显不具有清偿能力的单位或者个人提供资金、商品、服务或者其他资产。这种行为的特点是，行为人为上市公司安排的交易活动从表面上看，不存在“无偿”或者“明显不公平的条件”，如签订有买卖合同，合同的价款也是合乎市场价格的。但是，从交易对象的偿付能力看，对方明显不具有支付货款的可能性。

(4)为明显不具有清偿能力的单位或者个人提供担保，或者无正当理由为其他单位或者个人提供担保。担保本身实际上是承担风险的活动。上市公司的董事、监事、高级管理人员，让上市公司为明显没有清偿能力的单位或者个人提供担保，或者在没有正当理由的情况下，让上市公司为他人提供担保，是不适当地让上市公司承担本不应承担的风险，承受本不应承受的损失，从而损害了上市公司和公众投资人的利益。

(5)无正当理由放弃债权、承担债务。没有正当理由而放弃债权，会导致公司资产的直接减少，从而损害上市公司和公众投资人的利益。同样，没有正当理由而随意承担债务，也会导致上市公司的负担加重，间接减少公司资产，从而损害上市公司和公众投资人的利益。

第四节　破坏金融管理秩序罪

第一百七十条　【伪造货币罪】伪造货币的，处三年以上十年以下有期徒刑，并处罚金；有下列情形之一的，处十年以上有期徒刑或者无期徒刑，并处罚金或者没收财产：

（一）伪造货币集团的首要分子；
（二）伪造货币数额特别巨大的；
（三）有其他特别严重情节的。

条文注释

本罪是指没有货币发行权的人，非法制造外观上足以使一般人误认为是货币的假货币，妨害货币的公共信用的行为。本罪的主观方面表现为故意，即明知自己伪造货币的行为会发生侵犯货币的公共信用的结果，并且希望或者放任这种结果发生。本罪的客观方面应注意：(1)伪造货币，是指仿照真货币的图案、形状、色彩等特征非法制造假币，冒充真币的行为；而变造货币，是指对真货币采用剪贴、挖补、揭层、涂改、移位、重印等方法加工处理，改变真币形态、价值的行为。(2)能否成立伪造货币罪，关键在于是否仿照真币，只要在图案、形状、色彩等方面具备了真币的基本要素的，即可成立伪造货币罪。至于实际伪造出来的假币的外观效果和逼真程度如何，不应成为伪造货币罪的定罪要件，既不能因为伪造货币尚未制成成品，也不能因为做工粗糙而否认行为人实施了或者正在实施伪造货币行为。(3)伪造货币以"冒充真币"为要件。伪造货币应以流通或者行使为其目的要件。据此，伪造后不以冒充真币使用为目的，为炫耀画技或者供鉴赏、教学、科研使用而不进入流通领域的，不属于伪造货币行为。(4)行为人制造货币版样或者与他人事前通谋，为他人伪造货币提供版样的，依照本条的规定定罪处罚。(5)以使用为目的，伪造停止流通的货币的，依照《刑法》第266条的规定，以诈骗罪定罪处罚。以中国人民银行发行的普通纪念币和贵金属纪念币为对象的假币犯罪，依照《刑法》第170条至第173条的规定定罪处罚。

关联法规

《最高人民法院关于审理伪造货币等案件具体应用法律若干问题的解释(二)》

第一百七十一条　【出售、购买、运输假币罪】出售、购买伪造的货币或者明知是伪造的货币而运输，数额较大的，处三年以下有期徒刑或者拘役，并处二万元以上二十万元以下罚金；数额巨大的，处三年以上十年以下有期徒刑，并处五万元以上五十万元以下罚金；数额特别巨大的，处十年以上有期徒刑或者无期徒刑，并处五万元以上五十万元以下罚金或者没收财产。

【金融工作人员购买假币、以假币换取货币罪】银行或者其他金融机构的工作人员购买伪造的货币或者利用职务上的便利，以伪造的货币换取货币的，处三年以上十年以下有期徒刑，并处二万元以上二十万元以下罚金；数额巨大或者有其他严重情节的，处十年以上有期徒刑或者无期徒刑，并处二万元以上二十万元以下罚金或者没收财产；情节较轻的，处三年以下有期徒刑或者拘役，并处或者单处一万元以上十万元以下罚金。

【伪造货币罪】伪造货币并出售或者运输伪造的货币的，依照本法第一百七十条的规定定罪从重处罚。

条文注释

本条第1款实际规定了三种罪名：1. 出售假币罪。本罪具有以下特征：(1)行为人在主观上必须是故意的；(2)行为人必须实施了出售伪造货币的行为；(3)行为人出售伪造货币要达到一定的数量。根据本款规定，出售伪造货币的数额较大，即构成本罪。2. 购买假币罪。构成本罪应具备以下特征：(1)行为人在主观上一般都以牟取非法利益为目的，如有的购买后冒充货币使用或者行骗，有的购买后再进行贩卖以牟取暴利；(2)行为人必须实施了以一定的价格购买伪造货币的行为，在通常情况下，其买入的价格一般远远低于票面所印价格；(3)购买的伪造货币的数额较大。出于好奇原因购买少量伪造货币的行为不能构成本罪。3. 运输假币罪。构成本罪应当具备以下特征：(1)行为人首先要具有运输伪造货币的行为；(2)行为人在主观上必须是明知的，即行为人清楚知道其运输的货物是伪造的货币。在有些情况下，托运人并未向承运人如实告知所运货物的情况，承运人也无法了解所运货物的真实情况。在这种情况下,承运人是被蒙骗的,对这种因受蒙骗等原因在不知道运输的是伪造的货币的情况下而运输的,不能作为犯罪处理。因此,本款明确将“明知”规定为构成犯罪的要件;(3)运输的伪造的货币的数额较大。

本条第2款规定了两种罪名:1.金融机构工作人员购买假币罪,其犯罪构成在主观方面和行为特征上与普通人购买伪造的货币是一样的。所不同的是普通人购买伪造的货币数额较大的才构成犯罪,本款规定没有这一限制。也就是说,银行或者其他金融机构的工作人员,只要实施了购买伪造货币的行为,不论数额大小都可构成犯罪。2.金融机构工作人员以假币换取货币罪,是指银行或者其他金融机构的工作人员,利用职务上管理金库、出纳现金、吸收付出存款等便利条件,以伪造的货币换取货币的行为。其犯罪构成具有以下特征:(1)犯罪主体必须是特定的,即必须是银行或者其他金融机构的工作人员;(2)行为人必须实施了用伪造的货币换取货币的行为,即以假币换真币的行为;(3)行为人必须利用了职务上的便利。如果行为人没有利用职务上的便利,而是在私下场合用自己所持有的假币向别人换取真币,不能构成本罪;(4)行为人在主观上必须是故意的。如果行为人在工作中误将假币支付给他人,不能视为利用职务便利以假币换真币。

第一百七十二条　【持有、使用假币罪】明知是伪造的货币而持有、使用,数额较大的,处三年以下有期徒刑或者拘役,并处或者单处一万元以上十万元以下罚金;数额巨大的,处三年以上十年以下有期徒刑,并处二万元以上二十万元以下罚金;数额特别巨大的,处十年以上有期徒刑,并处五万元以上五十万元以下罚金或者没收财产。

条文注释

构成持有假币罪应当具备下列条件:(1)行为人具有持有伪造的货币的行为。这里所说的“持有”的概念是广义的,不仅是指行为人随身携带伪造的货币,还包括行为人在自己家中、亲属朋友处保存伪造的货币,自己或者通过他人传递伪造的货币等行为。(2)行为人在主观上明知其所持有的是伪造的货币,如果行为人在主观上不知道其所持有的是伪造的货币,则不构成本罪。(3)行为人所持有的伪造货币的数额要达到较大的程度。这里所说的"数额较大",是指在客观方面行为人的行为构成伪造货币罪的条件。如果行为人持有的伪造货币的数额没有达到"数额较大"的,则不构成本罪。

构成使用假币罪应当具备下列条件:(1)行为人实施了明知是伪造的货币而使用的行为。这里所说的"使用",包括行为人出于各种目的,以各种方式将伪造的货币作为货币流通的行为,如购买商品、存入银行、清偿债务等。(2)行为人在主观上明知其使用的是伪造的货币。行为人在主观上是否明知,是区分罪与非罪的标准之一,如果行为人不知是伪造的货币而使用的,不能构成本罪。(3)行为人所使用的伪造的货币的数额较大。行为人使用伪造的货币如果不是数额较大,不能构成犯罪。这里规定的"数额较大",是区分行为人是否构成本罪的标准。如果行为人使用伪造的货币,没有达到"数额较大"的,不能构成犯罪。

还应注意的是,行为人在购买、出售、运输假币的同时,又实施了使用假币的行为如何定罪?定罪的关键在于判断涉案假币是否为同宗假币。(1)对于"购买""使用"同宗假币的情形:行为人购买假币后使用,构成犯罪的,依照《刑法》第171条的规定,以购买假币罪定罪,从重处罚。(2)对于涉及不同宗假币的情形:行为人出售、运输假币构成犯罪,同时有使用假币行为的,依照《刑法》第171条、第172条的规定,实行数罪并罚。

关联法规

《最高人民法院关于审理伪造货币等案件具体应用法律若干问题的解释》第2、5条

第一百七十三条　【变造货币罪】变造货币,数额较大的,处三年以下有期徒刑或者拘役,并处或者单处一万元以上十万元以下罚金;数额巨大的,处三年以上十年以下有期徒刑,并处二万元以上二十万元以下罚金。

条文注释

在具体认定本条的变造货币行为时,需要注意诸如剪贴、挖补、揭层、涂改、移位、重印这六种变造货币的行为方式。其中,剪贴变造又称拼凑变造,是指对真币进行裁剪后重新粘贴,通过增加货币张数实现增值的行为。挖补变造,是指把票面局部图案或者材料挖走后采取一定方式进行补全的变造行为,如将票面上的光变油墨挖走后通过手写、印刷等方式重新补全。揭层变造,主要是指对真币进行一定的处理之后一揭为二,再用白纸等进行粘贴的变造行为。涂改变造,主要是指对同颜色、同图案、同票幅而面额不同的真币涂改其票面金额的变造行为。此外,实践中还存在涂改年号或者冠字号等变造行为。移位变造,是指将真币的关键性部位移至其他票面的变造行为,相当于挖补变造的反向行为。重印变造,是指对真币局部或者全部图案通过化学手段等进行"脱胎换骨",其纸张质地以及水印、安全线等主要防伪特征都是真的,但金额乃至图案都是假的。重印变造主要发生在旧版美元上,因为旧版美元不同面额钞票的规格、色调等非常相似。

关联法规

《最高人民法院关于审理伪造货币等案件具体应用法律若干问题的解释》第6条

第一百七十四条　【擅自设立金融机构罪】未经国家有关主管部门批准,擅自设立商业银行、证券交易所、期货交易所、证券公司、期货经纪公司、保险公司或者其他金融机构的,处三年以下有期徒刑或者拘役,并处或者单处二万元以上二十万元以下罚金;情节严重的,处三年以上十年以下有期徒刑,并处五万元以上五十万元以下罚金。

【伪造、变造、转让金融机构经营许可证、批准文件罪】伪造、变造、转让商业银行、证券交易所、期货交易所、证券公司、期货经纪公司、保险公司或者其他金融机构的经营许可证或者批准文件的,依照前款的规定处罚。

单位犯前两款罪的,对单位判处罚金,并对其直接负责的主管人员和其他直接责任人员,依照第一款的规定处罚。

条文注释

擅自设立金融机构罪具有以下特征:(1)犯罪的主体包括自然人和单位。(2)犯罪的主观方面为具有非法设立商业银行、证券交易所、期货交易所、证券公司、期货经纪公司、保险公司或者其他金融机构的主观故意,即行为人主观上明知设立上述金融机构应当经过有关主管机关的审查和批准,但是为了达到获取非法利益的目的,而故意违反有关的法律、法规擅自设立从事金融业务的机构。(3)本罪所侵犯的客体是国家对设立商业银行、证券交易所、期货交易所、证券公司、期货经纪公司、保险公司和其他金融机构的审批管理制度。(4)本罪的客观方面表现为行为人实施了非法设立商业银行、证券交易所、期货交易所、证券公司、期货经纪公司、保险公司和其他金融机构的犯罪行为。这种行为具有以下两个方面的特点:一是它表现为作为的形式,即行为人必须有设立这些机构的具体行为。二是事实上已经设立了这些机构。也就是说,如果行为人仅仅是预谋设立这些机构不构成本罪。

伪造、变造、转让金融机构经营许可证、批准文件罪具有以下特征:(1)犯罪主体是自然人和单位。(2)犯罪行为侵犯的客体是国家对商业银行、证券交易所、期货交易所、证券公司、期货经纪公司、保险公司和其他金融机构的管理秩序。(3)行为人在主观方面都具有伪造、变造和转让经营金融业务许可证或者批准文件的主观故意。(4)行为人必须实施了伪造、变造或转让经营金融业务许可证或者批准文件的行为。“伪造”,是指仿照经营金融业务许可证或者批准文件的形状、特征、色彩、样式,非法制造假的经营金融业务许可证或者批准文件的行为。“变造”,是指通过涂改、拼改、挖补等手段,改变经营金融业务许可证或者批准文件内容的行为,如通过上述手段改变原许可证或者批准文件上的经营业务的范围、单位的名称、批准的日期、批准的单位等。“转让”,是指行为人将自己的经营金融业务许可证或者批准文件通过出售、出租、出借、赠与等方式有偿或者无偿转与或者让与其他的机构或者个人使用的行为。

第一百七十五条　【高利转贷罪】以转贷牟利为目的，套取金融机构信贷资金高利转贷他人，违法所得数额较大的，处三年以下有期徒刑或者拘役，并处违法所得一倍以上五倍以下罚金；数额巨大的，处三年以上七年以下有期徒刑，并处违法所得一倍以上五倍以下罚金。

单位犯前款罪的，对单位判处罚金，并对其直接负责的主管人员和其他直接责任人员，处三年以下有期徒刑或者拘役。

条文注释

根据本条的规定，高利转贷罪在构成要件上有以下特征：(1)本罪的主体包括自然人和单位。(2)行为人在客观上有将套取的金融机构信贷资金高利转贷给他人，转贷牟利的行为。本条所说的“套取金融机构信贷资金高利转贷他人”，是指编造虚假理由，从银行、信托投资公司、农村信用社、城市合作银行等金融机构获得信贷资金后又转贷给第三人。行为人转贷给他人的资金必须是金融机构的信贷资金。如果行为人只是将自己的剩余资金借贷给他人，不构成犯罪。本条所说的“高利转贷他人”，是指行为人以比金融机构贷款利率高出许多的利率将套取的金融机构的信贷资金转贷他人，从中获取不法利益。(3)行为人在主观上有转贷牟利的目的。(4)行为人将金融机构信贷资金转贷他人，获取非法利益，数额较大的，才构成犯罪，这是区分罪与非罪的重要界限。

第一百七十五条之一　【骗取贷款、票据承兑、金融票证罪】以欺骗手段取得银行或者其他金融机构贷款、票据承兑、信用证、保函等，给银行或者其他金融机构造成重大损失的，处三年以下有期徒刑或者拘役，并处或者单处罚金；给银行或者其他金融机构造成特别重大损失或者有其他特别严重情节的，处三年以上七年以下有期徒刑，并处罚金。

单位犯前款罪的，对单位判处罚金，并对其直接负责的主管人员和其他直接责任人员，依照前款的规定处罚。

条文注释

构成骗用银行或者其他金融机构的贷款及其他信用的犯罪需要符合以下几个条件:(1)构成本罪的犯罪主体既包括个人,也包括单位。(2)犯罪人必须采取了欺骗的手段。"欺骗手段",是指行为人在取得银行或者其他金融机构的贷款、票据承兑、信用证、保函等信贷资金、信用时,采用的是虚构事实、隐瞒真相等手段,掩盖了客观事实,骗取了银行或者其他金融机构的信任。只要申请人在申请贷款的过程中有虚构事实、掩盖真相的情节,或者在申请贷款过程中,提供假证明、假材料,或者贷款资金没有按申请的用途去用,都符合这一条件。(3)犯罪的对象是银行或者其他金融机构的贷款、票据承兑、信用证、保函等。(4)给银行或者其他金融机构造成重大损失即构成本罪。《刑法修正案(十一)》删除了"有其他严重情节的"入罪标准。

注意划清高利转贷罪与贷款诈骗罪的界限。二者的区别在于:(1)犯罪的主观方面不同。前者主观上是以转贷牟利为目的,后者主观上是以非法占有为目的。(2)犯罪的客观方面不同。前者是套取金融机构信贷资金转贷他人,后者是采取《刑法》第193条明确规定的五种诈骗贷款的方式之一骗取金融机构的贷款的行为。

第一百七十六条 【非法吸收公众存款罪】非法吸收公众存款或者变相吸收公众存款,扰乱金融秩序的,处三年以下有期徒刑或者拘役,并处或者单处罚金;数额巨大或者有其他严重情节的,处三年以上十年以下有期徒刑,并处罚金;数额特别巨大或者有其他特别严重情节的,处十年以上有期徒刑,并处罚金。

单位犯前款罪的,对单位判处罚金,并对其直接负责的主管人员和其他直接责任人员,依照前款的规定处罚。

有前两款行为,在提起公诉前积极退赃退赔,减少损害结果发生的,可以从轻或者减轻处罚。

条文注释

"非法吸收公众存款",是指行为人违反国家法律、法规的规定在社会上以存款的形式公开吸收公众资金的行为。广义的非法吸收公众存款包含两种情况:一是行为人不具有吸收存款的主体资格而吸收公众存款,破坏金融秩序;二是行为人具有吸收存款的主体资格,但是其吸收公众存款所采用的方法是违法的。对后一种情况,《商业银行法》已具体规定了行政处罚,一般不宜作为犯罪处理。"变相吸收公众存款",是指行为人不以存款的名义而是通过其他形式吸收公众资金,从而达到吸收公众存款的目的的行为。非法吸收公众存款罪的主观方面是故意,即明知自己非法吸收或者变相吸收公众存款的行为会发生扰乱金融秩序的结果,并且希望或放任这种结果的发生。

理解本条,还应着重注意以下两点:

1. 成立"非法吸收公众存款或者变相吸收公众存款"须同时具备非法性、公开性、利诱性、社会性四个特征:(1)未经有关部门依法批准或者借用合法经营的形式吸收资金。(2)通过媒体、推介会、传单、手机短信等途径向社会公开宣传。(3)承诺在一定期限内以货币、实物、股权等方式还本付息或者给付回报。这主要包含有偿性和承诺性两个方面。首先,非法集资是有偿集资,对于非经济领域的公益性集资,不宜纳入非法集资的范畴;其次,非法集资具有承诺性,即不是现时给付回报,而是承诺将来给付回报。(4)向社会公众即社会不特定对象吸收资金。这里的"社会公众"不宜作为一个日常生活用语来理解。在法律上,自然人和单位均属于民商事行为的主体,具有平等的法律地位,单位同样可以成为非法集资的对象,以单位为对象的集资同样应当计入集资数额。

2. 实施下列行为之一,符合前述规定的四个特性的条件的,应当依照本条的规定,以非法吸收公众存款罪定罪处罚:(1)不具有房产销售的真实内容或者不以房产销售为主要目的,以返本销售、售后包租、约定回购、销售房产份额等方式非法吸收资金的;(2)以转让林权并代为管护等方式非法吸收资金的;(3)以代种植(养殖)、租种植(养殖)、联合种植(养殖)等方式非法吸收资金的;(4)不具有销售商品、提供服务的真实内容或者不以销售商品、提供服务为主要目的，以商品回购、寄存代售等方式非法吸收资金的；(5)不具有发行股票、债券的真实内容，以虚假转让股权、发售虚构债券等方式非法吸收资金的；(6)不具有募集基金的真实内容，以假借境外基金、发售虚构基金等方式非法吸收资金的；(7)不具有销售保险的真实内容，以假冒保险公司、伪造保险单据等方式非法吸收资金的；(8)以投资入股的方式非法吸收资金的；(9)以委托理财的方式非法吸收资金的；(10)利用民间“会”“社”等组织非法吸收资金的；(11)其他非法吸收资金的行为。

此外，《刑法修正案(十一)》对本条的量刑作了修改，并增设了第3款的退赃退赔从宽条款。

关联法规

《最高人民检察院关于办理涉互联网金融犯罪案件有关问题座谈会纪要》

《最高人民法院关于审理非法集资刑事案件具体应用法律若干问题的解释》

第一百七十七条 【伪造、变造金融票证罪】有下列情形之一，伪造、变造金融票证的，处五年以下有期徒刑或者拘役，并处或者单处二万元以上二十万元以下罚金；情节严重的，处五年以上十年以下有期徒刑，并处五万元以上五十万元以下罚金；情节特别严重的，处十年以上有期徒刑或者无期徒刑，并处五万元以上五十万元以下罚金或者没收财产：

(一)伪造、变造汇票、本票、支票的；

(二)伪造、变造委托收款凭证、汇款凭证、银行存单等其他银行结算凭证的；

(三)伪造、变造信用证或者附随的单据、文件的；

(四)伪造信用卡的。

单位犯前款罪的，对单位判处罚金，并对其直接负责的主管人员和其他直接责任人员，依照前款的规定处罚。

条文注释

本条应特别注意“伪造信用卡”行为的相应规定:(1)伪造信用卡的行为方式通常包括以下几种:一是复制他人信用卡,即将他人信用卡中的信息资料复制到伪造的信用卡中,制作所谓的“克隆卡”;二是将他人信用卡信息资料写入磁条介质、芯片,即将窃取、收买或者非法获取的他人信用卡信息资料写入伪造信用卡中的磁条介质、芯片;三是其他伪造方法,如在过期卡、作废卡、盗窃卡、丢失卡等信息完整的真实信用卡的基础上篡改关键信息,或者对非法获取的发卡银行的空白信用卡进行凸印、写磁制成信用卡等。(2)至于“伪造空白信用卡”的处理:伪造空白信用卡10张以上的,应当认定为本条第1款第4项规定的“伪造信用卡”,以伪造金融票证罪定罪处罚。

关联法规

《最高人民法院、最高人民检察院关于办理妨害信用卡管理刑事案件具体应用法律若干问题的解释》第1条

第一百七十七条之一　【妨害信用卡管理罪】有下列情形之一,妨害信用卡管理的,处三年以下有期徒刑或者拘役,并处或者单处一万元以上十万元以下罚金;数量巨大或者有其他严重情节的,处三年以上十年以下有期徒刑,并处二万元以上二十万元以下罚金:

(一)明知是伪造的信用卡而持有、运输的,或者明知是伪造的空白信用卡而持有、运输,数量较大的;

(二)非法持有他人信用卡,数量较大的;

(三)使用虚假的身份证明骗领信用卡的;

(四)出售、购买、为他人提供伪造的信用卡或者以虚假的身份证明骗领的信用卡的。

【窃取、收买、非法提供信用卡信息罪】窃取、收买或者非法提供他人信用卡信息资料的,依照前款规定处罚。

银行或者其他金融机构的工作人员利用职务上的便利,犯第二款罪的,从重处罚。

条文注释

构成妨害信用卡管理罪,必须符合以下构成要件:1. 行为人主观上为故意,即明知自己的行为会发生妨害信用卡管理的后果,并希望这种结果发生。2. 行为人客观上实施了妨害信用卡管理的行为:(1)明知是伪造的信用卡而持有、运输的,或者明知是伪造的空白信用卡而持有、运输,数量较大的。持有、运输伪造的信用卡,无论数量多少,均可构成犯罪;而持有、运输伪造的空白信用卡,必须达到数量较大,才能构成犯罪。(2)非法持有他人信用卡,数量较大的。必须是行为人持有他人信用卡的数量较大,否则不构成本罪。(3)使用虚假的身份证明骗领信用卡的。违背他人意愿,使用其居民身份证、军官证、士兵证、港澳居民往来内地通行证、台湾居民来往大陆通行证、护照等身份证明申领信用卡的,或者使用伪造、变造的身份证明申领信用卡的,也应认定为此种行为。(4)出售、购买、为他人提供伪造的信用卡或者以虚假的身份证明骗领的信用卡的。

还应注意以下问题:(1)为信用卡申请人制作、提供虚假的财产状况、收入、职务等资信证明材料,涉及伪造、变造、买卖国家机关公文、证件、印章,或者涉及伪造公司、企业、事业单位、人民团体印章,应当追究刑事责任的,依照《刑法》第280条的规定,分别以伪造、变造、买卖国家机关公文、证件、印章罪和伪造公司、企业、事业单位、人民团体印章罪定罪处罚。(2)承担资产评估、验资、验证、会计、审计、法律服务等职责的中介组织或其人员,为信用卡申请人提供虚假的财产状况、收入、职务等资信证明材料,应当追究刑事责任的,依照《刑法》第229条的规定,分别以提供虚假证明文件罪和出具证明文件重大失实罪定罪处罚。

关联法规

《全国人民代表大会常务委员会关于〈中华人民共和国刑法〉有关信用卡规定的解释》

《最高人民法院、最高人民检察院关于办理妨害信用卡管理刑事案件具体应用法律若干问题的解释》第2、3条

第一百七十八条　【伪造、变造国家有价证券罪】伪造、变造国库券或者国家发行的其他有价证券，数额较大的，处三年以下有期徒刑或者拘役，并处或者单处二万元以上二十万元以下罚金；数额巨大的，处三年以上十年以下有期徒刑，并处五万元以上五十万元以下罚金；数额特别巨大的，处十年以上有期徒刑或者无期徒刑，并处五万元以上五十万元以下罚金或者没收财产。

【伪造、变造股票、公司、企业债券罪】伪造、变造股票或者公司、企业债券，数额较大的，处三年以下有期徒刑或者拘役，并处或者单处一万元以上十万元以下罚金；数额巨大的，处三年以上十年以下有期徒刑，并处二万元以上二十万元以下罚金。

单位犯前两款罪的，对单位判处罚金，并对其直接负责的主管人员和其他直接责任人员，依照前两款的规定处罚。

条文注释

伪造、变造国家有价证券罪的犯罪构成要件为：(1)行为人在主观上有犯罪故意，即有伪造、变造国家发行的有价证券牟取非法利益的目的。(2)行为人在客观上实施了伪造、变造国库券或者国家发行的有价证券的行为。本条所称的“伪造”，是指行为人仿照真实的有价证券的形式、图案、颜色、格式、面额，通过印刷、复印、绘制等制作方法非法制造有价证券的行为。本条所称的“国家发行的其他有价证券”，是指国家发行的除国库券以外的其他国家有价证券以及国家银行金融债券，如财政债券、国家建设债券、保值公债、国家重点建设债券等。本罪犯罪行为所指向的对象是国库券和国家发行的其他有价证券。这是本罪区别于伪造、变造金融票证罪的主要区别。(3)行为人伪造、变造政府债券的行为，数额较大的，才构成犯罪，这是区别罪与非罪的重要界限。

伪造、变造股票、公司、企业债券罪在主观方面、行为特点上与伪造、变造国家有价证券罪没有什么区别，最大的不同在于本罪的行为对象是股票、公司债券、企业债券而不是国家债券。这里所称的“股票”是股份有限公司为筹集自有资本发给股东的入股凭证，是代表股份资本所有权的证书和股东借以取得股息和红利的一种有价证券。所谓“公司、企业债券”，是指公司、企业依照法定程序发行的、约定在一定期限还本付息的有价证券。

第一百七十九条 【擅自发行股票、公司、企业债券罪】未经国家有关主管部门批准，擅自发行股票或者公司、企业债券，数额巨大、后果严重或者有其他严重情节的，处五年以下有期徒刑或者拘役，并处或者单处非法募集资金金额百分之一以上百分之五以下罚金。

单位犯前款罪的，对单位判处罚金，并对其直接负责的主管人员和其他直接责任人员，处五年以下有期徒刑或者拘役。

第一百八十条 【内幕交易、泄露内幕信息罪】证券、期货交易内幕信息的知情人员或者非法获取证券、期货交易内幕信息的人员，在涉及证券的发行，证券、期货交易或者其他对证券、期货交易价格有重大影响的信息尚未公开前，买入或者卖出该证券，或者从事与该内幕信息有关的期货交易，或者泄露该信息，或者明示、暗示他人从事上述交易活动，情节严重的，处五年以下有期徒刑或者拘役，并处或者单处违法所得一倍以上五倍以下罚金；情节特别严重的，处五年以上十年以下有期徒刑，并处违法所得一倍以上五倍以下罚金。

单位犯前款罪的，对单位判处罚金，并对其直接负责的主管人员和其他直接责任人员，处五年以下有期徒刑或者拘役。

内幕信息、知情人员的范围，依照法律、行政法规的规定确定。

【利用未公开信息交易罪】证券交易所、期货交易所、证券公司、期货经纪公司、基金管理公司、商业银行、保险公司等金融机构的从业人员以及有关监管部门或者行业协会的工作人员，利用因职务便利获取的内幕信息以外的其他未公开的信息，违反规定，从事与该信息相关的证券、期货交易活动，或者明示、暗示他人从事相关交易活动，情节严重的，依照第一款的规定处罚。

条文注释

理解第180条，应注意以下问题：

1. 内幕信息的知情人员，包括基于管理地位、监督地位、职业地位或者通过职务行为能够接触或者获得内幕信息的人员。司法实践中,对内幕信息知情人员的认定,需要注意以下三个问题的把握:(1)严格区分证券、期货监督管理机构的规定与证券、期货监督管理机构的认定。(2)发行人(上市公司)的控股股东、实际控制人控制的其他公司的董事、监事、高级管理人员不是法定的内幕信息知情人员。(3)内幕信息的知情人员不包括单位。

2. 非法获取内幕信息的人员,主要包括三类:(1)利用窃取、骗取、套取、窃听、利诱、刺探或者私下交易等手段获取内幕信息的;(2)内幕信息知情人员的近亲属或者其他与内幕信息知情人员关系密切的人员,在内幕信息敏感期内,从事或者明示、暗示他人从事,或者泄露内幕信息导致他人从事与该内幕信息有关的证券、期货交易,相关交易行为明显异常,且无正当理由或者正当信息来源的;(3)在内幕信息敏感期内,与内幕信息知情人员联络、接触,从事或者明示、暗示他人从事,或者泄露内幕信息导致他人从事与该内幕信息有关的证券、期货交易,相关交易行为明显异常,且无正当理由或者正当信息来源的。

3. 对于前述"相关交易行为明显异常"的认定主要综合从交易时间吻合程度、交易背景程度、利益关联程度三个方面进行把握:(1)时间吻合程度,即从行为时间与内幕信息形成、变化、公开的时间吻合程度把握。所要比对的时间主要有以下三类:行为人开户、销户、激活资金账户或者指定交易(托管)、撤销指定交易(转托管)时间;资金变化时间;相关证券、期货合约买入或者卖出时间。(2)交易背离程度,即从交易行为与正常交易的背离程度把握。正常交易主要体现在以下两点:基于平时交易习惯而采取的交易行为;基于证券、期货公开信息反映的基本面而理应采取的交易行为。(3)利益关联程度,即从账户交易资金进出与该内幕信息的知情人员或者非法获取人员有无关联或者利害关系来把握。

4. 前述所称的"内幕信息敏感期",是指内幕信息自形成至公开的期间。《证券法》第80条第2款所列"重大事件"的发生时间以及《期货交易管理条例》规定的"政策""决定"等的形成时间,应当认定为内幕信息的形成之时。影响内幕信息形成的动议、筹划、决策或者执行人员，其动议、筹划、决策或者执行初始时间，应当认定为内幕信息的形成之时。

5. 具有下列情形之一的，不属于本条第1款规定的从事与内幕信息有关的证券、期货交易：(1)持有或者通过协议、其他安排与他人共同持有上市公司5%以上股份的自然人、法人或者其他组织收购该上市公司股份的；(2)按照事先订立的书面合同、指令、计划从事相关证券、期货交易的；(3)依据已被他人披露的信息而交易的；(4)交易具有其他正当理由或者正当信息来源的。

关联法规

《最高人民法院、最高人民检察院关于办理内幕交易、泄露内幕信息刑事案件具体应用法律若干问题的解释》

第一百八十一条　【编造并传播证券、期货交易虚假信息罪】编造并且传播影响证券、期货交易的虚假信息，扰乱证券、期货交易市场，造成严重后果的，处五年以下有期徒刑或者拘役，并处或者单处一万元以上十万元以下罚金。

【诱骗投资者买卖证券、期货合约罪】证券交易所、期货交易所、证券公司、期货经纪公司的从业人员，证券业协会、期货业协会或者证券期货监督管理部门的工作人员，故意提供虚假信息或者伪造、变造、销毁交易记录，诱骗投资者买卖证券、期货合约，造成严重后果的，处五年以下有期徒刑或者拘役，并处或者单处一万元以上十万元以下罚金；情节特别恶劣的，处五年以上十年以下有期徒刑，并处二万元以上二十万元以下罚金。

单位犯前两款罪的，对单位判处罚金，并对其直接负责的主管人员和其他直接责任人员，处五年以下有期徒刑或者拘役。

条文注释

构成编造并传播证券、期货交易虚假信息罪必须符合下列条件：(1)犯罪主体为自然人。主要是证券交易所、期货交易所、证券公司、期货经纪公司的从业人员，证券业协会、期货业协会或者证券期货监督管理部门的工作人员，证券、期货咨询服务机构及相关机构的人员，以及证券、期货交易的客户、行情分析人员等。(2)行为人主观上具有犯罪故意，即明知编造并且传播影响证券、期货交易的虚假信息，会扰乱证券、期货交易市场秩序，仍实施该行为，并希望危害结果出现。(3)行为人客观上实施了编造并且传播影响证券、期货交易的虚假信息，扰乱证券、期货交易市场的行为。本条所称的影响证券交易的虚假信息，主要是指可能对上市公司股票交易价格产生较大影响的虚假信息，如涉及公司分配股利或者增资的计划；公司债务担保的重大变更；公司发生重大亏损或者遭受重大损失；公司减资、合并、分立、解散等虚假信息。影响期货交易的虚假信息，主要是指可能对期货合约的交易产生较大影响的虚假信息，如金融银根政策、有关会议内容、市场整顿措施、新品种上市、税率调整、大户入市、保证金比例的提高、交易头寸变化、仓量调整、新法规新措施的出台等。行为人是否从中牟利，不影响本罪的构成，如果行为人只是编造而没有传播，或者道听途说又散布给他人，不能以犯罪论处。行为人编造并传播的必须是能够影响证券、期货交易的虚假信息，如该虚假信息对证券、期货交易无影响，也不构成本罪。(4)构成本罪必须是扰乱证券、期货交易市场，造成严重后果。例如，引起股票价格、期货交易价格重大波动，或者在股民、期货交易客户中引起了心理恐慌，大量抛售或者买进某种股票、期货交易品种，给股民、投资者造成重大经济损失，或者造成恶劣的社会影响，等等。

构成诱骗投资者买卖证券、期货合约罪必须符合以下条件：(1)本罪是特殊主体，即证券交易所、期货交易所、证券公司、期货经纪公司的从业人员，证券业协会、期货业协会或者证券期货监督管理部门的工作人员，其他人不能成为本罪的主体。(2)行为人主观上具有犯罪故意，即故意提供虚假信息，诱骗投资者买卖证券、期货合约。(3)行为人客观上实施了提供虚假信息或者伪造、变造、销毁交易记录的行为。本条所称的“伪造交易记录”，是指制作假的交易记录，即原来未进行交易，在交易记录中谎报进行了交易，或者是原来未进行大量交易，而在交易记录中谎报进行了大量交易。“变造”，是指用涂改、擦消、拼接等方法，对真实的业务记录文件进行篡改，变更其内容的行为。"销毁"，是指把真实的交易记录加以毁灭的行为。(4)构成本罪必须造成严重后果。

第一百八十二条　【操纵证券、期货市场罪】有下列情形之一，操纵证券、期货市场，影响证券、期货交易价格或者证券、期货交易量，情节严重的，处五年以下有期徒刑或者拘役，并处或者单处罚金；情节特别严重的，处五年以上十年以下有期徒刑，并处罚金：

（一）单独或者合谋，集中资金优势、持股或者持仓优势或者利用信息优势联合或者连续买卖的；

（二）与他人串通，以事先约定的时间、价格和方式相互进行证券、期货交易的；

（三）在自己实际控制的帐户之间进行证券交易，或者以自己为交易对象，自买自卖期货合约的；

（四）不以成交为目的，频繁或者大量申报买入、卖出证券、期货合约并撤销申报的；

（五）利用虚假或者不确定的重大信息，诱导投资者进行证券、期货交易的；

（六）对证券、证券发行人、期货交易标的公开作出评价、预测或者投资建议，同时进行反向证券交易或者相关期货交易的；

（七）以其他方法操纵证券、期货市场的。

单位犯前款罪的，对单位判处罚金，并对其直接负责的主管人员和其他直接责任人员，依照前款的规定处罚。

第一百八十三条　【职务侵占罪】保险公司的工作人员利用职务上的便利，故意编造未曾发生的保险事故进行虚假理赔，骗取保险金归自己所有的，依照本法第二百七十一条的规定定罪处罚。

【贪污罪】国有保险公司工作人员和国有保险公司委派到非国有保险公司从事公务的人员有前款行为的，依照本法第三百八十二条、第三百八十三条的规定定罪处罚。

第一百八十四条　【非国家工作人员受贿罪】银行或者其他金融

机构的工作人员在金融业务活动中索取他人财物或者非法收受他人财物，为他人谋取利益的，或者违反国家规定，收受各种名义的回扣、手续费，归个人所有的，依照本法第一百六十三条的规定定罪处罚。

国有金融机构工作人员和国有金融机构委派到非国有金融机构从事公务的人员有前款行为的，依照本法第三百八十五条、第三百八十六条的规定定罪处罚。

条文注释

第184条所称的“金融业务”，是指银行办理的吸收公众存款，发放短期、中期和长期贷款，办理国内外结算，办理票据贴现，发行金融债券，代理发行、代理兑付、承销政府债券，买卖政府债券，从事同业拆借，买卖、代理外汇，提供信用证服务及担保，代理收付款项及代理保险业务，提供保管箱服务等业务，以及其他金融机构办理的保险、信托投资、证券、外汇、期货、融资租赁等业务。索取财物，是指行为人公开向对方索要财物，或者以各种方式提示对方行贿。收受财物，是指行为人接受对方给予的财物。本条所称的“违反国家规定，收受各种名义的回扣、手续费”，是指银行或者其他金融机构的工作人员违反国家规定，以收取回扣或者其他各种名义的手续费的形式变相收取贿赂的行为。

第一百八十五条　【挪用资金罪】商业银行、证券交易所、期货交易所、证券公司、期货经纪公司、保险公司或者其他金融机构的工作人员利用职务上的便利，挪用本单位或者客户资金的，依照本法第二百七十二条的规定定罪处罚。

【挪用公款罪】国有商业银行、证券交易所、期货交易所、证券公司、期货经纪公司、保险公司或者其他国有金融机构的工作人员和国有商业银行、证券交易所、期货交易所、证券公司、期货经纪公司、保险公司或者其他国有金融机构委派到前款规定中的非国有机构从事公务的人员有前款行为的，依照本法第三百八十四条的规定定罪处罚。

第一百八十五条之一 【背信运用受托财产罪】商业银行、证券交易所、期货交易所、证券公司、期货经纪公司、保险公司或者其他金融机构，违背受托义务，擅自运用客户资金或者其他委托、信托的财产，情节严重的，对单位判处罚金，并对其直接负责的主管人员和其他直接责任人员，处三年以下有期徒刑或者拘役，并处三万元以上三十万元以下罚金；情节特别严重的，处三年以上十年以下有期徒刑，并处五万元以上五十万元以下罚金。

【违法运用资金罪】社会保障基金管理机构、住房公积金管理机构等公众资金管理机构，以及保险公司、保险资产管理公司、证券投资基金管理公司，违反国家规定运用资金的，对其直接负责的主管人员和其他直接责任人员，依照前款的规定处罚。

条文注释

构成第185条之一第1款的背信运用受托财产罪应当符合如下条件：(1)本罪的犯罪主体是单位，即商业银行、证券交易所、期货交易所、证券公司、期货经纪公司、保险公司或者其他金融机构。“其他金融机构”，是指除上述规定的商业银行、证券交易所、期货交易所、证券公司、期货经纪公司、保险公司以外的，经国家有关主管部门批准有资格从事委托理财等金融业务的金融机构，如信托投资公司、投资咨询公司等。(2)行为人在主观方面必须是故意，过失实施本款规定行为的不构成本罪。(3)必须实施了违背受托义务，擅自运用客户资金或者其他委托、信托的财产的行为。违背受托义务，不仅限于违背委托人与受托人之间具体约定的义务，还包括违背法律、行政法规、部门规章规定的法定义务。(4)构成本款规定的犯罪，必须达到情节严重的程度。

构成第185条之一第2款的违法运用资金罪应当符合以下条件：(1)本款规定的犯罪主体是单位，包括社会保障基金管理机构、住房公积金管理机构等公众资金经营、管理机构，以及保险公司、保险资产管理公司、证券投资基金管理公司。(2)主观方面是故意的。(3)必须实施了违反国家规定运用资金的行为。根据《刑法》第96

条的规定，违反国家规定是指违反全国人民代表大会及其常务委员会制定的法律和决定，国务院制定的行政法规、规定的行政措施、发布的决定和命令。本款与前款不同，本款对于公众资金等的运用违背的并不是受托义务，而是违反了国家对资金运用的条件、程序等的规定。(4)必须达到情节严重的程度，如擅自动用的资金的数额比较大，社会影响比较恶劣，影响了社会的稳定等。

第一百八十六条　【违法发放贷款罪】银行或者其他金融机构的工作人员违反国家规定发放贷款，数额巨大或者造成重大损失的，处五年以下有期徒刑或者拘役，并处一万元以上十万元以下罚金；数额特别巨大或者造成特别重大损失的，处五年以上有期徒刑，并处二万元以上二十万元以下罚金。

银行或者其他金融机构的工作人员违反国家规定，向关系人发放贷款的，依照前款的规定从重处罚。

单位犯前两款罪的，对单位判处罚金，并对其直接负责的主管人员和其他直接责任人员，依照前两款的规定处罚。

关系人的范围，依照《中华人民共和国商业银行法》和有关金融法规确定。

条文注释

本罪的犯罪主体是特殊主体，即银行或者其他金融机构的工作人员，非上述人员不能构成本罪。这里的“银行”是广义的，包括各商业银行以及其他在我国境内设立的合资、外资银行。这里的“其他金融机构”，是指除银行以外的其他经营保险、信托投资、证券、外汇、期货、融资租赁等金融业务的机构。如果前述机构的工作人员有如下行为，如不严格审查借款人的偿还能力、保证人的偿还能力、抵押物的权属以及实现抵押权、质权的可行性；优于其他借款人同类贷款的条件而发放贷款；在向关系人提供贷款时采用了比普通贷款人更为优惠的条件，如要求关系人提供担保的数额低于对其他人要求的数额，或者对关系人发放的担保贷款所收取的利率比其他借款人低，贷款期限比其他借款人长等，就属于违反国家规定发放贷款。相应行为数额巨大或者造成了重大损失的，才构成犯罪。

第一百八十七条　【吸收客户资金不入账罪】银行或者其他金融机构的工作人员吸收客户资金不入帐，数额巨大或者造成重大损失的，处五年以下有期徒刑或者拘役，并处二万元以上二十万元以下罚金；数额特别巨大或者造成特别重大损失的，处五年以上有期徒刑，并处五万元以上五十万元以下罚金。

单位犯前款罪的，对单位判处罚金，并对其直接负责的主管人员和其他直接责任人员，依照前款的规定处罚。

第一百八十八条　【违规出具金融票证罪】银行或者其他金融机构的工作人员违反规定，为他人出具信用证或者其他保函、票据、存单、资信证明，情节严重的，处五年以下有期徒刑或者拘役；情节特别严重的，处五年以上有期徒刑。

单位犯前款罪的，对单位判处罚金，并对其直接负责的主管人员和其他直接责任人员，依照前款的规定处罚。

条文注释

第188条要求行为人必须有违反规定，为他人出具信用证或者其他保函、票据、存单、资信证明的行为。本条所说的“违反规定”，是指违反了有关金融法律、行政法规、规章以及银行金融机构内部规定的一些重要业务规则和规章制度。“他人”不仅包括自然人，也包括单位。“信用证”，是指开证银行根据客户（申请开证人）的请求或者自己主动向一方（受益人）所签发的一种书面约定，如果受益人满足了该书面约定的各项条款，开证银行即向受益人支付该书面约定的款项的凭证。简单地说，信用证就是开证银行有条件地向受益人付款的书面凭证。“保函”，是指银行以其自身的信用为他人承担责任的担保文件，是重要的银行资信文件。根据《商业银行法》的规定，商业银行可以提供担保服务，但是商业银行的工作人员不得违反规定徇私向亲属朋友提供担保。《中国人民银行法》规定：“中国人民银行不得向任何单位和个人提供担保。”如果中国人民银行或者商业银行的工作人员违反规定擅自为他人出具保函，都属于本条所说的违反规定为他人出具“保函”的情形。违反规定出具“票据”，是指违反《票据法》、行政法规和其他各项业务管理的规定，为他人非法出具汇票、本票、支票的行为。“资信证明”，是指证明个人或者单位经济实力的文件，广义的资信证明包括票据、银行存单、房契、地契以及其他各种产权证明等，此外，还包括由银行出具的有关财产方面的委托书、协议书等。

第一百八十九条　【对违法票据承兑、付款、保证罪】银行或者其他金融机构的工作人员在票据业务中，对违反票据法规定的票据予以承兑、付款或者保证，造成重大损失的，处五年以下有期徒刑或者拘役；造成特别重大损失的，处五年以上有期徒刑。

单位犯前款罪的，对单位判处罚金，并对其直接负责的主管人员和其他直接责任人员，依照前款的规定处罚。

第一百九十条　【逃汇罪】公司、企业或者其他单位，违反国家规定，擅自将外汇存放境外，或者将境内的外汇非法转移到境外，数额较大的，对单位判处逃汇数额百分之五以上百分之三十以下罚金，并对其直接负责的主管人员和其他直接责任人员，处五年以下有期徒刑或者拘役；数额巨大或者有其他严重情节的，对单位判处逃汇数额百分之五以上百分之三十以下罚金，并对其直接负责的主管人员和其他直接责任人员，处五年以上有期徒刑。

条文注释

第190条规定，逃汇罪包含两种情况：第一种情况是公司、企业或者其他单位，违反国家规定，擅自将外汇存放境外，数额较大的。本条所称的“违反国家规定，擅自将外汇存放境外”，是指违反了国家有关外汇管理的规定，将应调回国内的外汇不调回国内，而存放境外的行为。根据《外汇管理条例》的规定，境内机构、境内个人的外汇收入可以调回境内或者存放境外；调回境内或者存放境外的条件、期限等，由国务院外汇管理部门根据国际收支状况和外汇管理的需要作出规定。此外，我国对境内机构资本项目外汇收入的管理,按照《外汇管理条例》的规定,资本项目外汇收入保留或者卖给经营结汇、售汇业务的金融机构,应当经外汇管理机关批准,但国家规定无须批准的除外。第二种情况是公司、企业或者其他单位,违反国家规定,未经批准将境内外汇非法转移到境外。还应注意的是:(1)本条规定的构成犯罪的条件是,擅自将外汇存放境外,或者将境内的外汇非法转移到境外,数额较大的行为。未达到数额较大的逃汇行为不能作为犯罪处理。(2)本条规定的犯罪是单位犯罪,犯罪主体限于公司、企业或者其他单位,个人不能成为逃汇罪的犯罪主体,不能构成逃汇罪。对于个人携带大量外汇或外币支付凭证、有价证券等出境,逃避海关监管,构成走私等行为的,应当按照国家有关规定处理。

关联法规

《全国人民代表大会常务委员会关于惩治骗购外汇、逃汇和非法买卖外汇犯罪的决定》

《最高人民法院关于审理骗购外汇、非法买卖外汇刑事案件具体应用法律若干问题的解释》

第一百九十一条 【洗钱罪】为掩饰、隐瞒毒品犯罪、黑社会性质的组织犯罪、恐怖活动犯罪、走私犯罪、贪污贿赂犯罪、破坏金融管理秩序犯罪、金融诈骗犯罪的所得及其产生的收益的来源和性质,有下列行为之一的,没收实施以上犯罪的所得及其产生的收益,处五年以下有期徒刑或者拘役,并处或者单处罚金;情节严重的,处五年以上十年以下有期徒刑,并处罚金:

(一)提供资金帐户的;

(二)将财产转换为现金、金融票据、有价证券的;

(三)通过转帐或者其他支付结算方式转移资金的;

(四)跨境转移资产的;

(五)以其他方法掩饰、隐瞒犯罪所得及其收益的来源和性质的。

单位犯前款罪的,对单位判处罚金,并对其直接负责的主管人员和其他直接责任人员,依照前款的规定处罚。

条文注释

洗钱的本质在于将违法所得通过一定方式将其演变为合法所得。目前我国洗钱罪的上游犯罪共计有七类，即毒品犯罪、黑社会性质的组织犯罪、恐怖活动犯罪、走私犯罪、贪污贿赂犯罪、破坏金融管理秩序犯罪、金融诈骗犯罪。(1)本罪客观方面表现为针对上述七类犯罪行为的违法所得及其收益进行所谓的“漂白”行为，主要表现为提供资金帐户、将财产转换为现金等方式、通过转账等支付方式转移资金、跨境转移资产以及其他方式。(2)本罪犯罪对象是上述七类犯罪的犯罪所得以及其产生的收益来源。(3)本罪的主体是一般主体包括单位和个人，但本罪的犯罪主体应限定在上游犯罪以外的自然人或者单位，对于那些既从事上游犯罪又参与从事下游洗钱行为的自然人或者单位，按照吸收犯的处理原则，一般情况下仅追究其上游犯罪(重罪)刑事责任即可，不宜再行追究洗钱罪的刑事责任。(4)本罪主观方面为故意犯罪，并具有掩饰、隐瞒其来源与性质的目的，《刑法修正案(十一)》在本罪罪状中删除了主观故意“明知”的表述，删除“明知”的表述，并不意味着行为人不需要知道是违法所得及其收益，仍然需要证明行为人知道或者应当知道是上游犯罪的违法所得及其产生的收益。同时，行为人在七类上游犯罪的范围内将此类犯罪所得及其收益误认为彼类犯罪所得及其收益，因两者在法律性质上是一致的，不属于对犯罪构成要件对象的认识错误，故不影响案件的定性。此外，《刑法修正案(十一)》对本条第2项、第4项删除“协助”一词，使“自洗钱”行为入罪。

此外，与《刑法》第312条、第349条规定的犯罪相同，洗钱罪也应当以上游犯罪事实成立为认定前提。上游犯罪尚未依法裁判，但查证属实的，不影响洗钱罪的审判。上游犯罪事实可以确认，因行为人死亡等原因依法不予追究刑事责任的，或者上游犯罪事实可以确认，依法以其他罪名定罪处罚的，也不影响洗钱罪的认定。

关联法规

《最高人民法院关于审理洗钱等刑事案件具体应用法律若干问题的解释》

《最高人民法院关于审理骗购外汇、非法买卖外汇刑事案件具体应用法律若干问题的解释》第1、2、5~8条

第五节　金融诈骗罪

第一百九十二条　【集资诈骗罪】以非法占有为目的，使用诈骗方法非法集资，数额较大的，处三年以上七年以下有期徒刑，并处罚金；数额巨大或者有其他严重情节的，处七年以上有期徒刑或者无期徒刑，并处罚金或者没收财产。

单位犯前款罪的，对单位判处罚金，并对其直接负责的主管人员和其他直接责任人员，依照前款的规定处罚。

条文注释

本条所说的“以非法占有为目的”，是指犯罪行为人在主观上具有将非法聚集的资金据为己有的目的。具有下列情形之一的，可以认定为具有非法占有的目的：(1)集资后不用于生产经营活动或者用于生产经营活动与筹集资金规模明显不成比例，致使集资款不能返还的；(2)肆意挥霍集资款，致使集资款不能返还的；(3)携带集资款逃匿的；(4)将集资款用于违法犯罪活动的；(5)抽逃、转移资金、隐匿财产，逃避返还资金的；(6)隐匿、销毁账目，或者搞假破产、假倒闭，逃避返还资金的；(7)拒不交代资金去向，逃避返还资金的；(8)其他可以认定非法占有目的的情形。集资诈骗罪中的非法占有目的，应当区分情形进行具体认定。行为人部分非法集资行为具有非法占有目的的，对该部分非法集资行为所涉集资款以集资诈骗罪定罪处罚；非法集资共同犯罪中部分行为人具有非法占有目的，其他行为人没有非法占有集资款的共同故意和行为的，对具有非法占有目的的行为人以集资诈骗罪定罪处罚。根据本条的规定，行为人在客观方面，必须实施了“使用诈骗方法非法集资”的行为，其应当符合以下两个条件：一是行为人必须实施了虚构事实、隐瞒真相等欺骗他人的行为；二是这种欺骗行为具体体现在违反法律、法规在社会上进

行非法集资的活动中,缺少其中任何一个条件都不符合该罪行为的特征。至于行为人是否已实际将他人的资金占为己有,并不影响本罪的成立。

应当注意的是,本罪与非法吸收公众存款罪是有区别的,主要是:(1)犯罪的目的不同。用诈骗方法非法集资罪的行为人的目的是非法占有所募集的资金;而非法吸收公众存款罪的行为人在主观上不具有非法占有的目的。(2)犯罪的行为不同。非法集资罪的行为人必须使用诈骗的方法,而非法吸收公众存款或者变相吸收公众存款罪则不以使用诈骗方法作为构成犯罪的要件。(3)侵犯的客体不同。非法集资罪侵犯的是双重客体,而非法吸收公众存款罪侵犯的客体在一般情况下主要是国家的金融管理秩序。当然,在有些情况下由于行为人经营不善等原因造成亏损,无法兑现其在吸收公众存款时的承诺,甚至给投资人、存款人造成了经济损失。但是,这种损失与直接侵犯公私财物的所有权是不同的。(4)侵犯的对象不同。非法吸收公众存款罪的侵犯对象是公众的资金,而非法集资罪的侵犯对象可以是公众的资金,也可以是其他的单位、组织的资金。

《刑法修正案(十一)》主要是对本罪的法定刑进行了修改,整体上加重了本罪的法定刑,主要目的在于通过提升本罪的刑罚力度,规制目前我国社会主义市场经济运行中出现的特别重大集资诈骗犯罪行为,以维护国家金融秩序和保障自然人、法人和其他组织的财产权利;同时取消了罚金幅度的限制,更有利于法官根据具体的犯罪情节进行自由裁量。

关联法规

《最高人民法院关于审理非法集资刑事案件具体应用法律若干问题的解释》

《最高人民检察院关于办理涉互联网金融犯罪案件有关问题座谈会纪要》

第一百九十三条　【贷款诈骗罪】有下列情形之一,以非法占有为目的,诈骗银行或者其他金融机构的贷款,数额较大的,处五年以下有期徒刑或者拘役，并处二万元以上二十万元以下罚金；数额巨大或者有其他严重情节的，处五年以上十年以下有期徒刑，并处五万元以上五十万元以下罚金；数额特别巨大或者有其他特别严重情节的，处十年以上有期徒刑或者无期徒刑，并处五万元以上五十万元以下罚金或者没收财产：

（一）编造引进资金、项目等虚假理由的；

（二）使用虚假的经济合同的；

（三）使用虚假的证明文件的；

（四）使用虚假的产权证明作担保或者超出抵押物价值重复担保的；

（五）以其他方法诈骗贷款的。

条文注释

本条所说的“虚假的经济合同”，是指伪造的合同、变造的合同（如篡改原合同的标的、价款等）、无效的合同（如采取欺诈手段签订的合同），以及伪造印章虚制的合同等。“证明文件”，包括银行的存款证明、公司和金融机构的担保函、划款证明等向银行或者其他金融机构申请贷款时所需要的文件。“产权证明”，是指能够证明行为人对房屋等不动产或者汽车、货币、可即时兑付的票据等动产具有所有权的一切文件以及以其他方法诈骗银行或者其他金融机构贷款。“其他方法”，是指伪造单位公章、印鉴骗取贷款；以非法占有为目的，先借贷后采用欺诈手段拒不还贷等情况。

在认定本罪时，要注意区分罪与非罪的界限。在司法实践中，行为人不能按时偿还贷款的情况时有发生，其原因是相当复杂的。有的是经营不善，有的是过高估计自己的偿还能力。只要行为人并非故意诈取贷款，虽然主观上有一定责任，也不能认定为本罪。只有那些以非法占有为目的，采用欺骗的方法取得贷款的行为，才构成本罪。根据《全国法院审理金融犯罪案件工作座谈会纪要》的规定，对于行为人通过诈骗的方法非法获取资金，造成数额较大资金不能归还，并具有下列情形之一的，可以认定为具有非法占有的目的：(1)明知没有归还能力而大量骗取资金的;(2)非法获取资金后逃跑的;(3)肆意挥霍骗取资金的;(4)使用骗取的资金进行违法犯罪活动的;(5)抽逃、转移资金、隐匿财产,以逃避返还资金的;(6)隐匿、销毁账目,或者搞假破产、假倒闭,以逃避返还资金的;(7)其他非法占有资金、拒不返还的行为。但是,在处理具体案件的时候,对于有证据证明行为人不具有非法占有目的的,不能单纯以财产不能归还就按金融诈骗罪处罚。

第一百九十四条 **【票据诈骗罪】**有下列情形之一,进行金融票据诈骗活动,数额较大的,处五年以下有期徒刑或者拘役,并处二万元以上二十万元以下罚金;数额巨大或者有其他严重情节的,处五年以上十年以下有期徒刑,并处五万元以上五十万元以下罚金;数额特别巨大或者有其他特别严重情节的,处十年以上有期徒刑或者无期徒刑,并处五万元以上五十万元以下罚金或者没收财产:

(一)明知是伪造、变造的汇票、本票、支票而使用的;

(二)明知是作废的汇票、本票、支票而使用的;

(三)冒用他人的汇票、本票、支票的;

(四)签发空头支票或者与其预留印鉴不符的支票,骗取财物的;

(五)汇票、本票的出票人签发无资金保证的汇票、本票或者在出票时作虚假记载,骗取财物的。

【金融凭证诈骗罪】使用伪造、变造的委托收款凭证、汇款凭证、银行存单等其他银行结算凭证的,依照前款的规定处罚。

条文注释

本条第1款列举了五种金融票据诈骗的行为:

第一种行为是使用伪造、变造的汇票、本票或者支票进行诈骗。行为人在主观上对其所使用的汇票、本票或者支票,必须"明知"是伪造、变造的。在主观上是否明知所使用的汇票、本票或者支票是伪造、变造的,是划分是否构成此项犯罪的重要界限之一。如果行为人在使用汇票、本票或者支票时,在主观上确实不知道该票据是伪造、变造的,则不构成此项犯罪。"使用",是指行为人以伪造、变造的金融票据冒充真票据，以非法占有他人财物为目的，进行诈骗活动的行为。是否实际实施了使用伪造、变造票据的行为，是区分此罪与彼罪的界限。如果行为人仅是伪造、变造了汇票、本票或者支票，而没有使用，则构成了《刑法》第 177 条规定的伪造、变造金融票证罪，不构成此项犯罪。

第二种行为是明知是作废的汇票、本票、支票而使用的诈骗。行为人主观上必须“明知”。如果行为人在使用汇票、本票或者支票时，在主观上确实不知道该票据已作废的，则不构成此项犯罪。这里的“作废”一词是广义的，它既包括《票据法》中所说的“过期”的票据，也包括无效的以及被依法宣布作废的票据。

第三种行为是冒用他人的汇票、本票、支票进行诈骗。冒用他人票据的行为必须是故意的。这里所说的“冒用”通常表现为以下几种情况：一是指行为人以非法手段获取的票据，如以欺诈、偷盗或者胁迫等手段取得的票据，或者明知是以上述手段取得的票据而使用，进行欺诈活动。二是指没有代理权而以代理人名义或者代理人超越代理权限的行为。三是指用他人委托代为保管的或者捡拾他人遗失的票据进行使用，骗取财物的行为。

第四种行为是签发空头支票或者与其预留印鉴不符的支票骗取财物。行为人必须故意实施了签发空头支票或者与其预留的本人签名式样或者印鉴不符的支票的行为。这里所说的“空头支票”，是指出票人所签发的支票金额超过其付款时在付款人处实有的存款金额的支票。签发与其预留印鉴不符的支票，是指票据签发人在其签发的支票上加盖与其预留存在银行或者其他金融机构处印鉴不一致的财务公章或者支票签发人的名章。行为人前述行为的目的是骗取财物，这是区分罪与非罪的界限。

第五种行为是签发无资金保证的汇票、本票或者在出票时作虚假记载骗取财物。其行为主体必须是汇票、本票的出票人。行为人签发的无资金保证的对象必须是汇票和本票。“资金保证”，是指票据的出票人在承兑票据时具有按票据支付的能力。行为人具有骗取财物的目的。是否以非法占有他人财物为目的，是构成此项犯罪的罪与非罪的重要界限之一。如果汇票、本票的出票人签发无资金保证的汇票、本票或者在出票时作虚假记载，是出于过失或者其他原因，而不具有骗取财物的目的，则不构成此项犯罪。

第一百九十五条　【信用证诈骗罪】有下列情形之一，进行信用证诈骗活动的，处五年以下有期徒刑或者拘役，并处二万元以上二十万元以下罚金；数额巨大或者有其他严重情节的，处五年以上十年以下有期徒刑，并处五万元以上五十万元以下罚金；数额特别巨大或者有其他特别严重情节的，处十年以上有期徒刑或者无期徒刑，并处五万元以上五十万元以下罚金或者没收财产：

（一）使用伪造、变造的信用证或者附随的单据、文件的；

（二）使用作废的信用证的；

（三）骗取信用证的；

（四）以其他方法进行信用证诈骗活动的。

条文注释

信用证，是指开证银行根据作为进口商的开证申请人的请求，开给受益人（通常情况下为出口商）的一种在其具备了约定的条件以后，即可得到由开证银行或支付银行支付的约定金额的保证付款的凭证。使用伪造、变造的信用证，是指行为人利用伪造、变造的信用证诈骗钱财的行为。使用伪造、变造的信用证或者附随的单据、文件，既包括行为人自己伪造、变造后自己使用，也包括明知他人提供的信用证或附随的单据、文件是伪造的而使用。使用作废的信用证，主要是指使用过期的信用证，使用无效的信用证，使用明知是经他人涂改的信用证等情况。

第一百九十六条　【信用卡诈骗罪】有下列情形之一，进行信用卡诈骗活动，数额较大的，处五年以下有期徒刑或者拘役，并处二万元以上二十万元以下罚金；数额巨大或者有其他严重情节的，处五年以上十年以下有期徒刑，并处五万元以上五十万元以下罚金；数额特别巨大或者有其他特别严重情节的，处十年以上有期徒刑或者无期徒刑，并处五万元以上五十万元以下罚金或者没收财产：

（一）使用伪造的信用卡，或者使用以虚假的身份证明骗领的信用卡的；

（二）使用作废的信用卡的；

（三）冒用他人信用卡的；

（四）恶意透支的。

前款所称恶意透支，是指持卡人以非法占有为目的，超过规定限额或者规定期限透支，并且经发卡银行催收后仍不归还的行为。

【盗窃罪】盗窃信用卡并使用的，依照本法第二百六十四条的规定定罪处罚。

条文注释

信用卡诈骗罪，是指以非法占有为目的，利用信用卡进行诈骗活动，骗取数额较大财物的行为。本条中的“信用卡”并非狭义的信用卡，而是指由商业银行或者其他金融机构发行的具有消费支付、信用贷款、转账结算、存取现金等全部功能或者部分功能的电子支付卡。信用卡诈骗的具体方式有以下几种：(1)使用伪造的信用卡或者使用以虚假的身份证明骗领的信用卡。包括使用自己伪造或以虚假的身份证明骗领的信用卡，以及使用明知是他人伪造或以虚假的身份证明骗领的信用卡进行购物、取得服务或者提取现金。(2)使用作废的信用卡。作废信用卡是指因超过有效期、被挂失等原因而作废，而不允许使用。(3)冒用他人的信用卡。按照有关规定，信用卡只限于合法持卡人自己使用，冒充合法持卡人使用他人的信用卡进行诈骗活动，就是信用卡诈骗。(4)恶意透支。恶意透支是指持卡人以非法占有为目的，或者明知无力偿还，透支数额超过信用卡准许透支的数额较大，逃避追查，或者自收到发卡银行催收通知之日起3个月内仍不归还的行为。根据相关司法解释，有以下情形之一的，应当认定为“以非法占有为目的”：(1)明知没有还款能力而大量透支，无法归还的；(2)肆意挥霍透支的资金，无法归还的；(3)透支后逃匿、改变联系方式，逃避银行催收的；(4)抽逃、转移资金，隐匿财产，逃避还款的;(5)使用透支的资金进行违法犯罪活动的;(6)其他非法占有资金,拒不归还的行为。

对于盗窃信用卡并使用的,依照《刑法》第264条的规定定罪处罚,即按照盗窃罪定罪处罚。明知是他人盗窃的信用卡而使用的,成立盗窃罪的共犯。

关联法规

《全国人民代表大会常务委员会关于〈中华人民共和国刑法〉有关信用卡规定的解释》

《最高人民法院、最高人民检察院关于办理妨害信用卡管理刑事案件具体应用法律若干问题的解释》第5~7条

第一百九十七条　【有价证券诈骗罪】使用伪造、变造的国库券或者国家发行的其他有价证券,进行诈骗活动,数额较大的,处五年以下有期徒刑或者拘役,并处二万元以上二十万元以下罚金;数额巨大或者有其他严重情节的,处五年以上十年以下有期徒刑,并处五万元以上五十万元以下罚金;数额特别巨大或者有其他特别严重情节的,处十年以上有期徒刑或者无期徒刑,并处五万元以上五十万元以下罚金或者没收财产。

第一百九十八条　【保险诈骗罪】有下列情形之一,进行保险诈骗活动,数额较大的,处五年以下有期徒刑或者拘役,并处一万元以上十万元以下罚金;数额巨大或者有其他严重情节的,处五年以上十年以下有期徒刑,并处二万元以上二十万元以下罚金;数额特别巨大或者有其他特别严重情节的,处十年以上有期徒刑,并处二万元以上二十万元以下罚金或者没收财产:

(一)投保人故意虚构保险标的,骗取保险金的;

(二)投保人、被保险人或者受益人对发生的保险事故编造虚假的原因或者夸大损失的程度,骗取保险金的;

(三)投保人、被保险人或者受益人编造未曾发生的保险事故,骗取保险金的;

(四)投保人、被保险人故意造成财产损失的保险事故,骗取保险

金的；

（五）投保人、受益人故意造成被保险人死亡、伤残或者疾病，骗取保险金的。

有前款第四项、第五项所列行为，同时构成其他犯罪的，依照数罪并罚的规定处罚。

单位犯第一款罪的，对单位判处罚金，并对其直接负责的主管人员和其他直接责任人员，处五年以下有期徒刑或者拘役；数额巨大或者有其他严重情节的，处五年以上十年以下有期徒刑；数额特别巨大或者有其他特别严重情节的，处十年以上有期徒刑。

保险事故的鉴定人、证明人、财产评估人故意提供虚假的证明文件，为他人诈骗提供条件的，以保险诈骗的共犯论处。

条文注释

保险诈骗罪，是指投保人、被保险人、受益人，以使自己或者第三者获取保险金为目的，采取虚构保险标的、保险事故或者制造保险事故等方法，骗取保险金，数额较大的行为。本罪行为主体是投保人、被保险人与受益人。单位可以成为本罪的行为主体。保险事故的鉴定人、证明人、财产评估人故意提供虚假的证明文件，为他人诈骗提供条件的，应以保险诈骗罪的共犯论处。在实践中，认定本罪要注意划分罪与非罪的界限。只有在保险诈骗数额较大的情况下，才能构成本罪；数额不是较大的，则不构成犯罪。

需要指出的是，第198条第1款所列5项情形，从主体上看是有区别的。这里主要是根据保险活动的各个阶段的特点和保险当事人参与保险活动的情况来确定的。如第1项规定的情形只列举了投保人，这是因为这类犯罪行为发生在保险活动的开始，一般只能由投保人所为。第2项和第3项所规定的情形则列举了投保人、被保险人和受益人，因为对发生保险事故编造虚假的原因或者夸大损失的程度和编造未曾发生的保险事故，这三种人都可能有条件实施此种行为。第4项规定的情形列举了投保人、被保险人，因为在一般情况下，对财产的投保，被保险人就是受益人。第5项规定的情形比较复杂,虽然也涉及投保人、受益人和被保险人,但故意造成被保险人死亡、伤残或者疾病的,通常情况下,多是投保人和受益人所为。当然也不排除实践中会发生被保险人为使受益人取得保险金而自杀、自残的情况。这类情况按照《保险法》的规定是不予赔偿的,可不作为犯罪处理。因此,本项只列举了投保人和受益人为犯罪主体。

第一百九十九条[①] ~~**【金融诈骗罪适用死刑和没收财产的规定】**犯本节第一百九十二条规定之罪,数额特别巨大并且给国家和人民利益造成特别重大损失的,处无期徒刑或者死刑,并处没收财产。~~

第二百条 【单位犯金融诈骗罪的处罚规定】单位犯本节第一百九十四条、第一百九十五条规定之罪的,对单位判处罚金,并对其直接负责的主管人员和其他直接责任人员,处五年以下有期徒刑或者拘役,可以并处罚金;数额巨大或者有其他严重情节的,处五年以上十年以下有期徒刑,并处罚金;数额特别巨大或者有其他特别严重情节的,处十年以上有期徒刑或者无期徒刑,并处罚金。

条文注释

根据第200条的规定,单位可以构成金融凭证诈骗罪和信用证诈骗罪,其刑事责任承担方式为双罚制,即对单位判处罚金的同时追究单位直接负责的主管人员和其他责任人员的刑事责任。并且,对单位直接责任人员和主管人员的处罚与自然人犯各该罪的处罚不同(异罚制)。

第六节 危害税收征管罪

第二百零一条 【逃税罪】纳税人采取欺骗、隐瞒手段进行虚假纳税申报或者不申报,逃避缴纳税款数额较大并且占应纳税额百分之十以上的,处三年以下有期徒刑或者拘役,并处罚金;数额巨大并且占应纳税额百分之三十以上的,处三年以上七年以下有期徒刑,并处罚金。

---

① 本条根据2015年8月29日《刑法修正案(九)》删除。

扣缴义务人采取前款所列手段，不缴或者少缴已扣、已收税款，数额较大的，依照前款的规定处罚。

对多次实施前两款行为，未经处理的，按照累计数额计算。

有第一款行为，经税务机关依法下达追缴通知后，补缴应纳税款，缴纳滞纳金，已受行政处罚的，不予追究刑事责任；但是，五年内因逃避缴纳税款受过刑事处罚或者被税务机关给予二次以上行政处罚的除外。

条文注释

逃税罪具有以下特征：1. 犯罪主体必须是纳税人。这里规定的“纳税人”，是指根据法律和行政法规的规定负有纳税义务的单位和个人。2. 行为人实施了逃税行为，主要通过虚假纳税申报，或者不申报手段进行。其中，“欺骗、隐瞒手段”主要是指：(1)伪造、变造、转移、隐匿、擅自销毁账簿、记账凭证或者其他涉税资料的；(2)以签订“阴阳合同”等形式隐匿或者以他人名义分解收入、财产的；(3)虚列支出、虚抵进项税额或者虚报专项附加扣除的；(4)提供虚假材料，骗取税收优惠的；(5)编造虚假计税依据的；(6)为不缴、少缴税款而采取的其他欺骗、隐瞒手段。“不申报”主要是指：(1)依法在登记机关办理设立登记的纳税人，发生应税行为而不申报纳税的；(2)依法不需要在登记机关办理设立登记或者未依法办理设立登记的纳税人，发生应税行为，经税务机关依法通知其申报而不申报纳税的；(3)其他明知应当依法申报纳税而不申报纳税的。扣缴义务人采取前述手段，不缴或者少缴已扣、已收税款，数额较大的，依照本条第1款的规定定罪处罚。扣缴义务人承诺为纳税人代付税款，在其向纳税人支付税后所得时，应当认定扣缴义务人“已扣、已收税款”。3. 逃避缴纳税额达到一定数额并达到本条第1款规定的所占应纳税额的比例。

第二百零二条　【抗税罪】以暴力、威胁方法拒不缴纳税款的，处三年以下有期徒刑或者拘役，并处拒缴税款一倍以上五倍以下罚金；情节严重的，处三年以上七年以下有期徒刑，并处拒缴税款一倍以上五倍以下罚金。

条文注释

抗税罪，是指纳税人以暴力、威胁方法拒不缴纳税款的行为。行为主体为纳税人；非纳税人单独以暴力、威胁方法阻碍税务机关工作人员履行税收职责的，成立妨害公务罪；非纳税人与纳税人共同故意抗税的，成立抗税罪的共犯。暴力包括两种情况：一是对人暴力，即对税务人员的人身行使暴力，使其不能正常履行职责；二是对物暴力，即冲击、打砸税务机关，使税务机关不能从事正常的税收活动。威胁方法，是指对履行税收职责的税务人员威胁恐吓，使其不敢或者难以正常履行税收职责。唆使、煽动纳税人、代征人、扣缴义务人抗税，或者以其他手段共同实施抗税罪的，以抗税共犯论处。税务人员犯前两款罪的，从重处罚。

对同一税款，既犯逃税罪，又犯抗税罪的，实行数罪并罚。

第二百零三条　【逃避追缴欠税罪】纳税人欠缴应纳税款，采取转移或者隐匿财产的手段，致使税务机关无法追缴欠缴的税款，数额在一万元以上不满十万元的，处三年以下有期徒刑或者拘役，并处或者单处欠缴税款一倍以上五倍以下罚金；数额在十万元以上的，处三年以上七年以下有期徒刑，并处欠缴税款一倍以上五倍以下罚金。

第二百零四条　【骗取出口退税罪】以假报出口或者其他欺骗手段，骗取国家出口退税款，数额较大的，处五年以下有期徒刑或者拘役，并处骗取税款一倍以上五倍以下罚金；数额巨大或者有其他严重情节的，处五年以上十年以下有期徒刑，并处骗取税款一倍以上五倍以下罚金；数额特别巨大或者有其他特别严重情节的，处十年以上有期徒刑或者无期徒刑，并处骗取税款一倍以上五倍以下罚金或者没收财产。

【逃税罪、骗取出口退税罪】纳税人缴纳税款后，采取前款规定的欺骗方法，骗取所缴纳的税款的，依照本法第二百零一条的规定定罪处罚；骗取税款超过所缴纳的税款部分，依照前款的规定处罚。

条文注释

骗取出口退税罪，是指以假报出口或者其他欺骗手段，骗取国家出口退税款，数额较大的行为。1. 具有下列情形之一的，应当认定为《刑法》第 204 条第 1 款规定的“假报出口或者其他欺骗手段”：(1)使用虚开、非法购买或者以其他非法手段取得的增值税专用发票或者其他可以用于出口退税的发票申报出口退税的;(2)将未负税或者免税的出口业务申报为已税的出口业务的;(3)冒用他人出口业务申报出口退税的;(4)虽有出口,但虚构应退税出口业务的品名、数量、单价等要素,以虚增出口退税额申报出口退税的;(5)伪造、签订虚假的销售合同,或者以伪造、变造等非法手段取得出口报关单、运输单据等出口业务相关单据、凭证,虚构出口事实申报出口退税的;(6)在货物出口后,又转入境内或者将境外同种货物转入境内循环进出口并申报出口退税的;(7)虚报出口产品的功能、用途等,将不享受退税政策的产品申报为退税产品的;(8)以其他欺骗手段骗取出口退税款的。2. 实施骗取国家出口退税行为,没有实际取得出口退税款的,可以比照既遂犯从轻或者减轻处罚。国家工作人员参与实施骗取出口退税犯罪活动的,依照第 204 条第 1 款的规定从重处罚。3. 实施骗取出口退税犯罪,同时构成虚开增值税专用发票罪等其他犯罪的,依照《刑法》处罚较重的规定定罪处罚。

关联法规

《最高人民法院、最高人民检察院关于办理危害税收征管刑事案件适用法律若干问题的解释》

第二百零五条 【虚开增值税专用发票、用于骗取出口退税、抵扣税款发票罪】虚开增值税专用发票或者虚开用于骗取出口退税、抵扣税款的其他发票的,处三年以下有期徒刑或者拘役,并处二万元以上二十万元以下罚金;虚开的税款数额较大或者有其他严重情节的,处三年以上十年以下有期徒刑,并处五万元以上五十万元以下罚金;虚开的税款数额巨大或者有其他特别严重情节的,处十年以上有期徒刑或者无期徒刑,并处五万元以上五十万元以下罚金或者没收财产。

单位犯本条规定之罪的,对单位判处罚金,并对其直接负责的主管人员和其他直接责任人员,处三年以下有期徒刑或者拘役;虚开的税款数额较大或者有其他严重情节的,处三年以上十年以下有期徒刑;虚开的税款数额巨大或者有其他特别严重情节的,处十年以上有期徒刑或者无期徒刑。

虚开增值税专用发票或者虚开用于骗取出口退税、抵扣税款的其他发票，是指有为他人虚开、为自己虚开、让他人为自己虚开、介绍他人虚开行为之一的。

条文注释

增值税专用发票，是指由国家税务总局监制设计印制的，只限于增值税一般纳税人领购使用的，既是纳税人反映经济活动的重要会计凭证又是兼记销货方纳税义务和购货方进项税额的合法证明，是增值税计算和管理中重要的决定性的合法的专用发票。虚开专用发票，包括为他人虚开、为自己虚开、让他人为自己虚开、介绍他人虚开专用发票四种情况。具有下列情形之一的，应当认定为《刑法》第205条第1款规定的“虚开增值税专用发票或者虚开用于骗取出口退税、抵扣税款的其他发票”：(1)没有实际业务，开具增值税专用发票、用于骗取出口退税、抵扣税款的其他发票的；(2)有实际应抵扣业务，但开具超过实际应抵扣业务对应税款的增值税专用发票、用于骗取出口退税、抵扣税款的其他发票的；(3)对依法不能抵扣税款的业务，通过虚构交易主体开具增值税专用发票、用于骗取出口退税、抵扣税款的其他发票的；(4)非法篡改增值税专用发票或者用于骗取出口退税、抵扣税款的其他发票相关电子信息的；(5)违反规定以其他手段虚开的。为虚增业绩、融资、贷款等不以骗抵税款为目的，没有因抵扣造成税款被骗损失的，不以本罪论处，构成其他犯罪的，依法以其他犯罪追究刑事责任。

第二百零五条之一　【虚开发票罪】虚开本法第二百零五条规定以外的其他发票，情节严重的，处二年以下有期徒刑、拘役或者管制，并处罚金；情节特别严重的，处二年以上七年以下有期徒刑，并处罚金。

单位犯前款罪的，对单位判处罚金，并对其直接负责的主管人员和其他直接责任人员，依照前款的规定处罚。

条文注释

虚开发票，是指为他人虚开、为自己虚开、让他人为自己虚开、介绍他人虚开等行为。虚开的手段则多种多样，如开阴阳票、改变品目、使用地税营业税发票开国税业务发票，甚至使用假发票等。虚开的目的，可以是为了赚取手续费，也可以是通过虚开发票少报收入，偷税、骗税，甚至是用于非法经营、贪污贿赂、侵占等违法犯罪活动。本条所称第205条规定以外的其他发票，是指除增值税专用发票或者其他具有退税、抵扣税款功能的发票以外的普通发票，既包括真的普通发票，也包括伪造、变造的普通发票。

第二百零六条 【伪造、出售伪造的增值税专用发票罪】伪造或者出售伪造的增值税专用发票的，处三年以下有期徒刑、拘役或者管制，并处二万元以上二十万元以下罚金；数量较大或者有其他严重情节的，处三年以上十年以下有期徒刑，并处五万元以上五十万元以下罚金；数量巨大或者有其他特别严重情节的，处十年以上有期徒刑或者无期徒刑，并处五万元以上五十万元以下罚金或者没收财产。

单位犯本条规定之罪的，对单位判处罚金，并对其直接负责的主管人员和其他直接责任人员，处三年以下有期徒刑、拘役或者管制；数量较大或者有其他严重情节的，处三年以上十年以下有期徒刑；数量巨大或者有其他特别严重情节的，处十年以上有期徒刑或者无期徒刑。

条文注释

本条应注意的是，构成本罪，只要具有伪造或者出售伪造的增值税专用发票的其中一种行为即可，不要求同时具备两种行为。如果同一主体同时具有伪造和出售伪造的增值税专用发票的行为，则应以伪造、出售伪造的增值税专用发票罪定罪处刑，而不数罪并罚，但出售行为应作为量刑情节在量刑时予以考虑。

第二百零七条 【非法出售增值税专用发票罪】非法出售增值税专用发票的，处三年以下有期徒刑、拘役或者管制，并处二万元以上二十万元以下罚金；数量较大的，处三年以上十年以下有期徒刑，并处五万元以上五十万元以下罚金；数量巨大的，处十年以上有期徒刑或者无期徒刑，并处五万元以上五十万元以下罚金或者没收财产。

条文注释

本条规定的"非法出售"是广义的，既包括税务机关及其工作人员故意违反法律、法规的规定进行出售的行为，也包括其他任何人非法出售增值税专用发票的行为。另外，非法出售增值税专用发票，首先是以持有这种发票为条件，行为人取得这种发票的方式多样，有的是从合法渠道领取的，即符合一般纳税人条件的单位和个人依法从税务部门领取增值税专用发票，有的是与税务人员相勾结，非法取得增值税专用发票。但无论非法出售的增值税专用发票的来源是否合法，并不影响本罪的成立。也就是说，只要实施了非法出售的行为，就构成本罪。应当注意的是，本条规定的非法出售的增值税专用发票，必须是国家统一印制的增值税专用发票，而不是伪造的。

第二百零八条　【非法购买增值税专用发票、购买伪造的增值税专用发票罪】非法购买增值税专用发票或者购买伪造的增值税专用发票的，处五年以下有期徒刑或者拘役，并处或者单处二万元以上二十万元以下罚金。

非法购买增值税专用发票或者购买伪造的增值税专用发票又虚开或者出售的，分别依照本法第二百零五条、第二百零六条、第二百零七条的规定定罪处罚。

条文注释

应注意本条第2款关于非法购买增值税专用发票或者购买伪造的增值税专用发票又虚开或者出售的犯罪及其处罚的规定。其中，"又虚开或者出售"，是指在非法购买增值税专用发票或者购买伪造的增值税专用发票后，又从事虚开或者出售的犯罪活动的情况。如果购买后又进行上述其他犯罪活动，应当从一重罪判处刑罚。而虚开和出售增值税专用发票的刑罚规定要比购买的犯罪行为重，因此，要按虚开或者出售的刑罚处罚。本款明确了对这种牵连形式的犯罪从一重罪判处的处刑原则。也就是说，对于非法购买增值税专用发票或者购买伪造的增值税专用发票又虚开或者出售的，应根据不同的犯罪情节，分别依照本法前述条款的规定定罪处罚。

第二百零九条　【非法制造、出售非法制造的用于骗取出口退税、抵扣税款发票罪】伪造、擅自制造或者出售伪造、擅自制造的可以用于骗取出口退税、抵扣税款的其他发票的，处三年以下有期徒刑、拘役或者管制，并处二万元以上二十万元以下罚金；数量巨大的，处三年以上七年以下有期徒刑，并处五万元以上五十万元以下罚金；数量特别巨大的，处七年以上有期徒刑，并处五万元以上五十万元以下罚金或者没收财产。

【非法制造、出售非法制造的发票罪】伪造、擅自制造或者出售伪造、擅自制造的前款规定以外的其他发票的，处二年以下有期徒刑、拘役或者管制，并处或者单处一万元以上五万元以下罚金；情节严重的，处二年以上七年以下有期徒刑，并处五万元以上五十万元以下罚金。

【非法出售用于骗取出口退税、抵扣税款发票罪】非法出售可以用于骗取出口退税、抵扣税款的其他发票的，依照第一款的规定处罚。

【非法出售发票罪】非法出售第三款规定以外的其他发票的，依照第二款的规定处罚。

条文注释

“伪造”，是指仿照本条规定的发票的样式、图案、色彩以及面额等，私自制造假发票的行为。“擅自制造”，是指被税务机关指定印制发票的企业，未按照税务机关规定的数量和规模，擅自超额印制的行为。“出售”，是指将假发票进行出售，从中牟利的行为。行为人出售的发票可能是非法取得的，也可能是合法取得发票后出售，无论其来源如何，都不影响犯罪的构成。“可以用于骗取出口退税、抵扣税款的其他发票”，是指国家税务总局在一定时期内根据国家税收和经济发展的需要，除增值税专用发票以外又规定了一些可以直接抵扣税款或者办理出口退税的其他发票。根据本条的规定，只要行为人伪造、擅自制造或者非法出售的发票是可以被用于骗取国家出口退税、抵扣税款的犯罪的，也不管是真是假，即构成本条规定的犯罪。

第二百一十条　【盗窃罪】盗窃增值税专用发票或者可以用于骗取出口退税、抵扣税款的其他发票的，依照本法第二百六十四条的规定定罪处罚。

【诈骗罪】使用欺骗手段骗取增值税专用发票或者可以用于骗取出口退税、抵扣税款的其他发票的，依照本法第二百六十六条的规定定罪处罚。

条文注释

根据本条的规定，盗窃、骗取增值税专用发票的，应当分别以盗窃罪和诈骗罪定罪处罚。但对于盗窃或骗取增值税专用发票后又非法出售的行为如何定罪处罚，《刑法》并没有明确规定。在刑法理论上，这两种行为应当属于牵连关系，其中，目的行为是非法出售增值税专用发票，而方法行为触犯盗窃罪、诈骗罪，按照牵连犯的处罚原则，应从一重罪处罚。

第二百一十条之一　【持有伪造的发票罪】明知是伪造的发票而持有，数量较大的，处二年以下有期徒刑、拘役或者管制，并处罚金；数量巨大的，处二年以上七年以下有期徒刑，并处罚金。

单位犯前款罪的，对单位判处罚金，并对其直接负责的主管人员和其他直接责任人员，依照前款的规定处罚。

条文注释

本罪应当注意把握以下三点：(1)行为人对持有伪造的发票必须以明知为前提，不明知的不能认定为犯罪。并且在认定“持有”之前，应当尽量查证清楚伪造的发票的真正来源，只有当有关证据确实无法获取的情况下，才能以本罪认定并处罚行为人。(2)本条所说的“持有”，是指行为人对伪造的发票处于占有、支配、控制的一种状态。不仅随身携带的伪造的发票可以认定为持有，而且在其住所、驾驶的运输工具上发现的伪造的发票也同样可以认定为持有。这里规定的持有的“伪造的发票”，不仅包括伪造的普通发票，而且还包括伪造的增值税专用发票和其他具有出口退税、抵扣税款功能的收付款凭证或者完税凭证。(3)持有伪造的发票必须达到数量较大,才构成犯罪。

第二百一十一条　【单位犯危害税收征管罪的处罚规定】单位犯本节第二百零一条、第二百零三条、第二百零四条、第二百零七条、第二百零八条、第二百零九条规定之罪的,对单位判处罚金,并对其直接负责的主管人员和其他直接责任人员,依照各该条的规定处罚。

第二百一十二条　【税务机关征缴优先原则】犯本节第二百零一条至第二百零五条规定之罪,被判处罚金、没收财产的,在执行前,应当先由税务机关追缴税款和所骗取的出口退税款。

第七节　侵犯知识产权罪

第二百一十三条　【假冒注册商标罪】未经注册商标所有人许可,在同一种商品、服务上使用与其注册商标相同的商标,情节严重的,处三年以下有期徒刑,并处或者单处罚金;情节特别严重的,处三年以上十年以下有期徒刑,并处罚金。

条文注释

本条规定的“相同的商标”,是指与被假冒的注册商标完全相同,或者与被假冒的注册商标在视觉上基本无差别、足以对公众产生误导的商标。具体包括四种情形:(1)改变注册商标的字体、字母大小写或者文字横竖排列,与注册商标之间仅有细微差别的;(2)改变注册商标的文字、字母、数字等之间的间距,不影响体现注册商标显著特征的;(3)改变注册商标颜色的;(4)其他与注册商标在视觉上基本无差别、足以对公众产生误导的商标。同一种商品或服务,是指注册商标核定使用的商品或者服务类别与被控侵权标志使用的商品或服务类别相同。本条中的“服务”是《刑法修正案(十一)》新增的。名称不同但指同一事物的商品,是指在功能、用途、主要原料、消费对象、销售渠道等方面相同或者基本相同,相关公众一般认为是同一种事物的商品。"使用",是指将注册商标或者假冒的注册商标用于商品、商品包装或者容器以及产品说明书、商品交易文书,或者将注册商标或者假冒的注册商标用于广告宣传、展览以及其他商业活动等行为。"非法经营数额",是指行为人在实施侵犯知识产权行为过程中,制造、储存、运输、销售侵权产品的价值。

本罪的认定要与一般侵权行为进行区分:未经注册商标所有权人许可,在同一种商品上使用与他人注册商标近似的商标,或者在类似商品上使用与他人注册商标相同的商标,又或者在类似商品上使用与他人注册商标近似的商标,以及过失地在同一种商品上使用与他人注册商标相同的商标,均为一般商标侵权行为,不能以犯罪论处。

对于实施假冒注册商标犯罪,又销售该假冒注册商标的商品,构成犯罪的,应当以假冒注册商标罪定罪处罚;对于实施假冒注册商标犯罪,又销售明知是他人的假冒注册商标的商品,构成犯罪的,应当实行数罪并罚。

关联法规

《最高人民法院、最高人民检察院关于办理侵犯知识产权刑事案件具体应用法律若干问题的解释(三)》第1、8~10条

《最高人民法院、最高人民检察院关于办理侵犯知识产权刑事案件具体应用法律若干问题的解释》第1、8、13、15条

《最高人民法院、最高人民检察院、公安部关于办理侵犯知识产权刑事案件适用法律若干问题的意见》

第二百一十四条　【销售假冒注册商标的商品罪】销售明知是假冒注册商标的商品,违法所得数额较大或者有其他严重情节的,处三年以下有期徒刑,并处或者单处罚金;违法所得数额巨大或者有其他特别严重情节的,处三年以上十年以下有期徒刑,并处罚金。

条文注释

构成本条规定的犯罪,应具备以下条件:1. 行为人主观上必须是明知,即明知是假冒他人注册商标的商品仍然销售,从中牟取非

法利益。行为人是否明知，是本罪罪与非罪的重要界限。适用本条规定时，必须有证据证明行为人明知其销售的商品是假冒他人注册商标的商品，如果行为人不知是假冒注册商标的商品而销售，不构成犯罪。实践中，主要从以下几个方面判断行为人是否明知：(1)行为人是否曾被告知其所销售的商品是假冒注册商标的商品；(2)销售商品进货价格和质量明显低于市场上被假冒的注册商标商品的进货价格和质量；(3)根据行为人本人的经验和知识，能够知道自己销售的是假冒注册商标的商品。2. 行为人在客观上实施了销售明知是假冒注册商标的商品的行为。这里的"销售"应是广义的，包括批发、零售、代售、贩卖等各个销售环节。"假冒注册商标"，是指假冒他人已经注册的商标。如果将还未有人注册过的商标冒充已经注册的商标在商品上使用，不构成本条规定的犯罪，而是属于违反注册商标管理的行为。3. 违法所得较大或有其他严重情节，才构成犯罪。

第二百一十五条　【非法制造、销售非法制造的注册商标标识罪】伪造、擅自制造他人注册商标标识或者销售伪造、擅自制造的注册商标标识，情节严重的，处三年以下有期徒刑，并处或者单处罚金；情节特别严重的，处三年以上十年以下有期徒刑，并处罚金。

关联法规

《最高人民法院、最高人民检察院关于办理侵犯知识产权刑事案件具体应用法律若干问题的解释》第3、12、15、16条

第二百一十六条　【假冒专利罪】假冒他人专利，情节严重的，处三年以下有期徒刑或者拘役，并处或者单处罚金。

条文注释

专利主要指专利权，是由国家知识产权主管机关依据《专利法》授予申请人的一种实施其发明创造的专有权。一项发明创造完成以后，往往会产生各种复杂的社会关系，其中最主要的就是发明创造应当归谁所有和其权利的范围以及如何利用的问题。发明创造被授予

专利权以后，《专利法》保护专利权不受侵犯，任何人要实施专利，除法律另有规定的以外，必须得到专利权人的许可，并按双方协议支付使用费，否则就是侵权。实施下列行为之一的，属于本条规定的“假冒他人专利”的行为：(1)未经许可，在其制造或者销售的产品、产品的包装上标注他人专利号的；(2)未经许可，在广告或者其他宣传材料中使用他人的专利号，使人将所涉及的技术误认为是他人专利技术的；(3)未经许可，在合同中使用他人的专利号，使人将合同涉及的技术误认为是他人专利技术的；(4)伪造或者变造他人的专利证书、专利文件或者专利申请文件的。

关联法规

《最高人民法院、最高人民检察院关于办理侵犯知识产权刑事案件具体应用法律若干问题的解释》第4、10、12、15、16条

第二百一十七条　【侵犯著作权罪】以营利为目的，有下列侵犯著作权或者与著作权有关的权利的情形之一，违法所得数额较大或者有其他严重情节的，处三年以下有期徒刑，并处或者单处罚金；违法所得数额巨大或者有其他特别严重情节的，处三年以上十年以下有期徒刑，并处罚金：

（一）未经著作权人许可，复制发行、通过信息网络向公众传播其文字作品、音乐、美术、视听作品、计算机软件及法律、行政法规规定的其他作品的；

（二）出版他人享有专有出版权的图书的；

（三）未经录音录像制作者许可，复制发行、通过信息网络向公众传播其制作的录音录像的；

（四）未经表演者许可，复制发行录有其表演的录音录像制品，或者通过信息网络向公众传播其表演的；

（五）制作、出售假冒他人署名的美术作品的；

（六）未经著作权人或者与著作权有关的权利人许可，故意避开或者破坏权利人为其作品、录音录像制品等采取的保护著作权或者与著作权有关的权利的技术措施的。

条文注释

著作权,是指文学、艺术、科学技术等作品的作者或其他著作权人在法定期限内对其作品享有的专有权利。复制发行著作权人的作品、出版他人享有专门出版权的图书、复制发行录音录像制作者的录音录像作品、复制发行表演者的带有其表演的录音录像制品,均需得到著作权人的同意并支付报酬,否则即侵犯了著作权人的合法权利。制作、出售假冒他人署名的美术作品侵害了他人的著作权。

认定本罪应特别注意:(1)分清本罪与一般侵权行为的界限。构成本罪的数额标准为个人违法所得数额5万元以上。但是,如果没有达到此数额,但有其他特别严重的情节,依然可以构成本罪。达不到上述标准的,只能令其承担民事责任,著作权人可以要求其停止侵害和赔偿损失。(2)对于明知他人实施侵犯知识产权犯罪,而为其提供贷款、资金、账号、发票、证明、许可证件,或者提供生产、经营场所或者运输、储存、代理进出口等便利条件、帮助的,以侵犯知识产权犯罪的共犯论处。

关联法规

《最高人民法院、最高人民检察院关于办理侵犯知识产权刑事案件具体应用法律若干问题的解释》第11、16条

《最高人民法院、最高人民检察院关于办理侵犯知识产权刑事案件具体应用法律若干问题的解释(二)》

《最高人民法院、最高人民检察院关于办理侵犯知识产权刑事案件具体应用法律若干问题的解释(三)》第2、8~10条

第二百一十八条 【销售侵权复制品罪】以营利为目的,销售明知是本法第二百一十七条规定的侵权复制品,违法所得数额巨大或者有其他严重情节的,处五年以下有期徒刑,并处或者单处罚金。

条文注释

要正确区分本罪罪与非罪的界限:(1)行为人是否明知其销售的是侵权复制品,如果是过失销售的,不构成犯罪;(2)行为人是否有营利的目的;(3)销售侵权复制品违法所得数额是否巨大或者是否有其

他严重情节。

关联法规

《最高人民法院关于审理非法出版物刑事案件具体应用法律若干问题的解释》第4、17条

第二百一十九条　【侵犯商业秘密罪】有下列侵犯商业秘密行为之一，情节严重的，处三年以下有期徒刑，并处或者单处罚金；情节特别严重的，处三年以上十年以下有期徒刑，并处罚金：

（一）以盗窃、贿赂、欺诈、胁迫、电子侵入或者其他不正当手段获取权利人的商业秘密的；

（二）披露、使用或者允许他人使用以前项手段获取的权利人的商业秘密的；

（三）违反保密义务或者违反权利人有关保守商业秘密的要求，披露、使用或者允许他人使用其所掌握的商业秘密的。

明知前款所列行为，获取、披露、使用或者允许他人使用该商业秘密的，以侵犯商业秘密论。

本条所称权利人，是指商业秘密的所有人和经商业秘密所有人许可的商业秘密使用人。

条文注释

本条具体列举了三种侵犯商业秘密的行为：(1)以盗窃、利诱、胁迫或者其他不正当手段获取权利人的商业秘密。实施这一行为的人，一般是享有商业秘密的权利人的竞争对手。“其他不正当手段”，包括以高薪聘请挖人才、以重金收买知悉秘密的人等。这里“挖人才”的目的是获取他人的商业秘密，不是单纯地高薪聘请人才。“权利人”，是指商业秘密的所有人和经商业秘密所有人许可的商业秘密使用人。(2)披露、使用或者允许他人使用以第1项手段获取的权利人的商业秘密。(3)违反约定或者违反了权利人有关保守商业秘密的要求，披露、使用或者允许他人使用其所掌握的商业秘密。主要是指行为人所掌握的商业秘密是合法获取的，但是违反了与权利人之间的约定或者违反了权利人有关保守商业秘密

的要求，向第三人违约披露、使用或者允许第三人使用其所获取的商业秘密。实施这一行为的，有可能是与拥有商业秘密的企业订立许可使用合同的一方当事人；也可能是本企业技术人员，因工作关系获得商业秘密，但擅自告诉他人或自己使用、允许他人使用。

第二百一十九条之一　【为境外窃取、刺探、收买、非法提供商业秘密罪】为境外的机构、组织、人员窃取、刺探、收买、非法提供商业秘密的，处五年以下有期徒刑，并处或者单处罚金；情节严重的，处五年以上有期徒刑，并处罚金。

条文注释

本条是《刑法修正案(十一)》新增的罪名，目的是打击境外商业间谍活动。需要说明的是，本条要求行为人明知其非法提供的商业秘密将被境外利用仍主动为境外提供。对被动泄露商业秘密于外国人或者境外，或者自己准备在国外加以利用的，不受本条规制。

第二百二十条　【单位犯侵犯知识产权罪的处罚规定】单位犯本节第二百一十三条至第二百一十九条之一规定之罪的，对单位判处罚金，并对其直接负责的主管人员和其他直接责任人员，依照本节各该条的规定处罚。

第八节　扰乱市场秩序罪

第二百二十一条　【损害商业信誉、商品声誉罪】捏造并散布虚伪事实，损害他人的商业信誉、商品声誉，给他人造成重大损失或者有其他严重情节的，处二年以下有期徒刑或者拘役，并处或者单处罚金。

第二百二十二条　【虚假广告罪】广告主、广告经营者、广告发布者违反国家规定，利用广告对商品或者服务作虚假宣传，情节严重的，处二年以下有期徒刑或者拘役，并处或者单处罚金。

条文注释

虚假广告罪，是指广告主、广告经营者、广告发布者违反国家规定，利用广告对商品或者服务作虚假宣传，情节严重的行为。本罪的主体是特殊主体，不仅包括实施虚假广告犯罪行为的广告主，而且包括实施虚假广告犯罪行为的广告经营者和广告发布者，它们都是与广告活动有关的具有特殊身份的主体。作虚假宣传主要包括两种情况：(1)对商品或者服务作夸大失实的宣传，即对生产、经销的产品质量、制作成分、性能、用途、生产者、有效期限、产地、来源等情况，或者对所提供的服务的质量规格、技术标准、价格等交易资料进行夸大、无中生有的与实际情况不符的宣传。(2)对商品或者服务作语意含糊、令人误解的宣传，即通过措辞的技巧、明示或者暗示、省略或者含糊的手段，使消费者对商品或者服务产生误解。

关联法规

《最高人民法院、最高人民检察院关于办理妨害预防、控制突发传染病疫情等灾害的刑事案件具体应用法律若干问题的解释》第5条

《最高人民法院、最高人民检察院关于办理危害食品安全刑事案件适用法律若干问题的解释》第19条

《最高人民法院关于审理非法集资刑事案件具体应用法律若干问题的解释》第8条

第二百二十三条　【串通投标罪】投标人相互串通投标报价，损害招标人或者其他投标人利益，情节严重的，处三年以下有期徒刑或者拘役，并处或者单处罚金。

投标人与招标人串通投标，损害国家、集体、公民的合法利益的，依照前款的规定处罚。

第二百二十四条　【合同诈骗罪】有下列情形之一，以非法占有为目的，在签订、履行合同过程中，骗取对方当事人财物，数额较大的，处三年以下有期徒刑或者拘役，并处或者单处罚金；数额巨大或者有其他严重情节的，处三年以上十年以下有期徒刑，并处罚金；数额特别巨

大或者有其他特别严重情节的，处十年以上有期徒刑或者无期徒刑，并处罚金或者没收财产：

（一）以虚构的单位或者冒用他人名义签订合同的；

（二）以伪造、变造、作废的票据或者其他虚假的产权证明作担保的；

（三）没有实际履行能力，以先履行小额合同或者部分履行合同的方法，诱骗对方当事人继续签订和履行合同的；

（四）收受对方当事人给付的货物、货款、预付款或者担保财产后逃匿的；

（五）以其他方法骗取对方当事人财物的。

条文注释

构成合同诈骗罪应具备以下要件：1. 行为人在主观上具有“以非法占有为目的”，这是构成第 224 条规定之罪的主观要件。非法占有的目的，一般来说，可以从行为人的行为判断出来，如行为人自始就根本没有履行合同的条件，也没有去创造履行合同的条件或者无意履行或者携款潜逃等。2. 行为人实施了本条规定的诈骗行为。第 224 条共列举了五项犯罪行为：(1) 以虚构的单位或者冒用他人名义签订合同的，即虚构合同主体的情形。其中“虚构的单位”，是指采用根本不存在的单位的名义订立合同；“冒用他人名义”，是指未经他人允许或委托而采取他人的名义，即冒名订立合同的行为。(2) 以伪造、变造、作废的票据或者其他虚假的产权证明作担保的，即虚构担保。在签订合同时，根据法律、法规的规定或者对方当事人的要求，出具合同担保，是减少合同风险和保障合同履行的常规做法。这里所说的“票据”，主要指的是汇票、本票、支票等金融票据。“产权证明”包括土地使用证、房屋所有权证以及能证明动产、不动产权属的各种有效证明文件。采用虚构的担保文件的方式欺骗对方当事人而与其签订、履行合同，是合同诈骗中一种常见的方式。(3) 没有实际履行能力，以先履行小额合同或者部分履行合同的方法，诱骗对方当事人继续签订和履行合同的。这是通常讲的

"钓鱼式合同",即行为人以履行小额合同或者部分履行合同为诱饵,骗取对方当事人的信任后,继续与其签订合同,以骗取更多的财物的情况。(4)收受对方当事人给付的货物、货款、预付款或者担保财产后逃匿的。这是指行为人一旦收受了对方当事人按合同约定给付的上述财产后,一逃了之的行为。这里的"逃匿",即指行为人采取使对方当事人无法寻找到的任何逃跑、隐藏、躲避的方式。(5)以其他方法骗取对方当事人财物的。这一项规定是指采取上述四项规定以外的其他方法骗取对方当事人财物的行为,是为了适应这类犯罪的多样性、复杂性而规定的。

第二百二十四条之一　【组织、领导传销活动罪】组织、领导以推销商品、提供服务等经营活动为名,要求参加者以缴纳费用或者购买商品、服务等方式获得加入资格,并按照一定顺序组成层级,直接或者间接以发展人员的数量作为计酬或者返利依据,引诱、胁迫参加者继续发展他人参加,骗取财物,扰乱经济社会秩序的传销活动的,处五年以下有期徒刑或者拘役,并处罚金;情节严重的,处五年以上有期徒刑,并处罚金。

条文注释

组织、领导传销活动罪具有以下几个方面的特征:(1)以推销商品、提供服务等经营活动为名,要求参加者以缴纳费用或者购买商品、服务等方式获得加入资格;(2)按照一定顺序组成层级;(3)直接或者间接以发展人员的数量作为计酬或者返利依据,引诱、胁迫参加者继续发展他人参加;(4)骗取财物,传销活动的最终目的都是骗取财物;(5)扰乱经济社会秩序。

这里需要特别指出的是,注意区分"拉人头"式传销与直销活动中的多层次计酬之间的区别:一是从是否交纳入门费上看,直销人员在获取从业资格时没有被要求交纳高额入门费,而"拉人头"式传销则要求交纳入门费;二是从经营对象上看,直销是以销售产品为导向,商品定价基本合理,而"拉人头"式传销根本没有产品销售,或者只是以质劣价高的产品为幌子,主要以拉人头为主要目的;三是从人员的收入来源上看,多层次计酬主要根据销售业绩,而“拉人头”式传销的收入主要决定于发展下线人数;四是从组织存在和维系的条件来看,多层次计酬直销公司的生存与发展取决于产品销售业绩和利润,而“拉人头”式传销组织则取决于发展新会员收取费用的能力。

关联法规

《最高人民法院、最高人民检察院、公安部关于办理组织领导传销活动刑事案件适用法律若干问题的意见》

第二百二十五条　【非法经营罪】违反国家规定,有下列非法经营行为之一,扰乱市场秩序,情节严重的,处五年以下有期徒刑或者拘役,并处或者单处违法所得一倍以上五倍以下罚金;情节特别严重的,处五年以上有期徒刑,并处违法所得一倍以上五倍以下罚金或者没收财产:

(一)未经许可经营法律、行政法规规定的专营、专卖物品或者其他限制买卖的物品的;

(二)买卖进出口许可证、进出口原产地证明以及其他法律、行政法规规定的经营许可证或者批准文件的;

(三)未经国家有关主管部门批准非法经营证券、期货、保险业务的,或者非法从事资金支付结算业务的;

(四)其他严重扰乱市场秩序的非法经营行为。

条文注释

本条还应注意相关决定、司法解释的规定:

1.《全国人民代表大会常务委员会关于惩治骗购外汇、逃汇和非法买卖外汇犯罪的决定》第4条规定:在国家规定的交易场所以外非法买卖外汇,扰乱市场秩序,情节严重的,依照《刑法》第225条的规定定罪处罚。单位犯前款罪的,依照《刑法》第231条的规定处罚。根据《最高人民法院关于审理骗购外汇、非法买卖外汇刑事案件具体应用法律若干问题的解释》的规定,下列三种行为达到一定数额,根据《刑法》第225条第3项的规定定罪处罚:(1)在外汇指定银行和中国外汇交易中心及其分中心以外买卖外汇,扰乱金融市场秩序;(2)公司、企业或者其他单位,违反有关外贸代理业务的规定,采用非法手段,或者明知是伪造、变造的凭证、商业单据,为他人向外汇指定银行骗购外汇;(3)居间介绍骗购外汇。

2. 根据《最高人民法院关于审理非法出版物刑事案件具体应用法律若干问题的解释》,违反国家规定,出版、印刷、复制、发行该解释第1条至第10条规定以外的其他严重危害社会秩序和扰乱市场秩序的非法出版物,情节严重的,以非法经营罪定罪处罚。非法从事出版物的出版、印刷、复制、发行业务,严重扰乱市场秩序,情节特别严重,构成犯罪的,以非法经营罪定罪处罚。

3.《最高人民法院关于审理扰乱电信市场管理秩序案件具体应用法律若干问题的解释》规定,违反国家规定,采取租用国际专线、私设转接设备或者其他方法,擅自经营国际电信业务或者涉港澳台电信业务进行营利活动,扰乱电信市场管理秩序,情节严重的,以非法经营罪定罪处罚。违反国家规定,擅自设置、使用无线电台(站),或者擅自占用频率,非法经营国际电信业务或者涉港澳台电信业务进行营利活动,同时构成非法经营罪和扰乱无线电通讯管理秩序罪的,依照处罚较重的规定定罪处罚。

4.《最高人民法院、最高人民检察院关于办理妨害预防、控制突发传染病疫情等灾害的刑事案件具体应用法律若干问题的解释》规定,违反国家在预防、控制突发传染病疫情等灾害期间有关市场经营、价格管理等规定,哄抬物价、牟取暴利,严重扰乱市场秩序,违法所得数额较大或者有其他严重情节的,以非法经营罪定罪,依法从重处罚。

5.《最高人民法院、最高人民检察院关于办理赌博刑事案件具体应用法律若干问题的解释》规定,未经国家批准擅自发行、销售彩票,构成犯罪的,以非法经营罪定罪处罚。

6.《最高人民法院、最高人民检察院关于办理妨害信用卡管理刑事案件具体应用法律若干问题的解释》规定,违反国家规定,使用销售点终端机具(POS机)等方法,以虚构交易、虚开价格、现金退货等方式向信用卡持卡人直接支付现金,情节严重的,以非法经营罪定罪处罚。

7.《最高人民法院、最高人民检察院关于办理非法生产、销售烟草专卖品等刑事案件具体应用法律若干问题的解释》规定,违反国家烟草专卖管理法律法规,未经烟草专卖行政主管部门许可,无烟草专卖生产企业许可证、烟草专卖批发企业许可证、特种烟草专卖经营企业许可证、烟草专卖零售许可证等许可证明,非法经营烟草专卖品,情节严重的,以非法经营罪定罪处罚。行为人实施非法生产、销售烟草专卖品犯罪,同时构成生产、销售伪劣产品罪,侵犯知识产权犯罪,非法经营罪的,依照处罚较重的规定定罪处罚。

8.《最高人民法院关于审理非法集资刑事案件具体应用法律若干问题的解释》规定,违反国家规定,未经依法核准擅自发行基金份额募集基金,情节严重的,以非法经营罪定罪处罚。

9.《最高人民法院、最高人民检察院关于办理非法生产、销售、使用禁止在饲料和动物饮用水中使用的药品等刑事案件具体应用法律若干问题的解释》规定,未取得药品生产、经营许可证件和批准文号,非法生产、销售盐酸克仑特罗等禁止在饲料和动物饮用水中使用的药品,扰乱药品市场秩序,情节严重的,以非法经营罪追究刑事责任。在生产、销售的饲料中添加盐酸克仑特罗等禁止在饲料和动物饮用水中使用的药品,或者销售明知是添加有该类药品的饲料,情节严重的,以非法经营罪追究刑事责任。

10.《最高人民法院、最高人民检察院关于办理利用信息网络实施诽谤等刑事案件适用法律若干问题的解释》规定,违反国家规定,以营利为目的,通过信息网络有偿提供删除信息服务,或者明知是虚假信息,通过信息网络有偿提供发布信息等服务,扰乱市场秩序,达到规定数额的,属于非法经营行为"情节严重",以非法经营罪定罪处罚。明知他人利用信息网络实施诽谤、寻衅滋事、敲诈勒索、非法经营等犯罪,为其提供资金、场所、技术支持等帮助的,以共同犯罪论处。

11.《最高人民法院、最高人民检察院关于办理危害食品安全刑事案件适用法律若干问题的解释》规定:(1)以提供给他人生产、销售食品为目的，违反国家规定，生产、销售国家禁止用于食品生产、销售的非食品原料，情节严重的，以非法经营罪定罪处罚。以提供给他人生产、销售食用农产品为目的，违反国家规定，生产、销售国家禁用农药、食品动物中禁止使用的药品及其他化合物等有毒、有害的非食品原料，或者生产、销售添加上述有毒、有害的非食品原料的农药、兽药、饲料、饲料添加剂、饲料原料，情节严重的，依照前款的规定定罪处罚。(2)违反国家规定，私设生猪屠宰厂(场)，从事生猪屠宰、销售等经营活动，情节严重的，以非法经营罪定罪处罚。(3)实施该解释规定的非法经营行为，同时构成生产、销售伪劣产品罪，生产、销售不符合安全标准的食品罪，生产、销售有毒、有害食品罪，生产、销售伪劣农药、兽药罪等其他犯罪的，依照处罚较重的规定定罪处罚。

第二百二十六条 【强迫交易罪】以暴力、威胁手段，实施下列行为之一，情节严重的，处三年以下有期徒刑或者拘役，并处或者单处罚金；情节特别严重的，处三年以上七年以下有期徒刑，并处罚金：

(一)强买强卖商品的；

(二)强迫他人提供或者接受服务的；

(三)强迫他人参与或者退出投标、拍卖的；

(四)强迫他人转让或者收购公司、企业的股份、债券或者其他资产的；

(五)强迫他人参与或者退出特定的经营活动的。

条文注释

本条规定了五种行为：

(1)第一种是以暴力、威胁手段强买强卖商品的犯罪行为。其中，“以暴力、威胁手段”，是指行为人采取了暴力方法或威胁手段。“强买强卖商品”，是指在商品交易中违反法律、法规和商品交易规则，不顾交易对方是否同意，强行买进或者强行卖出的行为。

(2)第二种是以暴力、威胁手段强迫他人提供或者接受服务的行为。强迫他人提供服务，主要是指行为人在享受服务消费时，不遵守公平自愿的原则，不顾提供服务方是否同意，强迫对方提供某种服务的行为；强迫他人接受服务，主要是指餐饮业、旅游业、娱乐业、美容服务业、维修业等服务性质的行业在营业中，违反法律、法规和商业道德及公平自愿的原则，不顾消费者是否同意，强迫消费者接受其服务的行为。

(3)第三种是以暴力、威胁手段强迫他人参与或者退出投标、拍卖的行为。这主要是指在一些工程竞标、拍卖等活动中，行为人使用暴力或者威胁手段，强迫参与竞标的参与者退出投标、拍卖活动。目的是使自己中标或者在没有竞拍者竞拍的情况下以不公平的价格购买到拍卖品。

(4)第四种是以暴力、威胁手段强迫他人转让或者收购公司、企业的股份、债券或者其他资产的行为。公司、企业的资产转让，应当按照正常的市场法则进行。强迫他人转让或者收购公司、企业的股份、债券或者其他资产的行为，是指强迫他人在不符合市场价值规律和不利于出让人的情况下转让公司、企业的股份、债券或者其他资产，自己从中获取不法利益，而使他人利益受损。

(5)第五种是以暴力、威胁手段强迫他人参与或者退出特定的经营活动的行为。特定的经营活动，是指在不法分子指定的经营活动范围内，由于屈从于暴力、威胁手段，在没有选择的情况下，所从事或者退出经营活动的情况。

第二百二十七条　【伪造、倒卖伪造的有价票证罪】伪造或者倒卖伪造的车票、船票、邮票或者其他有价票证，数额较大的，处二年以下有期徒刑、拘役或者管制，并处或者单处票证价额一倍以上五倍以下罚金；数额巨大的，处二年以上七年以下有期徒刑，并处票证价额一倍以上五倍以下罚金。

【倒卖车票、船票罪】倒卖车票、船票，情节严重的，处三年以下有期徒刑、拘役或者管制，并处或者单处票证价额一倍以上五倍以下罚金。

第二百二十八条　【非法转让、倒卖土地使用权罪】以牟利为目的，违反土地管理法规，非法转让、倒卖土地使用权，情节严重的，处三年以下有期徒刑或者拘役，并处或者单处非法转让、倒卖土地使用权价额百分之五以上百分之二十以下罚金；情节特别严重的，处三年以上七年以下有期徒刑，并处非法转让、倒卖土地使用权价额百分之五以上百分之二十以下罚金。

关联法规

《全国人民代表大会常务委员会关于〈中华人民共和国刑法〉第二百二十八条、第三百四十二条、第四百一十条的解释》

《最高人民法院关于审理破坏土地资源刑事案件具体应用法律若干问题的解释》

第二百二十九条　【提供虚假证明文件罪】承担资产评估、验资、验证、会计、审计、法律服务、保荐、安全评价、环境影响评价、环境监测等职责的中介组织的人员故意提供虚假证明文件，情节严重的，处五年以下有期徒刑或者拘役，并处罚金；有下列情形之一的，处五年以上十年以下有期徒刑，并处罚金：

（一）提供与证券发行相关的虚假的资产评估、会计、审计、法律服务、保荐等证明文件，情节特别严重的；

（二）提供与重大资产交易相关的虚假的资产评估、会计、审计等证明文件，情节特别严重的；

（三）在涉及公共安全的重大工程、项目中提供虚假的安全评价、环境影响评价等证明文件，致使公共财产、国家和人民利益遭受特别重大损失的。

有前款行为，同时索取他人财物或者非法收受他人财物构成犯罪的，依照处罚较重的规定定罪处罚。

【出具证明文件重大失实罪】第一款规定的人员，严重不负责任，出具的证明文件有重大失实，造成严重后果的，处三年以下有期徒刑或者拘役，并处或者单处罚金。

条文注释

本罪的主体为特殊主体,包括个人和单位。犯本罪的个人,是指承担资产评估、验资、验证、会计、审计、法律服务、保荐、安全许可、环境影响评价、环境监测等职责的中介组织的人员,即依法注册会计师、审计师或者其他贪污履行验资评估和审计职责的社会中介机构的人员、法律服务人员、保荐人员、环境影响评价监测人员等。犯本罪的单位,是指承担资产评估、验资、验证、审计职责的社会中介机构和资产(资信)评估事务所、会计师事务所、审计师事务所、律师事务所保荐机构、环境评价机构等。

关联法规

《最高人民法院、最高人民检察院关于办理药品、医疗器械注册申请材料造假刑事案件适用法律若干问题的解释》

第二百三十条　【逃避商检罪】违反进出口商品检验法的规定,逃避商品检验,将必须经商检机构检验的进口商品未报经检验而擅自销售、使用,或者将必须经商检机构检验的出口商品未报经检验合格而擅自出口,情节严重的,处三年以下有期徒刑或者拘役,并处或者单处罚金。

条文注释

构成逃避商检罪应当具备以下要件:(1)行为人主观上有逃避商检的故意。"逃避商品检验",是指行为人通过自己的作为或者故意的不作为使应当经过进出口商品检验部门检验的商品,避开检验的行为。必须经商检机构检验的进出口商品,是指国家进出口商品检验主管部门依法列入必须实施检验的进出口商品目录中的商品。根据《进出口商品检验法》的规定,列入目录的进出口商品,由商检机构实施检验。进口商品未经检验的,不准销售、使用;出口商品未经检验合格的,不准出口。(2)行为人实施了逃避海关监管的行为。根据本条规定,构成本条规定的犯罪行为主要有以下两种情况:一是"未报经检验而擅自销售、使用",即行为人将进口商品未报经商检机构检验,就自行将商品在境内销售或者自行使用的情况。行为人未报经检验就自行销售、使用的行为，直接破坏了国家对进出口商品的监督和管理。二是“未报经检验合格而擅自出口”，即没有经商检机构检验合格就自行出口的行为。出口商品是否符合国家规定的出口条件，应经商检机构通过出口商品的检验才能确定。(3)逃避商检的行为“情节严重”。

第二百三十一条　【单位犯扰乱市场秩序罪的处罚规定】单位犯本节第二百二十一条至第二百三十条规定之罪的，对单位判处罚金，并对其直接负责的主管人员和其他直接责任人员，依照本节各该条的规定处罚。

第四章　侵犯公民人身权利、民主权利罪

第二百三十二条　【故意杀人罪】故意杀人的，处死刑、无期徒刑或者十年以上有期徒刑；情节较轻的，处三年以上十年以下有期徒刑。

条文注释

故意杀人罪，是指故意非法剥夺他人生命的行为，是一种最严重的侵犯公民人身权利的犯罪。本罪侵犯的客体是他人的生命权利。本罪在客观方面表现为非法剥夺他人生命的行为，在实际发生的案件中，非法剥夺他人生命的方法是多种多样的，行为人采用什么方法，不影响本罪的成立。但是，正当防卫行为、人民警察依法执行职务的行为、依法对罪犯执行死刑的行为，不属于非法剥夺他人生命的行为，不构成本罪。本罪是故意犯罪，包括直接故意和间接故意。直接故意是有明确的杀人目的，并且希望其行为能致使被害人死亡；间接故意是对自己的行为可能造成被害人死亡的后果采取放任的态度。

应当注意的是，认定故意杀人罪不能客观归罪，不能只看行为的后果，要根据行为人的故意内容来认定。如果行为人不是要故意非法剥夺他人生命，而是出于其他故意行为致人死亡的，如故意伤害致

人死亡的,强奸妇女致使被害人死亡的,使用暴力进行抢劫致人死亡的,等等,不能认定为故意杀人罪,而应将致人死亡这一后果作为各该罪的量刑情节考虑。

第二百三十三条 **【过失致人死亡罪】**过失致人死亡的,处三年以上七年以下有期徒刑;情节较轻的,处三年以下有期徒刑。本法另有规定的,依照规定。

条文注释

过失致人死亡,是指主观上出于过失,客观上实施了致人死亡的行为。即行为人应该预见到自己的行为会致人死亡而没有预见,或者已经预见到这种结果而轻信能够避免,致使受害人死亡的结果发生。认定本罪应当注意:(1)要将本罪与故意杀人罪区别开来。前者对死亡结果持否定态度,后者持希望或放任态度。(2)要把本罪同意外事件区别开来。前者对死亡结果应当预见,后者没有预见也不能预见;前者行为人主观上有过失的罪过,应负刑事责任,后者无罪过,不应负刑事责任。(3)要把本罪与《刑法》另有规定的致人死亡的行为区别开来。实践中,因过失致人死亡的情况较多,《刑法》分则对这些情况如失火、交通肇事、重大责任事故等都作了专门规定,分别有独立的罪名和法定刑,可分别按照各自有关条款的规定定罪处罚,不再另定过失致人死亡罪。

第二百三十四条 **【故意伤害罪】**故意伤害他人身体的,处三年以下有期徒刑、拘役或者管制。

犯前款罪,致人重伤的,处三年以上十年以下有期徒刑;致人死亡或者以特别残忍手段致人重伤造成严重残疾的,处十年以上有期徒刑、无期徒刑或者死刑。本法另有规定的,依照规定。

条文注释

故意伤害罪,是指故意伤害他人身体健康的行为。本罪的客观构成要件为:(1)行为对象是他人。伤害自己身体的,不成立故意伤害罪;自伤行为侵犯了国家或社会法益而触犯了《刑法》时,可能构成其他犯罪，如《刑法》第 434 条规定的战时自伤罪。(2)行为人的行为必须是违法的，如果是合法的医疗行为，不能构成本罪。(3)必须使他人的身体健康受到损害，包括人身组织的损害和身体器官正常机能的损害两个方面；损害的程度可以分为轻伤、重伤和致人死亡三个层次。如果损害程度为轻微伤，则属于治安管理处罚案件，而不构成刑事犯罪。本罪的主观方面为故意，即对伤害结果具有认识和希望或放任的态度。如果仅具有殴打意图，旨在造成被人暂时的肉体疼痛或者轻微的神经刺激，则不能认定有伤害的故意。基于同样的道理，在殴打行为致他人死亡的情况下，不应认定为故意伤害致人死亡。

本条应当注意划清以下两个界限：(1)故意伤害罪与故意杀人罪的界限。两罪的主要区别在于是否以非法剥夺他人生命为故意内容，如果行为人没有这种非法剥夺他人生命的故意，而只有伤害他人身体健康的故意，即使行为导致了他人的死亡，也只能定故意伤害罪；如果行为人有非法剥夺他人生命的故意，即使其行为没有造成他人死亡的结果，也构成故意杀人罪(未遂)。(2)故意伤害罪与过失致人重伤罪的界限。过失致人重伤罪在主观上是过失的，而且法律要求必须造成他人重伤的结果才能构成犯罪；而故意伤害罪在主观上是故意的，即使致人轻伤，也构成故意伤害罪。

第二百三十四条之一　【组织出卖人体器官罪】组织他人出卖人体器官的，处五年以下有期徒刑，并处罚金；情节严重的，处五年以上有期徒刑，并处罚金或者没收财产。

未经本人同意摘取其器官，或者摘取不满十八周岁的人的器官，或者强迫、欺骗他人捐献器官的，依照本法第二百三十四条、第二百三十二条的规定定罪处罚。

违背本人生前意愿摘取其尸体器官，或者本人生前未表示同意，违反国家规定，违背其近亲属意愿摘取其尸体器官的，依照本法第三百零二条的规定定罪处罚。

条文注释

本条规定的组织他人出卖人体器官的行为，具体来说，就是行为人在组织他人出卖人体器官过程中实施了策划、指挥、领导的行为。在实践中，这种行为一般表现为动员、拉拢、联络、串联、制订计划、下达命令、出谋划策等形式。本罪在主观方面只能由故意构成，过失不构成本罪。至于本罪是否以牟利为目的，本条未作规定，一般而言，非法组织他人出卖器官的行为多以牟利为目的，但并不以此目的为构成要件。

第二百三十五条　【过失致人重伤罪】过失伤害他人致人重伤的，处三年以下有期徒刑或者拘役。本法另有规定的，依照规定。

条文注释

过失致人重伤罪，是指过失伤害他人身体，致人重伤的行为。本罪是过失犯罪，行为人对于伤害他人的结果不是持希望或者放任的态度，而是由于疏忽大意或轻信能够避免而致使他人重伤的结果发生。疏忽大意的过失重伤他人，是指行为人应当预见自己的行为可能造成他人重伤的结果，由于疏忽大意而没有预见，以致造成他人重伤。过于自信的过失致人重伤，是指行为人已经预见到其行为可能会造成他人重伤的结果，但由于轻信能够避免以致造成他人重伤。行为人的过失行为，只有造成他人重伤的才能构成犯罪，造成他人轻伤的不构成犯罪。如果行为人主观上没有过失，而是由于无法预见的原因导致他人重伤的，属于意外事故，行为人不负刑事责任。

本条同时还规定，“本法另有规定的，依照规定”，是指过失行为致人重伤的，除本条的一般性规定外，《刑法》规定的其他犯罪中也有过失致人重伤的情况，根据特别规定优于一般规定的原则，对于本法另有特别规定的，一律适用特别规定，而不依照本条的规定定罪处罚，如本法第133条关于交通肇事致人重伤的规定、第134条关于重大责任事故致人重伤的规定等。

第二百三十六条　【强奸罪】以暴力、胁迫或者其他手段强奸妇女的，处三年以上十年以下有期徒刑。

奸淫不满十四周岁的幼女的，以强奸论，从重处罚。

强奸妇女、奸淫幼女，有下列情形之一的，处十年以上有期徒刑、无期徒刑或者死刑：

（一）强奸妇女、奸淫幼女情节恶劣的；

（二）强奸妇女、奸淫幼女多人的；

（三）在公共场所当众强奸妇女、奸淫幼女的；

（四）二人以上轮奸的；

（五）奸淫不满十周岁的幼女或者造成幼女伤害的；

（六）致使被害人重伤、死亡或者造成其他严重后果的。

条文注释

强奸罪，是指违背女性意志，使用暴力、胁迫或者其他手段，强行与妇女发生性交的行为或者与不满14周岁的幼女发生性交的行为。本罪行为主体一般指男子，其中单独直接实施犯罪行为的只能是男子。妇女可以成为强奸罪的教唆犯、帮助犯，也可以成为强奸罪的共同正犯与间接正犯。丈夫强行与妻子发生性行为的，一般不能认定为强奸罪。暴力手段，是指行为人使用殴打、捆绑等方法对被害人实行身体强制，使被害女性不能反抗；胁迫手段，是指行为人对被害人施以威胁、恫吓，进行精神上的强制，如杀伤被害人或其亲属、揭发其隐私等；其他手段，是指利用女性昏迷、重病之机实行奸淫，等等。行为人与不满14周岁的幼女发生性交，构成本罪的，应以知道对方是幼女为要件。

关于强奸罪的认定，行为人先前实施的强奸行为，构成强奸罪；行为人实施强奸行为后的杀人灭口行为，又构成故意杀人罪，数罪并罚。这种情况不属于强奸罪的加重情节，强奸罪的加重情节要发生在实施强奸罪的过程中，而不能发生在既遂之后。

还应注意的是，《刑法修正案（九）》删去了第360条第2款关于嫖宿幼女罪的规定，这并不意味着对这类行为不再追究，在《刑法修正案（九）》施行之后，对于实践中发生的此类行为，应适用本条第2款关于奸淫幼女的规定，以强奸论，从重处罚。《刑法修正案（十一）》对本条第3款增加了第5项的规定，即增加了一种加重犯情形。

关联法规

《最高人民法院、最高人民检察院、公安部、司法部关于办理性侵害未成年人刑事案件的意见》

第二百三十六条之一 【负有照护职责人员性侵罪】对已满十四周岁不满十六周岁的未成年女性负有监护、收养、看护、教育、医疗等特殊职责的人员，与该未成年女性发生性关系的，处三年以下有期徒刑；情节恶劣的，处三年以上十年以下有期徒刑。

有前款行为，同时又构成本法第二百三十六条规定之罪的，依照处罚较重的规定定罪处罚。

条文注释

本条是《刑法修正案(十一)》新增的条文，规定的是特殊职责人员与少女发生性关系犯罪，本罪要求犯罪主体是负有监护、收养、看护、教育、医疗等特殊职责的人。

第二百三十七条 【强制猥亵、侮辱罪】以暴力、胁迫或者其他方法强制猥亵他人或者侮辱妇女的，处五年以下有期徒刑或者拘役。

聚众或者在公共场所当众犯前款罪的，或者有其他恶劣情节的，处五年以上有期徒刑。

【猥亵儿童罪】猥亵儿童的，处五年以下有期徒刑；有下列情形之一的，处五年以上有期徒刑：

(一)猥亵儿童多人或者多次的；

(二)聚众猥亵儿童的，或者在公共场所当众猥亵儿童，情节恶劣的；

(三)造成儿童伤害或者其他严重后果的；

(四)猥亵手段恶劣或者有其他恶劣情节的。

条文注释

本条第1款规定的“暴力”，是指行为人直接对他人或被害妇女施以伤害、殴打等危害他人或妇女人身安全和人身自由，使他人或妇女不能抗拒的方法。“胁迫”，是指行为人对他人或被害妇女施以威胁、恫吓，进行精神上的强制，迫使他人或妇女就范，不敢抗拒的方法。“其他方法”,是指行为人使用暴力、胁迫以外的使他人或被害妇女不能抗拒的方法。例如,利用他人或妇女患病、熟睡之机进行猥亵、侮辱的,用酒将他人或妇女灌醉、用药物将他人或妇女麻醉后进行猥亵、侮辱的,等等。本条规定的“强制猥亵”,主要是指违背他人的意愿,以搂抱、抠摸等淫秽下流的手段侵犯他人性权利的行为。“他人”,是指年满14周岁的人。“侮辱妇女”,主要是指对妇女实施猥亵行为以外的、损害妇女人格尊严的淫秽下流、伤风败俗的行为。

本条第3款规定的猥亵儿童罪,是指猥亵不满14周岁的儿童的行为。这里所说的“猥亵”,主要是指以抠摸、指奸、鸡奸等淫秽下流的手段猥亵儿童的行为。本款是《刑法修正案(十一)》新修改的条款,规定了猥亵儿童罪的量刑为5年以下有期徒刑,并单独列出四种情形,若有该四种情形之一的,处5年以上有期徒刑。

还应当注意以下两个问题:(1)要注意区分罪与非罪的界限,要将强制猥亵他人、侮辱妇女行为与一般的猥亵他人、侮辱妇女的违法行为加以区分,具有“强制”行为的,才能作为犯罪处理。(2)要区分强制猥亵、侮辱罪与侮辱罪的区别,侮辱罪以败坏他人名誉为目的,必须是公然地针对特定的人实施,而且侵犯的对象不限于妇女、儿童;而强制猥亵、侮辱罪则是出于满足行为人的淫秽下流的欲望,侵犯的是他人的性自主权。

第二百三十八条　【非法拘禁罪】非法拘禁他人或者以其他方法非法剥夺他人人身自由的,处三年以下有期徒刑、拘役、管制或者剥夺政治权利。具有殴打、侮辱情节的,从重处罚。

【非法拘禁罪、故意伤害罪、故意杀人罪】犯前款罪,致人重伤的,处三年以上十年以下有期徒刑;致人死亡的,处十年以上有期徒刑。使用暴力致人伤残、死亡的,依照本法第二百三十四条、第二百三十二条的规定定罪处罚。

为索取债务非法扣押、拘禁他人的,依照前两款的规定处罚。

国家机关工作人员利用职权犯前三款罪的,依照前三款的规定从重处罚。

条文注释

非法拘禁罪,是指故意非法剥夺他人行动自由的行为。行动自由,是指公民身体在不受强制约束的条件下,按照自己的意志,在任意的时间、空间自由支配自己的行动。

本罪的客观表现有三个要点需要把握:(1)行为人的行为必须是非法的。如果国家机关工作人员合法地将公民予以拘押,即使后来被证明羁押有误,也不能构成非法拘禁罪;医生对病人实行隔离、监管以及监护人对无行为能力人实行的监护等合法行为,均不能视为非法拘禁。当然,如上述合法行为是被滥用的 ,则也失去合法性,仍可构成犯罪。(2)行为人实施了将他人限制在一定的空间以内,使其不得自主脱离该空间的行为。至于行为是否具有暴力性,是作为还是不作为,使用何种手段、方式,均在所不问。非法拘禁致人重伤、死亡,是指非法拘禁行为本身致被害人重伤、死亡(结果加重犯),重伤、死亡结果与非法拘禁行为之间必须具有直接的因果关系。行为人在实施基本行为之后或之时,被害人自杀、自残、自身过失等造成死亡、伤残结果的,因缺乏直接性要件,不宜认定为结果加重犯。(3)行为人为索取高利贷、赌债等法律不予保护的债务,非法扣押、拘禁他人的,依照本条的规定定罪处罚。

本条还应当注意两个问题:(1)对出于非法剥夺他人生命的故意,以非法拘禁为手段杀人,如故意以拘禁的方法冻死、饿死他人的,不能认定为本条第 2 款规定的非法拘禁他人"致人死亡",而应当以故意杀人罪定罪处罚;(2)根据本条第 4 款的规定,国家机关工作人员只有利用职权犯非法拘禁罪的,才能依照本条前 3 款的规定从重处罚,对于未利用职权而犯非法拘禁罪,应当分别依照本条第 1 款、第 2 款的规定处罚。

第二百三十九条 【绑架罪】以勒索财物为目的绑架他人的,或者绑架他人作为人质的,处十年以上有期徒刑或者无期徒刑,并处罚金或者没收财产;情节较轻的,处五年以上十年以下有期徒刑,并处罚金。

犯前款罪，杀害被绑架人的，或者故意伤害被绑架人，致人重伤、死亡的，处无期徒刑或者死刑，并处没收财产。

以勒索财物为目的偷盗婴幼儿的，依照前两款的规定处罚。

条文注释

本条第1款规定了绑架罪的两种犯罪情形：

(1)“以勒索财物为目的绑架他人的”勒索型绑架，即通常说的“绑票”或者“掳人勒赎”。“勒索财物”，是指行为人在绑架他人以后，以不答应要求就杀害或伤害人质相威胁，勒令与人质有特殊关系的人于指定时间，以特定方式，在指定地点交付一定数量的金钱或财物。这里的“绑架”，是指行为人完全控制了人质，人质被剥夺了人身自由。绑架的行为方式多样，既可以是暴力劫持、强抢，也可以是暴力威胁，还可以是用欺骗、诱惑甚至麻醉的方法实施。行为人控制人质，常以非法将他人掳走、带离原来常习的处所的方法，使他人丧失行动自由，但也不排除行为人将他人拘禁于原处所作为人质的情形。同时，绑架人质的行为人会向与人质有特殊关系的人或组织提出财物给付的要求。在勒索型绑架犯罪中，犯罪既遂与否的实质标准是看绑架行为是否实施，从而使被害人丧失行动自由并受到行为人的实际支配。至于勒索财物的行为是否来得及实施，以及虽实施了勒索行为，但由于行为人意志以外的原因而未达到勒索财物的目的，都不影响勒索型绑架既遂的成立。勒索财物的目的是否实现仅是一个量刑加以考虑的情节。现实生活中，与被害人有特殊关系的他人或组织会收到行为人将要杀死或伤害人质的威胁，但是人质自身可能仍处于平和的被控制状态，甚至都无从察觉其所陷入的危险，如孩童被行为人引诱去打游戏机的情形。因此，有的情况下，被害人自身是否认识到被绑架，并不影响绑架罪既遂的认定。

(2)绑架他人作为人质的情形。行为人实施绑架行为是为了要求对方作出妥协、让步或满足某种要求，有时还具有政治目的。绑架行为作为一种持续性犯罪，犯罪既遂以后所造成的不法状态在一段时间内仍然延续，会给被害人造成长期的身心折磨和伤害。应当注意的是，以出卖为目的，使用暴力、胁迫或者麻醉方法绑架妇女、儿童的行为不属于本条所规定的绑架罪的范围，而应当依照本法第240条关于拐卖妇女、儿童犯罪的规定处罚。

本条第2款规定了“故意伤害被绑架人，致人重伤、死亡的”加重处罚情形。这里规定的“故意伤害”，是指以伤害被绑架人的身体为目的实施各种行为。“致人重伤、死亡”，是指造成被绑架人重伤、死亡的结果。依照本款规定，故意伤害被绑架人，致人重伤、死亡的，处无期徒刑或者死刑。需要注意的是，这里的故意伤害被绑架人的行为应与被绑架人重伤、死亡的加重结果具有直接因果关系，两者仅具有间接关系的，如行为人实施故意伤害行为，被绑架人自杀而造成重伤或死亡结果的，可依本条第1款的规定处罚。此外，对行为人过失造成被绑架人重伤、死亡后果的，可以依照第1款规定，最高处以无期徒刑。

此外，还应当注意行为人为索要债务而实施限制他人人身自由行为的问题。这里涉及绑架罪与非法拘禁罪的区别。“索财型”绑架罪与“索债型”非法拘禁罪都实施了剥夺他人的人身自由并向他人索要财物的行为，但两罪主要有以下三方面区别：一是行为人非法限制他人人身自由的主观目的不同。绑架罪以勒索财物为目的，对财物无因而索；索要债务的非法拘禁行为，索债是事出有因。二是行为人侵犯的客体不同。“索财型”绑架罪侵犯的是复杂客体，即他人的人身权利和财产权利；“索债型”非法拘禁罪侵犯的客体是简单客体，即他人的人身权利。三是危险性不同。绑架罪需以暴力、胁迫等犯罪方法，对被害人的健康、生命有较大的危害；非法拘禁在实施扣押、拘禁他人的过程中也可能出现捆绑、推搡、殴打等行为，但更多的是侵害他人的人身自由，而非他人的生命健康。

第二百四十条 【拐卖妇女、儿童罪】拐卖妇女、儿童的，处五年以上十年以下有期徒刑，并处罚金；有下列情形之一的，处十年以上有期徒刑或者无期徒刑，并处罚金或者没收财产；情节特别严重的，处死刑，并处没收财产：

（一）拐卖妇女、儿童集团的首要分子；

（二）拐卖妇女、儿童三人以上的；

（三）奸淫被拐卖的妇女的；

（四）诱骗、强迫被拐卖的妇女卖淫或者将被拐卖的妇女卖给他人迫使其卖淫的；

（五）以出卖为目的，使用暴力、胁迫或者麻醉方法绑架妇女、儿童的；

（六）以出卖为目的，偷盗婴幼儿的；

（七）造成被拐卖的妇女、儿童或者其亲属重伤、死亡或者其他严重后果的；

（八）将妇女、儿童卖往境外的。

拐卖妇女、儿童是指以出卖为目的，有拐骗、绑架、收买、贩卖、接送、中转妇女、儿童的行为之一的。

条文注释

本罪是行为犯，是否已经实际卖出在所不问。本罪客观方面表现为拐骗、绑架、收买、贩卖、接送、中转妇女儿童的行为。拐骗，是指采用欺骗、利诱等方法使被害人轻信后脱离家庭，置于行为人控制之下；绑架，是指以暴力、胁迫或者麻醉等方法劫持妇女、儿童；收买，是指以出卖为目的，用一定的钱物购买妇女、儿童；贩卖，是指将拐骗、绑架、收买的妇女、儿童转手出卖；接送、中转，是指在拐卖妇女、儿童的共同犯罪中，分工接送被害人或者将被害人转手交给其他人贩子，为人贩子找买主、为人贩子在拐卖途中窝藏、看管被拐卖的妇女、儿童等。本罪主观方面是故意，并要求具有出卖目的。

理解本罪，还应特别注意以下问题：(1)对婴幼儿采取欺骗、利诱等手段使其脱离监护人或者看护人的，视为“偷盗婴幼儿”。(2)医疗机构、社会福利机构等单位的工作人员以非法获利为目的，将所诊疗、护理、抚养的儿童出卖给他人的，以拐卖儿童罪论处。(3)以介绍婚姻为名，采取非法扣押身份证件、限制人身自由等方式，或者利用妇女人地生疏、语言不通、孤立无援等境况，违背妇女意志，将其出卖给他人的，应当以拐卖妇女罪追究刑事责任。以介绍婚姻为名，与被介绍妇女串通骗取他人钱财，数额较大的，应当以诈骗罪追究刑事责任。

关联法规

《最高人民法院关于审理拐卖妇女案件适用法律有关问题的解释》

《最高人民法院关于审理拐卖妇女儿童犯罪案件具体应用法律若干问题的解释》

《最高人民法院、最高人民检察院、公安部、司法部关于依法惩治拐卖妇女儿童犯罪的意见》

第二百四十一条　【收买被拐卖的妇女、儿童罪】收买被拐卖的妇女、儿童的，处三年以下有期徒刑、拘役或者管制。

收买被拐卖的妇女，强行与其发生性关系的，依照本法第二百三十六条的规定定罪处罚。

收买被拐卖的妇女、儿童，非法剥夺、限制其人身自由或者有伤害、侮辱等犯罪行为的，依照本法的有关规定定罪处罚。

收买被拐卖的妇女、儿童，并有第二款、第三款规定的犯罪行为的，依照数罪并罚的规定处罚。

收买被拐卖的妇女、儿童又出卖的，依照本法第二百四十条的规定定罪处罚。

收买被拐卖的妇女、儿童，对被买儿童没有虐待行为，不阻碍对其进行解救的，可以从轻处罚；按照被买妇女的意愿，不阻碍其返回原居住地的，可以从轻或者减轻处罚。

条文注释

理解本罪，还应注意以下问题：(1)在国家机关工作人员排查来历不明儿童或者进行解救时，将所收买的儿童藏匿、转移或者实施其他妨碍解救行为，经说服教育仍不配合的，属于本条第6款规定的“阻碍对其进行解救”。(2)收买被拐卖的妇女，业已形成稳定的婚姻家庭关系，解救时被买妇女自愿继续留在当地共同生活的，可以视为“按照被买妇女的意愿，不阻碍其返回原居住地”。(3)收买被拐卖的妇女、儿童后又组织、强迫卖淫或者组织乞讨、进行违反治安管理活动等构成其他犯罪的，依照数罪并罚的规定处罚。(4)收买被拐卖的妇女、儿童，又以暴力、威胁方法阻碍国家机关工作人员解救被收买的妇女、儿童，或者聚众阻碍国家机关工作人员解救被收买的妇女、儿童，构成妨害公务罪、聚众阻碍解救被收买的妇女、儿童罪的，依照数罪并罚的规定处罚。

第二百四十二条　【妨害公务罪】以暴力、威胁方法阻碍国家机关工作人员解救被收买的妇女、儿童的，依照本法第二百七十七条的规定定罪处罚。

【聚众阻碍解救被收买的妇女、儿童罪】聚众阻碍国家机关工作人员解救被收买的妇女、儿童的首要分子，处五年以下有期徒刑或者拘役；其他参与者使用暴力、威胁方法的，依照前款的规定处罚。

条文注释

本条第1款所规定的“暴力”，是指对解救被收买的妇女、儿童的国家机关工作人员的人身进行打击或者实行强制，如殴打、捆绑等。“威胁”，是指以杀害、伤害、毁坏财产、破坏名誉等手段进行要挟，迫使国家机关工作人员放弃执行解救被收买的妇女、儿童的职责。本款规定的犯罪必须具备以下两个条件：第一，犯罪人必须采用暴力、威胁方法实施了阻碍国家机关工作人员解救被收买的妇女、儿童的行为；第二，犯罪分子阻碍的对象必须是依法执行解救职责的国家机关工作人员。

本条第2款所说的“聚众”，是指聚集多人。“首要分子”，是指在聚众阻碍国家机关工作人员解救被收买的妇女、儿童的犯罪活动中起组织、策划、指挥、煽动等作用的犯罪分子，可能是一人，也可能是多人。“其他参与者”，是指首要分子以外的其他参与聚众阻碍国家机关工作人员解救被拐卖、绑架的妇女、儿童的人。需要注意的是，构成本款所规定的犯罪，对于首要分子，不论其是否使用暴力、威胁方法，都按本款规定定罪处罚；对于其他参与者，则只有使用暴力、威胁方法的，才构成本罪，未使用暴力、威胁方法的，不构成犯罪。

第二百四十三条 【诬告陷害罪】捏造事实诬告陷害他人，意图使他人受刑事追究，情节严重的，处三年以下有期徒刑、拘役或者管制；造成严重后果的，处三年以上十年以下有期徒刑。

国家机关工作人员犯前款罪的，从重处罚。

不是有意诬陷，而是错告，或者检举失实的，不适用前两款的规定。

条文注释

本罪的客观方面表现为行为人向公安、司法机关或有关国家机关告发捏造的犯罪事实，以引起司法机关追究的行为：(1)必须有向公安、司法机关或有关国家机关告发的行为。在公安、司法机关调查取证时，作虚假陈述的，不成立诬告陷害罪。(2)行为对象为“他人”。向司法机关虚告自己犯罪的，不成立本罪；诬告没有达到法定年龄或者没有责任能力的人犯罪的，仍构成本罪。(3)必须有捏造犯罪事实的行为。捏造犯罪事实是引起刑事追究的前提条件，至于是否捏造了证据，不影响本罪的成立。捏造的事实可以是全部的，也可以是部分的。行为人只要以诬陷他人为目的，实施了捏造犯罪事实并告发的诬陷行为，便构成既遂。至于被诬陷者是否受到了刑事追究不影响犯罪既遂的认定。

应当注意本罪与诽谤罪的区别：(1)诽谤罪的目的是损害他人的人格和名誉，而诬告陷害罪的目的是使被诬陷人受刑事追究；(2)诽谤罪捏造的事实不一定是他人犯罪的事实，而诬告陷害罪捏造的必须是他人犯罪的事实；(3)诽谤罪行为人的手段是散布其捏造的事实，诬告陷害罪行为人的手段是向有关机关告发其捏造的他人的犯罪事实；(4)诽谤罪属于亲告罪，即告诉的才处理，但是严重危害社会秩序和国家利益的除外，而诬告陷害罪不是亲告罪，属于国家公诉案件。

第二百四十四条　【强迫劳动罪】以暴力、威胁或者限制人身自由的方法强迫他人劳动的，处三年以下有期徒刑或者拘役，并处罚金；情节严重的，处三年以上十年以下有期徒刑，并处罚金。

明知他人实施前款行为，为其招募、运送人员或者有其他协助强迫他人劳动行为的，依照前款的规定处罚。

单位犯前两款罪的，对单位判处罚金，并对其直接负责的主管人员和其他直接责任人员，依照第一款的规定处罚。

条文注释

本罪客观方面表现为用人单位违反劳动管理法规，以限制人身自由方法强迫职工劳动，情节严重的行为。这里的违反劳动管理法规，是指违反我国《劳动法》及其相应的法律法规。认定客观方面要注意以下三点：(1)必须表现为以暴力、威胁或者限制人身自由的方式，这是构成本罪的前提条件；(2)强迫劳动，其表现形式有：强迫超体力劳动，强迫长时间劳动，强迫劳动不给报酬或少给报酬等；(3)必须达到情节严重的程度，这是罪与非罪的界限之一。

第二百四十四条之一　【雇用童工从事危重劳动罪】违反劳动管理法规，雇用未满十六周岁的未成年人从事超强度体力劳动的，或者从事高空、井下作业的，或者在爆炸性、易燃性、放射性、毒害性等危险环境下从事劳动，情节严重的，对直接责任人员，处三年以下有期徒刑或者拘役，并处罚金；情节特别严重的，处三年以上七年以下有期徒刑，并处罚金。

有前款行为，造成事故，又构成其他犯罪的，依照数罪并罚的规定处罚。

条文注释

根据本条第2款的规定，对被告人实行数罪并罚的条件有三个：(1)有非法雇用童工的犯罪行为。数罪并罚的前提条件是行为人的数个行为都构成犯罪，因此行为人必须实施了本条第1款规定的非法雇用童工的行为，情节严重，构成犯罪。(2)造成了事故。造成事故，是指过失造成被雇用的童工人身伤害、死亡等后果。因采用暴力手段强迫被雇用的童工劳动，体罚、虐待被雇用的童工，造成童工伤害或者死亡后果的，应当按照《刑法》有关规定处理，不属于这里所说的事故。需要说明的是，本条第2款是对非法雇用童工和造成事故这两种情况同时发生如何处理作出的规定，并不要求两者之间具有直接因果关系。事故的直接原因与非法雇用童工行为没有直接联系，但是发生重大责任事故或者重大安全事故，造成童工人身伤亡，符合本条第2款规定的，应当按照数罪进行并罚。(3)造成事故的行为构成了犯罪。这里的其他犯罪主要是指《刑法》第134条、第135条等有关安全生产事故的犯罪。

第二百四十五条　【非法搜查罪；非法侵入住宅罪】非法搜查他人身体、住宅，或者非法侵入他人住宅的，处三年以下有期徒刑或者拘役。

司法工作人员滥用职权，犯前款罪的，从重处罚。

条文注释

非法搜查罪，是指非法对他人的身体、住宅进行搜查的行为。根据我国法律规定，搜查只能由人民检察院、公安机关、国家安全机关、监察机关依照法律规定的程序进行。因此，这里的"非法搜查"有两层意思：一是指无权进行搜查的机关、团体、单位的工作人员或者个人，非法对他人人身、住宅进行搜查；二是指有搜查权的国家机关工作人员，滥用职权，非法对他人的人身、住宅进行搜查或者搜查的程序和手续不符合法律规定。具有其中之一的，即为非法搜查。本罪是故意犯罪，过失的不构成本罪。

非法侵入住宅罪，是指未经住宅主人同意，非法强行闯入他人住宅，或者经住宅主人要求其退出仍拒不退出的行为。这里的"非法"，主要是指无权或者无理进入他人住宅而强行闯入或者拒不退出。如果是事先征得住宅主人的同意的，或者是司法工作人员为依法执行搜查、逮捕、拘留等任务而进入他人住宅的，都不是非法侵入他人住宅。非法侵入他人住宅行为是故意的，过失的不构成本罪。

第二百四十六条 【侮辱罪;诽谤罪】以暴力或者其他方法公然侮辱他人或者捏造事实诽谤他人,情节严重的,处三年以下有期徒刑、拘役、管制或者剥夺政治权利。

前款罪,告诉的才处理,但是严重危害社会秩序和国家利益的除外。

通过信息网络实施第一款规定的行为,被害人向人民法院告诉,但提供证据确有困难的,人民法院可以要求公安机关提供协助。

条文注释

侮辱罪、诽谤罪侵犯的客体是他人的人格尊严和名誉权,人格尊严和名誉权是公民基本的人身权利。二者都是故意犯罪,并有侮辱、诽谤他人的目的,过失的行为不构成犯罪。侮辱罪、诽谤罪属于一般主体犯罪,任何年满16周岁,且具有刑事责任能力的人,均可成为侮辱罪、诽谤罪的主体。在客观表现方面,侮辱罪和诽谤罪有所不同,分别表述如下:

(1)侮辱罪的客观方面主要表现为以暴力或其他方法公然贬损他人人格、破坏他人声誉,情节严重的行为。这里所说的侮辱行为,可以是暴力,也可以是暴力以外的其他方法。"暴力",是指以强制方法来损害他人人格和名誉,如强迫他人"戴高帽"游行、当众剥光他人衣服、强迫他人作出有辱人格的动作等。这里的暴力,其目的不是损害他人的身体健康,如果在实施暴力侮辱的过程中造成他人死亡或者伤害后果的,可能同时构成故意杀人罪或者故意伤害罪。"其他方法",是指以语言、文字等暴力以外的方法侮辱他人,语言侮辱如当众用恶毒刻薄的语言对被害人进行嘲笑、辱骂,使其当众出丑,散布被害人的生活隐私、生理缺陷等,文字侮辱如贴传单、漫画、书刊或者其他公开的文字等方式诋毁他人人格、侮辱他人。侮辱他人的行为,必须是公然进行,如果不是公然,不构成本罪。"公然"侮辱他人,是指当众或者利用能够使多人听到或看到的方式,对他人进行侮辱,公然侮辱并不一定要求被害人在场。"他人"在这里是指特定的人,即侮辱他人的行为必须是明确地针对某特定的人实施,如果不是针对特定的人，而是一般的“骂街”、谩骂等，不构成侮辱罪。

（2）诽谤罪的客观方面表现为行为人实施捏造并散布某种虚构的事实，足以贬损他人人格、名誉的行为。“诽谤”，是指故意捏造事实，并且进行散播。“捏造事实”就是无中生有，凭空制造虚假的事实，而且这些内容已经或足以给被害人的人格、名誉造成损害。诽谤除捏造事实外还要将该捏造的事实进行散播，散播包括使用口头方法和书面方法。捏造事实的行为与散播行为必须同时具备才构成本罪。如果只是捏造事实与个别亲友私下议论，没有散播的，或者散播的是客观事实而不是捏造的虚假事实的，即使有损于他人的人格、名誉，也不构成本罪。与侮辱罪类似，诽谤罪也必须是针对特定的人实施，这种行为不一定是公开地指明对方姓名，但是只要从内容上知道被害人是谁，就可以构成诽谤罪，如果行为人捏造并散布的内容不针对特定的对象，也不能构成本罪。

侮辱罪、诽谤罪作为告诉才处理的犯罪存在例外情形：一是根据本法第98条的规定，如果被害人受强制或者威吓而无法告诉的，人民检察院和被害人的近亲属也可以告诉；二是依照本款的规定，严重危害社会秩序和国家利益的，不适用告诉才处理的规定。需要指出的是，上述两种例外情形性质并不相同，对于被害人受强制或者威吓而无法告诉的，人民检察院和被害人近亲属的告诉，没有改变侮辱罪、诽谤罪告诉才处理的性质，只是由他人或机关代为告诉。但是对于严重危害社会秩序和国家利益的案件，根据本条规定不再适用告诉才处理的规定，而应作为公诉案件处理，由人民检察院提起公诉。

还应注意两个问题：（1）根据《刑法》第299条的规定，在公众场合故意以焚烧、毁损、涂划、玷污、践踏等方式侮辱中华人民共和国国旗、国徽的，应以侮辱国旗、国徽罪依法追究刑事责任。（2）注意区分侮辱罪与强制猥亵、侮辱妇女犯罪。侮辱罪中的侮辱妇女，行为人的目的在于败坏妇女的名誉，贬低其人格，动机多出于私愤报复、发泄不满等，与侮辱男性没有什么区别；而强制猥亵、侮辱妇女犯罪，行为人的目的在于寻求畸形的性刺激，满足其下流的心理需求。此外，侮辱罪的对象一般是针对特定的人，而强制猥亵、侮辱妇女犯罪的对象具有不特定性。

关联法规

《最高人民法院、最高人民检察院关于办理利用信息网络实施诽谤等刑事案件适用法律若干问题的解释》

第二百四十七条　【刑讯逼供罪；暴力取证罪；故意伤害罪；故意杀人罪】司法工作人员对犯罪嫌疑人、被告人实行刑讯逼供或者使用暴力逼取证人证言的，处三年以下有期徒刑或者拘役。致人伤残、死亡的，依照本法第二百三十四条、第二百三十二条的规定定罪从重处罚。

条文注释

理解本条，还应注意区分刑讯逼供罪、暴力取证罪与非法拘禁罪的区别：(1)主体不同。刑讯逼供罪、暴力取证罪的犯罪主体必须是司法工作人员；非法拘禁罪的主体是一般主体，非司法工作人员也可成为犯罪主体。(2)刑讯逼供罪、暴力取证罪所侵害的对象只限于被指控有犯罪行为的犯罪嫌疑人、被告人和刑事诉讼中的证人；而非法拘禁罪侵害的对象则是依法享有人身自由权利的任何公民。(3)刑讯逼供罪、暴力取证罪在客观上表现为对犯罪嫌疑人、被告人使用肉刑、变相肉刑或者使用暴力逼取口供或者证人证言的行为；非法拘禁罪在客观上表现为以拘禁或者其他强制方法非法剥夺他人人身自由的行为。(4)刑讯逼供罪、暴力取证罪要求行为人具有逼取口供、证人证言的目的；而非法拘禁罪则没有这一要求。

第二百四十八条　【虐待被监管人罪；故意伤害罪；故意杀人罪】监狱、拘留所、看守所等监管机构的监管人员对被监管人进行殴打或者体罚虐待，情节严重的，处三年以下有期徒刑或者拘役；情节特别严重的，处三年以上十年以下有期徒刑。致人伤残、死亡的，依照本法第二百三十四条、第二百三十二条的规定定罪从重处罚。

监管人员指使被监管人殴打或者体罚虐待其他被监管人的，依照前款的规定处罚。

条文注释

虐待被监管人罪，是指监狱、拘留所、看守所等监管机构的监管人员对被监管人进行殴打或者体罚虐待，情节严重的行为。这里所规定的"监管人员"，是指在监狱、拘留所、看守所等监管机构中行使监管职责的工作人员。"体罚虐待"，是指监管人员违反监管法规规定，对被监管人实施任意殴打、捆绑、冻饿、强迫从事过度劳动、侮辱人格、滥施械具等行为。依照有关监管法规的规定，对被监管人采取某些严格的监管措施，如必要的禁闭、使用手铐或者其他械具或者强制劳动等，则不能认定为体罚虐待，不构成犯罪。"被监管人"，是指在监狱等刑罚执行场所服刑的罪犯、在看守所中被监管的犯罪嫌疑人和被告人、在拘留所中被执行行政拘留处罚的人以及其他依法被监管的人。如果体罚虐待的不是被监管的人，则不能构成本罪，对构成其他犯罪的，应依照《刑法》有关规定追究刑事责任。"情节严重"，主要是指经常殴打或者体罚虐待被监管人屡教不改，殴打或者体罚虐待被监管人手段恶劣，殴打或者体罚虐待被监管人造成恶劣影响，殴打或者体罚虐待被监管人造成严重后果等。"情节特别严重"，是指手段特别残忍、影响特别恶劣或者造成特别的严重后果等。"致人伤残、死亡"，是指监狱、拘留所、看守所等监管机构的监管人员殴打或者体罚虐待被监管人致使被监管人身体健康受到严重伤害、残疾或者死亡。

第二百四十九条　【煽动民族仇恨、民族歧视罪】煽动民族仇恨、民族歧视，情节严重的，处三年以下有期徒刑、拘役、管制或者剥夺政治权利；情节特别严重的，处三年以上十年以下有期徒刑。

第二百五十条　【出版歧视、侮辱少数民族作品罪】在出版物中刊载歧视、侮辱少数民族的内容，情节恶劣，造成严重后果的，对直接责任人员，处三年以下有期徒刑、拘役或者管制。

条文注释

出版歧视、侮辱少数民族作品罪，是指在出版物中刊载歧视、侮辱少数民族的内容，情节恶劣，造成严重后果的行为。构成本罪必须具备以下几个条件:(1)必须是在出版物中刊载歧视、侮辱少数民族的内容。这里所说的“出版物”,包括报纸、期刊、图书、音像制品和电子出版物等。“刊载”包括发表、制作、转载等。如果不是在出版物上刊载,而只是口头表达的,不构成本罪。(2)刊载的必须是歧视、侮辱少数民族的内容。“歧视、侮辱少数民族的内容”是指针对少数民族的来源、历史、风俗习惯等,对少数民族进行贬低、诬蔑、嘲讽、辱骂以及其他歧视、侮辱的行为。(3)必须是情节恶劣的行为。“情节恶劣”主要是指刊载的内容歪曲历史或者制造谣言,内容污秽恶毒以及多次刊载等。(4)必须是造成严重后果,这主要是造成恶劣的政治影响,引起民族骚乱、纠纷等。(5)本罪的犯罪主体是在出版物中刊载歧视、侮辱少数民族的内容的直接责任人员,主要包括作者、责任编辑以及其他对刊载上述内容负有直接责任的人员。

需要注意的是,构成本罪的行为,一般出于民族偏见、取笑、猎奇等目的,如果是为激起民族仇恨、民族歧视的目的而进行煽动的,应当依照本法第249条关于煽动民族仇恨、民族歧视罪的规定定罪处罚。

关联法规

《最高人民法院关于审理非法出版物刑事案件具体应用法律若干问题的解释》第7条

第二百五十一条　【非法剥夺公民宗教信仰自由罪;侵犯少数民族风俗习惯罪】国家机关工作人员非法剥夺公民的宗教信仰自由和侵犯少数民族风俗习惯,情节严重的,处二年以下有期徒刑或者拘役。

第二百五十二条　【侵犯通信自由罪】隐匿、毁弃或者非法开拆他人信件,侵犯公民通信自由权利,情节严重的,处一年以下有期徒刑或者拘役。

关联法规

《全国人民代表大会常务委员会关于维护互联网安全的决定》四

第二百五十三条　【私自开拆、隐匿、毁弃邮件、电报罪】邮政工作人员私自开拆或者隐匿、毁弃邮件、电报的，处二年以下有期徒刑或者拘役。

【盗窃罪】犯前款罪而窃取财物的，依照本法第二百六十四条的规定定罪从重处罚。

条文注释

私自开拆、隐匿、毁弃邮件、电报罪，是指邮政工作人员利用职务上的便利，私自开拆或者隐匿、毁弃邮件、电报的行为。本条所规定的"邮政工作人员"，是指邮政企业的营业员、分拣员、投递员、押运员以及其他从事邮政工作的人员。本罪的主体只能是邮政工作人员，而且私自开拆、隐匿、毁弃邮件、电报的行为必须是利用职务之便实施的。本条实际上规定了三种妨害邮政通讯的行为：(1)私自开拆，是指违反国家规定，未经投寄人或者收件人同意，在邮途中非法开拆他人邮件、电报的行为。(2)隐匿，是指将他人投寄的邮件、电报予以截留藏匿而不递交给收件人的行为。(3)毁弃，是指将他人投寄的邮件、电报予以撕毁、烧毁、抛弃等，致使他人无法查收的行为。只要邮政工作人员故意施行上述三种行为之一，就可构成本罪。

还需要注意三个问题：(1)如果隐匿、毁弃或者非法开拆他人信件、电报的行为人不是邮政工作人员或者邮政工作人员不是利用职务之便而实施上述行为的，不构成本罪，情节严重的，构成本法第252条规定的侵犯通信自由罪。(2)私自开拆、隐匿、毁弃邮件、电报罪只能是故意犯罪，可能出于各种各样的动机，如报复、图财、逃避工作等。因过失而遗失、毁坏邮件、电报的，不构成本罪。(3)邮政工作人员依法检查邮件的行为，属于正当的职务行为，不构成犯罪。

第二百五十三条之一　【侵犯公民个人信息罪】违反国家有关规定，向他人出售或者提供公民个人信息，情节严重的，处三年以下有期徒刑或者拘役，并处或者单处罚金；情节特别严重的，处三年以上七年以下有期徒刑，并处罚金。

违反国家有关规定，将在履行职责或者提供服务过程中获得的公民个人信息，出售或者提供给他人的，依照前款的规定从重处罚。

窃取或者以其他方法非法获取公民个人信息的，依照第一款的规定处罚。

单位犯前三款罪的，对单位判处罚金，并对其直接负责的主管人员和其他直接责任人员，依照各该款的规定处罚。

条文注释

本条第1款的犯罪主体为一般主体，即任何年满16周岁的人，违反国家有关规定，向他人出售或者非法提供公民个人信息的行为，不论来源如何，只要符合本款规定的，都可以定罪处罚予以惩治。本款规定犯罪的客体是公民对个人信息享有的权利。这里规定的“公民个人信息”，主要是指以电子或者其他方式记录的能够单独或者与其他信息结合识别特定自然人身份或者反映特定自然人活动情况的各种信息，包括姓名、身份证件号码、通信通讯联系方式、住址、账号密码、财产状况、行踪轨迹等。本款规定犯罪主观方面是故意，即违反国家有关规定，故意出售和非法提供公民个人信息。本款规定犯罪客观方面，表现为向他人出售和非法提供公民个人信息，情节严重的行为。这里的“出售”，是指将自己掌握的公民信息卖给他人，自己从中牟利的行为。“非法提供”，是指违反国家有关规定，将自己掌握的公民信息提供给他人的行为。这里的“他人”，包括单位和个人。根据本款规定，向他人出售和非法提供公民个人信息达到情节严重的程度，是构成本罪的条件，尚未达到情节严重的，可依据法律、法规有关规定予以行政处罚。

本条第2款的犯罪主体为所有在履行职责或者提供服务过程中可以收集、获得公民个人信息的单位和个人，其如果违反规定出售或提供给他人，都可以适用本条规定追究刑事责任“国家有关规定”包括法律、行政法规、部门规章等国家层面的涉及公民个人信息保护的规定，有利于根据不同行业、领域的特点有针对性地保护公民个人信息。

本条第 3 款的“窃取”，是指采用秘密的方法或不为人知的方法取得公民个人信息的行为，如在 ATM 机旁用望远镜偷看或用摄像机偷拍他人银行卡密码、卡号或身份证号，或通过网络技术手段获得他人的个人信息等情况。“以其他方法非法获取”，是指通过购买、收受、交换等方式非法获取公民个人信息，或者在履行职责、提供服务过程中收集公民个人信息的行为。应当注意的是，本款规定的非法获取公民个人信息的行为，需达到情节严重的程度，才能构成非法获取公民个人信息的犯罪。

应注意《刑法》其他规定可能涉及侵犯公民个人信息的行为：(1)第 252 条规定的隐匿、毁弃或者非法开拆他人信件，侵犯公民通信自由权利犯罪；(2)第 253 条规定的邮政工作人员私自开拆或者隐匿、毁弃邮件、电报犯罪；(3)第 177 条之一规定的窃取、收买或者非法提供他人信用卡信息资料的犯罪；(4)第 284 条规定的非法使用窃听、窃照专用器材的犯罪。如果行为人为非法获取公民个人信息而采用了侵犯公民通信自由权利、通信秘密，非法使用窃听、窃照专用器材的手段或者是在实施上述犯罪的过程中同时窃取、获取了公民个人信息的，则可能同时构成本条规定的犯罪和其他罪名，应当根据案件的具体情况从一重罪处罚或者是数罪并罚。

此外，还应注意与信息网络方面的犯罪相互联系的问题：(1)设立用于实施非法获取、出售或者提供公民个人信息违法犯罪活动的网站、通讯群组，情节严重的，应当依照第 287 条之一的规定，以非法利用信息网络罪定罪处罚；同时构成侵犯公民个人信息罪的，依照侵犯公民个人信息罪定罪处罚。(2)网络服务提供者拒不履行法律、行政法规规定的信息网络安全管理义务，经监管部门责令采取改正措施而拒不改正，致使用户的公民个人信息泄露，造成严重后果的，应当依照第 286 条之一的规定，以拒不履行信息网络安全管理义务罪定罪处罚。

关联法规

《最高人民法院、最高人民检察院关于办理侵犯公民个人信息刑事案件适用法律若干问题的解释》

第二百五十四条　【报复陷害罪】国家机关工作人员滥用职权、假公济私，对控告人、申诉人、批评人、举报人实行报复陷害的，处二年以下有期徒刑或者拘役；情节严重的，处二年以上七年以下有期徒刑。

条文注释

“滥用职权”，是指国家机关工作人员违背职责而行使职权。“假公济私”，是指国家机关工作人员以工作为名，为徇私情或者实现个人目的而利用职务上的便利。“报复陷害”，主要是指利用手中的权力，以种种借口进行政治上或者经济上的迫害，如降职、降级、调离岗位、经济处罚、开除公职等。报复陷害的行为，必须采取滥用职权或者假公济私的方法。如果行为人进行报复陷害与滥用职权、假公济私没有联系，则不构成本罪。根据本条规定，报复陷害的对象只能是控告人、申诉人、批评人和举报人。

应当注意区分的是：第一种情况，如果国家机关工作人员采取捏造犯罪事实的方法诬告陷害他人，意图使他人受刑事追究的，无论其是否滥用职权、假公济私，都应以诬告陷害罪论处，而不以本罪论处。第二种情况，因本罪的犯罪主体必须是国家机关工作人员，非国家机关工作人员实施报复行为的，不构成本罪，应按其报复陷害的行为及后果等作其他处理。

第二百五十五条　【打击报复会计、统计人员罪】公司、企业、事业单位、机关、团体的领导人，对依法履行职责、抵制违反会计法、统计法行为的会计、统计人员实行打击报复，情节恶劣的，处三年以下有期徒刑或者拘役。

条文注释

本罪的犯罪主体是公司、企业、事业单位、机关、团体的领导人，上述人员以外的其他人对会计、统计人员实施报复行为的，不构成本罪，应按其报复的行为及后果等作其他处理。本条所规定的违反《会计法》的行为，主要是指伪造、变造、隐匿、故意毁灭会计凭证、会计账簿、会计报表和其他会计资料的，利用虚假的会计凭证、会计账簿、会计报表和其他会计资料偷税或者损害国家利益、社会公众利益的，对不真实、不合法的原始凭证予以受理的，对违法的收支不提出书面意见或者不报告的等。违反统计法的行为，主要是指虚报、瞒报统计资料，伪造、篡改统计资料，编造虚假数据等。

第二百五十六条　【破坏选举罪】在选举各级人民代表大会代表和国家机关领导人员时，以暴力、威胁、欺骗、贿赂、伪造选举文件、虚报选举票数等手段破坏选举或者妨害选民和代表自由行使选举权和被选举权，情节严重的，处三年以下有期徒刑、拘役或者剥夺政治权利。

条文注释

本条应当准确理解"欺骗"的含义，必须是编造严重不符合事实的情况，或者捏造对选举有重大影响的情况等。对于在选举活动中介绍候选人或者候选人在介绍自己情况时对一些不是很重要的事实有所夸大或者隐瞒，不致影响正常选举的行为，不能认定为以欺骗手段破坏选举。此外，构成破坏选举罪必须是足以造成破坏选举或者妨害选民和代表自由行使选举权和被选举权的后果的行为。这里所说的"破坏选举"，是指破坏选举工作的正常进行。妨害选民行使选举权和被选举权，是指非法阻止选民参加登记或者投票，或者迫使、诱骗选民违背自己的意志进行投票，以及使选民放弃自己的被选举权等。破坏选举的正常进行和妨害选民自由行使选举权和被选举权，是破坏选举罪的两种后果，造成其中一种后果，情节严重的，即构成本罪。

第二百五十七条　【暴力干涉婚姻自由罪】以暴力干涉他人婚姻自由的，处二年以下有期徒刑或者拘役。

犯前款罪，致使被害人死亡的，处二年以上七年以下有期徒刑。

第一款罪，告诉的才处理。

条文注释

本罪侵害的是婚姻自由和人身自由。婚姻自由，包括结婚自由和离婚自由。这里所规定的“暴力”,是指使用捆绑、吊打、禁闭、强抢等手段,使被干涉者不能行使婚姻自由的权利。“暴力干涉”是构成本罪的主要特征,没有使用暴力的,不构成本罪;如果行为人采取的暴力行为,不足以干涉被害人行使婚姻自由权利的,也不构成本罪。应当注意以下两个问题:(1)暴力干涉他人婚姻自由未致使被害人死亡的,属于告诉才处理的犯罪。(2)对行为人在暴力干涉婚姻自由过程中实施的故意伤害或杀害行为,应当按故意伤害罪或者故意杀人罪追究刑事责任。

第二百五十八条 【重婚罪】有配偶而重婚的,或者明知他人有配偶而与之结婚的,处二年以下有期徒刑或者拘役。

第二百五十九条 【破坏军婚罪;强奸罪】明知是现役军人的配偶而与之同居或者结婚的,处三年以下有期徒刑或者拘役。

利用职权、从属关系,以胁迫手段奸淫现役军人的妻子的,依照本法第二百三十六条的规定定罪处罚。

条文注释

应注意第259条第2款的适用条件:(1)必须利用职权、从属关系,如司法工作人员利用其掌握的国家权力,企业领导利用其负责人事调动、工资分配的权力等。(2)必须使用胁迫手段。这里所说的“胁迫”,是指犯罪分子对现役军人的妻子施以威胁、恫吓,迫使现役军人的妻子就范,不敢抗拒的手段。(3)奸淫的对象只能是现役军人的妻子。

第二百六十条 【虐待罪】虐待家庭成员,情节恶劣的,处二年以下有期徒刑、拘役或者管制。

犯前款罪,致使被害人重伤、死亡的,处二年以上七年以下有期徒刑。

第一款罪,告诉的才处理,但被害人没有能力告诉,或者因受到强制、威吓无法告诉的除外。

条文注释

虐待罪,是指行为人对共同生活的家庭成员的身体或精神进行摧残、迫害,情节恶劣的行为。(1)虐待行为可分为两类:一是肉体摧残,如殴打、冻饿、禁闭、捆绑、有病不给治疗、强迫过度劳动等;二是精神上折磨,如侮辱、咒骂、讽刺、凌辱人格、限制自由等。构成本罪的摧残、折磨必须具有经常性、一贯性的特点,如果偶尔为之,且不严重,不构成犯罪。(2)本罪的犯罪主体为特殊主体,即必须是与被害人共同生活的同一家庭成员。非家庭成员,如师傅虐待徒弟,教师虐待学生等不能以本罪论处。本罪主观表现为有意识地对被害人进行肉体与精神上的摧残、折磨。(3)在认定本罪时,必须考察虐待行为是否具备"情节恶劣"这一条件,主要指虐待手段凶狠残忍;虐待动机卑鄙;长时间持续虐待;虐待老人、儿童、重病患者或残疾人;虐待多人,激起公愤等。

应正确理解本条"告诉才处理及其例外"的含义:一方面,一般而言对于犯虐待罪,在没有致使被害人重伤、死亡的情况下,只有被害人向司法机关提出控告的才处理,对于被害人不控告的,司法机关不能主动受理,追究行为人的刑事责任。这样规定主要是因为本条规定的虐待行为发生在家庭成员之间,法律将是否告诉的选择权赋予被害人,这样有利于保护家庭关系,切实维护被害人权益。另一方面,如果被害人没有能力告诉,或者因受到强制、威吓无法告诉的,不适用告诉才处理的规定,而应作为公诉案件处理。被虐待人的亲属、朋友、邻居等任何人发现被害人被虐待,没有能力告诉或者因受到强制、威吓无法告诉的,都可以向公安机关报案。公安机关应当立案进行侦查,由检察机关依法向人民法院提起公诉。

此外,还应注意虐待罪与故意伤害罪、故意杀人罪的区别:虐待罪的被告人主观上不具有伤害或者杀害被害人的故意,而是出于追求被害人肉体和精神上的痛苦。实施虐待,过失导致被害人重伤或者死亡的,或者因虐待致使被害人自残、自杀导致重伤或者死亡的,是虐待罪的结果加重犯,属于本条第2款规定的虐待"致使被害人重伤、死亡"的情形。但是,如果在虐待的过程中,行为超过了虐待的限度,明显具有伤害、杀人的恶意且实施了严重的暴力行为,直接将被害人殴打成重伤,甚至直接杀害被害人的,应该认定为故意伤害罪或者故意杀人罪。

第二百六十条之一　【虐待被监护、看护人罪】对未成年人、老年人、患病的人、残疾人等负有监护、看护职责的人虐待被监护、看护的人，情节恶劣的，处三年以下有期徒刑或者拘役。

单位犯前款罪的，对单位判处罚金，并对其直接负责的主管人员和其他直接责任人员，依照前款的规定处罚。

有第一款行为，同时构成其他犯罪的，依照处罚较重的规定定罪处罚。

条文注释

虐待被监护、看护人罪的犯罪主体是负有监护、看护职责的人，如幼儿园的教师对在园幼儿、养老院的工作人员对在院老人、医生和护士对病人等负有监护、看护职责。这种监护、看护职责通常是基于合同、雇佣、服务等关系确定，也可以通过口头约定、志愿性的服务等形式确定，如邻居受托或自愿代人照顾老人、儿童。本罪的主观方面表现为故意，即行为人故意对被害人进行肉体或精神上的折磨和摧残，故意实施虐待行为，不论出于何种动机，均不影响本罪的成立。本罪侵犯的客体是被监护、看护的人的人身权利和监护、看护职责。本罪的客观方面主要表现为“虐待”，即折磨、摧残被监护、看护人身心健康的行为。与本法第 260 条规定的虐待罪的客观表现相似，本条的虐待行为同样具有经常性和连续性的特点，行为人对被监护、看护的人在相当长的时间里，进行持续或连续的肉体摧残、精神折磨，致使被害人的身心遭受严重创伤，通常表现为打骂、冻饿、捆绑、强迫超体力劳动、限制自由、凌辱人格行为等。偶尔发生的打骂、冻饿等行为，不构成本罪。

行为人实施虐待行为，往往导致被害人重伤、死亡的后果，可能同时构成伤害、杀人等其他犯罪。在这种情形下，应当依照本款规定，按照处罚较重的罪名定罪处罚。这里需要指出的是，本条第 3 款规定的“同时构成其他犯罪”中的其他犯罪，应是与虐待行为直接相关的罪名，如过失致人重伤罪、过失致人死亡罪等。如果行为人明显具有伤害、杀人的恶意且实施了严重的暴力行为,直接将被害人殴打成重伤,甚至直接将被害人杀害的,应当根据情况适用故意伤害罪、故意杀人罪定罪处罚或者与本罪实行数罪并罚。如果行为人在实施虐待行为的同时实施了盗窃、抢劫等其他与虐待行为性质不同的犯罪,应当与本罪数罪并罚。

第二百六十一条 【遗弃罪】对于年老、年幼、患病或者其他没有独立生活能力的人,负有扶养义务而拒绝扶养,情节恶劣的,处五年以下有期徒刑、拘役或者管制。

条文注释

遗弃罪的主要特征有以下几个方面:(1)犯罪对象必须是年老、年幼、患病或者其他没有独立生活能力的人;(2)犯罪的客观方面必须有遗弃行为,其行为方式主要表现为不作为,即行为人负有法定扶养义务,又有扶养能力却拒不履行这种义务,但是也可以使用作为的方式实施;(3)犯罪主体是特殊主体,即对于年老、年幼、患病或者其他没有独立生活能力的人负有扶养义务的人;(4)主观方面是故意犯罪,即行为人明知自己不履行扶养义务会给被扶养人造成困难,带来危害,仍拒绝履行法定扶养义务。犯罪动机如何,不影响本罪的成立。实践中,行为人将无行动能力的婴儿或老人弃置于人迹罕至的地方,而造成被害人死亡的,应认定为故意杀人罪。

第二百六十二条 【拐骗儿童罪】拐骗不满十四周岁的未成年人,脱离家庭或者监护人的,处五年以下有期徒刑或者拘役。

条文注释

本条在实际执行中应当注意区分与拐卖妇女、儿童罪和绑架罪的区别。拐骗不满14周岁的未成年人脱离家庭或者监护人的行为的目的,往往是出于收养,也可以是出于奴役等目的,如果是以出卖或勒索财物为目的而拐骗未成年人或者偷盗婴幼儿的,应依照本法第240条、第239条关于拐卖妇女、儿童罪或者绑架罪的规定定罪处罚。

第二百六十二条之一　【组织残疾人、儿童乞讨罪】以暴力、胁迫手段组织残疾人或者不满十四周岁的未成年人乞讨的，处三年以下有期徒刑或者拘役，并处罚金；情节严重的，处三年以上七年以下有期徒刑，并处罚金。

条文注释

本罪应理解客观上表现为以暴力、胁迫等手段组织残疾人或者不满14周岁的未成年人乞讨的行为。"暴力"，是指可以给被害人直接带来生理上的痛苦、伤害或者行为限制的侵袭及其他强制力。例如，对被害人实施伤害、殴打、体罚等身体打击、折磨，使其产生生理上的痛苦、伤害而丧失反抗能力，或者因此造成心理恐惧不敢反抗，以身体强制等方法剥夺被害人行为自由使其不敢反抗、不能反抗的情形等。"胁迫"，是指行为人以当场实施暴力或其他有损身心健康的行为，以及其他对被害人心理造成强迫的行为相要挟，实施精神强制，使其产生恐惧，不敢反抗的情况。这种胁迫，既可以针对被强迫人自身的生理伤害，如不顺从就冻饿、体罚、殴打等；也可以是心理上的，如揭露隐私、公开侮辱使其丧失尊严等。胁迫的内容既可以针对被害人本人，也可以针对其亲属或者他人，只要足以对被害人造成心理上的强制，就可以构成胁迫。实践中，如果没有实施暴力、胁迫等强迫行为，不宜认定为组织残疾人、儿童乞讨罪。

此外，还应注意以下界限：(1)为了强迫而实施的暴力行为导致被害人伤亡的，应当根据《刑法》的规定，按照故意伤害罪或者故意杀人罪定罪处罚。(2)为了达到长期强迫残疾人、未成年人乞讨的目的而限制被害人人身自由的，应当根据《刑法》的规定，在组织残疾人、儿童乞讨罪和非法拘禁罪中择一重罪处罚。(3)对于为了组织他人乞讨而绑架、拐骗残疾人或者未成年人，或者收买被拐骗儿童的，为了博取人们同情达到乞取更多钱财目的而故意造成被害人伤残的，奸淫被强迫的残疾人、未成年人的，应当根据《刑法》的相关规定定罪，与组织残疾人、儿童乞讨罪数罪并罚。

第二百六十二条之二　【组织未成年人进行违反治安管理活动罪】组织未成年人进行盗窃、诈骗、抢夺、敲诈勒索等违反治安管理活动的，处三年以下有期徒刑或者拘役，并处罚金；情节严重的，处三年以上七年以下有期徒刑，并处罚金。

条文注释

本条规定的"未成年人"，是指未满18周岁的公民，既包括普通的未成年人，也包括身心残疾的未成年人。组织者必须实施了组织未成年人实施盗窃、诈骗、抢夺、敲诈勒索等违反治安管理的行为。本罪为行为犯，即实施了组织未成年人进行盗窃、诈骗、抢夺、敲诈勒索等违反治安管理活动的行为，就构成犯罪，不需要其他情节和要件。未成年人是否实施了盗窃、诈骗、抢夺、敲诈勒索等违反治安管理活动的行为，并不影响本罪的成立。如果未成年人在未实施盗窃、诈骗、抢夺、敲诈勒索等违反治安管理活动的行为前，其组织行为被告发，也构成本罪，属于犯罪的预备，对于预备犯，应当按照《刑法》第22条的规定，可以比照既遂犯从轻、减轻处罚或者免除处罚。

本条还应当注意区分盗窃、诈骗、抢夺、敲诈勒索罪与违反治安管理的盗窃、诈骗、抢夺、敲诈勒索行为。对于未成年人实施的盗窃、诈骗、抢夺、敲诈勒索等行为，构成犯罪的，对已满16周岁的未成年人，应当分别依照《刑法》关于盗窃、诈骗、抢夺、敲诈勒索罪的有关规定从轻或者减轻处罚；对组织者应当分别以盗窃、诈骗、抢夺、敲诈勒索罪的共犯追究其刑事责任。

第五章　侵犯财产罪

第二百六十三条　【抢劫罪】以暴力、胁迫或者其他方法抢劫公私财物的，处三年以上十年以下有期徒刑，并处罚金；有下列情形之一的，处十年以上有期徒刑、无期徒刑或者死刑，并处罚金或者没收财产：

（一）入户抢劫的；
（二）在公共交通工具上抢劫的；
（三）抢劫银行或者其他金融机构的；
（四）多次抢劫或者抢劫数额巨大的；
（五）抢劫致人重伤、死亡的；
（六）冒充军警人员抢劫的；
（七）持枪抢劫的；
（八）抢劫军用物资或者抢险、救灾、救济物资的。

条文注释

构成抢劫罪的显著特征是“以暴力、胁迫或者其他方法抢劫公私财物”。“暴力”，是指犯罪人对财物的所有者、管理人员实施暴力侵袭或者其他强制力，包括捆绑、殴打、伤害直至杀害等使他人处于不能或者不敢反抗状态当即抢走财物的方法。“胁迫”，是指以当场使用暴力相威胁，对被害人实行精神强制，使其产生恐惧，不敢反抗，被迫当场交出财物或者不敢阻止而由行为人强行劫走财物。如果不是以暴力相威胁，而是对被害人以将要揭露隐私、毁坏财产等相威胁，则构成敲诈勒索罪，而不是抢劫罪。“其他方法”，是指对被害人采取暴力、胁迫以外的使被害人处于不知反抗或者不能反抗的状态的方法。例如，用酒灌醉、用药物麻醉等方法使被害人处于暂时丧失知觉而不能反抗的状态，将财物当场掠走。在这里，必须是由于犯罪分子故意造成被害人处于不能反抗的状态，如果犯罪分子利用被害人睡熟或者醉酒不醒，趁机秘密取走数额较大的财物，则不构成本罪。

抢劫罪侵犯的是复杂客体，既侵犯财产权利又侵犯人身权利，具备劫取财物或者造成他人轻伤以上后果两者之一的，均属抢劫既遂；既未劫取财物，又未造成他人人身伤害后果的，属抢劫未遂。本罪中的八种加重处罚情节中除“抢劫致人重伤、死亡的”这一结果加重情节之外，其余七种处罚情节同样存在既遂、未遂问题，其中属抢劫未遂的，应当根据《刑法》关于加重情节的法定刑规定，结合未遂犯的处理原则量刑。此外，应注意，行为人为劫取财物而预谋故意杀人，或者在劫取财物过程中,为制服被害人反抗而故意杀人的,以抢劫罪定罪处罚。行为人实施抢劫后,为灭口而故意杀人的,以抢劫罪和故意杀人罪定罪,实行数罪并罚。

抢劫罪与寻衅滋事罪的区别。寻衅滋事罪是严重扰乱社会秩序的犯罪,行为人实施寻衅滋事的行为时,客观上也可能表现为强拿硬要公私财物的特征。这种强拿硬要的行为与抢劫罪的区别在于:前者行为人主观上还具有逞强好胜和通过强拿硬要来填补其精神空虚等目的,后者行为人一般只具有非法占有他人财物的目的;前者行为人客观上一般不以严重侵犯他人人身权利的方法强拿硬要财物,而后者行为人则以暴力、胁迫等方式作为劫取他人财物的手段。

还应注意抢劫罪与绑架罪的区别。绑架罪是侵害他人人身自由权利的犯罪,其与抢劫罪的区别在于:第一,主观方面不尽相同。抢劫罪中,行为人一般出于非法占有他人财物的故意实施抢劫行为,绑架罪中,行为人既可能为勒索他人财物而实施绑架行为,也可能出于其他非经济目的实施绑架行为。第二,行为手段不尽相同。抢劫罪表现为行为人劫取财物一般应在同一时间、同一地点,具有"当场性";绑架罪表现为行为人以杀害、伤害等方式向被绑架人的亲属或其他人或单位发出威胁,索取赎金或提出其他非法要求,劫取财物一般不具有"当场性"。

关联法规

《最高人民法院关于审理抢劫案件具体应用法律若干问题的解释》

《最高人民法院关于审理抢劫刑事案件适用法律若干问题的指导意见》

第二百六十四条　【盗窃罪】盗窃公私财物,数额较大的,或者多次盗窃、入户盗窃、携带凶器盗窃、扒窃的,处三年以下有期徒刑、拘役或者管制,并处或者单处罚金;数额巨大或者有其他严重情节的,处三年以上十年以下有期徒刑,并处罚金;数额特别巨大或者有其他特别严重情节的,处十年以上有期徒刑或者无期徒刑,并处罚金或者没收财产。

条文注释

盗窃罪是指以非法占有为目的，窃取数额较大的财物或者多次盗窃财物的行为。本罪的客观方面表现为：(1)行为对象是财物，包括有体物与无体物。根据《刑法》第196条、第210条和第265条的规定，盗窃信用卡并使用的；盗窃增值税专用发票或者可以用于骗取出口退税、抵扣税款的其他发票的；以牟利为目的，盗窃他人通信线路、复制他人电信号码或者明知是盗接、复制的电信设备、设施而使用的，以盗窃罪定罪处罚。(2)盗窃罪的行为是窃取他人占有的财物。窃取是违反被害人的意志，将他人占有的财物转移为自己或第三者(包括单位)占有。窃取是盗窃罪区别于抢劫、抢夺、诈骗、敲诈勒索等其他侵犯财产罪的主要标志。(3)窃取公私财物数额较大，或者多次窃取公私财物、入户盗窃、携带凶器盗窃、扒窃。多次盗窃未作处理的，应将数额累加计算。本罪主观方面为故意，且具有非法占有目的。误认为是自己占有所有的财物而取回的，不成立盗窃罪。

应当注意区分盗窃罪与其他犯罪的界限：1. 偷开他人机动车的，按照下列规定处理：(1)偷开机动车，导致车辆丢失的，以盗窃罪定罪处罚；(2)为盗窃其他财物，偷开机动车作为犯罪工具使用后非法占有车辆，或者将车辆遗弃导致丢失的，被盗车辆的价值计入盗窃数额；(3)为实施其他犯罪，偷开机动车作为犯罪工具使用后非法占有车辆，或者将车辆遗弃导致丢失的，以盗窃罪和其他犯罪数罪并罚；将车辆送回未造成丢失的，按照其所实施的其他犯罪从重处罚。2. 盗窃公私财物并造成财物损毁的，按照下列规定处理：(1)采用破坏性手段盗窃公私财物，造成其他财物损毁的，以盗窃罪从重处罚；同时构成盗窃罪和其他犯罪的，择一重罪从重处罚；(2)实施盗窃犯罪后，为掩盖罪行或者报复等，故意毁坏其他财物构成犯罪的，以盗窃罪和构成的其他犯罪数罪并罚；(3)盗窃行为未构成犯罪，但损毁财物构成其他犯罪的，以其他犯罪定罪处罚。

关联法规

《最高人民法院、最高人民检察院关于办理盗窃刑事案件适用法律若干问题的解释》

第二百六十五条　【盗窃罪】以牟利为目的，盗接他人通信线路、复制他人电信码号或者明知是盗接、复制的电信设备、设施而使用的，依照本法第二百六十四条的规定定罪处罚。

条文注释

本条对盗用电信码号、非法并机的犯罪行为作了专门规定。理解本条应注意以下几个方面：(1)行为人主观上必须以牟利为目的，这种牟利是广义的，既包括出租、出卖获取利润等行为，也包括无偿使用节省支出等牟取非法经济利益的行为。(2)行为人必须具有盗接他人通信线路、复制他人电信码号或者明知是盗接、盗窃复制的电信设备、设施而使用的行为之一，才可能构成本罪，如果行为人不知道自己使用的通信设备是盗接或者盗窃复制的，不构成犯罪。(3)盗用他人长途电话账号、移动电话码号造成的经济损失，必须达到数额较大，才能构成本罪。

关联法规

《最高人民法院关于审理扰乱电信市场管理秩序案件具体应用法律若干问题的解释》第7～10条

第二百六十六条　【诈骗罪】诈骗公私财物，数额较大的，处三年以下有期徒刑、拘役或者管制，并处或者单处罚金；数额巨大或者有其他严重情节的，处三年以上十年以下有期徒刑，并处罚金；数额特别巨大或者有其他特别严重情节的，处十年以上有期徒刑或者无期徒刑，并处罚金或者没收财产。本法另有规定的，依照规定。

条文注释

诈骗，是指虚构事实或隐瞒真相使被害人产生错误认识，并作出行为人所希望的财产处分。诈骗罪具有以下特征：(1)行为人主观上是出于故意，并且具有非法占有公私财物的目的；(2)行为人实施了诈骗行为，至于诈骗财物是归自己挥霍享用，还是转归第三人，都不影响本罪的成立；(3)欺骗行为使受骗人陷于认识错误而处分财产。此外，如果受骗人是幼儿、严重精神病患者，由于其不具有自我认识，当然没有陷于认识错误的可能，因此，骗取此类人的财物，不构成诈骗罪，而构成盗窃罪。

本条中所说的“本法另有规定的”，是指本法或者其他法律对某些特定的诈骗犯罪专门作了具体规定，如金融诈骗罪、合同诈骗罪等，对这些诈骗犯罪应当适用这些专门的规定，不适用本条。

实践中，还应注意区分盗窃罪与诈骗罪。在行为人实施的犯罪活动中既使用了欺骗手段，又使用了窃取手段的情况下，区分二者的关键在于行为人非法占有财物起主要作用的手段是什么。如果起主要作用的手段是欺骗，就应定诈骗罪；否则，应以盗窃罪论处。

关联法规

《全国人民代表大会常务委员会关于〈中华人民共和国刑法〉第二百六十六条的解释》

《最高人民法院、最高人民检察院关于办理诈骗刑事案件具体应用法律若干问题的解释》

第二百六十七条　【抢夺罪】抢夺公私财物，数额较大的，或者多次抢夺的，处三年以下有期徒刑、拘役或者管制，并处或者单处罚金；数额巨大或者有其他严重情节的，处三年以上十年以下有期徒刑，并处罚金；数额特别巨大或者有其他特别严重情节的，处十年以上有期徒刑或者无期徒刑，并处罚金或者没收财产。

携带凶器抢夺的，依照本法第二百六十三条的规定定罪处罚。

条文注释

抢夺，是指以非法占有为目的，公然夺取公私财物的行为。抢夺罪的主体是一般主体，具有以下特征：(1)行为人主观上具有非法占有公私财物的目的。(2)行为人客观上实施了夺取他人财物的行为，如趁本人不备夺取其财物等。抢夺罪以没有针对被害人人身使用暴力或者胁迫为前提，如果以针对人身使用暴力或者胁迫的方法夺取他人财物，应当以抢劫罪定罪处罚。(3)抢夺公私财物数额较大的，多次抢夺的，才构成犯罪。

本条第2款规定的“携带凶器抢夺”，是指行为人随身携带枪支、爆炸物、管制刀具等国家禁止个人携带的器械进行抢夺或者为了实施犯罪而携带其他器械进行抢夺的行为。行为人随身携带国家禁止个人携带的器械以外的其他器械抢夺，但有证据证明该器械确实不是为了实施犯罪准备的，不以抢劫罪定罪；行为人将随身携带凶器有意加以显示、能为被害人所察觉到的，直接适用《刑法》第263条的规定定罪处罚；行为人携带凶器抢夺后，在逃跑过程中为窝藏赃物、抗拒抓捕或者毁灭罪证而当场使用暴力或者以暴力相威胁的，适用《刑法》第267条第2款的规定定罪处罚。

应当注意划清抢夺罪与抢劫罪的界限，二者的区别在于行为人在夺取财物的过程中是否对被害人采取暴力、胁迫或者其他强制方法。需要注意的是，如果行为人随身携带凶器并在“抢夺”时将凶器有意加以显示，能为被害人察觉，会使被害人产生恐惧感或者精神强制，不敢进行反抗，实质上是一种胁迫行为，应当直接适用《刑法》关于抢劫罪的规定定罪处罚。此外，驾驶机动车、非机动车夺取他人财物，具有下列情形之一的，应当以抢劫罪定罪处罚：(1)夺取他人财物时因被害人不放手而强行夺取的；(2)驾驶车辆逼挤、撞击或者强行逼倒他人夺取财物的；(3)明知会致人伤亡仍然强行夺取并放任造成财物持有人轻伤以上后果的。

关联法规

《最高人民法院、最高人民检察院关于办理抢夺刑事案件适用法律若干问题的解释》

《最高人民法院关于审理抢劫、抢夺刑事案件适用法律若干问题的意见》

第二百六十八条　【聚众哄抢罪】聚众哄抢公私财物，数额较大或者有其他严重情节的，对首要分子和积极参加的，处三年以下有期徒刑、拘役或者管制，并处罚金；数额巨大或者有其他特别严重情节的，处三年以上十年以下有期徒刑，并处罚金。

条文注释

构成此罪，必须符合以下几个要件：(1)犯罪主体是聚众哄抢的首要分子和其他积极参加的人。这里的“首要分子”，是指在聚众哄抢中起组织、策划、指挥作用的人。“积极参加的人”，是指主动参与哄抢，在哄抢中起主要作用以及哄抢财物多的人。考虑到这类犯罪带有聚众性、盲目性，其中多数的参与者是在不明真相的情况下参加的，或者由于某种原因追随他人进行的，对这些参与者可以通过行政处罚手段和思想教育解决，一般不作为犯罪对待。因此本条规定，构成聚众哄抢罪的，必须是首要分子和积极参加的人。(2)在客观方面表现为纠集多人，采取哄闹、滋扰或者其他手段，公然夺取数额较大的公私财物。纠集多人是行为的主要特征。(3)行为人主观方面是出于故意，具有非法占有公私财物的目的。

第二百六十九条　【转化抢劫】犯盗窃、诈骗、抢夺罪，为窝藏赃物、抗拒抓捕或者毁灭罪证而当场使用暴力或者以暴力相威胁的，依照本法第二百六十三条的规定定罪处罚。

条文注释

根据本条规定，犯盗窃、诈骗、抢夺罪后，因使用暴力或者以暴力相威胁转化为抢劫罪必须符合以下三个条件：

1. 转化为抢劫罪的前提条件是行为人犯“盗窃、诈骗、抢夺罪”。2005年《最高人民法院关于审理抢劫、抢夺刑事案件适用法律若干问题的意见》对实践中转化抢劫的认定规定：行为人实施盗窃、诈骗、抢夺行为未达到“数额较大”，为窝藏赃物、抗拒抓捕或者毁灭罪证当场使用暴力或者以暴力相威胁，情节较轻、危害不大的，一般不以犯罪论处，但具有下列情节之一的，可以抢劫罪定罪处罚：(1)盗窃、诈骗、抢夺接近“数额较大”标准的；(2)入户或在公共交通工具上盗窃、诈骗、抢夺后在户外或交通工具外实施上述行为的；(3)使用暴力致人轻微伤以上后果的；(4)使用凶器或以凶器相威胁的；(5)具有其他严重情节的。

2. 必须具有“窝藏赃物、抗拒抓捕或者毁灭罪证”的目的。“窝藏赃物”，是指转移、隐匿盗窃、诈骗、抢夺所得到的公私财物的行为。“抗拒抓捕”，是指犯罪分子抗拒司法机关依法对其采取的拘留、逮捕等强制措施，以及在犯罪时或者犯罪后被及时发现，抗拒群众将其扭送到司法机关的行为。“毁灭罪证”，是指犯罪分子为逃避罪责，消灭作案现场遗留的痕迹、物品以及销毁可以证明其罪行的各种证据。

3. 必须是“当场使用暴力或者以暴力相威胁”的行为。这里所谓的“当场”，一般是指实施盗窃、诈骗、抢夺犯罪行为的作案现场。如果犯罪分子在逃离现场时被人发现，在受到追捕或者围堵的情况下使用暴力的，也应视为当场使用暴力。如果犯罪分子作案时没有被及时发现，而是在其他时间、地点被发现，在抓捕过程中行凶拒捕或者在事后为掩盖罪行而杀人灭口的，不适用本条规定，应依其行为所触犯的罪名定罪。“使用暴力或者以暴力相威胁”，是指犯罪分子对他人故意实施撞击、殴打、伤害等危及人体健康和生命安全的行为或者以立即实施这些行为相威胁。

第二百七十条　【侵占罪】将代为保管的他人财物非法占为己有，数额较大，拒不退还的，处二年以下有期徒刑、拘役或者罚金；数额巨大或者有其他严重情节的，处二年以上五年以下有期徒刑，并处罚金。

将他人的遗忘物或者埋藏物非法占为己有，数额较大，拒不交出的，依照前款的规定处罚。

本条罪，告诉的才处理。

条文注释

本条实际上分为两种情况：

第1款是关于将代为保管的他人财物非法占为己有的犯罪的规定。构成本罪必须符合三个条件：(1)行为人因代为保管他人财物而将他人财物非法占有。这里所说的“保管”，主要是指基于委托合同关系，或者根据事实上的管理，以及因习惯而成立的委托、信任关系所拥有的对他人财物的持有、管理的权利。这种保管必须是合法的，如果不是合法的保管，而是使用盗窃、抢夺、诈骗、敲诈勒索等手段占有他人财物，则构成别的犯罪。行为人基于委托合同关系，或者根据事实上的管理，以及因习惯而成立的委托、信任关系而拥有的对他人财物的持有和管理权，是构成本罪的前提条件。(2)行为人主观上以非法占为己有为目的。如果行为人不是意图非法占为己有,而是由于对某一合同或者事实认识上的错误,或者因为过失而将其保管的他人财物占为己有,不能构成本罪。(3)行为人实施了将他人财物非法占为己有,拒不退还的行为,且非法占有的财物数额达到较大以上。

第2款是将他人的遗忘物或者埋藏物非法占为己有的犯罪的规定。构成本罪也必须符合三个条件:(1)行为人主观上必须是故意,且以非法占有为目的。这里所说的非法占有的目的,是指行为人在没有法律根据的情况下,具有排除权利人的利益,自行侵吞、占有、使用、处分公私财产,以在经济上取得同财产所有人同等权利的主观心理态度。(2)行为人实施了将他人的遗忘物或者埋藏物非法占为己有,数额较大,且拒不交出的行为。"遗忘物",是指由于财产所有人、占有人的疏忽,遗忘在某处的物品,其所有权属于遗忘该财物的公民个人或者单位。"埋藏物",是指所有权不明的埋藏于地下的财物、物品,其所有权依法属于国家所有。侵犯方式多种多样,如留作自用,擅自处理、隐瞒不报等。同时,在被人发现,经所有权人令其交出的情况下,仍拒绝交出。(3)行为人所侵占的埋藏物或者他人的遗忘物必须达到数额较大,否则不能构成犯罪。

第二百七十一条 【职务侵占罪】公司、企业或者其他单位的工作人员,利用职务上的便利,将本单位财物非法占为己有,数额较大的,处三年以下有期徒刑或者拘役,并处罚金;数额巨大的,处三年以上十年以下有期徒刑,并处罚金;数额特别巨大的,处十年以上有期徒刑或者无期徒刑,并处罚金。

【贪污罪】国有公司、企业或者其他国有单位中从事公务的人员和国有公司、企业或者其他国有单位委派到非国有公司、企业以及其他单位从事公务的人员有前款行为的,依照本法第三百八十二条、第三百八十三条的规定定罪处罚。

条文注释

应注意职务侵占罪与侵占罪的区别:(1)犯罪主体不同。前罪主体为公司、企业或者其他单位中不具有国家工作人员身份的人;后罪主体为一般主体。(2)犯罪对象不同。前罪的对象为行为人所在单位的财物;后罪的对象则是代为保管的他人财物或他人的遗忘物、埋藏物。(3)犯罪的客观表现不同。前罪表现为利用职务上的便利将本单位财物据为已有;后罪则与行为人的职务无关。本条规定的"公司、企业或者其他单位的工作人员"不包括国家工作人员,后者有利用职务便利侵占本单位财物行为的,应以贪污罪论处。

关于审理贪污罪、职务侵占罪案件如何认定共同犯罪的问题,《最高人民法院关于审理贪污、职务侵占案件如何认定共同犯罪几个问题的解释》规定:(1)行为人与国家工作人员勾结,利用国家工作人员的职务便利,共同侵吞、窃取、骗取或者以其他手段非法占有公共财物的,以贪污罪共犯论处。(2)行为人与公司、企业或者其他单位的人员勾结,利用公司、企业或者其他单位人员的职务便利,共同将该单位财物非法占为已有,数额较大的,以职务侵占罪共犯论处。(3)公司、企业或者其他单位中,不具有国家工作人员身份的人与国家工作人员勾结,分别利用各自的职务便利,共同将本单位财物非法占为已有的,按照主犯的犯罪性质定罪。

此外,关于一些特殊主体的定罪问题,应注意以下两点:(1)对村民小组组长利用职务上的便利,将村民小组集体财产非法占为已有,数额较大的行为,应当依照本条第1款的规定,以职务侵占罪定罪处罚。(2)在国有资本控股、参股的股份有限公司中从事管理工作的人员,除受国家机关、国有公司、企业、事业单位委派从事公务的以外,不属于国家工作人员。对其利用职务上的便利,将本单位财物非法占为已有,数额较大的,应当依照本条第1款的规定,以职务侵占罪定罪处罚。

第二百七十二条 【挪用资金罪】公司、企业或者其他单位的工作人员,利用职务上的便利,挪用本单位资金归个人使用或者借贷给他人,数额较大、超过三个月未还的,或者虽未超过三个月,但数额较大、进行营利活动的,或者进行非法活动的,处三年以下有期徒刑或者拘役;挪用本单位资金数额巨大的,处三年以上七年以下有期徒刑;数额特别巨大的,处七年以上有期徒刑。

【挪用公款罪】国有公司、企业或者其他国有单位中从事公务的人员和国有公司、企业或者其他国有单位委派到非国有公司、企业以及其他单位从事公务的人员有前款行为的,依照本法第三百八十四条的规定定罪处罚。

有第一款行为,在提起公诉前将挪用的资金退还的,可以从轻或者减轻处罚。其中,犯罪较轻的,可以减轻或者免除处罚。

条文注释

构成挪用资金罪,必须符合以下条件:1. 行为人必须是公司、企业或者其他单位的工作人员。国有公司、企业或者其他国有单位中从事公务的人员和国有公司、企业或者其他国有单位委派到非国有公司、企业以及其他单位从事公务的人员不能构成本罪。2. 行为人实施了挪用本单位资金的行为。对挪用本单位资金的行为规定了以下几种情况:(1)挪用本单位资金归个人使用或者借贷给他人,数额较大、超过3个月未还的。这是指公司、企业或者其他单位的非国家工作人员,利用职务上的便利,挪用本单位资金归本人或者其他自然人使用,或者挪用人以个人名义将所挪用的资金借给其他自然人和单位。超过3个月未还,是指挪用资金的时间已经超过3个月并且未归还。(2)挪用本单位资金归个人使用或者借贷给他人,数额较大、进行营利活动的。"进行营利活动",是指用所挪用的资金进行经营或者其他获取利润的行为,至于其是否实际获得利益不影响本罪的成立。(3)挪用本单位资金归个人使用或者借贷给他人,进行非法活动的。这里的"非法活动"是广义的,既包括一般的违法行为,如赌博、嫖娼,也包括犯罪行为,如走私、贩毒等。(4)挪用本单位资金数额巨大,或者数额较大不退还的。这里所称"不退还",是指案发后仍未退还或者无法退还。3. 行为人主观上必须是故意。至于出于何种动机,不影响本罪的成立。

此外,关于一些特殊主体的定罪问题,应注意以下两点:(1)对于受国家机关、国有公司、企业、事业单位、人民团体委托,管理、经营国有财产的非国家工作人员,利用职务上的便利,挪用国有资金归个人使用构成犯罪的,应当依照本条第1款的规定定罪处罚。(2)筹建公司的工作人员在公司登记注册前,利用职务上的便利,挪用准备设立的公司在银行开设的临时账户上的资金,归个人使用或者借贷给他人,数额较大、超过3个月未还的,或者虽未超过3个月,但数额较大、进行营利活动的,或者进行非法活动的,应当根据本条的规定,追究刑事责任。即视主体的不同分别定挪用资金罪和挪用公款罪。

第二百七十三条 【挪用特定款物罪】挪用用于救灾、抢险、防汛、优抚、扶贫、移民、救济款物,情节严重,致使国家和人民群众利益遭受重大损害的,对直接责任人员,处三年以下有期徒刑或者拘役;情节特别严重的,处三年以上七年以下有期徒刑。

条文注释

正确适用本罪需要与挪用资金罪相区别:(1)行为对象不同,挪用资金罪的对象为本单位的资金,而本罪的对象为特定款物;(2)用途不同,挪用特定款物罪挪用的款物只能是用于救灾、抢险、防汛、优抚、扶贫、移民、救济的特定专项款物。

应注意以下两个问题:(1)挪用失业保险基金和下岗职工基本生活保障资金属于挪用救济款物。挪用失业保险基金和下岗职工基本生活保障资金,情节严重,致使国家和人民群众利益遭受重大损害的,对直接责任人员,应当以挪用特定款物罪追究刑事责任;国家工作人员利用职务上的便利,挪用失业保险基金和下岗职工基本生活保障资金归个人使用,构成犯罪的,应当依照《刑法》第384条的规定,以挪用公款罪追究刑事责任。(2)用于预防、控制突发传染病疫情等灾害的款物,应分情况:其一,贪污、侵占用于预防、控制突发传染病疫情等灾害的款物或者挪用归个人使用,构成犯罪的,分别依照《刑法》第382条、第383条、第271条、第384条、第272条的规定,以贪污罪、职务侵占罪、挪用公款罪、挪用资金罪定罪,依法从重处罚。其二,挪用用于预防、控制突发传染病疫情等灾害的救灾、优抚、救济等款物,构成犯罪的,对直接责任人员,以挪用特定款物罪定罪处罚。

第二百七十四条 【敲诈勒索罪】敲诈勒索公私财物,数额较大或者多次敲诈勒索的,处三年以下有期徒刑、拘役或者管制,并处或者单处罚金;数额巨大或者有其他严重情节的,处三年以上十年以下有期徒刑,并处罚金;数额特别巨大或者有其他特别严重情节的,处十年以上有期徒刑,并处罚金。

条文注释

本罪是指行为人对被害人实施威胁或要挟的方法,迫使其交付数额较大的财物或者多次敲诈勒索的行为。威胁或要挟方法,是指对公私财物所有者、保管者给予精神上的强制,造成其心理上一定程度的恐惧,以至于不敢反抗。敲诈勒索的行为人所实施的威胁和要挟,其内容可能涉及被害人的诸方面利益,包括合法利益与非法利益。通常表现为:以在一定时间或者条件下,对被害人及其亲属的人身暴力的威胁;以毁坏被害人人格、名誉相威胁;以毁坏财物相威胁;以揭发被害人的隐私或弱点相威胁、要挟;以其他方法进行威胁,如利用栽赃陷害相威胁、要挟等。

应注意以下两个问题:(1)区分敲诈勒索罪和抢劫罪的界限。由于以暴力相威胁是敲诈勒索的手段,也是胁迫性抢劫罪的手段,因此二者容易混淆。敲诈勒索罪的威胁行为仅使被害人产生畏惧心理,被害人尚有相当程度的意志自由,还有延缓的余地;而在抢劫罪中,被害人的人身安全受到现实的威胁,已没有延缓的余地。(2)区分敲诈勒索罪与绑架罪的界限。以扣押人质的方式勒索财物的,是绑架罪;声称绑架人质,实际上并未实施,勒索他人财物的,是敲诈勒索行为。

关联法规

《最高人民法院、最高人民检察院关于办理敲诈勒索刑事案件适用法律若干问题的解释》

第二百七十五条 【故意毁坏财物罪】故意毁坏公私财物,数额较大或者有其他严重情节的,处三年以下有期徒刑、拘役或者罚金;数额巨大或者有其他特别严重情节的,处三年以上七年以下有期徒刑。

条文注释

构成故意毁坏财物罪,必须符合下列条件:(1)故意毁坏财物罪主观上必须是故意,包括直接故意和间接故意,同时,犯罪目的只是毁坏公私财物,不具有非法占有的目的,这也是本罪与其他侵犯财产罪的本质区别。过失毁坏公私财物的,不构成本罪。(2)行为人客观上实施了故意毁坏公私财物数额较大或者有其他严重情节的行为。所采用的方式主要是毁灭和损坏。如果用放火、爆炸等危险方法毁坏公私财物,而且足以危及公共安全的,则应以放火罪、爆炸罪等危害公共安全罪论处。同时,故意毁坏公私财物必须达到数额较大或者有其他严重情节的程度。如果情节轻微或者数额较小,不构成犯罪。(3)本罪侵犯的客体是公私财物所有权,侵犯对象是各种公私财物。但是破坏某些特定的公私财物,侵犯了其他客体,则不能以毁坏财物罪论处。例如,故意毁坏使用中的交通设备、交通工具、电力煤气易燃易爆设备,危害公共安全的,以危害公共安全罪中的有关犯罪论处;故意毁坏机器设备、残害耕畜,破坏生产经营的,以破坏生产经营罪论处。但是,故意破坏正在使用中的公用电信设施尚未危害公共安全,或者故意毁坏尚未投入使用的公用电信设施,造成财产损失,构成犯罪的,以故意毁坏财物罪定罪处罚。

关联法规

《最高人民法院关于审理破坏公用电信设施刑事案件具体应用法律若干问题的解释》第3条

第二百七十六条　【破坏生产经营罪】由于泄愤报复或者其他个人目的，毁坏机器设备、残害耕畜或者以其他方法破坏生产经营的，处三年以下有期徒刑、拘役或者管制；情节严重的，处三年以上七年以下有期徒刑。

第二百七十六条之一　【拒不支付劳动报酬罪】以转移财产、逃匿等方法逃避支付劳动者的劳动报酬或者有能力支付而不支付劳动者的劳动报酬，数额较大，经政府有关部门责令支付仍不支付的，处三年以下有期徒刑或者拘役，并处或者单处罚金；造成严重后果的，处三年以上七年以下有期徒刑，并处罚金。

单位犯前款罪的，对单位判处罚金，并对其直接负责的主管人员和其他直接责任人员，依照前款的规定处罚。

有前两款行为，尚未造成严重后果，在提起公诉前支付劳动者的劳动报酬，并依法承担相应赔偿责任的，可以减轻或者免除处罚。

条文注释

拒不支付劳动报酬罪的客观方面表现为两种情形：(1)以转移财产、逃匿等方法逃避支付劳动者的劳动报酬。“转移财产”就是通过无偿赠与、恶意低价转让、过户登记等方式，将本来属于自己名下的财产转到他人名下。(2)有能力支付而不支付劳动者的报酬，数额较大，经政府有关部门责令支付仍不支付。如果数额未达到较大，或者未经政府有关部门责令支付，又或者经政府有关部门责令支付而支付的，都不构成本罪。对于有恶意不支付劳动者劳动报酬行为的，尚未造成严重后果，在提起公诉前支付劳动者的劳动报酬，并依法承担相应赔偿责任的，可以减轻或者免除处罚。

关联法规

《最高人民法院关于审理拒不支付劳动报酬刑事案件适用法律若干问题的解释》

第六章 妨害社会管理秩序罪

第一节 扰乱公共秩序罪

第二百七十七条 【妨害公务罪】以暴力、威胁方法阻碍国家机关工作人员依法执行职务的,处三年以下有期徒刑、拘役、管制或者罚金。

以暴力、威胁方法阻碍全国人民代表大会和地方各级人民代表大会代表依法执行代表职务的,依照前款的规定处罚。

在自然灾害和突发事件中,以暴力、威胁方法阻碍红十字会工作人员依法履行职责的,依照第一款的规定处罚。

故意阻碍国家安全机关、公安机关依法执行国家安全工作任务,未使用暴力、威胁方法,造成严重后果的,依照第一款的规定处罚。

【袭警罪】暴力袭击正在依法执行职务的人民警察的,处三年以下有期徒刑、拘役或者管制;使用枪支、管制刀具,或者以驾驶机动车撞击等手段,严重危及其人身安全的,处三年以上七年以下有期徒刑。

条文注释

本条的"暴力",是指对国家机关工作人员的身体实行打击或者强制,如捆绑、殴打、伤害;"威胁",是指以杀害、伤害、毁坏财产、损坏名誉等相威胁。构成本罪,行为人必须是采取暴力、威胁的方法,如果行为人没有实施暴力、威胁的阻碍行为,只是吵闹、谩骂、不服管理等,不构成犯罪,可以依法进行治安管理处罚。"阻碍国家机关工作人员依法执行职务",是指以暴力、威胁方法阻挠、妨碍国家机关工作人员依照法律规定执行自己的职务,致使依法执行职务的活动无法正常进行。其中,"国家机关工作人员",是指中央及地方各级权力机关、党政机关、司法机关和军事机关的工作人员;"依法执行职务",是指国家机关工作人员依照法律、法规规定所进行的职务活动。如果阻碍的不是国家机关工作人员的活动,或者不是职务活动,或者不是依法进行的职务活动,都不构成本罪。还应注意,对于以暴力、威胁方法阻碍国有事业单位人员依照法律、行政法规的规定执行行政执法职务的,或者以暴力、威胁方法阻碍国家机关中受委托从事行政执法活动的事业编制人员执行行政执法职务的,可以对侵害人以妨害公务罪追究刑事责任。

本条第4款是关于故意阻碍国家安全机关、公安机关依法执行国家安全工作任务的,构成妨害公务罪及其处刑的规定。根据本款规定,构成本罪主要应当具备以下几个条件:(1)实施了故意阻碍行为。"故意阻碍",是指明知国家安全机关、公安机关正在依法执行国家安全工作任务,而进行阻挠、妨害。(2)行为人阻碍的是国家安全机关、公安机关依法执行国家安全工作任务。如果阻碍的不是上述两个机关或者上述两个机关执行的不是国家安全工作任务,则不构成本款犯罪。(3)本罪不要求以使用暴力、威胁方法为条件。主要是考虑到国家安全工作的重要性,对造成严重后果的,只要是实施故意阻碍行为,尽管未使用暴力、威胁方法,也要追究刑事责任。(4)造成严重后果。"严重后果",主要是指致使国家安全机关、公安机关执行国家安全工作任务受到严重妨害,如严重妨害对危害国家安全犯罪案件的侦破,或者造成严重的政治影响。

本条第5款是关于暴力袭击正在依法执行职务的人民警察及其处罚的规定。《刑法修正案(十一)》对暴力袭警行为进行单独处罪,不再依第1款规定从重处罚。构成本款犯罪应当具备以下条件:(1)必须是实施了暴力袭击行为,如果行为人实施的不是暴力袭击行为而是威胁、辱骂等其他行为,则不构成本款犯罪,对于构成一般妨害公务犯罪的,可依照第1款的规定处罚。(2)暴力袭击的对象必须是正在依法执行职务的人民警察,如果行为人袭击的对象不是人民警察而是其他国家机关工作人员,或者袭击的人民警察不是正在依法执行职务,都不构成本款犯罪,对于袭击其他依法执行职务的国家机关工作人员,构成妨害公务罪的,依照第1款规定处罚。

第二百七十八条 【煽动暴力抗拒法律实施罪】煽动群众暴力抗拒国家法律、行政法规实施的，处三年以下有期徒刑、拘役、管制或者剥夺政治权利；造成严重后果的，处三年以上七年以下有期徒刑。

条文注释

本条规定的犯罪，煽动的内容必须是试图使群众使用暴力手段来抗拒国家法律的实施，如果不是鼓动群众使用暴力抗拒，不构成本罪。行为人只要实施了煽动的行为，就可能足以扰乱社会秩序，有很大的社会危害性，就可以构成本罪，至于群众是否听信，是否造成了实际危害后果，不影响本罪的成立。

第二百七十九条 【招摇撞骗罪】冒充国家机关工作人员招摇撞骗的，处三年以下有期徒刑、拘役、管制或者剥夺政治权利；情节严重的，处三年以上十年以下有期徒刑。

冒充人民警察招摇撞骗的，依照前款的规定从重处罚。

条文注释

实践中，应当注意区分招摇撞骗罪与诈骗罪的界限：诈骗罪骗取的对象只限于公私财物，并且要求财物达到一定的数额，侵害的是公私合法财产利益；招摇撞骗罪骗取的对象主要不是财产，而是财产以外的其他利益，如地位、待遇，侵害的主要是国家机关的威信和形象。如果行为人冒充国家机关工作人员是为了骗取财物，则应当以诈骗罪处罚。

第二百八十条 【伪造、变造、买卖国家机关公文、证件、印章罪；盗窃、抢夺、毁灭国家机关公文、证件、印章罪】伪造、变造、买卖或者盗窃、抢夺、毁灭国家机关的公文、证件、印章的，处三年以下有期徒刑、拘役、管制或者剥夺政治权利，并处罚金；情节严重的，处三年以上十年以下有期徒刑，并处罚金。

【伪造公司、企业、事业单位、人民团体印章罪】伪造公司、企业、事业单位、人民团体的印章的，处三年以下有期徒刑、拘役、管制或者剥夺政治权利，并处罚金。

【伪造、变造、买卖身份证件罪】伪造、变造、买卖居民身份证、护照、社会保障卡、驾驶证等依法可以用于证明身份的证件的，处三年以下有期徒刑、拘役、管制或者剥夺政治权利，并处罚金；情节严重的，处三年以上七年以下有期徒刑，并处罚金。

条文注释

本条第1款是关于妨害国家机关公文、证件、印章管理犯罪的规定。构成本款规定的犯罪需具备以下条件：(1)行为人在主观上是出于故意，至于行为人出于何种动机不影响本罪成立。(2)行为人在客观上实施了伪造、变造、买卖或者盗窃、抢夺、毁灭国家机关公文、证件、印章的行为。本款规定的"国家机关"，是指各级国家权力机关、党政机关、司法机关、军事机关。本款规定的犯罪行为侵害的对象，是国家机关公文、证件、印章。本款规定的"伪造"，是指没有制作权的人，冒用名义，非法制作国家机关的公文、证件、印章的行为；"变造"，是指用涂改、擦消、拼接等方法，对真实的公文、证件、印章进行改制，变更其原来真实内容的行为；"买卖"，是指非法购买或者出售国家机关公文、证件、印章的行为；"盗窃"，是指秘密窃取国家机关公文、证件、印章的行为；"抢夺"，是指趁保管或者经手人员不备，公然非法夺取国家机关公文、证件、印章的行为；"毁灭"，是指以烧毁、撕烂、砸碎或者其他方法，故意损毁国家机关公文、证件、印章，使其完全毁灭或者失去效用的行为。本款规定的以上几种妨害国家机关公文、证件、印章管理的犯罪行为，行为人可能只实施其中一种，也可能实施几种，行为人只要实施了上述行为之一就构成犯罪。

本条第3款是关于伪造、变造、买卖居民身份证、护照、社会保障卡、驾驶证等依法可以用于证明身份的证件犯罪的规定。构成本款规定的犯罪须具备以下条件：(1)行为人在主观上是出于故意，至于行为人出于何种动机不影响本罪成立。(2)行为人客观上实施了伪造、变造、买卖居民身份证、护照、社会保障卡、驾驶证等依法可以用于证明身份的证件的行为。此外，买卖居民身份证、护照、社会保障卡、驾驶证，既包括买卖真证，也包括买卖伪造、变造的证件，这也适用于本条第1款，即无论买卖的是真证还是假证，都属于《刑法》规定的买卖国家机关公文、证件、印章犯罪。

关联法规

《全国人民代表大会常务委员会关于惩治骗购外汇、逃汇和非法买卖外汇犯罪的决定》第2条

第二百八十条之一 【使用虚假身份证件、盗用身份证件罪】在依照国家规定应当提供身份证明的活动中，使用伪造、变造的或者盗用他人的居民身份证、护照、社会保障卡、驾驶证等依法可以用于证明身份的证件，情节严重的，处拘役或者管制，并处或者单处罚金。

有前款行为，同时构成其他犯罪的，依照处罚较重的规定定罪处罚。

条文注释

本条第1款是关于使用伪造、变造的或者盗用他人的居民身份证、护照、社会保障卡、驾驶证等依法可以用于证明身份的证件的处罚规定。构成本款规定的犯罪需要具备以下条件：1. 行为人在主观上是故意，至于行为人出于何种动机不影响本罪成立。这包括两种情形：(1)行为人明知这些身份证件是伪造、变造的或者可能是变造、伪造的，仍然予以使用；(2)行为人明知是他人的身份证件，仍然盗用他人名义予以使用。2. 行为人客观上在依照国家规定应当提供身份证明的活动中，实施了使用伪造、变造的或者盗用他人的居民身份证、护照、社会保障卡、驾驶证等依法可以用于证明身份的证件的行为。这里的"盗用"，是指盗用他人名义，使用他人的居民身份证、护照、社会保障卡、驾驶证等依法可以用于证明身份的证件的行为。盗用的一般是他人真实的身份证件，包括捡到他人的身份证件后冒用，购买他人的身份证件后冒用，盗窃他人的身份证件后冒用，等等。3. 情节严重。这里给该罪名设定了入罪门槛，只有情节严重的才能构成本罪，情节一般，危害不大的，不作为犯罪。

本条第2款规定的行为往往是行为人实施相关犯罪的手段，行为人的行为同时符合本款规定的犯罪和相关犯罪。这种情况下，根据本款规定，对行为人应当依照处罚较重的规定定罪处罚。例如，根据2014年4月24日《全国人民代表大会常务委员会关于〈中华人民共和国刑法〉第二百六十六条的解释》的规定，行为人以欺诈、伪造证明材料或者其他手段骗取养老、医疗、工伤、失业、生育等社会保险金或者其他社会保障待遇的行为，属于第266条规定的诈骗公私财物的行为。该解释中所明确列举的诈骗手段就包括使用伪造、变造的或者盗用他人的社会保障卡、居民身份证的行为。在这种情况下，如果行为人的行为构成本款规定的犯罪，又构成诈骗罪的，应当择一重罪定罪处罚。

第二百八十条之二　【冒名顶替罪】盗用、冒用他人身份，顶替他人取得的高等学历教育入学资格、公务员录用资格、就业安置待遇的，处三年以下有期徒刑、拘役或者管制，并处罚金。

组织、指使他人实施前款行为的，依照前款的规定从重处罚。

国家工作人员有前两款行为，又构成其他犯罪的，依照数罪并罚的规定处罚。

条文注释

本条是《刑法修正案（十一）》新增的罪名，规定的是冒名顶替犯罪。需要注意的是，根据本条的规定，应受本条规制的顶替行为的顶替范围为他人的取得高等学历入学资格、公务员录用资格、就业安置待遇。

第二百八十一条　【非法生产、买卖警用装备罪】非法生产、买卖人民警察制式服装、车辆号牌等专用标志、警械，情节严重的，处三年以下有期徒刑、拘役或者管制，并处或者单处罚金。

单位犯前款罪的，对单位判处罚金，并对其直接负责的主管人员和其他直接责任人员，依照前款的规定处罚。

第二百八十二条　【非法获取国家秘密罪】以窃取、刺探、收买方法，非法获取国家秘密的，处三年以下有期徒刑、拘役、管制或者剥夺政治权利；情节严重的，处三年以上七年以下有期徒刑。

【非法持有国家绝密、机密文件、资料、物品罪】非法持有属于国家绝密、机密的文件、资料或者其他物品，拒不说明来源与用途的，处三年以下有期徒刑、拘役或者管制。

条文注释

第282条应当注意两个问题：(1)有本条第1款规定的非法获取国家秘密的犯罪行为，如果行为人窃取、刺探、收买情报是为了提供给境外的机构、组织、人员的，应当以为境外机构、组织、人员窃取、刺探国家秘密罪定罪处罚。(2)在认定本条第2款规定的非法持有属于国家绝密、机密的文件、资料或者其他物品犯罪时，应当首先查清行为人的行为是否构成非法获取国家秘密等犯罪。

第二百八十三条　【非法生产、销售专用间谍器材、窃听、窃照专用器材罪】非法生产、销售专用间谍器材或者窃听、窃照专用器材的，处三年以下有期徒刑、拘役或者管制，并处或者单处罚金；情节严重的，处三年以上七年以下有期徒刑，并处罚金。

单位犯前款罪的，对单位判处罚金，并对其直接负责的主管人员和其他直接责任人员，依照前款的规定处罚。

第二百八十四条　【非法使用窃听、窃照专用器材罪】非法使用窃听、窃照专用器材，造成严重后果的，处二年以下有期徒刑、拘役或者管制。

第二百八十四条之一　【组织考试作弊罪】在法律规定的国家考试中，组织作弊的，处三年以下有期徒刑或者拘役，并处或者单处罚金；情节严重的，处三年以上七年以下有期徒刑，并处罚金。

为他人实施前款犯罪提供作弊器材或者其他帮助的，依照前款的规定处罚。

【非法出售、提供试题、答案罪】为实施考试作弊行为，向他人非法出售或者提供第一款规定的考试的试题、答案的，依照第一款的规定处罚。

【代替考试罪】代替他人或者让他人代替自己参加第一款规定的考试的,处拘役或者管制,并处或者单处罚金。

条文注释

关于组织考试作弊犯罪,应注意的是:(1)关于"组织作弊"的行为。根据本款规定,构成组织作弊的犯罪要求行为人客观上实施了"组织作弊"的行为。这里所说的"组织"作弊,即组织、指挥、策划进行考试作弊的行为,既包括构成犯罪集团的情况,也包括比较松散的犯罪团伙,还可以是个人组织他人进行作弊的情况;组织者既可以是一个人,也可以是多人;既可以有比较严密的组织结构,也可以是为了进行一次考试作弊行为临时纠结在一起;既包括组织一个考场内的考生作弊的简单形态,也包括组织大范围的集体作弊的复杂情形。"作弊"是指在考试中弄虚作假的行为,具体作弊方式花样很多,需要结合考试的具体情况确定。(2)关于考试的范围,本条对纳入组织考试作弊等犯罪予以刑事处罚的考试的范围作了限定,即仅限于依照法律规定举行的国家考试。包括中考、高考等学业考试,计算机等级考试等证书类考试,法律职业资格考试等资格类考试,等等。

本条第2款规定的帮助行为主要分为两大类:一是提供作弊器材。二是提供"其他帮助",包括进行无线作弊器材使用培训,窃取、出售考生信息,以及作弊网站的设立与维护等。本条第3款规定需要注意的是,行为人提供试题、答案的对象不限于组织作弊的团伙或个人,也包括参加考试的人员及其亲友,这一点不同于第2款规定的为组织考试作弊提供器材的犯罪。

还应注意作弊行为涉及其他犯罪的问题。这需要根据案件的具体情况,依照相关法律规定处理。对其中有的行为,可以依照《刑法》第253条之一出售、提供公民个人信息罪,第280条伪造、变造、买卖国家机关、公文、证件、印章罪,第282条非法获取国家秘密罪,第284条非法使用窃听、窃照专用器材罪,第288条扰乱无线电通讯管理秩序罪等规定追究刑事责任。对其中尚不构成犯罪的，可以依照《治安管理处罚法》的规定处理。

关联法规

《最高人民法院、最高人民检察院关于办理组织考试作弊等刑事案件适用法律若干问题的解释》

第二百八十五条 【非法侵入计算机信息系统罪】违反国家规定，侵入国家事务、国防建设、尖端科学技术领域的计算机信息系统的，处三年以下有期徒刑或者拘役。

【非法获取计算机信息系统数据、非法控制计算机信息系统罪】违反国家规定，侵入前款规定以外的计算机信息系统或者采用其他技术手段，获取该计算机信息系统中存储、处理或者传输的数据，或者对该计算机信息系统实施非法控制，情节严重的，处三年以下有期徒刑或者拘役，并处或者单处罚金；情节特别严重的，处三年以上七年以下有期徒刑，并处罚金。

【提供侵入、非法控制计算机信息系统程序、工具罪】提供专门用于侵入、非法控制计算机信息系统的程序、工具，或者明知他人实施侵入、非法控制计算机信息系统的违法犯罪行为而为其提供程序、工具，情节严重的，依照前款的规定处罚。

单位犯前三款罪的，对单位判处罚金，并对其直接负责的主管人员和其他直接责任人员，依照各该款的规定处罚。

条文注释

本条第1款规定，违反国家规定，侵入国家事务、国防建设、尖端科学技术领域的计算机信息系统的，不论其侵入的动机和目的如何，也不需要在侵入后又实施窃取信息、进行攻击等侵害行为，侵入行为本身即构成犯罪。本条第1款的规定，体现了对国家事务、国防建设、尖端科学技术领域的计算机信息系统安全的特殊保护。需要说明以下两点：(1)侵入国家事务、国防建设、尖端科学技术领域的计算机信息系统犯罪，只要行为人实施了侵入行为，即可构成；而本条第2款规定的犯罪，不仅要有侵入行为，还要有侵入计算机信息系统后从事非法获取计算机信息系统中的信息，或者对计算机信息系统实施非法控制的行为，仅实施侵入行为不构成本罪。(2)如果行为人侵入国家事务、国防建设、尖端科学技术领域的计算机信息系统后，从事非法获取这些计算机信息系统中存储、处理、传输的信息的，还可能构成窃取、刺探国家秘密罪、间谍罪等严重犯罪，应当依照处罚较重的相关犯罪追究刑事责任，而不再按照本条第1款的规定处罚。

本条第2款应注意"非法控制"的含义，其是指通过各种技术手段，使他人计算机信息系统处于其掌控之中，能够接受其发出的指令，完成相应的操作活动。例如，通过给他人计算机信息系统中植入"木马程序"对他人计算机信息系统加以控制，可以"指挥"被控制的计算机实施网络攻击等活动。"非法控制"包括对他人计算机实现完全控制，也包括只实现对他人计算机信息系统的部分控制，不论实际控制的程度如何，只要能够使他人计算机信息系统执行其发出的指令即可。非法控制他人计算机信息系统，只要求行为人采用侵入等技术手段对他人计算机进行了实际控制，行为人在对他人计算机信息系统加以控制的，即可构成犯罪，并不要求一定要实施进一步的侵害行为。如果行为人实施非法控制后，进一步实施其他危害行为，可能构成《刑法》规定的其他犯罪。这就需要司法机关根据案件的具体情况，选择适用相应的法律规定。

关联法规

《最高人民法院、最高人民检察院关于办理危害计算机信息系统安全刑事案件应用法律若干问题的解释》第1～3条

《最高人民法院关于审理危害军事通信刑事案件具体应用法律若干问题的解释》第6条

第二百八十六条 【破坏计算机信息系统罪】违反国家规定，对计算机信息系统功能进行删除、修改、增加、干扰，造成计算机信息系统不能正常运行，后果严重的，处五年以下有期徒刑或者拘役；后果特别严重的，处五年以上有期徒刑。

违反国家规定，对计算机信息系统中存储、处理或者传输的数据和应用程序进行删除、修改、增加的操作，后果严重的，依照前款的规定处罚。

故意制作、传播计算机病毒等破坏性程序，影响计算机系统正常运行，后果严重的，依照第一款的规定处罚。

单位犯前三款罪的，对单位判处罚金，并对其直接负责的主管人员和其他直接责任人员，依照第一款的规定处罚。

条文注释

本条与前条应注意共同犯罪和掩饰、隐瞒犯罪所得构成犯罪的问题：1. 明知他人实施《刑法》第285条、第286条规定的行为，具有下列情形之一的，应当认定为共同犯罪，依照该两条的规定处罚：(1)为其提供用于破坏计算机信息系统功能、数据或者应用程序的程序、工具，违法所得5000元以上或者提供10人次以上的；(2)为其提供互联网接入、服务器托管、网络存储空间、通讯传输通道、费用结算、交易服务、广告服务、技术培训、技术支持等帮助，违法所得5000元以上的；(3)通过委托推广软件、投放广告等方式向其提供资金5000元以上的。2. 明知是非法获取计算机信息系统数据犯罪所获取的数据、非法控制计算机信息系统犯罪所获取的计算机信息系统控制权，而予以转移、收购、代为销售或者以其他方法掩饰、隐瞒，违法所得5000元以上的，应当依照《刑法》第312条第1款的规定，以掩饰、隐瞒犯罪所得罪定罪处罚。

关联法规

《最高人民法院、最高人民检察院关于办理危害计算机信息系统安全刑事案件应用法律若干问题的解释》第4～6、8、9条

第二百八十六条之一 【**拒不履行信息网络安全管理义务罪**】网络服务提供者不履行法律、行政法规规定的信息网络安全管理义务，经监管部门责令采取改正措施而拒不改正，有下列情形之一的，处三年以下有期徒刑、拘役或者管制，并处或者单处罚金：

(一)致使违法信息大量传播的;

(二)致使用户信息泄露,造成严重后果的;

(三)致使刑事案件证据灭失,情节严重的;

(四)有其他严重情节的。

单位犯前款罪的,对单位判处罚金,并对其直接负责的主管人员和其他直接责任人员,依照前款的规定处罚。

有前两款行为,同时构成其他犯罪的,依照处罚较重的规定定罪处罚。

条文注释

本罪具有以下特征:1. 犯罪的主体是网络服务提供者,包括通过计算机互联网、广播电视网、固定通信网、移动通信网等信息网络,向公众提供网络服务的机构和个人。2. 犯罪客观方面,需要具备下列条件:(1)行为人不履行法律、行政法规规定的信息网络安全管理义务,如对违法信息及时发现、处置的义务、对网上信息和网络日志信息记录进行备份和留存的义务等。(2)行为人经监管部门责令改正而拒不改正。认定网络服务提供者是否“拒不改正”,应当考虑以下因素:①网络服务提供者是否收到监管部门提出的责令采取改正措施的要求;相关责令整改要求是否明确、具体。②网络服务提供者对监管部门提出的采取改正措施的要求,在主观上是否具有拖延或者拒绝执行的故意。③网络服务提供者是否具有依照监管部门提出的要求,采取相应改正措施的能力。对于确实因为资源、技术等条件限制,没有或者一时难以达到监管部门要求的,不能认定为是本款规定的“拒不改正”。(3)行为人拒不改正的行为导致特定危害后果的发生,如致使违法信息大量传播,或者致使用户信息泄露,造成严重后果,或者致使刑事案件证据灭失,情节严重,等等。

应注意的是,根据本条第3款的规定,网络服务提供者拒不履行安全管理义务的行为,根据其具体情况还可能构成《刑法》规定的其他犯罪,如第120条之三规定的宣扬恐怖主义、极端主义的犯罪,第

364 条规定的传播淫秽物品罪，第 398 条规定的故意或者过失泄露国家秘密罪，第 307 条规定的帮助毁灭、伪造证据罪，第 311 条规定的拒绝提供间谍犯罪、恐怖主义、极端主义犯罪证据罪等，对网络服务提供者不履行网络安全管理义务，构成前述或其他犯罪的，依照处罚较重的规定定罪处罚，即从一重罪定罪处罚。

第二百八十七条　【利用计算机实施犯罪的提示性规定】利用计算机实施金融诈骗、盗窃、贪污、挪用公款、窃取国家秘密或者其他犯罪的，依照本法有关规定定罪处罚。

第二百八十七条之一　【非法利用信息网络罪】利用信息网络实施下列行为之一，情节严重的，处三年以下有期徒刑或者拘役，并处或者单处罚金：

（一）设立用于实施诈骗、传授犯罪方法、制作或者销售违禁物品、管制物品等违法犯罪活动的网站、通讯群组的；

（二）发布有关制作或者销售毒品、枪支、淫秽物品等违禁物品、管制物品或者其他违法犯罪信息的；

（三）为实施诈骗等违法犯罪活动发布信息的。

单位犯前款罪的，对单位判处罚金，并对其直接负责的主管人员和其他直接责任人员，依照第一款的规定处罚。

有前两款行为，同时构成其他犯罪的，依照处罚较重的规定定罪处罚。

条文注释

第 287 条之一第 1 款分为三项对犯罪的行为方式作了规定：

1. 关于第 1 项行为，需要注意的是：(1) 行为人设立网站、通讯群组的目的是实施违法犯罪活动。如果行为人事后知道他人利用其设立的网站、通讯群组从事违法犯罪活动，而为其提供技术支持的，可以适用第 287 条之二的规定追究刑事责任。(2) 行为人设立违法犯罪网站、通讯群组，主要是从事诈骗、传授犯罪方法、制作或者销售违禁物品、管制物品，但并不限于法律明确列举的这几类违法犯罪活动。司法实践中如果行为人设立网站是为了实施其他违法犯罪行为的，也可以构成本罪。

2. 第2项行为是发布相关违法犯罪信息的行为。这里的违法犯罪信息主要是指制作、销售毒品、枪支、淫秽物品等违禁物品、管制物品的信息，但不限于这些信息，还有发布招嫖、销售假证或假发票、赌博、传销的信息等。与前项不同，本项规定的发布违法犯罪信息，其发布途径更为广泛，即不仅包括在网站、通讯群组中发布违法犯罪信息，还包括通过广播、电视等其他信息网络发布信息。

3. 为实施诈骗等违法犯罪活动发布信息。从行为方式上看，第2项和第3项都是发布信息，不同之处在于，第2项中行为人发布的信息本身具有明显的违法犯罪性质，如制作、销售毒品、淫秽物品等信息，而第3项中行为人发布的信息，从表面上看往往不具有违法性，但行为人发布信息的目的，是吸引他人关注，借以实施诈骗等违法犯罪活动，相关信息只是其从事犯罪的幌子。如通过发布低价机票、旅游产品、保健品等商品信息，吸引他人购买，进而实施诈骗、传销等违法犯罪行为。

本条规定的犯罪，是针对行为人为实施违法犯罪活动而设立网站、发布信息等行为作的规定。只要行为人实施了本条规定的行为，达到情节严重的程度的，即构成犯罪，并不要求行为人实际上已实现了其具体的犯罪目的。如果行为人设立网站、发布信息，并且实际实施了相关的犯罪行为，则还可能构成相关犯罪，如设立销售毒品的网站，发布销售毒品的信息，并且实际销售了毒品，则还构成贩卖毒品罪。这种情况下，其设立销售毒品网站的行为成为其实施贩毒活动的途径或手段，对这种情况，根据第3款的规定，应当按照择一重罪论处的原则处理，即依照处罚较重的规定定罪处罚。

第二百八十七条之二　【帮助信息网络犯罪活动罪】明知他人利用信息网络实施犯罪，为其犯罪提供互联网接入、服务器托管、网络存储、通讯传输等技术支持，或者提供广告推广、支付结算等帮助，情节严重的，处三年以下有期徒刑或者拘役，并处或者单处罚金。

单位犯前款罪的，对单位判处罚金，并对其直接负责的主管人员和其他直接责任人员，依照第一款的规定处罚。

有前两款行为，同时构成其他犯罪的，依照处罚较重的规定定罪处罚。

条文注释

构成为网络犯罪提供帮助的犯罪，应当具备以下条件：1. 行为人主观上明知他人利用网络实施犯罪。如果行为人对他人利用自己所提供的产品、服务进行犯罪不知情的，则不能依据本款的规定追究刑事责任。司法实践中，认定行为人主观上是否“明知”，可以结合其对他人所实际从事活动的认知情况，之间往来、联络的情况，收取费用的情况等证据，综合审查判断。2. 行为人实施了帮助他人利用信息网络实施犯罪的行为。帮助行为主要有以下几种具体形式：(1)为他人实施网络犯罪提供互联网接入、服务器托管、网络存储、通讯传输等技术支持。(2)为他人利用信息网络实施犯罪提供广告推广。这里的广告推广包括两种情况：一种情况是为利用网络实施犯罪的人做广告、拉客户。另一种情况是为他人设立的犯罪网站拉广告客户，帮助该犯罪网站获得广告收入，以支持犯罪网站的运营。(3)为他人利用信息网络实施犯罪提供支付结算帮助。

关联法规

《最高人民法院、最高人民检察院、公安部关于办理网络赌博犯罪案件适用法律若干问题的意见》二

第二百八十八条　【扰乱无线电通讯管理秩序罪】违反国家规定，擅自设置、使用无线电台(站)，或者擅自使用无线电频率，干扰无线电通讯秩序，情节严重的，处三年以下有期徒刑、拘役或者管制，并处或

者单处罚金;情节特别严重的,处三年以上七年以下有期徒刑,并处罚金。

单位犯前款罪的,对单位判处罚金,并对其直接负责的主管人员和其他直接责任人员,依照前款的规定处罚。

条文注释

具有下列情形之一的,应当认定为本条第1款规定的"擅自设置、使用无线电台(站),或者擅自使用无线电频率,干扰无线电通讯秩序":(1)未经批准设置无线电广播电台(即所谓"黑广播"),非法使用广播电视专用频段的频率的;(2)未经批准设置通信基站(即所谓"伪基站"),强行向不特定用户发送信息,非法使用公众移动通信频率的;(3)未经批准使用卫星无线电频率的;(4)非法设置、使用无线电干扰器的;(5)其他擅自设置、使用无线电台(站),或者擅自使用无线电频率,干扰无线电通讯秩序的情形。

理解本罪,还应注意的是:(1)擅自设置、使用无线电台(站),或者擅自使用无线电频率,同时构成其他犯罪的,按照处罚较重的规定定罪处罚。(2)明知他人实施诈骗等犯罪,使用"黑广播""伪基站"等无线电设备为其发送信息或者提供其他帮助,同时构成其他犯罪的,按照处罚较重的规定定罪处罚。(3)负有无线电监督管理职责的国家机关工作人员滥用职权或者玩忽职守,致使公共财产、国家和人民利益遭受重大损失的,应当依照《刑法》第397条的规定,以滥用职权罪或者玩忽职守罪追究刑事责任。有查禁扰乱无线电管理秩序犯罪活动职责的国家机关工作人员,向犯罪分子通风报信、提供便利,帮助犯罪分子逃避处罚的,应当依照《刑法》第417条的规定,以帮助犯罪分子逃避处罚罪追究刑事责任;事先通谋的,以共同犯罪论处。

关联法规

《最高人民法院、最高人民检察院关于办理扰乱无线电通讯管理秩序等刑事案件适用法律若干问题的解释》

第二百八十九条 【对聚众"打砸抢"行为的处理】聚众"打砸抢",致人伤残、死亡的,依照本法第二百三十四条、第二百三十二条的规定定罪处罚。毁坏或者抢走公私财物的,除判令退赔外,对首要分子,依照本法第二百六十三条的规定定罪处罚。

条文注释

聚众"打砸抢",是指聚集多人肆意打人、毁坏或者抢劫公私财物,严重危害社会秩序的行为。本罪中,"打砸抢"的行为造成他人轻伤、重伤的,按故意伤害罪的规定定罪处罚;造成他人死亡的,按故意杀人罪定罪处罚。对于毁坏或者抢走公私财物的,应当判令原物退还或者按价赔偿,追究首要分子抢劫罪的刑事责任。

注意聚众"打砸抢"行为与聚众斗殴罪、寻衅滋事罪的界限:这三个罪侵害的客体不同,犯罪方式也不同。聚众斗殴罪和寻衅滋事罪侵害的客体是社会管理秩序;聚众"打砸抢"行为主要侵害的是公民人身权利,以及与人身权利密切相关的财产权和住宅权利等。

第二百九十条 【聚众扰乱社会秩序罪】聚众扰乱社会秩序,情节严重,致使工作、生产、营业和教学、科研、医疗无法进行,造成严重损失的,对首要分子,处三年以上七年以下有期徒刑;对其他积极参加的,处三年以下有期徒刑、拘役、管制或者剥夺政治权利。

【聚众冲击国家机关罪】聚众冲击国家机关,致使国家机关工作无法进行,造成严重损失的,对首要分子,处五年以上十年以下有期徒刑;对其他积极参加的,处五年以下有期徒刑、拘役、管制或者剥夺政治权利。

【扰乱国家机关工作秩序罪】多次扰乱国家机关工作秩序,经行政处罚后仍不改正,造成严重后果的,处三年以下有期徒刑、拘役或者管制。

【组织、资助非法聚集罪】多次组织、资助他人非法聚集,扰乱社会秩序,情节严重的,依照前款的规定处罚。

条文注释

本条第1款是关于聚众扰乱社会秩序犯罪的规定。这里的“聚众扰乱社会秩序”，是指纠集多人扰乱机关、企事业单位、人民团体及社会团体的工作、生产、营业、教学、科研、医疗秩序，如聚众侵入、占领机关、单位、团体的工作场所以及封闭其出入通道，进行纠缠、哄闹、辱骂等。“情节严重”，一般表现为扰乱的时间长、次数多、纠集的人数多，扰乱重要的工作、生产、营业和教学、科研、医疗活动，造成的影响比较恶劣，等等。“造成严重损失”，主要是指使经济建设、教学、科研、医疗等受到严重的破坏和损失。在这里，情节严重，致使机关、单位、团体的工作、生产、营业和教学、科研、医疗无法进行，造成严重损失，都是构成本罪的要件，缺一不可。对于一般违法行为，情节较轻，没有造成严重损失，危害不大的，不构成本罪，可以依照《治安管理处罚法》的规定处理。

本条第2款是关于聚众冲击国家机关犯罪的规定。“国家机关”，是指管理国家某一方面事务的具体工作部门，包括各级国家权力机关、党政机关、司法机关和军事机关。“聚众冲击国家机关”，主要是指聚集多人强行包围、堵塞、冲入各级国家机关的行为。“致使国家机关工作无法进行”，是指国家机关及其工作人员行使管理职权、执行职务的活动，因受到聚众冲击而被迫中断或者停止。“造成严重损失”，是指造成的社会影响很恶劣，严重损害国家机关权威的；致使国家机关长时间无法行使管理职能，严重影响到工作秩序的；给国家、集体和个人造成严重经济损失的，等等。

本条第4款是关于多次组织、资助他人非法聚集，扰乱社会秩序的规定。“组织”，是指组织、策划、指挥、协调非法聚集活动的行为。“资助”，是指筹集、提供活动经费、物资以及其他物质便利的行为。“非法聚集”，是指未经批准在公共场所集会、集结的行为。本款规定的扰乱社会秩序，如致使机场、车站、码头、商场、影剧院、运动场馆等人员密集场所秩序混乱，影响航空器、列车、船舶等大型客运交通工具正常运行的，致使国家机关、学校、医院、厂矿企业等单位的工作、生产、经营、教学、科研、医疗等活动中断等。

关联法规

《最高人民法院、最高人民检察院、公安部、司法部、国家卫生和计划生育委员会关于依法惩处涉医违法犯罪维护正常医疗秩序的意见》

第二百九十一条　【聚众扰乱公共场所秩序、交通秩序罪】聚众扰乱车站、码头、民用航空站、商场、公园、影剧院、展览会、运动场或者其他公共场所秩序，聚众堵塞交通或者破坏交通秩序，抗拒、阻碍国家治安管理工作人员依法执行职务，情节严重的，对首要分子，处五年以下有期徒刑、拘役或者管制。

第二百九十一条之一　【投放虚假危险物质罪；编造、故意传播虚假恐怖信息罪】投放虚假的爆炸性、毒害性、放射性、传染病病原体等物质，或者编造爆炸威胁、生化威胁、放射威胁等恐怖信息，或者明知是编造的恐怖信息而故意传播，严重扰乱社会秩序的，处五年以下有期徒刑、拘役或者管制；造成严重后果的，处五年以上有期徒刑。

【编造、故意传播虚假信息罪】编造虚假的险情、疫情、灾情、警情，在信息网络或者其他媒体上传播，或者明知是上述虚假信息，故意在信息网络或者其他媒体上传播，严重扰乱社会秩序的，处三年以下有期徒刑、拘役或者管制；造成严重后果的，处三年以上七年以下有期徒刑。

条文注释

第291条之一第1款中的“严重扰乱社会秩序”在具体认定上包括：(1)致使机场、车站、码头、商场、影剧院、运动场馆等人员密集场所秩序混乱，或者采取紧急疏散措施的；(2)影响航空器、列车、船舶等大型客运交通工具正常运行的；(3)致使国家机关、学校、医院、厂矿企业等单位的工作、生产、经营、教学、科研等活动中断的；(4)造成行政村或者社区居民生活秩序严重混乱的；(5)致使公安、武警、消防、卫生检疫等职能部门采取紧急应对措施的；(6)其他严重扰乱社会秩序的。

本条第2款需要注意以下几个方面：(1)虚假信息的范围包括

险情、疫情、灾情、警情。“险情”包括突发可能造成重大人员伤亡或者财产损失的情况以及其他危险情况;“疫情”包括疫病尤其是传染病的发生、发展等情况;“灾情”包括火灾、水灾、地质灾害等灾害情况;“警情”包括有违法犯罪行为发生需要出警等情况。(2)行为方式上包括编造虚假信息后传播和明知是虚假信息故意传播两种情况。(3)传播方式为在信息网络或者其他媒体发布或者传播。其中信息网络包括以计算机、电视机、固定电话机、移动电话机等电子设备为终端的计算机互联网、广播电视网、固定通信网、移动通信网等信息网络,以及向公众开放的局域网络。(4)本款的规定为故意犯罪。应注意本款与因误听、误信而传播的界限。根据本款规定,只有故意编造并且将自己编造的相关信息在网络或其他媒体上传播的行为,以及明知道是他人编造的信息而故意在网络或其他媒体上传播的,才构成犯罪。对行为人确实无法辨别信息真伪,主观上认为是真实的信息而误传播的,不是本罪的适用范围。(5)构成本罪同样需要达到“严重扰乱社会秩序”的程度。

关联法规

《最高人民法院关于审理编造、故意传播虚假恐怖信息刑事案件适用法律若干问题的解释》

第二百九十一条之二　【高空抛物罪】从建筑物或者其他高空抛掷物品,情节严重的,处一年以下有期徒刑、拘役或者管制,并处或者单处罚金。

有前款行为,同时构成其他犯罪的,依照处罚较重的规定定罪处罚。

条文注释

本条是《刑法修正案(十一)》新增的罪名,规定的是高空抛物犯罪。本条需要注意以下三点:(1)本条规定的“情节严重”,主要看行为人的行为方式、主观心态和损害情况,如果给受害者造成的损害或者行为人当时的主观心态、行为方式达不到相关犯罪的入刑标准,就不应认定为犯罪,受害者可以通过民事途径寻求救济。实践中既要防止将民事侵权扩大到刑事司法领域，又要避免将刑事犯罪作非法的无罪化处理。(2)区分“高空抛物”与“高空坠物”。高空抛物是指故意从高空抛弃物品的行为，主观恶性较大，所涉罪名包括以危险方法危害公共安全罪、故意伤害罪、故意杀人罪等。高空坠物是指过失导致物品从高空坠落的行为，主观心态为过失，所涉罪名包括过失致人死亡罪、过失致人重伤罪、重大责任事故罪。(3)注意高空抛物行为与以危险方法危害公共安全罪的界限。如果高空抛物行为成立以危险方法危害公共安全罪，则要求：首先，高空抛物行为的行为方式要与放火、决水、爆炸等方法具有相当性。即结合行为地点、被抛物属性、抛物高度等因素判断行为是否具有高度危险。其次，必须要足以危害到公共安全，通常要具备抛物较多和楼下人员密集两个条件。

关联法规

《最高人民法院关于依法妥善审理高空抛物、坠物案件的意见》

第二百九十二条　【聚众斗殴罪】聚众斗殴的，对首要分子和其他积极参加的，处三年以下有期徒刑、拘役或者管制；有下列情形之一的，对首要分子和其他积极参加的，处三年以上十年以下有期徒刑：

（一）多次聚众斗殴的；

（二）聚众斗殴人数多，规模大，社会影响恶劣的；

（三）在公共场所或者交通要道聚众斗殴，造成社会秩序严重混乱的；

（四）持械聚众斗殴的。

【故意伤害罪；故意杀人罪】聚众斗殴，致人重伤、死亡的，依照本法第二百三十四条、第二百三十二条的规定定罪处罚。

条文注释

司法实践中要注意区别聚众斗殴罪和一般斗殴或者结伙械斗的行为：后者不具有流氓活动的动机、目的，即使表现为多人相互斗殴，但性质不同。例如，村民之间因为用水灌溉田地产生纠纷，不具有流氓活动的动机,如果未产生严重后果,属于一般违法行为,不构成聚众斗殴罪。如果有故意伤害、故意杀人或故意毁坏财物行为的,则依相关罪名定罪处罚。

第二百九十三条　【寻衅滋事罪】有下列寻衅滋事行为之一,破坏社会秩序的,处五年以下有期徒刑、拘役或者管制:

(一)随意殴打他人,情节恶劣的;

(二)追逐、拦截、辱骂、恐吓他人,情节恶劣的;

(三)强拿硬要或者任意损毁、占用公私财物,情节严重的;

(四)在公共场所起哄闹事,造成公共场所秩序严重混乱的。

纠集他人多次实施前款行为,严重破坏社会秩序的,处五年以上十年以下有期徒刑,可以并处罚金。

条文注释

认定本罪需要注意以下问题:(1)行为人为寻求刺激、发泄情绪、逞强耍横等,无事生非,实施本条规定的行为的,应当认定为"寻衅滋事"。(2)行为人因日常生活中的偶发矛盾纠纷,借故生非,实施本条规定的行为的,应当认定为"寻衅滋事",但矛盾系由被害人故意引发或者被害人对矛盾激化负有主要责任的除外。(3)行为人因婚恋、家庭、邻里、债务等纠纷,实施殴打、辱骂、恐吓他人或者损毁、占用他人财物等行为的,一般不认定为"寻衅滋事",但经有关部门批评制止或者处理处罚后,继续实施前列行为,破坏社会秩序的除外。(4)实施寻衅滋事行为,同时符合寻衅滋事罪和故意杀人罪、故意伤害罪、故意毁坏财物罪、敲诈勒索罪、抢夺罪、抢劫罪等罪的构成要件的,依照处罚较重的犯罪定罪处罚。(5)行为人认罪、悔罪,积极赔偿被害人损失或者取得被害人谅解的,可以从轻处罚;犯罪情节轻微的,可以不起诉或者免予刑事处罚。

关联法规

《最高人民法院、最高人民检察院关于办理寻衅滋事刑事案件适用法律若干问题的解释》

第二百九十三条之一　【催收非法债务罪】有下列情形之一，催收高利放贷等产生的非法债务，情节严重的，处三年以下有期徒刑、拘役或者管制，并处或者单处罚金：

（一）使用暴力、胁迫方法的；

（二）限制他人人身自由或者侵入他人住宅的；

（三）恐吓、跟踪、骚扰他人的。

条文注释

本条系《刑法修正案（十一）》新增的罪名。非法讨债过程中实施的犯罪活动是扫黑除恶专项斗争的打击重点。发放高利贷并强索债务的行为，以及采取“套路贷”等方式强立债权、强行索债的行为，严重破坏了民间借贷活动的正常秩序，易滋生黑恶势力，对经济、社会生活秩序产生严重威胁和破坏。设立此罪，系立法机关对长期司法实践尤其是扫黑除恶专项斗争中发现的突出问题作出的及时回应。

本罪侵害的客体是社会管理秩序尤其是公共秩序。本罪的客观方面表现为采取非法手段催收法律不予保护的债务，情节严重的行为。其中，“非法手段”包括：(1)使用暴力、胁迫方法；(2)限制他人人身自由或者侵入他人住宅；(3)恐吓、跟踪、骚扰他人。这些手段一般具有暴力性，或者暴力危险性，且多公开或者半公开实施，既对催收对象的身心造成直接侵害，也对周围公共秩序造成破坏。“法律不予保护的债务”既包括民事法律禁止或者不予支持的债务，如高利贷，也包括因实施违法犯罪行为产生的债务，如赌债、嫖资、毒资等。本罪的主体是一般主体，既包括直接实施催收法律不予保护的债务的行为人，也包括雇佣、指使他人实施上述行为的人，对雇佣者、指使者，一般应当以共同犯罪的主犯论处。本罪的主观方面表现为故意，行为人在催收前或者催收时明知是法律不予保护的债务。对于不知是法律不予保护的债务而采取本条规定的行为手段催收债务，构成犯罪的，依照相关罪名处罚。其犯罪动机是为了实现非法债权，包括直接故意和间接故意。

第二百九十四条　【组织、领导、参加黑社会性质组织罪】组织、领导黑社会性质的组织的，处七年以上有期徒刑，并处没收财产；积极参加的，处三年以上七年以下有期徒刑，可以并处罚金或者没收财产；其他参加的，处三年以下有期徒刑、拘役、管制或者剥夺政治权利，可以并处罚金。

【入境发展黑社会组织罪】境外的黑社会组织的人员到中华人民共和国境内发展组织成员的，处三年以上十年以下有期徒刑。

【包庇、纵容黑社会性质组织罪】国家机关工作人员包庇黑社会性质的组织，或者纵容黑社会性质的组织进行违法犯罪活动的，处五年以下有期徒刑；情节严重的，处五年以上有期徒刑。

犯前三款罪又有其他犯罪行为的，依照数罪并罚的规定处罚。

黑社会性质的组织应当同时具备以下特征：

（一）形成较稳定的犯罪组织，人数较多，有明确的组织者、领导者，骨干成员基本固定；

（二）有组织地通过违法犯罪活动或者其他手段获取经济利益，具有一定的经济实力，以支持该组织的活动；

（三）以暴力、威胁或者其他手段，有组织地多次进行违法犯罪活动，为非作恶，欺压、残害群众；

（四）通过实施违法犯罪活动，或者利用国家工作人员的包庇或者纵容，称霸一方，在一定区域或者行业内，形成非法控制或者重大影响，严重破坏经济、社会生活秩序。

条文注释

"黑社会性质的组织"是一种特殊的、危害严重的犯罪集团。这里的组织黑社会性质组织，是指倡导、发起、策划、安排、建立黑社会性质组织；领导黑社会性质组织，是指在黑社会性质组织中处于领导地位，对该组织的活动进行策划、决策、指挥、协调；参加黑社会性质组织，是指加入黑社会性质组织，成为其成员，并参加其活动。

理解本条，还应注意以下问题：

1. 关于黑社会性质组织成员的处罚的问题。(1)对于黑社会性质组织的组织者、领导者，应当按照其所组织、领导的黑社会性质组织所犯的全部罪行处罚；对于黑社会性质组织的参加者，应当按照其所参与的犯罪处罚。(2)对于黑社会性质组织的参加者，没有实施其他违法犯罪活动的，或者是受蒙蔽、胁迫参加黑社会性质的组织，情节轻微的，可以不作为犯罪处理。(3)国家机关工作人员组织、领导、参加黑社会性质组织的，从重处罚。

2. 关于国家机关工作人员"包庇""纵容"行为的理解：(1)第294条第3款规定的"包庇"，是指国家机关工作人员包庇黑社会性质组织的行为，因此，不能简单理解为等同于第310条"窝藏、包庇罪"中的"作假证明包庇"，其外延更宽泛。司法实践中，对于国家机关工作人员为使黑社会性质组织及其成员逃避查禁而通风报信，隐匿、毁灭、伪造有关证据，阻止他人作证、检举揭发，指使他人作伪证，帮助黑社会性质组织成员逃匿，或者阻挠其他国家机关工作人员依法对黑社会性质组织进行查禁等行为，一般都应认定为包庇行为。(2)"纵容"，则应当是指国家机关工作人员不依法履行职责，放纵黑社会性质组织进行违法犯罪活动的行为。一般来说，负有查禁黑社会性质组织职责的国家机关工作人员，是指公、检、法三机关的工作人员。这些人员不依法履行职责，才有可能纵容黑社会性质组织进行违法犯罪活动。但是，地方一些党委、政府中主管政法工作的人员，特别是其中的领导人员，也负有查禁黑社会性质组织的职责；其他政府部门的工作人员，如工商部门、税务部门的工作人员，其不依法履行职责的行为，也有可能放纵黑社会性质组织进行违法犯罪活动，因此，这里的国家机关工作人员，也应当包括这些人员。

关联法规

《全国人民代表大会常务委员会关于〈中华人民共和国刑法〉第二百九十四条第一款的解释》

《最高人民法院关于审理黑社会性质组织犯罪的案件具体应用法律若干问题的解释》

第二百九十五条　【传授犯罪方法罪】传授犯罪方法的,处五年以下有期徒刑、拘役或者管制;情节严重的,处五年以上十年以下有期徒刑;情节特别严重的,处十年以上有期徒刑或者无期徒刑。

条文注释

正确适用本罪,需要明确本罪与教唆罪犯的区别:(1)主观方面不同。传授犯罪方法罪的故意内容是向他人传授犯罪方法,不管犯罪人原来有无犯罪意图;而教唆犯罪的故意内容是使本来没有犯罪意图的人产生犯罪意图。(2)客观方面不同。传授犯罪方法罪的行为在于把犯罪的方法、手段、技能、经验传授给他人,可以在他人产生犯意之后;教唆犯罪的行为在于引起他人产生犯罪意图,是造意犯,是在他人犯意产生之前实施。

第二百九十六条　【非法集会、游行、示威罪】举行集会、游行、示威,未依照法律规定申请或者申请未获许可,或者未按照主管机关许可的起止时间、地点、路线进行,又拒不服从解散命令,严重破坏社会秩序的,对集会、游行、示威的负责人和直接责任人员,处五年以下有期徒刑、拘役、管制或者剥夺政治权利。

第二百九十七条　【非法携带武器、管制刀具、爆炸物参加集会、游行、示威罪】违反法律规定,携带武器、管制刀具或者爆炸物参加集会、游行、示威的,处三年以下有期徒刑、拘役、管制或者剥夺政治权利。

条文注释

应当注意区分非法携带武器参加集会、游行、示威罪与非法持有、私藏枪支弹药罪的界限。非法持有、私藏枪支弹药罪在客观上表现为没有合法依据,持有、私自藏匿枪支弹药的行为;非法携带武器参加集会、游行、示威罪仅限于在集会、游行、示威活动中携带。对非法持有、私藏枪支弹药同时又携带参加集会、游行、示威的,应当依照本法关于数罪并罚的规定处罚。

第二百九十八条 【破坏集会、游行、示威罪】扰乱、冲击或者以其他方法破坏依法举行的集会、游行、示威,造成公共秩序混乱的,处五年以下有期徒刑、拘役、管制或者剥夺政治权利。

第二百九十九条 【侮辱国旗、国徽、国歌罪】在公共场合,故意以焚烧、毁损、涂划、玷污、践踏等方式侮辱中华人民共和国国旗、国徽的,处三年以下有期徒刑、拘役、管制或者剥夺政治权利。

在公共场合,故意篡改中华人民共和国国歌歌词、曲谱,以歪曲、贬损方式奏唱国歌,或者以其他方式侮辱国歌,情节严重的,依照前款的规定处罚。

第二百九十九条之一 【侵害英雄烈士名誉、荣誉罪】侮辱、诽谤或者以其他方式侵害英雄烈士的名誉、荣誉,损害社会公共利益,情节严重的,处三年以下有期徒刑、拘役、管制或者剥夺政治权利。

条文注释

本罪的客体是社会管理秩序尤其是公共秩序。本罪的客观方面表现为以侮辱、诽谤或者以其他方式侵害英雄烈士的名誉、荣誉,损害社会公共利益,情节严重的行为。实施本罪的场所包括线上、线下的一切公共场所,载体包括广播电视、电影、出版物以及自媒体等。需要注意的是,侵害英雄烈士姓名、肖像的行为,一般通过民事诉讼或者公益诉讼的方式维权。本罪主体属于一般主体,凡是达到法定刑事责任年龄且具有刑事责任能力的自然人均能成为本罪的主体。本罪的主观方面表现为故意,即行为人必须明知其行为会侵害英雄烈士的名誉、荣誉而积极追求或者放任其行为发生。过失不构成本罪。本罪的动机可能是多种多样,但动机不影响成立本罪,可在量刑时酌情考虑。

第三百条 【组织、利用会道门、邪教组织、利用迷信破坏法律实施罪】组织、利用会道门、邪教组织或者利用迷信破坏国家法律、行政法规实施的,处三年以上七年以下有期徒刑,并处罚金;情节特别严重的,处七年以上有期徒刑或者无期徒刑,并处罚金或者没收财产;情节较轻的，处三年以下有期徒刑、拘役、管制或者剥夺政治权利，并处或者单处罚金。

【组织、利用会道门、邪教组织、利用迷信致人重伤、死亡罪】组织、利用会道门、邪教组织或者利用迷信蒙骗他人，致人重伤、死亡的，依照前款的规定处罚。

【强奸罪；诈骗罪】犯第一款罪又有奸淫妇女、诈骗财物等犯罪行为的，依照数罪并罚的规定处罚。

条文注释

第300条第1款规定的“破坏国家法律、行政法规实施”的行为有两种方式：一种方式是组织、利用会道门、邪教组织，蛊惑、煽动、欺骗群众破坏国家法律、行政法规的实施。根据这类犯罪的特点及司法实践，组织、利用邪教组织破坏国家法律、行政法规实施的犯罪行为，主要有以下几种情况：(1)聚众围攻、冲击国家机关、企事业单位，扰乱国家机关、企事业单位的工作、生产、经营、教学和科研秩序的；(2)非法举行集会、游行、示威，煽动、欺骗、组织其成员或者其他人聚众围攻、冲击、强占、哄闹公共场所及宗教活动场所，扰乱社会秩序的；(3)抗拒有关部门取缔或者已经被有关部门取缔，又恢复或者另行建立邪教组织，或者继续进行邪教活动的；(4)煽动、欺骗、组织其成员或者其他人不履行法定义务，情节严重的；(5)出版、印刷、复制、发行宣扬邪教内容出版物，以及印制邪教组织标识等。另一种方式是利用迷信破坏国家法律、行政法规实施，主要是利用占卜、算命、看星象等形式，散布迷信谣言，制造混乱，煽动群众抗拒、破坏国家法律、行政法规的实施。

理解本条，还应注意以下问题：(1)组织、利用邪教组织破坏国家法律、行政法规实施过程中，又有煽动分裂国家、煽动颠覆国家政权或者侮辱、诽谤他人等犯罪行为的，依照数罪并罚的规定定罪处罚。(2)组织、利用邪教组织，制造、散布迷信邪说，组织、策划、煽动、胁迫、教唆、帮助其成员或者他人实施自杀、自伤的，依照《刑法》第232条、第234条的规定，以故意杀人罪或者故意伤害罪定罪处罚。(3)邪教组织人员以自焚、自爆或者其他危险方法危害公共安全的，依照《刑法》第114条、第115条的规定，以放火罪、爆炸罪、以危险方法危害公共安全罪等定罪处罚。(4)明知他人组织、利用邪教组织实施犯罪，而为其提供经费、场地、技术、工具、食宿、接送等便利条件或者帮助的，以共同犯罪论处。

关联法规

《全国人民代表大会常务委员会关于取缔邪教组织、防范和惩治邪教活动的决定》

《最高人民法院、最高人民检察院关于办理组织、利用邪教组织破坏法律实施等刑事案件适用法律若干问题的解释》

第三百零一条　【聚众淫乱罪】聚众进行淫乱活动的，对首要分子或者多次参加的，处五年以下有期徒刑、拘役或者管制。

【引诱未成年人聚众淫乱罪】引诱未成年人参加聚众淫乱活动的，依照前款的规定从重处罚。

第三百零二条　【盗窃、侮辱、故意毁坏尸体、尸骨、骨灰罪】盗窃、侮辱、故意毁坏尸体、尸骨、骨灰的，处三年以下有期徒刑、拘役或者管制。

第三百零三条　【赌博罪】以营利为目的，聚众赌博或者以赌博为业的，处三年以下有期徒刑、拘役或者管制，并处罚金。

【开设赌场罪】开设赌场的，处五年以下有期徒刑、拘役或者管制，并处罚金；情节严重的，处五年以上十年以下有期徒刑，并处罚金。

【组织参与国(境)外赌博罪】组织中华人民共和国公民参与国(境)外赌博，数额巨大或者有其他严重情节的，依照前款的规定处罚。

条文注释

认定赌博罪，应注意区分罪与非罪的界限。行为人不是聚众赌博或者不以赌博为业的，不成立赌博罪；只是单纯参加赌博行为，不成立赌博罪。行为人的目的不在于营利而在于一时娱乐而参加赌博、聚众赌博的，不成立赌博罪。例如，对不以营利为目的，进行带有少量财物输赢的娱乐活动，不得以赌博罪论处。有下列情形之一的，属于本条规定的“聚众赌博”:(1)组织3人以上赌博,抽头渔利数额累计达到5000元以上的;(2)组织3人以上赌博,赌资数额累计达到5万元以上的;(3)组织3人以上赌博,参赌人数累计达到20人以上的;(4)组织中华人民共和国公民10人以上赴境外赌博,从中收取回扣、介绍费的。

开设赌场罪在客观方面表现为开设赌博场所的行为。这种赌场不要求是常设的、固定的,而且位置上没有限制,既可以是公开场合,也可以是隐秘的处所。以营利为目的,在计算机网络上建立赌博网站,或者为赌博网站担任代理,接受投注的,属于本条规定的“开设赌场”。提供棋牌室等娱乐场所只收取正常的场所和服务费用的经营行为等,不能认定为开设赌场。《刑法修正案(十一)》提高了本罪的法定刑。

本条第3款是《刑法修正案(十一)》新增的罪名。近年来,跨境赌博违法犯罪严重,致使大量资金外流,严重损害国家形象和经济安全,故立法增设本罪名。本罪侵犯的客体是社会管理秩序尤其是公共秩序。本罪的客观方面表现为境外开设赌场人员、赌场管理人员或者受其指派的人员,组织、招揽中华人民共和国公民出境参与赌博,数额巨大或者有其他严重情节的行为。“其他严重情节”一般可以综合组织招揽出境赌博的人数、次数,在国际国内的恶劣影响程度,以及引发的次生犯罪后果的严重程度等因素进一步判断。本罪的犯罪主体是一般主体。对于外国人组织、招揽我国公民出境参与赌博,情节严重的,可以适用《刑法》第8条和本条第2款“情节严重”的法定刑定罪处罚,但是按照犯罪地的法律不受处罚的除外。

关联法规

《最高人民法院、最高人民检察院关于办理赌博刑事案件具体应用法律若干问题的解释》

《最高人民法院、最高人民检察院、公安部关于办理网络赌博犯罪案件适用法律若干问题的意见》

《最高人民法院、最高人民检察院、公安部关于办理利用赌博机开设赌场案件适用法律若干问题的意见》

第三百零四条　【故意延误投递邮件罪】邮政工作人员严重不负责任，故意延误投递邮件，致使公共财产、国家和人民利益遭受重大损失的，处二年以下有期徒刑或者拘役。

第二节　妨害司法罪

第三百零五条　【伪证罪】在刑事诉讼中，证人、鉴定人、记录人、翻译人对与案件有重要关系的情节，故意作虚假证明、鉴定、记录、翻译，意图陷害他人或者隐匿罪证的，处三年以下有期徒刑或者拘役；情节严重的，处三年以上七年以下有期徒刑。

条文注释

所谓伪证行为，是指行为人故意作虚假证明、鉴定、记录、翻译。构成本罪，行为人的伪证行为必须发生在刑事诉讼过程中，即发生在侦查、起诉、审判的整个过程。无论是行为人作虚假证明还是虚假鉴定，以及虚假记录或翻译，只要实施行为之一，便足以成立本罪。

应该划清伪证与误证的界限，二者的关键区别是行为人是否故意作伪证和有无陷害他人或隐匿罪证的意图。此外，由于诬告陷害罪的行为人为了达到陷害他人的目的，常常虚构事实、伪造证据，因此就有可能在表现形式上与本罪相同。但二者的区别在于：(1)犯罪主体不同，本罪主体为特殊主体；(2)犯罪发生的时间不同，本罪限定于刑事诉讼过程中；(3)犯罪意图不同，本罪行为人的犯罪意图既可能是陷害无罪之人，也可能是包庇有罪之人，而诬告陷害罪的行为人的犯罪意图只能是陷害他人。

第三百零六条　【辩护人、诉讼代理人毁灭证据、伪造证据、妨害作证罪】在刑事诉讼中，辩护人、诉讼代理人毁灭、伪造证据，帮助当事人毁灭、伪造证据，威胁、引诱证人违背事实改变证言或者作伪证的，处三年以下有期徒刑或者拘役；情节严重的，处三年以上七年以下有期徒刑。

辩护人、诉讼代理人提供、出示、引用的证人证言或者其他证据失实，不是有意伪造的，不属于伪造证据。

第三百零七条　【妨害作证罪】以暴力、威胁、贿买等方法阻止证人作证或者指使他人作伪证的，处三年以下有期徒刑或者拘役；情节严重的，处三年以上七年以下有期徒刑。

【帮助毁灭、伪造证据罪】帮助当事人毁灭、伪造证据，情节严重的，处三年以下有期徒刑或者拘役。

司法工作人员犯前两款罪的，从重处罚。

条文注释

第307条中的"以暴力、威胁、贿买等方法阻止证人作证"，是指采用暴力伤害，以暴力或者其他手段相威胁，用金钱、物质利益行贿以及其他方法不让证人为案件提供证明；"指使他人作伪证"，是指以暴力、威胁、贿买或者其他方法让他人为案件提供与事实不符的虚假证明。这里的"证人"不限于狭义的证人，还应包括被害人、鉴定人。"他人"同样不限于狭义的证人，指使狭义的证人作伪证、指使被害人作虚假陈述、指使鉴定人作鉴定的，都成立妨害作证罪。指使根本不了解案情的人作伪证的，也成立本罪。指使勘验人员、检查人员作虚假勘验、检查的，也符合"指使他人作伪证"的构成要件。

本条第2款中的"帮助当事人毁灭、伪造证据"，是指与当事人共谋，或者受当事人指使为当事人毁灭证据、伪造证据提供帮助的行为，如为贪污犯罪的嫌疑人销毁单据等。

第三百零七条之一　【虚假诉讼罪】以捏造的事实提起民事诉讼，妨害司法秩序或者严重侵害他人合法权益的，处三年以下有期徒刑、拘役或者管制，并处或者单处罚金；情节严重的，处三年以上七年以下有期徒刑，并处罚金。

单位犯前款罪的，对单位判处罚金，并对其直接负责的主管人员和其他直接责任人员，依照前款的规定处罚。

有第一款行为，非法占有他人财产或者逃避合法债务，又构成其他犯罪的，依照处罚较重的规定定罪从重处罚。

司法工作人员利用职权，与他人共同实施前三款行为的，从重处罚；同时构成其他犯罪的，依照处罚较重的规定定罪从重处罚。

条文注释

根据本条规定，构成虚假诉讼罪在客观方面应具备以下两个条件：

(1)以捏造的事实提起民事诉讼。其是指通过伪造书证、物证、恶意串通、指使证人作假证言等手段，以凭空捏造的根本不存在的事实为基础，向法院提出民事诉讼请求，要求法院作出裁判。在刑事自诉、行政诉讼等领域也可能存在行为人以捏造的事实向法院提起虚假诉讼的情况，对此，可以依照诬告陷害罪等规定处罚，或者作为妨害诉讼活动处理，不适用本条规定。"捏造的事实"，是指凭空编造的不存在的事实，如根本不存在的债权债务关系等。如果民事纠纷客观存在，行为人对具体数额、期限等事实作夸大、隐瞒或虚假陈述的，不属于这里的"捏造"。

(2)妨害司法秩序或者严重侵害他人合法权益。这是构成本罪的结果条件。妨害司法秩序，是指对国家司法机关进行审判活动、履行法定职责的正常秩序造成妨害，既包括导致司法机关作出错误判决造成司法权威和司法公信力的损害，也包括提起虚假诉讼占用了司法资源，影响了司法机关的正常司法活动等。严重侵害他人合法权益，是指虚假诉讼活动给被害人的财产权等合法权益造成严重损害。如司法机关执行错误判决或者因行为人提起诉讼采取保全措施造成被害人财产的严重损失等。从这一规定看，只要虚假诉讼行为妨害司法秩序或者严重侵害他人合法权益，就可以构成本条规定的犯罪，并不一定要求诉讼程序已经完结。

本条第4款应注意两层意思：一是司法工作人员利用职权，与他人共同实施前三款规定的虚假诉讼行为的，从重处罚。二是司法工作人员利用职权，与他人共同实施前三款规定的虚假诉讼行为，同时构成其他犯罪的，依照处罚较重的规定定罪从重处罚。例如，司法工作人员利用职权与他人共同实施虚假诉讼行为，可能还构成民事枉法裁判、滥用职权等犯罪。依照本款规定，这种情况下应当依照处罚较重的规定定罪从重处罚。

此外，要特别注意把握好罪与非罪的界限：对于提起诉讼的基本事实是真实的，但在一些证据材料上弄虚作假，企图欺骗司法机关，获取有利于自己的裁判的行为，不适用本条规定。对这类行为，可以按照《民事诉讼法》的有关规定予以罚款、拘留；构成妨害作证、帮助毁灭、伪造证据等其他犯罪的，应当按照《刑法》有关规定追究刑事责任。

第三百零八条　【打击报复证人罪】对证人进行打击报复的，处三年以下有期徒刑或者拘役；情节严重的，处三年以上七年以下有期徒刑。

第三百零八条之一　【泄露不应公开的案件信息罪】司法工作人员、辩护人、诉讼代理人或者其他诉讼参与人，泄露依法不公开审理的案件中不应当公开的信息，造成信息公开传播或者其他严重后果的，处三年以下有期徒刑、拘役或者管制，并处或者单处罚金。

有前款行为，泄露国家秘密的，依照本法第三百九十八条的规定定罪处罚。

【披露、报道不应公开的案件信息罪】公开披露、报道第一款规定的案件信息，情节严重的，依照第一款的规定处罚。

单位犯前款罪的，对单位判处罚金，并对其直接负责的主管人员和其他直接责任人员，依照第一款的规定处罚。

条文注释

构成泄露不应公开的案件信息罪在客观方面必须具备以下条件：(1)泄露依法不公开审理的案件中不应当公开的信息。依法不公开审理的案件，是指依照《刑事诉讼法》《民事诉讼法》《行政诉讼法》《未成年人保护法》等法律规定，应当不公开审理或者经当事人提出申请，人民法院决定不公开审理的案件。不应当公开的信息，是指公开以后可能对国家安全和利益、当事人受法律保护的隐私权、商业秘密造成损害，以及对涉案未成年人的身心健康造成不利影响的信息。

包括案件涉及的国家秘密、个人隐私、商业秘密本身,也包括其他与案件有关不宜为诉讼参与人以外人员知悉的信息,如案件事实的细节,诉讼参与人在参加庭审时发表言论的具体内容,被性侵犯的被害人的个人信息等。对于未成年人犯罪案件,未成年犯罪嫌疑人、被告人的姓名、住所、照片、图像以及可能推断出该未成年人的资料,都属于不应当公开的信息。由于行为人的故意或者过失,造成不应当知悉有关案件信息的人员知悉有关案件信息的,即属于泄露该信息的行为。(2)造成信息公开传播或者其他严重后果。这是构成本罪的结果条件。如果泄露的案件信息只是为个别人私下知悉,没有公开传播的,不构成本罪。信息的公开传播是对不公开审理制度所保护的法益的损害扩大,是严重的危害后果。"其他严重后果",是指信息公开传播以外的其他严重的危害后果,如造成被害人不堪受辱而自杀,造成审判活动被干扰导致无法顺利进行等。

第3款是关于公开披露、报道不公开审理的案件信息的犯罪和处罚的规定。"公开披露",是指通过各种途径向他人和公众发布有关案件信息。"报道",主要是指报刊、广播、电视、网站等媒体向公众公开传播有关案件信息。本款规定的"情节严重",是公开披露、报道第1款规定的案件信息行为构成犯罪的条件,其具体含义可以参照第1款的规定,主要是造成信息大量公开传播、为公众所知悉,给司法秩序和当事人合法权益造成严重损害,以及其他与此类似的严重后果。

第三百零九条　【扰乱法庭秩序罪】有下列扰乱法庭秩序情形之一的,处三年以下有期徒刑、拘役、管制或者罚金:

(一)聚众哄闹、冲击法庭的;

(二)殴打司法工作人员或者诉讼参与人的;

(三)侮辱、诽谤、威胁司法工作人员或者诉讼参与人,不听法庭制止,严重扰乱法庭秩序的;

(四)有毁坏法庭设施,抢夺、损毁诉讼文书、证据等扰乱法庭秩序行为,情节严重的。

第三百一十条　【窝藏、包庇罪】明知是犯罪的人而为其提供隐藏处所、财物,帮助其逃匿或者作假证明包庇的,处三年以下有期徒刑、拘役或者管制;情节严重的,处三年以上十年以下有期徒刑。

犯前款罪,事前通谋的,以共同犯罪论处。

条文注释

第310条是故意犯罪,"明知是犯罪的人"是本罪构成的主观要件。"明知是犯罪的人",是指行为人已知道被包庇的人犯有罪行。这里的"明知"应包括"应当知道"的含义,即虽然犯罪分子没有告知其犯罪行为,但从其言谈举止中可以判断出其犯罪的,应认定为"明知"。

帮助犯罪人逃避法律追究有两种表现:(1)为犯罪人提供隐藏处所、财物,帮助其逃匿。这是指将自己的住处、管理的房屋提供给犯罪人或者给予犯罪人钱、物,包括食品、衣被等,帮助犯罪人隐藏或者逃跑,逃避法律追究。(2)作假证明包庇犯罪。这是指向司法机关提供假的证明来帮助犯罪分子逃避法律追究,如作假证明表示犯罪人不在犯罪现场等。

本条第2款中的"事先通谋",是指行为人与犯罪的人在其犯罪前已共同策划好,实施犯罪后由其帮助逃匿或作假证明帮助其逃避法律追究。对于事先通谋犯本条规定之罪的,以共犯论处。

第三百一十一条 【拒绝提供间谍犯罪、恐怖主义犯罪、极端主义犯罪证据罪】明知他人有间谍犯罪或者恐怖主义、极端主义犯罪行为,在司法机关向其调查有关情况、收集有关证据时,拒绝提供,情节严重的,处三年以下有期徒刑、拘役或者管制。

条文注释

本条规定的行为人明知他人有的三种行为分别是:1. 间谍犯罪行为,主要是指《反间谍法》第4条规定的构成犯罪的间谍行为,包括:(1)间谍组织及其代理人实施或者指使、资助他人实施,或者境内外机构、组织、个人与其相勾结实施的危害中华人民共和国国家安全的活动;(2)参加间谍组织或者接受间谍组织及其代理人的任务,或者投靠间谍组织及其代理人；(3)间谍组织及其代理人以外的其他境外机构、组织、个人实施或者指使、资助他人实施，或者境内机构、组织、个人与其相勾结实施的窃取、刺探、收买、非法提供国家秘密、情报以及其他关系国家安全和利益的文件、数据、资料、物品，或者策动、引诱、胁迫、收买国家工作人员叛变的活动；(4)间谍组织及其代理人实施或者指使、资助他人实施，或者境内外机构、组织、个人与其相勾结实施针对国家机关、涉密单位或者关键信息基础设施等的网络攻击、侵入、干扰、控制、破坏等活动；(5)为敌人指示攻击目标；(6)进行其他间谍活动。2. 恐怖主义犯罪行为，主要是指通过暴力、破坏、恐吓等手段，制造社会恐慌、危害公共安全、侵犯人身财产等犯罪行为，包括组织、策划、实施放火、爆炸、杀人、绑架等，造成或者意图造成人员伤亡、重大财产损失、公共设施损坏、社会秩序混乱等严重社会危害的活动的；组织、领导、参加恐怖活动组织的；为恐怖活动组织或者人员提供信息、资金、物资设备或者技术、场所等支持、协助、便利的；宣扬恐怖主义或者煽动实施恐怖活动的等。3. 极端主义犯罪行为，主要是指以歪曲宗教教义或者其他方法煽动仇恨、煽动歧视、崇尚暴力等极端主义，构成犯罪的行为，包括宣扬极端主义或者利用极端主义煽动、胁迫群众破坏国家法律确立的婚姻、司法、教育、社会管理等制度实施等犯罪行为。

还应注意的是，构成本罪必须达到"情节严重"的程度。如果行为人虽然实施了拒绝提供证据的行为，但没有影响到司法机关的正常活动，没有造成危害国家安全或恐怖活动，没有使犯罪分子逃避法律制裁等严重后果的，则不构成本罪。

第三百一十二条　【掩饰、隐瞒犯罪所得、犯罪所得收益罪】明知是犯罪所得及其产生的收益而予以窝藏、转移、收购、代为销售或者以其他方法掩饰、隐瞒的，处三年以下有期徒刑、拘役或者管制，并处或者单处罚金；情节严重的，处三年以上七年以下有期徒刑，并处罚金。

单位犯前款罪的，对单位判处罚金，并对其直接负责的主管人员和其他直接责任人员，依照前款的规定处罚。

条文注释

本条第1款是关于对犯罪所得及其产生的收益予以掩饰、隐瞒的犯罪及其处罚的规定。构成本款规定的犯罪需要具备以下条件：(1)行为人是故意犯罪。也就是说，明知是犯罪所得及其产生的收益而故意予以掩饰、隐瞒的。(2)行为人实施了窝藏、转移、收购、代为销售或者以其他方法掩饰、隐瞒犯罪所得及其收益的行为。这里规定的"窝藏"是广义的，是指使用各种方法将犯罪所得及其产生的收益隐藏起来，不让他人发现或者替犯罪分子保存而使司法机关无法获取等。"转移"，是指将犯罪所得及其收益转移到他处，使侦查机关不能查获。"收购"，是指以出卖为目的收买犯罪所得及其收益。"代为销售"，是指代替犯罪分子将犯罪所得及其收益卖出的行为。"其他方法掩饰、隐瞒"，是指以窝藏、转移、收购、代为销售以外的各种方法掩饰、隐瞒犯罪所得及其收益，如银行转账、投资经营、汇往境外。

本条需要注意以下四个问题：(1)犯罪团伙、集团在犯罪中分工负责掩饰、隐瞒犯罪所得及其收益的，应以该犯罪的共犯论处。(2)犯罪行为人本人掩饰、隐瞒犯罪所得及其收益的，只按其所犯罪行处罚，而不再以本条规定数罪并罚。(3)行为人与犯罪分子事前通谋，事后对犯罪所得予以掩饰、隐瞒的，应按犯罪的共犯追究刑事责任。(4)认定掩饰、隐瞒犯罪所得、犯罪所得收益罪，以上游犯罪事实成立为前提。上游犯罪尚未依法裁判，但查证属实的，不影响掩饰、隐瞒犯罪所得、犯罪所得收益罪的认定。上游犯罪事实经查证属实，但因行为人未达到刑事责任年龄等原因依法不予追究刑事责任的，也不影响掩饰、隐瞒犯罪所得、犯罪所得收益罪的认定。

关联法规

《全国人民代表大会常务委员会关于〈中华人民共和国刑法〉第三百四十一条、第三百一十二条的解释》

《最高人民法院关于审理掩饰、隐瞒犯罪所得、犯罪所得收益刑事案件适用法律若干问题的解释》

《最高人民法院、最高人民检察院关于办理与盗窃、抢劫、诈骗、抢

夺机动车相关刑事案件具体应用法律若干问题的解释》第1、4~6条

《最高人民法院、最高人民检察院、公安部、国家工商行政管理局关于依法查处盗窃、抢劫机动车案件的规定》第1~5、17条

《最高人民法院关于审理洗钱等刑事案件具体应用法律若干问题的解释》第1、3条

《最高人民法院、最高人民检察院关于办理盗窃油气、破坏油气设备等刑事案件具体应用法律若干问题的解释》第5条

《最高人民法院、最高人民检察院关于办理危害计算机信息系统安全刑事案件应用法律若干问题的解释》第7条

《最高人民法院、最高人民检察院关于办理妨害文物管理等刑事案件适用法律若干问题的解释》第9条

第三百一十三条　【拒不执行判决、裁定罪】对人民法院的判决、裁定有能力执行而拒不执行，情节严重的，处三年以下有期徒刑、拘役或者罚金；情节特别严重的，处三年以上七年以下有期徒刑，并处罚金。

单位犯前款罪的，对单位判处罚金，并对其直接负责的主管人员和其他直接责任人员，依照前款的规定处罚。

条文注释

认定拒不执行判决、裁定罪应注意以下特征：(1)本罪是特殊主体，主要是指有义务执行人民法院判决、裁定的当事人。根据《民事诉讼法》的有关规定，对判决、裁定负有协助执行义务的个人和单位，也可以成为本罪的主体。(2)本罪拒不执行的对象是人民法院的判决、裁定。根据全国人大常委会立法解释的规定，本条规定的“人民法院的判决、裁定”，是指人民法院依法作出的具有执行内容并已经发生法律效力的判决、裁定。人民法院为依法执行支付令、生效的调解书、仲裁裁决、公证债权文书所作的裁定属于本条规定的裁定。此外，本法第37条之一中也明确规定，违反人民法院作出的禁止从事相关职业的决定，情节严重的，依照本法第313条的规定定罪处罚。(3)要有能力执行。有能力执行，是指根据人民法院查实的证据证明

负有执行人民法院判决、裁定义务的人有可供执行的财产或者具有履行特定行为义务的能力。倘若没有能力执行，如执行义务人没有可供执行的财产而无法履行判决、裁定确定的义务的，不能构成本罪。对于实践中经常发生的，行为人为逃避义务，采取隐瞒、转移、变卖、赠送、毁损自己财产等方式而造成无法执行的，仍属于有能力执行，构成犯罪的，应以本罪处罚。(4)要有拒不执行的行为。这既可以采取积极的作为，如转移、变卖、损毁执行标的等，也可以是消极的不作为，如对人民法院的判决、裁定置之不理；既可以是公开拒绝执行，也可以是暗地里拒绝执行。(5)必须达到情节严重的程度。情节尚不严重的，不能以犯罪处罚。

关联法规

《全国人民代表大会常务委员会关于〈中华人民共和国刑法〉第三百一十三条的解释》

《最高人民法院关于审理拒不执行判决、裁定刑事案件适用法律若干问题的解释》

第三百一十四条　【非法处置查封、扣押、冻结的财产罪】隐藏、转移、变卖、故意毁损已被司法机关查封、扣押、冻结的财产，情节严重的，处三年以下有期徒刑、拘役或者罚金。

第三百一十五条　【破坏监管秩序罪】依法被关押的罪犯，有下列破坏监管秩序行为之一，情节严重的，处三年以下有期徒刑：

（一）殴打监管人员的；

（二）组织其他被监管人破坏监管秩序的；

（三）聚众闹事，扰乱正常监管秩序的；

（四）殴打、体罚或者指使他人殴打、体罚其他被监管人的。

第三百一十六条　【脱逃罪】依法被关押的罪犯、被告人、犯罪嫌疑人脱逃的，处五年以下有期徒刑或者拘役。

【劫夺被押解人员罪】劫夺押解途中的罪犯、被告人、犯罪嫌疑人的，处三年以上七年以下有期徒刑；情节严重的，处七年以上有期徒刑。

条文注释

第316条中的“脱逃”，是指依法被关押的罪犯、被告人、犯罪嫌疑人从司法机关的监管场所逃逸的行为。这里所说的“依法被关押的罪犯”，是指经过法定程序，被人民法院定罪处刑的并被关押的人；“依法被关押的被告人”，是指依照法定程序，被司法机关逮捕关押的正在接受人民法院审判的人；“依法被关押的犯罪嫌疑人”，是指依照法定程序，被司法机关拘留、逮捕的正在接受侦查、审查起诉的人。本罪只能由这三类犯罪主体构成。

第316条第2款中的“劫夺”，是指以暴力、威胁等手段，将罪犯、被告人、犯罪嫌疑人从司法机关工作人员的押解控制中夺走的行为。劫夺行为，有的针对押解人员实施，有的针对押解的车辆、船只等实施，只要行为人使用了暴力劫夺的行为就构成本罪。本罪的犯罪对象是正在押解途中的罪犯、被告人、犯罪嫌疑人。劫夺的对象不是正在押解途中的，不构成本罪。

第三百一十七条　【组织越狱罪】组织越狱的首要分子和积极参加的，处五年以上有期徒刑；其他参加的，处五年以下有期徒刑或者拘役。

【暴动越狱罪；聚众持械劫狱罪】暴动越狱或者聚众持械劫狱的首要分子和积极参加的，处十年以上有期徒刑或者无期徒刑；情节特别严重的，处死刑；其他参加的，处三年以上十年以下有期徒刑。

第三节　妨害国(边)境管理罪

第三百一十八条　【组织他人偷越国(边)境罪】组织他人偷越国(边)境的，处二年以上七年以下有期徒刑，并处罚金；有下列情形之一的，处七年以上有期徒刑或者无期徒刑，并处罚金或者没收财产：

(一)组织他人偷越国(边)境集团的首要分子；

(二)多次组织他人偷越国(边)境或者组织他人偷越国(边)境人数众多的；

（三）造成被组织人重伤、死亡的；

（四）剥夺或者限制被组织人人身自由的；

（五）以暴力、威胁方法抗拒检查的；

（六）违法所得数额巨大的；

（七）有其他特别严重情节的。

犯前款罪，对被组织人有杀害、伤害、强奸、拐卖等犯罪行为，或者对检查人员有杀害、伤害等犯罪行为的，依照数罪并罚的规定处罚。

条文注释

适用本条应注意以下问题：(1)以单位名义或者单位形式组织他人偷越国（边）境、为他人提供伪造、变造的出入境证件或者运送他人偷越国（边）境的，应当依照《刑法》第318条、第320条、第321条的规定追究直接负责的主管人员和其他直接责任人员的刑事责任。(2)实施组织他人偷越国（边）境犯罪，同时构成骗取出境证件罪、提供伪造、变造的出入境证件罪、出售出入境证件罪、运送他人偷越国（边）境罪的，依照处罚较重的规定定罪处罚。

关联法规

《最高人民法院、最高人民检察院关于办理妨害国（边）境管理刑事案件应用法律若干问题的解释》第1、6～9条

第三百一十九条　【骗取出境证件罪】以劳务输出、经贸往来或者其他名义，弄虚作假，骗取护照、签证等出境证件，为组织他人偷越国（边）境使用的，处三年以下有期徒刑，并处罚金；情节严重的，处三年以上十年以下有期徒刑，并处罚金。

单位犯前款罪的，对单位判处罚金，并对其直接负责的主管人员和其他直接责任人员，依照前款的规定处罚。

关联法规

《最高人民法院、最高人民检察院关于办理妨害国（边）境管理刑事案件应用法律若干问题的解释》第2条

第三百二十条　【提供伪造、变造的出入境证件罪；出售出入境证件罪】为他人提供伪造、变造的护照、签证等出入境证件，或者出售护照、签证等出入境证件的，处五年以下有期徒刑，并处罚金；情节严重的，处五年以上有期徒刑，并处罚金。

关联法规

《最高人民法院、最高人民检察院关于办理妨害国（边）境管理刑事案件应用法律若干问题的解释》第3条

第三百二十一条　【运送他人偷越国（边）境罪】运送他人偷越国（边）境的，处五年以下有期徒刑、拘役或者管制，并处罚金；有下列情形之一的，处五年以上十年以下有期徒刑，并处罚金：

（一）多次实施运送行为或者运送人数众多的；

（二）所使用的船只、车辆等交通工具不具备必要的安全条件，足以造成严重后果的；

（三）违法所得数额巨大的；

（四）有其他特别严重情节的。

在运送他人偷越国（边）境中造成被运送人重伤、死亡，或者以暴力、威胁方法抗拒检查的，处七年以上有期徒刑，并处罚金。

犯前两款罪，对被运送人有杀害、伤害、强奸、拐卖等犯罪行为，或者对检查人员有杀害、伤害等犯罪行为的，依照数罪并罚的规定处罚。

条文注释

本条第1款规定的“运送”，主要是指用车辆、船只等交通工具将偷越国（边）境的人非法运送出、入我国国（边）境的行为。行为人没有利用交通工具，如亲自带领他人通过隐蔽的路线偷越国（边）境的，也应当认定是运送他人偷越国（边）境的行为。同时要注意区分本条运送他人偷越国（边）境犯罪与组织他人偷越国（边）境犯罪的界限。主要区别在于行为人是否实施了组织行为。对于组织他人偷越国（边）境的行为人在实施组织行为的过程中又实施了运送行为的，应当根据从一重罪处罚的原则，以处刑较重的犯罪定罪处罚。

关联法规

《最高人民法院、最高人民检察院关于办理妨害国(边)境管理刑事案件应用法律若干问题的解释》第4条

第三百二十二条　【偷越国(边)境罪】违反国(边)境管理法规，偷越国(边)境，情节严重的，处一年以下有期徒刑、拘役或者管制，并处罚金；为参加恐怖活动组织、接受恐怖活动培训或者实施恐怖活动，偷越国(边)境的，处一年以上三年以下有期徒刑，并处罚金。

条文注释

应注意本罪的客观方面，其表现为“偷越国(边)境”，即行为人违反国(边)境管理法律、法规，非法出入我国国(边)境的行为。在实践中，偷越国(边)境的手段和方法是多种多样的，有的是没有出入境证件在边防检查站蒙混过关的，有的是在陆上、海上没有设立边防检查站的地方靠车马、步行或者用船非法穿越国(边)境线的，有的是藏在进出国(边)境的飞机、船只、汽车或者集装箱、行李箱中穿越国(边)境的，有的是使用伪造、变造、涂改的出入境证件或者冒用他人的出入境证件的，有的是以虚假的出入境事由、隐瞒真实身份、冒用他人身份证件等方式骗取出入境证件或者用其他蒙骗方法和手段蒙混过关的。这里所说的“国(边)境”，不能仅从地理意义上进行理解，国(边)境不仅限于两国接壤的区域，还包括内地能够出入境的机场、港口等。

关联法规

《最高人民法院、最高人民检察院关于办理妨害国(边)境管理刑事案件应用法律若干问题的解释》第5条

第三百二十三条　【破坏界碑、界桩罪；破坏永久性测量标志罪】故意破坏国家边境的界碑、界桩或者永久性测量标志的，处三年以下有期徒刑或者拘役。

第四节 妨害文物管理罪

第三百二十四条 【故意损毁文物罪】故意损毁国家保护的珍贵文物或者被确定为全国重点文物保护单位、省级文物保护单位的文物的，处三年以下有期徒刑或者拘役，并处或者单处罚金；情节严重的，处三年以上十年以下有期徒刑，并处罚金。

【故意损毁名胜古迹罪】故意损毁国家保护的名胜古迹，情节严重的，处五年以下有期徒刑或者拘役，并处或者单处罚金。

【过失损毁文物罪】过失损毁国家保护的珍贵文物或者被确定为全国重点文物保护单位、省级文物保护单位的文物，造成严重后果的，处三年以下有期徒刑或者拘役。

条文注释

本条中的“珍贵文物”主要是指可移动文物。根据《文物保护法》和《文物藏品定级标准》的规定，凡属一、二级的文物均属珍贵文物，部分三级文物也属珍贵文物。“文物保护单位”，是指人民政府按照法定程序确定的，具有历史、艺术、科学价值的革命遗址、纪念建筑物、古文化遗址、古墓葬、古建筑、石窟寺、石刻等不可移动的文物。“损毁”包括打碎、涂抹、拆散、烧毁等使文物失去文物价值的破坏行为。

本条第2款中的“名胜古迹”，是指可供人游览的著名的风景区以及虽未被人民政府核定公布为文物保护单位但也具有一定历史意义的古建筑、雕塑、石刻等历史陈迹。

第三百二十五条 【非法向外国人出售、赠送珍贵文物罪】违反文物保护法规，将收藏的国家禁止出口的珍贵文物私自出售或者私自赠送给外国人的，处五年以下有期徒刑或者拘役，可以并处罚金。

单位犯前款罪的，对单位判处罚金，并对其直接负责的主管人员和其他直接责任人员，依照前款的规定处罚。

条文注释

正确适用本条需要注意区分罪与非罪的界限:(1)只有向外国人私自出售、赠送珍贵文件的才构成本罪,这里的外国人包括外国国籍的人和无国籍的人。向中国公民私自出售、赠送珍贵文件的,不构成本罪。(2)必须是私自出售、赠送珍贵文物给外国人,如果是经批准过的,是合法的行为,不构成犯罪。(3)只有是珍贵文物才可能构成本罪,如果是一般文物则不构成本罪。

第三百二十六条 **【倒卖文物罪】**以牟利为目的,倒卖国家禁止经营的文物,情节严重的,处五年以下有期徒刑或者拘役,并处罚金;情节特别严重的,处五年以上十年以下有期徒刑,并处罚金。

单位犯前款罪的,对单位判处罚金,并对其直接负责的主管人员和其他直接责任人员,依照前款的规定处罚。

第三百二十七条 **【非法出售、私赠文物藏品罪】**违反文物保护法规,国有博物馆、图书馆等单位将国家保护的文物藏品出售或者私自送给非国有单位或者个人的,对单位判处罚金,并对其直接负责的主管人员和其他直接责任人员,处三年以下有期徒刑或者拘役。

条文注释

第327条的犯罪主体是特殊主体,为国有博物馆、图书馆等单位。非国有单位和个人不能成为本罪的主体。本罪与向外国人私自出售、赠送文物罪的区别:(1)犯罪主体不同;(2)犯罪对象不同,本罪对象是国有博物馆、图书馆等单位收藏的文物,向外国人私自出售、赠送文物罪的对象是单位或个人收藏的国家禁止出口的珍贵文物;(3)出售或者赠送对象不同,本罪对象是非国有单位和具有中国国籍的人,后罪对象是外国人。

第三百二十八条 **【盗掘古文化遗址、古墓葬罪】**盗掘具有历史、艺术、科学价值的古文化遗址、古墓葬的,处三年以上十年以下有期徒刑,并处罚金;情节较轻的,处三年以下有期徒刑、拘役或者管制,并处罚金;有下列情形之一的,处十年以上有期徒刑或者无期徒刑,并处罚金或者没收财产：

（一）盗掘确定为全国重点文物保护单位和省级文物保护单位的古文化遗址、古墓葬的；

（二）盗掘古文化遗址、古墓葬集团的首要分子；

（三）多次盗掘古文化遗址、古墓葬的；

（四）盗掘古文化遗址、古墓葬，并盗窃珍贵文物或者造成珍贵文物严重破坏的。

【盗掘古人类化石、古脊椎动物化石罪】盗掘国家保护的具有科学价值的古人类化石和古脊椎动物化石的，依照前款的规定处罚。

条文注释

本条中的"盗掘"，是指以出卖或者非法占有为目的，私自秘密发掘古文化遗址和古墓葬的行为。"古文化遗址"，是指在人类历史发展中由古代人类创造并留下的表明其文化发展水平的地区，如周口店。"古墓葬"，是指古代（一般指清代以前，包括清代）人类将逝者及其生前遗物按一定方式放置于特定场所并建造的固定设施。辛亥革命以后，与著名历史事件有关的名人墓葬、遗址和纪念地，也视同古墓葬、古遗址，受国家保护。

"古脊椎动物化石"，是指石化的古脊椎动物的遗骸或遗迹（主要指一万年以前埋藏地下的古爬行动物，哺乳动物和鱼类化石等）。"古人类化石"，是指石化的古人类的遗骸或遗迹（主要指距今一万年前的直立人，早期、晚期智人的遗骸，如牙齿、头盖骨、骨骼等）。"依照前款的规定处罚"，是指盗掘国家保护的具有科学价值的古人类化石和古脊椎动物化石的，依照本条第1款规定的刑罚进行处罚。

第三百二十九条　【抢夺、窃取国有档案罪】抢夺、窃取国家所有的档案的，处五年以下有期徒刑或者拘役。

【擅自出卖、转让国有档案罪】违反档案法的规定，擅自出卖、转让国家所有的档案，情节严重的，处三年以下有期徒刑或者拘役。

有前两款行为，同时又构成本法规定的其他犯罪的，依照处罚较重的规定定罪处罚。

第五节　危害公共卫生罪

第三百三十条　【妨害传染病防治罪】违反传染病防治法的规定，有下列情形之一，引起甲类传染病以及依法确定采取甲类传染病预防、控制措施的传染病传播或者有传播严重危险的，处三年以下有期徒刑或者拘役；后果特别严重的，处三年以上七年以下有期徒刑：

（一）供水单位供应的饮用水不符合国家规定的卫生标准的；

（二）拒绝按照疾病预防控制机构提出的卫生要求，对传染病病原体污染的污水、污物、场所和物品进行消毒处理的；

（三）准许或者纵容传染病病人、病原携带者和疑似传染病病人从事国务院卫生行政部门规定禁止从事的易使该传染病扩散的工作的；

（四）出售、运输疫区中被传染病病原体污染或者可能被传染病病原体污染的物品，未进行消毒处理的；

（五）拒绝执行县级以上人民政府、疾病预防控制机构依照传染病防治法提出的预防、控制措施的。

单位犯前款罪的，对单位判处罚金，并对其直接负责的主管人员和其他直接责任人员，依照前款的规定处罚。

甲类传染病的范围，依照《中华人民共和国传染病防治法》和国务院有关规定确定。

条文注释

《刑法修正案（十一）》对本条进行了修改，主要修改了以下三点：(1)增加"依法确定采取甲类传染病预防、控制措施的传染病"的规定。(2)增设第4项"出售、运输疫区中被传染病病原体污染或者可能被传染病病原体污染的物品，未进行消毒处理的"这种行为方式。(3)将"卫生防疫机构"，修正为"疾病预防控制机构"。

第三百三十一条 【传染病菌种、毒种扩散罪】从事实验、保藏、携带、运输传染病菌种、毒种的人员，违反国务院卫生行政部门的有关规定，造成传染病菌种、毒种扩散，后果严重的，处三年以下有期徒刑或者拘役；后果特别严重的，处三年以上七年以下有期徒刑。

第三百三十二条 【妨害国境卫生检疫罪】违反国境卫生检疫规定，引起检疫传染病传播或者有传播严重危险的，处三年以下有期徒刑或者拘役，并处或者单处罚金。

单位犯前款罪的，对单位判处罚金，并对其直接负责的主管人员和其他直接责任人员，依照前款的规定处罚。

第三百三十三条 【非法组织卖血罪；强迫卖血罪】非法组织他人出卖血液的，处五年以下有期徒刑，并处罚金；以暴力、威胁方法强迫他人出卖血液的，处五年以上十年以下有期徒刑，并处罚金。

【故意伤害罪】有前款行为，对他人造成伤害的，依照本法第二百三十四条的规定定罪处罚。

条文注释

第333条中的“非法组织他人出卖血液”，指的是“血头”“血霸”为牟取非法利益，未经卫生行政主管部门批准或者委托，擅自组织他人向血站、红十字会或者其他采集血液的医疗机构提供血液。“以暴力、威胁方法强迫他人出卖血液”，是指“血头”“血霸”以牟取非法利益为目的，用限制人身自由、殴打等暴力方法，强行、迫使不愿提供血液的人向血站、红十字会或其他采集血液的医疗机构提供血液。

第333条第2款是关于非法组织他人或者以暴力、威胁方法强迫他人出卖血液，给他人造成伤害如何处罚的规定。“有前款行为，对他人造成伤害的”，是指非法组织他人或者以暴力、威胁方法强迫他人出卖血液，对供血者造成伤害，主要包括以下三种情况：(1)组织患有疾病或者有其他原因不宜输血的人输血，造成被采血人健康受到严重损害的；(2)由于长期过度供血，使供血者身体健康受到严重损害的；(3)为了抽取他人血液，使用暴力手段致人身体伤害的。有上述情况之一的，本款规定，依照故意伤害罪的规定定罪处罚。

第三百三十四条　【非法采集、供应血液、制作、供应血液制品罪】非法采集、供应血液或者制作、供应血液制品，不符合国家规定的标准，足以危害人体健康的，处五年以下有期徒刑或者拘役，并处罚金；对人体健康造成严重危害的，处五年以上十年以下有期徒刑，并处罚金；造成特别严重后果的，处十年以上有期徒刑或者无期徒刑，并处罚金或者没收财产。

【采集、供应血液、制作、供应血液制品事故罪】经国家主管部门批准采集、供应血液或者制作、供应血液制品的部门，不依照规定进行检测或者违背其他操作规定，造成危害他人身体健康后果的，对单位判处罚金，并对其直接负责的主管人员和其他直接责任人员，处五年以下有期徒刑或者拘役。

条文注释

所谓非法采集、供应血液或者制作、供应血液制品，是指未经国家主管部门的批准或者超过批准的业务范围而采集、供应血液或者制作、供应血液制品。本罪属于危险犯，只要行为人采集、供应血液或者制作、供应血液制品不符合国家规定的标准，具有损害人体正常生理机能的可能性，就构成犯罪，而不需要造成实际的损害结果。

关联法规

《最高人民法院、最高人民检察院关于办理非法采供血液等刑事案件具体应用法律若干问题的解释》

第三百三十四条之一　【非法采集人类遗传资源、走私人类遗传资源材料罪】违反国家有关规定，非法采集我国人类遗传资源或者非法运送、邮寄、携带我国人类遗传资源材料出境，危害公众健康或者社会公共利益，情节严重的，处三年以下有期徒刑、拘役或者管制，并处或者单处罚金；情节特别严重的，处三年以上七年以下有期徒刑，并处罚金。

第三百三十五条　【医疗事故罪】医务人员由于严重不负责任，造成就诊人死亡或者严重损害就诊人身体健康的，处三年以下有期徒刑或者拘役。

条文注释

构成医疗事故罪应当符合以下条件:1. 犯罪主体是特殊主体,只能是医务人员。这里的“医务人员”,主要是指在医疗机构从事对病人救治、护理工作的医生和护士。2. 行为人严重不负责任。具体可以包括:(1)擅离职守的;(2)无正当理由拒绝对危急就诊人实行必要的医疗救治的;(3)未经批准擅自开展试验性医疗的;(4)严重违反查对、复核制度的;(5)使用未经批准使用的药品、消毒药剂、医疗器械的;(6)严重违反国家法律法规及有明确规定的诊疗技术规范、常规的;(7)其他严重不负责任的情形。“严重不负责任”是构成本罪的必要条件之一,这一必要条件将本罪限定于责任事故的范畴。对不是由于严重不负责任,而是由于其他原因造成医疗事故的不构成本罪。3. 造成就诊人死亡或者严重损害就诊人身体健康的后果。“就诊人”,是指到医疗机构治疗疾患、进行身体健康检查或者为计划生育而进行医疗的人。“严重损害就诊人身体健康”,主要是指造成就诊人严重残疾、重伤、感染艾滋病、病毒性肝炎等难以治愈的疾病或者其他严重损害就诊人身体健康的后果。构成本罪,必须要有就诊人的死亡或者严重损害就诊人身体健康的后果,这是罪与非罪的界限。如果行为人严重不负责任,但没有导致就诊人的死亡或者严重损害就诊人身体健康的后果,则不构成本罪。

第三百三十六条 **【非法行医罪】**未取得医生执业资格的人非法行医,情节严重的,处三年以下有期徒刑、拘役或者管制,并处或者单处罚金;严重损害就诊人身体健康的,处三年以上十年以下有期徒刑,并处罚金;造成就诊人死亡的,处十年以上有期徒刑,并处罚金。

【非法进行节育手术罪】未取得医生执业资格的人擅自为他人进行节育复通手术、假节育手术、终止妊娠手术或者摘取宫内节育器,情节严重的,处三年以下有期徒刑、拘役或者管制,并处或者单处罚金;严重损害就诊人身体健康的,处三年以上十年以下有期徒刑,并处罚金;造成就诊人死亡的,处十年以上有期徒刑,并处罚金。

条文注释

本条中的“未取得医生执业资格的人非法行医”，是指具有下列情形之一：(1)未取得或者以非法手段取得医师资格从事医疗活动；(2)被依法吊销医师执业证书期间从事医疗活动；(3)未取得乡村医生执业证书，从事乡村医疗活动；(4)家庭接生员实施家庭接生以外的医疗行为。医科大学本科毕业，分配到医院担任见习医生，在试用期内从事相应的医疗活动，不属于非法行医。

关联法规

《最高人民法院关于审理非法行医刑事案件具体应用法律若干问题的解释》

《最高人民法院、最高人民检察院关于办理妨害预防、控制突发传染病疫情等灾害的刑事案件具体应用法律若干问题的解释》第12条

第三百三十六条之一　【非法植入基因编辑、克隆胚胎罪】将基因编辑、克隆的人类胚胎植入人体或者动物体内，或者将基因编辑、克隆的动物胚胎植入人体内，情节严重的，处三年以下有期徒刑或者拘役，并处罚金；情节特别严重的，处三年以上七年以下有期徒刑，并处罚金。

第三百三十七条　【妨害动植物防疫、检疫罪】违反有关动植物防疫、检疫的国家规定，引起重大动植物疫情的，或者有引起重大动植物疫情危险，情节严重的，处三年以下有期徒刑或者拘役，并处或者单处罚金。

单位犯前款罪的，对单位判处罚金，并对其直接负责的主管人员和其他直接责任人员，依照前款的规定处罚。

第六节 破坏环境资源保护罪

第三百三十八条 【污染环境罪】违反国家规定，排放、倾倒或者处置有放射性的废物、含传染病病原体的废物、有毒物质或者其他有害物质，严重污染环境的，处三年以下有期徒刑或者拘役，并处或者单处罚金；情节严重的，处三年以上七年以下有期徒刑，并处罚金；有下列情形之一的，处七年以上有期徒刑，并处罚金：

（一）在饮用水水源保护区、自然保护地核心保护区等依法确定的重点保护区域排放、倾倒、处置有放射性的废物、含传染病病原体的废物、有毒物质，情节特别严重的；

（二）向国家确定的重要江河、湖泊水域排放、倾倒、处置有放射性的废物、含传染病病原体的废物、有毒物质，情节特别严重的；

（三）致使大量永久基本农田基本功能丧失或者遭受永久性破坏的；

（四）致使多人重伤、严重疾病，或者致人严重残疾、死亡的。

有前款行为，同时构成其他犯罪的，依照处罚较重的规定定罪处罚。

条文注释

应特别注意本罪的客观方面，其是行为人实施了违反国家规定，排放、倾倒或者处置有放射性的废物、含传染病病原体的废物、有毒物质或者其他有害物质的行为。本条中的“违反国家规定”，是指违反国家关于环境保护的法律和法规的规定。“排放”，是指将本条所说的危险废物向水体、土地、大气等排入行为，包括泵出、溢出、泄出、喷出和倒出等行为。“倾倒”，是指通过船舶、航空器、平台或者其他运载工具，向水体、土地、滩涂、森林、草原以及大气等处置放射性废物、含传染病病原体的废物、有毒物质或者其他有害物质的行为。“处置”，主要是指以焚烧、填埋等方式处理废物的活动。特别需要指出的是，本条所指的排放、倾倒、处置行为本身都是法律允许的行为，但要符合国家规定的标准。如果超过国家规定的标准向环境中排放、倾倒、处置有害物质，就有可能污染环境，进而造成环境污染事故。所以本条用“违反国家规定”限定了排放、倾倒、处置行为。

《刑法修正案（十一）》对本罪增设了四种加重犯情形。

关联法规

《最高人民法院、最高人民检察院关于办理环境污染刑事案件适用法律若干问题的解释》

《最高人民法院、最高人民检察院关于办理妨害预防、控制突发传染病疫情等灾害的刑事案件具体应用法律若干问题的解释》第13条

第三百三十九条　【非法处置进口的固体废物罪】违反国家规定，将境外的固体废物进境倾倒、堆放、处置的，处五年以下有期徒刑或者拘役，并处罚金；造成重大环境污染事故，致使公私财产遭受重大损失或者严重危害人体健康的，处五年以上十年以下有期徒刑，并处罚金；后果特别严重的，处十年以上有期徒刑，并处罚金。

【擅自进口固体废物罪】未经国务院有关主管部门许可，擅自进口固体废物用作原料，造成重大环境污染事故，致使公私财产遭受重大损失或者严重危害人体健康的，处五年以下有期徒刑或者拘役，并处罚金；后果特别严重的，处五年以上十年以下有期徒刑，并处罚金。

以原料利用为名，进口不能用作原料的固体废物、液态废物和气态废物的，依照本法第一百五十二条第二款、第三款的规定定罪处罚。

第三百四十条　【非法捕捞水产品罪】违反保护水产资源法规，在禁渔区、禁渔期或者使用禁用的工具、方法捕捞水产品，情节严重的，处三年以下有期徒刑、拘役、管制或者罚金。

第三百四十一条　【危害珍贵、濒危野生动物罪】非法猎捕、杀害国家重点保护的珍贵、濒危野生动物的，或者非法收购、运输、出售国家重点保护的珍贵、濒危野生动物及其制品的，处五年以下有期徒刑或者拘役，并处罚金；情节严重的，处五年以上十年以下有期徒刑，并处罚金；情节特别严重的，处十年以上有期徒刑，并处罚金或者没收财产。

【非法狩猎罪】违反狩猎法规，在禁猎区、禁猎期或者使用禁用的工具、方法进行狩猎，破坏野生动物资源，情节严重的，处三年以下有期徒刑、拘役、管制或者罚金。

【非法猎捕、收购、运输、出售陆生野生动物罪】违反野生动物保护管理法规，以食用为目的非法猎捕、收购、运输、出售第一款规定以外的在野外环境自然生长繁殖的陆生野生动物，情节严重的，依照前款的规定处罚。

关联法规

《全国人民代表大会常务委员会关于〈中华人民共和国刑法〉第三百四十一条、第三百一十二条的解释》

《最高人民法院、最高人民检察院关于办理破坏野生动物资源刑事案件适用法律若干问题的解释》

第三百四十二条　【非法占用农用地罪】违反土地管理法规，非法占用耕地、林地等农用地，改变被占用土地用途，数量较大，造成耕地、林地等农用地大量毁坏的，处五年以下有期徒刑或者拘役，并处或者单处罚金。

第三百四十二条之一　【破坏自然保护地罪】违反自然保护地管理法规，在国家公园、国家级自然保护区进行开垦、开发活动或者修建建筑物，造成严重后果或者有其他恶劣情节的，处五年以下有期徒刑或者拘役，并处或者单处罚金。

有前款行为，同时构成其他犯罪的，依照处罚较重的规定定罪处罚。

关联法规

《全国人民代表大会常务委员会关于〈中华人民共和国刑法〉第二百二十八条、第三百四十二条、第四百一十条的解释》

《最高人民法院关于审理破坏土地资源刑事案件具体应用法律若干问题的解释》

《最高人民法院关于审理破坏森林资源刑事案件适用法律若干

问题的解释》

《最高人民法院关于审理破坏草原资源刑事案件具体应用法律若干问题的解释》

第三百四十三条　【非法采矿罪】违反矿产资源法的规定，未取得采矿许可证擅自采矿，擅自进入国家规划矿区、对国民经济具有重要价值的矿区和他人矿区范围采矿，或者擅自开采国家规定实行保护性开采的特定矿种，情节严重的，处三年以下有期徒刑、拘役或者管制，并处或者单处罚金；情节特别严重的，处三年以上七年以下有期徒刑，并处罚金。

【破坏性采矿罪】违反矿产资源法的规定，采取破坏性的开采方法开采矿产资源，造成矿产资源严重破坏的，处五年以下有期徒刑或者拘役，并处罚金。

关联法规

《最高人民法院、最高人民检察院关于办理非法采矿、破坏性采矿刑事案件适用法律若干问题的解释》

第三百四十四条　【危害国家重点保护植物罪】违反国家规定，非法采伐、毁坏珍贵树木或者国家重点保护的其他植物的，或者非法收购、运输、加工、出售珍贵树木或者国家重点保护的其他植物及其制品的，处三年以下有期徒刑、拘役或者管制，并处罚金；情节严重的，处三年以上七年以下有期徒刑，并处罚金。

第三百四十四条之一　【非法引进、释放、丢弃外来入侵物种罪】违反国家规定，非法引进、释放或者丢弃外来入侵物种，情节严重的，处三年以下有期徒刑或者拘役，并处或者单处罚金。

第三百四十五条　【盗伐林木罪】盗伐森林或者其他林木，数量较大的，处三年以下有期徒刑、拘役或者管制，并处或者单处罚金；数量巨大的，处三年以上七年以下有期徒刑，并处罚金；数量特别巨大的，处七年以上有期徒刑，并处罚金。

【滥伐林木罪】违反森林法的规定，滥伐森林或者其他林木，数量较大的，处三年以下有期徒刑、拘役或者管制，并处或者单处罚金；数量巨大的，处三年以上七年以下有期徒刑，并处罚金。

【非法收购、运输盗伐、滥伐的林木罪】非法收购、运输明知是盗伐、滥伐的林木，情节严重的，处三年以下有期徒刑、拘役或者管制，并处或者单处罚金；情节特别严重的，处三年以上七年以下有期徒刑，并处罚金。

盗伐、滥伐国家级自然保护区内的森林或者其他林木的，从重处罚。

关联法规

《最高人民法院关于审理破坏森林资源刑事案件适用法律若干问题的解释》

第三百四十六条　【单位犯破坏环境资源保护罪的处罚规定】单位犯本节第三百三十八条至第三百四十五条规定之罪的，对单位判处罚金，并对其直接负责的主管人员和其他直接责任人员，依照本节各该条的规定处罚。

第七节　走私、贩卖、运输、制造毒品罪

第三百四十七条　【走私、贩卖、运输、制造毒品罪】走私、贩卖、运输、制造毒品，无论数量多少，都应当追究刑事责任，予以刑事处罚。

走私、贩卖、运输、制造毒品，有下列情形之一的，处十五年有期徒刑、无期徒刑或者死刑，并处没收财产：

（一）走私、贩卖、运输、制造鸦片一千克以上、海洛因或者甲基苯丙胺五十克以上或者其他毒品数量大的；

（二）走私、贩卖、运输、制造毒品集团的首要分子；

（三）武装掩护走私、贩卖、运输、制造毒品的；

（四）以暴力抗拒检查、拘留、逮捕，情节严重的；

（五）参与有组织的国际贩毒活动的。

走私、贩卖、运输、制造鸦片二百克以上不满一千克、海洛因或者甲基苯丙胺十克以上不满五十克或者其他毒品数量较大的，处七年以上有期徒刑，并处罚金。

走私、贩卖、运输、制造鸦片不满二百克、海洛因或者甲基苯丙胺不满十克或者其他少量毒品的，处三年以下有期徒刑、拘役或者管制，并处罚金；情节严重的，处三年以上七年以下有期徒刑，并处罚金。

单位犯第二款、第三款、第四款罪的，对单位判处罚金，并对其直接负责的主管人员和其他直接责任人员，依照各该款的规定处罚。

利用、教唆未成年人走私、贩卖、运输、制造毒品，或者向未成年人出售毒品的，从重处罚。

对多次走私、贩卖、运输、制造毒品，未经处理的，毒品数量累计计算。

条文注释

所谓毒品，是指鸦片、海洛因、甲基苯丙胺、吗啡、大麻、可卡因等国家进行严格管制的能够使人形成瘾癖的麻醉药品和精神药品。本罪有以下几种行为：(1)“走私”毒品，是指携带、运输、邮寄毒品非法进出国、边境的行为；此外，在领海、内海运输、收购、贩卖国家禁止进出口的毒品，以及直接向走私毒品的犯罪人购买毒品的，应视为走私毒品。(2)“贩卖”毒品，是指非法销售毒品，包括批发和零售；以贩卖为目的收买毒品的，也属于贩卖毒品。(3)“运输”毒品，是指利用飞机、火车、汽车、轮船等交通工具或者采用随身携带的方法，将毒品从这一地点运往另一地点的行为。贩毒者运输毒品的，应按照贩卖毒品定罪；贩毒集团或者共同犯罪中分工负责运输毒品的，应按照集团犯罪、共同犯罪的罪名定罪。(4)“制造”毒品，是指非法从毒品原植物中提炼毒品或者利用化学分解、合成等方法制成毒品的行为。为医疗、科研、教学需要，依照国家法律、法规生产、制造、运输、销售麻醉药品、精神药品，不能适用本条规定。

还应注意以下问题：

(1)根据本法第357条第2款的规定，应当以查证属实的毒品数量计算，而不以纯度计算。还需要注意的是，本罪是选择性罪名。凡实施了走私、贩卖、运输、制造毒品行为之一的，即以该行为确定罪名。凡实施了其中两种以上行为的，如运输、贩卖海洛因，则定为运输、贩卖毒品罪，不实行并罚。运输、贩卖同一宗毒品的，毒品数量不重复计算；不是同一宗毒品的，毒品数量累计计算。

(2)对贩卖假毒品的犯罪案件，应根据不同情况区别处理：明知是假毒品而以毒品进行贩卖的，应当以诈骗罪追究被告人的刑事责任；不知是假毒品而以毒品进行贩卖的，应当以贩卖毒品罪追究被告人的刑事责任，对其所贩卖的是假毒品的事实，可以作为从轻或者减轻情节，在处罚时予以考虑。

(3)在实施走私、贩卖、运输、制造毒品犯罪的过程中：其一，携带枪支、弹药或者爆炸物用于掩护的，应当认定为《刑法》第347条第2款第3项规定的"武装掩护走私、贩卖、运输、制造毒品"。枪支、弹药、爆炸物种类的认定，依照《最高人民法院关于审理非法制造、买卖、运输枪支、弹药、爆炸物等刑事案件具体应用法律若干问题的解释》的规定执行。其二，以暴力抗拒检查、拘留、逮捕，造成执法人员死亡、重伤、多人轻伤或者具有其他严重情节的，应当认定为《刑法》第347条第2款第4项规定的"以暴力抗拒检查、拘留、逮捕，情节严重"。

(4)走私、贩卖、运输、制造毒品，具有下列情形之一的，应当认定为本条第4款规定的"情节严重"：向多人贩卖毒品或者多次走私、贩卖、运输、制造毒品的；在戒毒场所、监管场所贩卖毒品的；向在校学生贩卖毒品的；组织、利用残疾人、严重疾病患者、怀孕或者正在哺乳自己婴儿的妇女走私、贩卖、运输、制造毒品的；国家工作人员走私、贩卖、运输、制造毒品的；其他情节严重的情形。

关联法规

《全国法院毒品案件工作会议纪要》

《最高人民法院关于审理毒品案件适用法律若干问题的解释》

《最高人民法院、最高人民检察院、公安部关于办理毒品犯罪案件适用法律若干问题的意见》

《最高人民法院、最高人民检察院、公安部关于办理走私、非法买卖麻黄碱类复方制剂等刑事案件适用法律若干问题的意见》

第三百四十八条　【非法持有毒品罪】非法持有鸦片一千克以上、海洛因或者甲基苯丙胺五十克以上或者其他毒品数量大的，处七年以上有期徒刑或者无期徒刑，并处罚金；非法持有鸦片二百克以上不满一千克、海洛因或者甲基苯丙胺十克以上不满五十克或者其他毒品数量较大的，处三年以下有期徒刑、拘役或者管制，并处罚金；情节严重的，处三年以上七年以下有期徒刑，并处罚金。

条文注释

"非法持有毒品"，是指违反国家有关生产、管理、运输、使用麻醉药品、精神药品的规定而持有毒品。"持有"应作广义理解，既可以是暗藏于自己家中，也可以是委托他人代为收藏；既可以是随身携带，也可以是置于车船之内。总之，凡行为人可以控制和自由支配毒品的方式，均可理解为持有。

需要注意的是，对于被查获的非法持有毒品者，首先应当尽力调查犯罪事实，如果经查证是以走私、贩卖毒品为目的而非法持有毒品的，应当以走私、贩卖毒品罪定罪量刑。只有在确实难以查实犯罪分子走私、贩卖毒品证据的情况下，才能适用本条规定对犯罪分子进行处罚。

第三百四十九条　【包庇毒品犯罪分子罪；窝藏、转移、隐瞒毒品、毒赃罪】包庇走私、贩卖、运输、制造毒品的犯罪分子的，为犯罪分子窝藏、转移、隐瞒毒品或者犯罪所得的财物的，处三年以下有期徒刑、拘役或者管制；情节严重的，处三年以上十年以下有期徒刑。

【包庇毒品犯罪分子罪】缉毒人员或者其他国家机关工作人员掩护、包庇走私、贩卖、运输、制造毒品的犯罪分子的，依照前款的规定从重处罚。

【走私、贩卖、运输、制造毒品罪】犯前两款罪,事先通谋的,以走私、贩卖、运输、制造毒品罪的共犯论处。

条文注释

"包庇走私、贩卖、运输、制造毒品的犯罪分子",是指采取窝藏犯罪分子或者作假证等方法,帮助犯罪分子逃避法律追究的行为。窝藏毒品或者犯罪所得的财物,是指将犯罪分子的毒品或者进行毒品犯罪得到的财物隐藏在自己的住所或者其他隐蔽的场所,以逃避司法机关追查的行为。转移毒品或者犯罪所得的财物,是指将犯罪分子的毒品或者进行毒品犯罪所得的财物从一地转移到另一地,以抗拒司法机关对毒品或者进行毒品犯罪所得财物追缴的行为。隐瞒毒品或者犯罪所得的财物,是指当司法机关追查毒品和赃物,向其询问时,故意不讲毒品、犯罪所得财物隐藏处的行为。

第3款中的"事先通谋",是指在犯罪分子进行毒品犯罪活动之前,与犯罪分子共同策划、商议并事后包庇犯罪分子或为其窝藏、转移、隐瞒毒品及犯罪所得财物的行为。

第三百五十条　【非法生产、买卖、运输制毒物品、走私制毒物品罪】违反国家规定,非法生产、买卖、运输醋酸酐、乙醚、三氯甲烷或者其他用于制造毒品的原料、配剂,或者携带上述物品进出境,情节较重的,处三年以下有期徒刑、拘役或者管制,并处罚金;情节严重的,处三年以上七年以下有期徒刑,并处罚金;情节特别严重的,处七年以上有期徒刑,并处罚金或者没收财产。

【制造毒品罪】明知他人制造毒品而为其生产、买卖、运输前款规定的物品的,以制造毒品罪的共犯论处。

单位犯前两款罪的,对单位判处罚金,并对其直接负责的主管人员和其他直接责任人员,依照前两款的规定处罚。

条文注释

理解本条第1款需要注意两个问题:(1)有些原料本身就是毒品,如提炼海洛因的鸦片、黄皮、吗啡,如果非法生产、买卖、运输、携带进出境的是这些本身属于毒品的原料,则应以走私、贩卖、运输、制造毒品罪定罪处罚。(2)划清罪与非罪的界限。有些易制毒化学品一般同时具有正常的生产、生活、医药等用途,对于为生产、生活需要,但在生产、运输等过程中违反有关规定的,如具有生产药用麻黄素资质的合法企业,未按照要求履行批准手续,或者超过批准数量、品种要求而生产的,个人未办理许可证明或者备案证明而购买高锰酸钾等易制毒化学品的等,根据《最高人民法院、最高人民检察院、公安部关于办理制毒物品犯罪案件适用法律若干问题的意见》中的规定,易制毒化学品生产、经营、使用单位或者个人未办理许可证明或者备案证明,购买、销售易制毒化学品,如果有证据证明确实用于合法生产、生活需要,依法能够办理只是未及时办理许可证明或者备案证明,且未造成严重社会危害的,可不以非法买卖制毒物品罪论处。《刑法修正案(九)》在对本条作出修改时,在入罪条件中增加了“情节较重”的规定,目的是划清罪与非罪的界限。

还应注意本条关于构成制造毒品罪共犯的提示性规定,对于有证据证明行为人明知他人实施制造毒品犯罪,而为其生产、运输、买卖制毒物品的,其行为是整个制造毒品犯罪过程中的一个环节,应当依照本法总则有关共同犯罪的规定,适用本法第347条的规定定罪处罚,而不能以违反国家规定,非法生产、买卖、运输制毒物品的犯罪定罪处罚,避免重罪轻罚。这里的“明知”,是指行为人知道他人所需要的原料及配剂是用于制造毒品,但仍然为其生产、买卖、运输这种物品的。明知他人制造毒品而为其走私制毒物品的,也应当以制造毒品罪的共犯处理。

第三百五十一条　【非法种植毒品原植物罪】非法种植罂粟、大麻等毒品原植物的,一律强制铲除。有下列情形之一的,处五年以下有期徒刑、拘役或者管制,并处罚金:

(一)种植罂粟五百株以上不满三千株或者其他毒品原植物数量较大的;

(二)经公安机关处理后又种植的;

（三）抗拒铲除的。

非法种植罂粟三千株以上或者其他毒品原植物数量大的，处五年以上有期徒刑，并处罚金或者没收财产。

非法种植罂粟或者其他毒品原植物，在收获前自动铲除的，可以免除处罚。

条文注释

本罪的对象限于罂粟、大麻等毒品原植物。“非法”，是指行为人违反《麻醉药品和精神药品管理条例》等有关规定，擅自种植毒品原植物，包括未获批准而种植与超计划种植。“种植”，是指为了获得毒品原植物而进行的播种、培植、施肥、灌溉等农作活动。

本条第3款规定，在收获前自动铲除非法种植毒品原植物的，可以免除处罚。“自动铲除”，是指非法种植毒品原植物的人主动进行铲除，而不是在执法人员的强制下铲除。如果行为人在铲除后利用被铲除的毒品原植物制造毒品的，则不能适用本款的规定。

第三百五十二条 【非法买卖、运输、携带、持有毒品原植物种子、幼苗罪】非法买卖、运输、携带、持有未经灭活的罂粟等毒品原植物种子或者幼苗，数量较大的，处三年以下有期徒刑、拘役或者管制，并处或者单处罚金。

第三百五十三条 【引诱、教唆、欺骗他人吸毒罪】引诱、教唆、欺骗他人吸食、注射毒品的，处三年以下有期徒刑、拘役或者管制，并处罚金；情节严重的，处三年以上七年以下有期徒刑，并处罚金。

【强迫他人吸毒罪】强迫他人吸食、注射毒品的，处三年以上十年以下有期徒刑，并处罚金。

引诱、教唆、欺骗或者强迫未成年人吸食、注射毒品的，从重处罚。

条文注释

引诱、教唆他人吸食、注射毒品，是指通过向他人宣传吸毒后的体验，示范吸毒方法，或者对他人进行蛊惑，从而促使他人吸食、注射毒品的行为。被引诱、教唆者就是在这种诱惑、宣传、示范、教唆下，开始吸食、注射毒品的。欺骗他人吸食、注射毒品,是指在他人不知道的情况下,给他人吸食、注射毒品的行为。如暗中在香烟中掺入毒品。强迫他人吸食、注射毒品,是指违背他人的意愿,以暴力、胁迫或者其他手段,如利用他人醉酒、被麻醉状态或熟睡之机,使其在不知或不能反抗的情况下被动吸毒。

第三百五十四条　【容留他人吸毒罪】容留他人吸食、注射毒品的,处三年以下有期徒刑、拘役或者管制,并处罚金。

第三百五十五条　【非法提供麻醉药品、精神药品罪】依法从事生产、运输、管理、使用国家管制的麻醉药品、精神药品的人员,违反国家规定,向吸食、注射毒品的人提供国家规定管制的能够使人形成瘾癖的麻醉药品、精神药品的,处三年以下有期徒刑或者拘役,并处罚金;情节严重的,处三年以上七年以下有期徒刑,并处罚金。向走私、贩卖毒品的犯罪分子或者以牟利为目的,向吸食、注射毒品的人提供国家规定管制的能够使人形成瘾癖的麻醉药品、精神药品的,依照本法第三百四十七条的规定定罪处罚。

单位犯前款罪的,对单位判处罚金,并对其直接负责的主管人员和其他直接责任人员,依照前款的规定处罚。

条文注释

“依法从事生产、运输、管理、使用国家管制的麻醉药品、精神药品的人员”,是指对国家管制的麻醉药品和精神药品有合法生产、运输、管理、使用权的人员。本条规定的犯罪主体是个人。其中,“生产”,是指依照国家卫生行政主管部门的指定,种植用于加工提炼麻醉药品的原植物,制造或者试制麻醉药品、精神药品的成品、半成品和制剂。“运输”,是指将国家管制的麻醉药品和精神药品通过陆路、水路或者空运,由一地运往另一地,包括进出口。“管理”,是指对国家管制的麻醉药品和精神药品存放的保管以及批发、调拨、供应等。“使用”,是指有关人员依照国家有关规定将国家管制的麻醉药品和精神药品用于医疗、教学、科研的行为,如医生为癌症病人开具吗啡、杜冷丁用药处方。“违反国家规定,向吸食、注射毒品的人提供国家规定管制的能够使人形成瘾癖的麻醉药品、精神药品”,是指上述人员明知某种药品属于麻醉药品或精神药品而违反国家有关规定，将该药品提供给吸食、注射毒品者的行为。

第三百五十五条之一　【妨害兴奋剂管理罪】引诱、教唆、欺骗运动员使用兴奋剂参加国内、国际重大体育竞赛，或者明知运动员参加上述竞赛而向其提供兴奋剂，情节严重的，处三年以下有期徒刑或者拘役，并处罚金。

组织、强迫运动员使用兴奋剂参加国内、国际重大体育竞赛的，依照前款的规定从重处罚。

条文注释

本条是《刑法修正案(十一)》增设的罪名。2019年11月18日的《最高人民法院关于审理走私、非法经营、非法使用兴奋剂刑事案件适用法律若干问题的解释》明确规定了涉兴奋剂犯罪的定罪量刑法律适用问题。

第三百五十六条　【毒品犯罪的再犯】因走私、贩卖、运输、制造、非法持有毒品罪被判过刑，又犯本节规定之罪的，从重处罚。

条文注释

“因走私、贩卖、运输、制造、非法持有毒品罪被判过刑”，是指因犯本节规定的走私、贩卖、运输、制造、非法持有毒品罪中的任何一种罪被判处任何一种刑罚的情况。“又犯本节规定之罪的”，是指再犯本节规定的任何一种罪。“从重处罚”，是指在法定量刑幅度内处以较重的刑种、较长的刑期。需要特别注意以下两点：(1)本条将先犯的罪限定为走私、贩卖、运输、制造和非法持有毒品五种犯罪，而对再犯的罪则取消了上述限制，只要再犯本节规定的任何一种罪，都应从重处罚；(2)行为人再犯的罪名不一定与其被判过刑的罪名一样，但只要符合本条规定的犯罪种类，就应从重处罚。

第三百五十七条　【毒品的范围及数量的计算原则】本法所称的毒品，是指鸦片、海洛因、甲基苯丙胺(冰毒)、吗啡、大麻、可卡因以及国家规定管制的其他能够使人形成瘾癖的麻醉药品和精神药品。

毒品的数量以查证属实的走私、贩卖、运输、制造、非法持有毒品的数量计算,不以纯度折算。

第八节　组织、强迫、引诱、容留、介绍卖淫罪

第三百五十八条　【组织卖淫罪;强迫卖淫罪】组织、强迫他人卖淫的,处五年以上十年以下有期徒刑,并处罚金;情节严重的,处十年以上有期徒刑或者无期徒刑,并处罚金或者没收财产。

组织、强迫未成年人卖淫的,依照前款的规定从重处罚。

犯前两款罪,并有杀害、伤害、强奸、绑架等犯罪行为的,依照数罪并罚的规定处罚。

【协助组织卖淫罪】为组织卖淫的人招募、运送人员或者有其他协助组织他人卖淫行为的,处五年以下有期徒刑,并处罚金;情节严重的,处五年以上十年以下有期徒刑,并处罚金。

条文注释

组织他人卖淫罪,主要具有以下几个特征:(1)本罪的犯罪主体必须是卖淫活动的组织者。也就是那些开设卖淫场所的“老鸨”或者以其他方式组织他人卖淫的人,可以是几个人,也可以是一个人,关键要看其在卖淫活动中是否起组织者的作用。这里所说的组织者,有的是犯罪集团的首要分子,有的是临时纠合在一起进行组织卖淫活动的不法分子,有的是纠集、控制几个卖淫人员从事卖淫活动的个人。(2)行为人必须实施了组织卖淫的行为,至于其本人是否参与卖淫、嫖娼,并不影响本罪的构成。这里所说的“组织”,通常表现为以下两种形式:一是行为人设置卖淫场所,或者以发廊、旅店、饭店、按摩房、出租屋等为名设置变相卖淫场所,招募一些卖淫人员在此进行卖淫活动。二是行为人自己没有开设固定的场所,但组织、操纵他所控制的卖淫人员有组织地进行卖淫活动。例如,一些按摩院、发廊、

酒店的老板，公然唆使服务人员同顾客到店外进行卖淫、嫖娼活动，从中收取钱财；或者以提供服务为名，向顾客提供各种名义的陪伴女郎，实际上是提供卖淫妇女进行卖淫活动。无论以上哪种形式，行为人均构成组织他人卖淫罪。(3)组织他人卖淫罪是故意犯罪，行为人组织他人卖淫的行为必须是出于故意。(4)组织的对象必须是多人，而不是一个人，如果是一个人则不能构成组织他人卖淫罪。本条中所规定的“他人”，既包括妇女，也包括男性。

强迫他人卖淫罪，主要是指行为人采取暴力、威胁或者其他手段，违背他人意志，迫使他人卖淫的行为。这里所说的“强迫”，既包括直接使用暴力手段或者以暴力相威胁，也包括使用其他非暴力的逼迫手段，如以揭发他人隐私或者以可能使他人某种利害关系遭受损失相威胁，或者通过使用某种手段和方法，形成精神上的强制，在别无出路的情况下，违背自己的意愿从事卖淫活动。无论行为人采取哪一种强迫手段，都构成强迫他人卖淫罪。这里所规定的“他人”，既包括妇女，也包括男性。强迫的对象，既可以是没有卖淫习性的人，也可以是由于某种原因不愿卖淫的有卖淫恶习的人。

协助组织卖淫罪，是指为组织卖淫的人招募、运送人员或者有其他协助行为的。这里所规定的“招募”，是指协助组织卖淫者招雇、征召、招聘、募集人员，但本身并不参与组织卖淫活动的行为；“运送”，是指为组织卖淫者通过提供交通工具接送、输送所招募的人员的行为。为组织卖淫者招募、运送人员，在有的情况下，招募、运送者可能只拿到所谓“人头费”“介绍费”，但正是这些招募、运送行为，为卖淫场所输送了大量的卖淫人员，使这种非法活动得以发展延续。“其他协助组织他人卖淫行为”，是指在组织他人卖淫的活动中，起协助、帮助作用的其他行为，如为“老鸨”充当保镖、打手，为组织卖淫活动看门望哨或者管账等。协助组织他人卖淫和活动，也是组织他人卖淫活动的一个环节，但其行为的性质、所起的作用与组织卖淫者具有很大的不同，不宜笼统地以组织卖淫罪的共犯处理。

理解本条所列之罪，还应注意以下问题：(1)在组织卖淫犯罪活动中，对被组织卖淫的人有引诱、容留、介绍卖淫行为的，依照处罚较重的规定定罪处罚。但是,对被组织卖淫的人以外的其他人有引诱、容留、介绍卖淫行为的,应当分别定罪,实行数罪并罚。(2)根据本条第3款的规定,犯组织、强迫卖淫罪,并有杀害、伤害、强奸、绑架等犯罪行为的,依照数罪并罚的规定处罚。协助组织卖淫行为人参与实施上述行为的,以共同犯罪论处。

关联法规

《最高人民法院、最高人民检察院关于办理组织、强迫、引诱、容留、介绍卖淫刑事案件适用法律若干问题的解释》

第三百五十九条　【引诱、容留、介绍卖淫罪】引诱、容留、介绍他人卖淫的,处五年以下有期徒刑、拘役或者管制,并处罚金;情节严重的,处五年以上有期徒刑,并处罚金。

【引诱幼女卖淫罪】引诱不满十四周岁的幼女卖淫的,处五年以上有期徒刑,并处罚金。

条文注释

本条第1款是关于引诱、容留、介绍他人卖淫的犯罪及其刑事处罚的规定。引诱他人卖淫,是指行为人为了达到某种目的,以金钱诱惑或通过宣扬腐朽生活方式等手段,诱使没有卖淫习性的人从事卖淫活动的行为。容留他人卖淫,是指行为人故意为他人从事卖淫、嫖娼活动提供场所的行为。这里规定的"容留"既包括在自己所有的、管理的、使用的、经营的固定或者临时租借的场所容留卖淫、嫖娼人员从事卖淫、嫖娼活动,也包括在流动场所,如运输工具中容留他人卖淫、嫖娼。介绍他人卖淫,是指为卖淫人员与嫖客寻找对象,并在他们中间牵线搭桥的行为,即人们通常所说的"拉皮条"。另外,应当注意的是,本条规定的引诱、容留、介绍他人卖淫的犯罪规定,是一个选择性规定,这三种行为只要实施了其中一种行为,即可构成犯罪。但如果兼有这三种行为的,一般不实行数罪并罚。

理解本条所列之罪,还应注意以下问题:(1)利用信息网络发布招嫖违法信息,情节严重的,依照《刑法》第287条之一的规定,以非法利用信息网络罪定罪处罚。同时构成介绍卖淫罪的,依照处罚较重的规定定罪处罚。(2)被引诱卖淫的人员中既有不满14周岁的幼女,又有其他人员的,分别以引诱幼女卖淫罪和引诱卖淫罪定罪,实行并罚。

第三百六十条　【传播性病罪】明知自己患有梅毒、淋病等严重性病卖淫、嫖娼的,处五年以下有期徒刑、拘役或者管制,并处罚金。

条文注释

“明知自己患有梅毒、淋病等严重性病”,是指行为人清楚地知道自己患有严重性病,从事卖淫、嫖娼活动会造成性病传播的后果,而放任或希望这种危害后果的发生。因此,“明知”在这里是划分罪与非罪的主要界限。“严重性病”,主要是指对人体健康危害较重或者传染性较强,发病率较高的性病。本款列举了梅毒、淋病两种严重性病,至于其他严重性病,在司法实践中,司法机关应在《传染病防治法》中规定的性病和《性病防治管理办法》中规定实行性病监测的性病范围内从严掌握。

明知自己患有艾滋病或者感染艾滋病病毒而卖淫、嫖娼的,以传播性病罪定罪,从重处罚。但是,具有下列情形之一,致使他人感染艾滋病病毒的,认定为《刑法》第95条第3项“其他对于人身健康有重大伤害”所指的“重伤”,依照《刑法》第234条第2款的规定,以故意伤害罪定罪处罚:其一,明知自己感染艾滋病病毒而卖淫、嫖娼的;其二,明知自己感染艾滋病病毒,故意不采取防范措施而与他人发生性关系的。

第三百六十一条　【特定单位的人员组织、强迫、引诱、容留、介绍卖淫的处理规定】旅馆业、饮食服务业、文化娱乐业、出租汽车业等单位的人员,利用本单位的条件,组织、强迫、引诱、容留、介绍他人卖淫的,依照本法第三百五十八条、第三百五十九条的规定定罪处罚。

前款所列单位的主要负责人,犯前款罪的,从重处罚。

第三百六十二条　【窝藏、包庇罪】旅馆业、饮食服务业、文化娱乐业、出租汽车业等单位的人员,在公安机关查处卖淫、嫖娼活动时,为违法犯罪分子通风报信，情节严重的，依照本法第三百一十条的规定定罪处罚。

条文注释

第362条中的“为违法犯罪分子通风报信”，是指在公安机关依法查处卖淫、嫖娼活动时，将行动地点、时间、对象等情况以及其他有关的消息告知组织、强迫、引诱、容留、介绍他人卖淫以及卖淫、嫖娼的违法犯罪分子。这里所说的“在公安机关查处卖淫、嫖娼活动时”，是指在公安机关依法查处的全过程中的任何阶段，既包括查处卖淫、嫖娼活动的部署阶段，也包括实施阶段。无论在哪个阶段向违法犯罪分子通风报信，以使他们及时隐藏、逃避查处的行为都应按本条的规定处罚，而不能仅仅理解为具体实施查处行动的时刻。另外，“通风报信”包括各种传递消息的方法和手段，如打电话、发送短信息、传呼信号和事先规定的各种联系暗号等。根据本条规定，对在公安机关查处卖淫、嫖娼活动时，为违法犯罪分子通风报信，情节严重的，依照本法第310条的规定定罪处罚，即依照窝藏、包庇罪的规定定罪处罚。但事前与犯罪分子通谋的，以共同犯罪论处。“情节严重”是划分罪与非罪的一个重要界限，主要是指严重干扰对卖淫嫖娼活动打击或者其他情节恶劣的。本条与第310条规定相比较，有以下两点不同：其一，第310条规定的是窝藏犯罪分子和作假证明行为，本条规定的是为违法犯罪分子通风报信的行为；其二，第310条的对象仅限于犯罪分子，本条补充了违法人员，这里的“违法人员”主要指不构成犯罪的卖淫、嫖娼人员。

第九节　制作、贩卖、传播淫秽物品罪

第三百六十三条　【制作、复制、出版、贩卖、传播淫秽物品牟利罪】以牟利为目的，制作、复制、出版、贩卖、传播淫秽物品的，处三年以

下有期徒刑、拘役或者管制，并处罚金；情节严重的，处三年以上十年以下有期徒刑，并处罚金；情节特别严重的，处十年以上有期徒刑或者无期徒刑，并处罚金或者没收财产。

【为他人提供书号出版淫秽书刊罪】为他人提供书号，出版淫秽书刊的，处三年以下有期徒刑、拘役或者管制，并处或者单处罚金；明知他人用于出版淫秽书刊而提供书号的，依照前款的规定处罚。

条文注释

所谓淫秽物品，是指具体描绘性行为或者露骨宣扬色情的诲淫性书刊、影片、录像带、图片及其他淫秽物品。“制作”，是指生产、录制、编写、译著、绘画、印刷、刻印、摄制、洗印等行为。“复制”，是指通过翻印、翻拍、复印、复写、复录等方式对已有的淫秽物品进行重复制作的行为。“出版”，是指编辑、印刷出版发行淫秽书刊。“贩卖”，是指销售淫秽物品的行为，包括发行、批发、零售、倒卖等。“传播”，是指通过播放、出租、出借、承运、邮寄等方式致使淫秽物品流传的行为。行为人只要以牟利为目的，实施了“制作、复制、出版、贩卖、传播”这五种行为中一种行为的，即构成本罪。本罪主观上必须有牟利的目的。

本条第2款规定的为他人提供书号出版淫秽书刊罪为过失犯罪，如果行为人主观上出于故意，则不构成本罪，而构成第1款规定的出版淫秽物品罪。

关联法规

《最高人民法院、最高人民检察院关于办理利用互联网、移动通讯终端、声讯台制作、复制、出版、贩卖、传播淫秽电子信息刑事案件具体应用法律若干问题的解释》

《最高人民法院、最高人民检察院关于办理利用互联网、移动通讯终端、声讯台制作、复制、出版、贩卖、传播淫秽电子信息刑事案件具体应用法律若干问题的解释(二)》

《最高人民法院关于审理非法出版物刑事案件具体应用法律若干问题的解释》第8～9、16条

第三百六十四条　【传播淫秽物品罪】传播淫秽的书刊、影片、音像、图片或者其他淫秽物品,情节严重的,处二年以下有期徒刑、拘役或者管制。

【组织播放淫秽音像制品罪】组织播放淫秽的电影、录像等音像制品的,处三年以下有期徒刑、拘役或者管制,并处罚金;情节严重的,处三年以上十年以下有期徒刑,并处罚金。

制作、复制淫秽的电影、录像等音像制品组织播放的,依照第二款的规定从重处罚。

向不满十八周岁的未成年人传播淫秽物品的,从重处罚。

条文注释

"传播"是指在公共场所或者公众之中进行传播,主要是指通过传阅、出借、展示、赠送、讲解等方式散布、流传淫秽物品的。这种传播行为可以在公共场合公开进行,也可以在公众中私下进行。本条的传播不是以牟利为目的,如以牟利为目的传播应依照第 363 条的规定定罪处罚。"情节严重",主要是指多次、经常性地在社会上传播淫秽物品;所传播的淫秽物品数量较大;或者虽然传播淫秽物品数量不大、次数不多,但传播对象人数众多;造成的后果严重等。

本条第 2 款中的"组织播放",是指召集多人播放淫秽电影、录像等音像制品的行为。播放淫秽音像制品,实质上也是一种传播淫秽物品的方式,鉴于这种行为在传播淫秽物品的各项活动中比较突出,且危害也比较严重,本款将这种行为规定为一个独立的罪名。

第三百六十五条　【组织淫秽表演罪】组织进行淫秽表演的,处三年以下有期徒刑、拘役或者管制,并处罚金;情节严重的,处三年以上十年以下有期徒刑,并处罚金。

条文注释

本条应注意两个问题:(1)不论是否以牟利为目的,均不影响本罪的构成。(2)在聚众进行淫乱活动中,也经常出现由数人作性交表演,其他人观看的情况,这种表演属于聚众进行淫乱的一部分,对于这种行为，应按照本法关于聚众淫乱罪的规定来处理。

第三百六十六条　【单位犯本节规定之罪的处罚】单位犯本节第三百六十三条、第三百六十四条、第三百六十五条规定之罪的，对单位判处罚金，并对其直接负责的主管人员和其他直接责任人员，依照各该条的规定处罚。

条文注释

对单位犯罪进行追究，在认定直接责任人员或者直接负责的主管人员时，应当把握两点：(1)行为人在主观上必须对单位所从事的犯罪活动是明知的，具体表现为有批准、默许、纵容本单位实施或者直接参与实施本条规定的违法犯罪活动的行为；(2)单位从事本条规定的违法犯罪行为所获得的具体利益归于单位。上述两个条件同时具备才能构成本条规定的单位犯罪。

第三百六十七条　【淫秽物品的范围】本法所称淫秽物品，是指具体描绘性行为或者露骨宣扬色情的诲淫性的书刊、影片、录像带、录音带、图片及其他淫秽物品。

有关人体生理、医学知识的科学著作不是淫秽物品。

包含有色情内容的有艺术价值的文学、艺术作品不视为淫秽物品。

关联法规

《最高人民法院关于审理非法出版物刑事案件具体应用法律若干问题的解释》第8～10、16～18条

《最高人民法院、最高人民检察院关于办理利用互联网、移动通讯终端、声讯台制作、复制、出版、贩卖、传播淫秽电子信息刑事案件具体应用法律若干问题的解释》第9条

第七章　危害国防利益罪

第三百六十八条　【阻碍军人执行职务罪】以暴力、威胁方法阻碍军人依法执行职务的，处三年以下有期徒刑、拘役、管制或者罚金。

【阻碍军事行动罪】故意阻碍武装部队军事行动，造成严重后果的，处五年以下有期徒刑或者拘役。

第三百六十九条　【破坏武器装备、军事设施、军事通信罪】破坏武器装备、军事设施、军事通信的，处三年以下有期徒刑、拘役或者管制；破坏重要武器装备、军事设施、军事通信的，处三年以上十年以下有期徒刑；情节特别严重的，处十年以上有期徒刑、无期徒刑或者死刑。

【过失损坏武器装备、军事设施、军事通信罪】过失犯前款罪，造成严重后果的，处三年以下有期徒刑或者拘役；造成特别严重后果的，处三年以上七年以下有期徒刑。

战时犯前两款罪的，从重处罚。

关联法规

《最高人民法院关于审理危害军事通信刑事案件具体应用法律若干问题的解释》第1条

第三百七十条　【故意提供不合格武器装备、军事设施罪】明知是不合格的武器装备、军事设施而提供给武装部队的，处五年以下有期徒刑或者拘役；情节严重的，处五年以上十年以下有期徒刑；情节特别严重的，处十年以上有期徒刑、无期徒刑或者死刑。

【过失提供不合格武器装备、军事设施罪】过失犯前款罪，造成严重后果的，处三年以下有期徒刑或者拘役；造成特别严重后果的，处三年以上七年以下有期徒刑。

单位犯第一款罪的，对单位判处罚金，并对其直接负责的主管人员和其他直接责任人员，依照第一款的规定处罚。

第三百七十一条 【聚众冲击军事禁区罪】聚众冲击军事禁区，严重扰乱军事禁区秩序的，对首要分子，处五年以上十年以下有期徒刑；对其他积极参加的，处五年以下有期徒刑、拘役、管制或者剥夺政治权利。

【聚众扰乱军事管理区秩序罪】聚众扰乱军事管理区秩序，情节严重，致使军事管理区工作无法进行，造成严重损失的，对首要分子，处三年以上七年以下有期徒刑；对其他积极参加的，处三年以下有期徒刑、拘役、管制或者剥夺政治权利。

第三百七十二条 【冒充军人招摇撞骗罪】冒充军人招摇撞骗的，处三年以下有期徒刑、拘役、管制或者剥夺政治权利；情节严重的，处三年以上十年以下有期徒刑。

条文注释

假冒军人身份主要包括三种情况：(1)非军人冒充军人；(2)级别较低的军人假冒级别较高的军人；(3)一般部门的军人假冒要害部门的军人。招摇撞骗，是指假借军人身份进行炫耀、蒙骗，但不包括骗取数额巨大的财物的行为；对冒充军人骗取数额巨大财物的，应认定为诈骗罪。冒充军人使用伪造、变造、盗窃的武装部队车辆号牌，造成恶劣影响的，也构成本罪。

第三百七十三条 【煽动军人逃离部队罪；雇用逃离部队军人罪】煽动军人逃离部队或者明知是逃离部队的军人而雇用，情节严重的，处三年以下有期徒刑、拘役或者管制。

第三百七十四条 【接送不合格兵员罪】在征兵工作中徇私舞弊，接送不合格兵员，情节严重的，处三年以下有期徒刑或者拘役；造成特别严重后果的，处三年以上七年以下有期徒刑。

第三百七十五条 【伪造、变造、买卖武装部队公文、证件、印章罪；盗窃、抢夺武装部队公文、证件、印章罪】伪造、变造、买卖或者盗窃、抢夺武装部队公文、证件、印章的，处三年以下有期徒刑、拘役、管制或者剥夺政治权利；情节严重的，处三年以上十年以下有期徒刑。

【非法生产、买卖武装部队制式服装罪】非法生产、买卖武装部队制式服装，情节严重的，处三年以下有期徒刑、拘役或者管制，并处或者单处罚金。

【伪造、盗窃、买卖、非法提供、非法使用武装部队专用标志罪】伪造、盗窃、买卖或者非法提供、使用武装部队车辆号牌等专用标志，情节严重的，处三年以下有期徒刑、拘役或者管制，并处或者单处罚金；情节特别严重的，处三年以上七年以下有期徒刑，并处罚金。

单位犯第二款、第三款罪的，对单位判处罚金，并对其直接负责的主管人员和其他直接责任人员，依照各该款的规定处罚。

条文注释

构成第375条第1款犯罪应具备以下条件：(1)行为人在主观上是出于故意，至于行为人出于何种动机不影响本罪成立。(2)行为人客观上实施了伪造、变造、买卖、盗窃、抢夺的行为。(3)犯罪对象是武装部队的公文、证件、印章，而不是一般国家机关的公文、证件、印章。“武装部队”，是指中国人民解放军现役部队和武装警察部队。中国人民解放军的预备役部队和民兵组织不在此范围内。“公文”，是指在执行公务活动当中或履行日常工作职责的活动中所形成或发布的文件、公函、通告、命令等公务文件。“证件”，是指武装部队成员的身份证件、通行证件以及一些特别证件。“印章”，是指武装部队用于各种公务性文件、公函、命令、通告等文件中能够代表部队的印章。应当注意的是，行为人只要实施了上述行为之一就构成犯罪。实践中，这一犯罪往往与其他犯罪相联系，成为犯罪分子进行其他犯罪的一种手段，在这种情况下，应按从一重罪处罚的原则定罪处刑。

构成本条第3款犯罪应具备以下条件：(1)行为人出于主观的故意。(2)行为人在客观上实施了伪造、盗窃、买卖或者非法提供、使用武装部队车辆号牌等专用标志的行为。应当明确的是，这里所说的“买卖或者非法提供、使用武装部队车辆号牌等专用标志”，既包括真的专用标志，也包括伪造、变造等假的专用标志。(3)行为人的行为必须达到情节严重的程度，这里规定的“情节严重”，主要是指大量伪造、盗窃、买卖或者非法提供、使用武装部队车辆号牌等专用标志的，非法牟利数额巨大的，严重破坏军队正常管理秩序的，等等。

关联法规

《最高人民法院、最高人民检察院关于办理妨害武装部队制式服装、车辆号牌管理秩序等刑事案件具体应用法律若干问题的解释》

第三百七十六条 【战时拒绝、逃避征召、军事训练罪】预备役人员战时拒绝、逃避征召或者军事训练，情节严重的，处三年以下有期徒刑或者拘役。

【战时拒绝、逃避服役罪】公民战时拒绝、逃避服役，情节严重的，处二年以下有期徒刑或者拘役。

第三百七十七条 【战时故意提供虚假敌情罪】战时故意向武装部队提供虚假敌情，造成严重后果的，处三年以上十年以下有期徒刑；造成特别严重后果的，处十年以上有期徒刑或者无期徒刑。

第三百七十八条 【战时造谣扰乱军心罪】战时造谣惑众，扰乱军心的，处三年以下有期徒刑、拘役或者管制；情节严重的，处三年以上十年以下有期徒刑。

第三百七十九条 【战时窝藏逃离部队军人罪】战时明知是逃离部队的军人而为其提供隐蔽处所、财物，情节严重的，处三年以下有期徒刑或者拘役。

第三百八十条 【战时拒绝、故意延误军事订货罪】战时拒绝或者故意延误军事订货，情节严重的，对单位判处罚金，并对其直接负责的主管人员和其他直接责任人员，处五年以下有期徒刑或者拘役；造成严重后果的，处五年以上有期徒刑。

第三百八十一条 【战时拒绝军事征收、征用罪】战时拒绝军事征收、征用，情节严重的，处三年以下有期徒刑或者拘役。

第八章　贪污贿赂罪

第三百八十二条　【贪污罪】国家工作人员利用职务上的便利，侵吞、窃取、骗取或者以其他手段非法占有公共财物的，是贪污罪。

受国家机关、国有公司、企业、事业单位、人民团体委托管理、经营国有财产的人员，利用职务上的便利，侵吞、窃取、骗取或者以其他手段非法占有国有财物的，以贪污论。

与前两款所列人员勾结，伙同贪污的，以共犯论处。

条文注释

本罪的主体为特殊主体，包括国家工作人员和受国家机关、国有公司、企业、事业单位、人民团体委托管理、经营国有财产的人员。概括地说，本罪主体都是依法从事公务的人员。所谓公务，是指从事组织领导、监督管理等公共事务性质的活动，它既有别于私务活动，也与劳务和社会一般服务性质的活动有别。行为人与国家工作人员勾结，利用国家工作人员的职务便利，共同侵吞、窃取、骗取或者以其他手段非法占有公共财物的，以贪污罪共犯论处。行为人"利用职务上的便利"是构成本罪的必要条件，指行为人利用其职务范围内的权力和地位所形成的主管、管理、经手、经营财物的有利条件，而不是利用与其职务无关的、因工作关系对作案环境比较熟悉、凭其身份便于进出本单位、易于接近作案对象的方便条件。

所谓侵吞，是指将暂时由自己合法管理、支配、使用或经手的财物非法据为己有；窃取，是指行为人利用职务上的便利，秘密地将由其本人合法保管的财物据为己有；骗取，是指行为人利用职务上的便利，采用虚构事实、隐瞒真相的方法，非法占有单位的财物；所谓其他手段，是指行为人利用职务上的便利，使用侵吞、窃取、骗取以外的其他手段，非法占有公共财物。

关联法规

《全国法院审理经济犯罪案件工作座谈会纪要》第1、2条

《最高人民法院关于审理贪污、职务侵占案件如何认定共同犯罪几个问题的解释》

第三百八十三条　【贪污罪的处罚规定】对犯贪污罪的，根据情节轻重，分别依照下列规定处罚：

（一）贪污数额较大或者有其他较重情节的，处三年以下有期徒刑或者拘役，并处罚金。

（二）贪污数额巨大或者有其他严重情节的，处三年以上十年以下有期徒刑，并处罚金或者没收财产。

（三）贪污数额特别巨大或者有其他特别严重情节的，处十年以上有期徒刑或者无期徒刑，并处罚金或者没收财产；数额特别巨大，并使国家和人民利益遭受特别重大损失的，处无期徒刑或者死刑，并处没收财产。

对多次贪污未经处理的，按照累计贪污数额处罚。

犯第一款罪，在提起公诉前如实供述自己罪行、真诚悔罪、积极退赃，避免、减少损害结果的发生，有第一项规定情形的，可以从轻、减轻或者免除处罚；有第二项、第三项规定情形的，可以从轻处罚。

犯第一款罪，有第三项规定情形被判处死刑缓期执行的，人民法院根据犯罪情节等情况可以同时决定在其死刑缓期执行二年期满依法减为无期徒刑后，终身监禁，不得减刑、假释。

条文注释

《刑法修正案（九）》对本条有重大修改。具体应注意以下方面：

第1款规定了贪污罪的具体量刑标准，将数额和情节综合作为定罪量刑标准，其中规定了三个量刑档次，即贪污数额较大或者有其他较重情节，贪污数额巨大或者有其他严重情节，贪污数额特别巨大或者有其他特别严重情节。根据本款规定，行为人贪污数额较大应定贪污罪，追究其相应的刑事责任，行为人贪污数额虽没有达到较大的标准，但有其他较重情节也应定罪判刑。

第2款是对多次贪污未经处理的如何计算贪污数额的规定。多次贪污未经处理，是指有两次以上的贪污行为，以前既没有受过刑事处罚,也没有受过行政处理,追究其刑事责任时,应当累计计算贪污数额。

第3款是关于对贪污犯罪可以从宽处理的规定。对贪污犯罪从宽处理必须同时符合以下条件:(1)在提起公诉前。“提起公诉”,是人民检察院对公安机关移送起诉或者人民检察院自行侦查终结认为应当起诉的案件,经全面审查,对事实清楚,证据确实充分,依法应当判处刑罚的,提交人民法院审判的诉讼活动。(2)行为人必须如实供述自己罪行、真诚悔罪、积极退赃。如实供述自己罪行,是指犯罪分子对于自己所犯的罪行,无论司法机关是否掌握,都要如实地、全部地、无保留地向司法机关供述。需要指出的是,“如实供述自己罪行、真诚悔罪、积极退赃”是并列条件,要求全部具备。没有积极退赃表明其不具有真诚悔罪的表现,不符合从宽处理的条件。(3)避免、减少损害结果的发生。犯罪分子真诚悔罪、积极退赃的表现,必须要达到避免或者减少损害结果发生的实际效果。在同时具备以上前提的条件下,本款根据贪污的不同情形,规定可以从宽处罚。

第4款是关于终身监禁,不得减刑、假释的规定。特别需要明确的是,这里规定的“终身监禁”不是独立的刑种,它是对罪当判处死刑的贪污受贿犯罪分子的一种不执行死刑的刑罚执行措施。从这个意义上讲,也可以说是对死刑的一种替代性措施。需要指出的是,本款规定只是明确了可以适用“终身监禁”的人员的范围,并不是所有贪污受贿犯罪被判处死刑缓期执行的都要“终身监禁”,是否“终身监禁”,应由人民法院根据其所实施犯罪的具体情节等情况综合考虑。这里规定的“同时”,是指被判处死刑缓期执行的同时,不是在死刑缓期执行二年期满以后减刑的“同时”。根据《刑事诉讼法》的规定,可以暂予监外执行的对象是被判处有期徒刑和拘役的罪犯,因此,终身监禁的罪犯,不得减刑、假释,也不得暂予监外执行。

关联法规

《最高人民法院、最高人民检察院关于办理贪污贿赂刑事案件适用法律若干问题的解释》

第三百八十四条　【挪用公款罪】国家工作人员利用职务上的便利,挪用公款归个人使用,进行非法活动的,或者挪用公款数额较大、进行营利活动的,或者挪用公款数额较大、超过三个月未还的,是挪用公款罪,处五年以下有期徒刑或者拘役;情节严重的,处五年以上有期徒刑。挪用公款数额巨大不退还的,处十年以上有期徒刑或者无期徒刑。

挪用用于救灾、抢险、防汛、优抚、扶贫、移民、救济款物归个人使用的,从重处罚。

条文注释

挪用公款罪,是指国家工作人员利用职务上的便利,挪用公款归个人使用,进行非法活动的,或者挪用公款数额较大、进行营利活动的,或者挪用公款数额较大、超过3个月未还的行为。理解本条,应注意以下问题:

1. 对挪用公款罪,应区分三种不同情况予以认定:(1)挪用公款归个人使用,数额较大、超过3个月未还的,构成挪用公款罪。挪用正在生息或者需要支付利息的公款归个人使用,数额较大,超过3个月但在案发前全部归还本金的,可以从轻处罚或者免除处罚。给国家、集体造成的利息损失应予追缴。挪用公款数额巨大,超过3个月,案发前全部归还的,可以酌情从轻处罚。(2)挪用公款数额较大,归个人进行营利活动的,即构成挪用公款罪,不受挪用时间和是否归还的限制。在案发前部分或者全部归还本息的,可以从轻处罚;情节轻微的,可以免除处罚。挪用公款存入银行、用于集资、购买股票、国债等,属于挪用公款进行营利活动。所获取的利息、收益等违法所得,应当追缴,但不计入挪用公款的数额。(3)挪用公款归个人使用,进行赌博、走私等非法活动的,构成挪用公款罪,不受"数额较大"和挪用时间的限制。挪用公款给他人使用,不知道使用人用公款进行营利活动或者用于非法活动,数额较大、超过3个月未还的,构成挪用公款罪;明知使用人用于营利活动或者非法活动的,应当认定为挪用人挪用公款进行营利活动或者非法活动。

2. 有下列情形之一的,属于挪用公款"归个人使用":(1)将公款供本人、亲友或者其他自然人使用的。无论本人、亲友还是其他自然人，相对于单位来讲都是个人。这是一种典型的挪用公款归个人使用的表现形式。(2)以个人名义将公款供其他单位使用的"供"是提供的意思，包括借出或者赠与。该种行为的关键是"以个人名义"，是指打着个人的旗号。实践中多表现为在单位的出借款条上或者其他提供款项的文件上签的是个人的名字，且无单位的公章。这样虽然把单位的公款借给了其他单位，但手续上反映的却是个人把钱借出。无须再看是否谋取个人利益，即可认定挪用公款"归个人使用"。(3)个人决定以单位名义将公款供其他单位使用，谋取个人利益的。"个人决定"，既包括行为人在其职权范围内决定，也包括超越职权决定。但是，单位集体讨论决定的，不属于"个人决定"。"以单位名义"，是指出借、提供公款的主体清楚地写着单位的名称，而非个人的名字。这里所说"其他单位"中的"单位"，与《刑法》第30条中单位的范围是一致的，即包括公司、企业、事业单位、机关、团体。"谋取个人利益"，既包括合法利益，也包括非法利益；既包括谋取财产性利益，如钱物，也包括谋取非财产性利益，如为子女解决住房等。

关联法规

《全国人民代表大会常务委员会关于〈中华人民共和国刑法〉第三百八十四条第一款的解释》

《最高人民法院关于审理挪用公款案件具体应用法律若干问题的解释》

第三百八十五条　【受贿罪】国家工作人员利用职务上的便利，索取他人财物的，或者非法收受他人财物，为他人谋取利益的，是受贿罪。

国家工作人员在经济往来中，违反国家规定，收受各种名义的回扣、手续费，归个人所有的，以受贿论处。

条文注释

本罪为身份犯，行为主体是国家工作人员。国家工作人员利用职务上的便利为请托人谋取利益，并与请托人事先约定，在其离退休后或者离职后收受请托人财物，构成犯罪的，以受贿罪定罪处罚。一般公民与国家工作人员相勾结，伙同受贿的，以受贿罪的共犯论处。受贿行为表现为两种情形：(1)索取他人财物，即索贿，是指行为人在公务活动中主动向他人索要财物，包括向他人勒索财物。不论索取他人财物后是否为他人谋取了利益，均应以受贿罪论处。在司法实践中，“索取”一般表现为公开索要和刁难性的暗示。(2)收受他人财物，为他人谋取利益，指在行贿人主动提供财物时，行为人不予拒绝，而予以非法接受，并许诺、着手或者已经在公务活动中为行贿人谋取利益的行为。其中，许诺的方式可以是明示的，也可以是默示的；许诺可以直接向行贿人作出，也可以通过第三人间接作出。至于为他人谋取的利益是否正当，为他人谋取的利益是否兑现，为他人谋取的利益是在收受贿赂之前、当时还是之后，均不影响本罪的成立。受贿行为索取、收受的“财物”即贿赂，应作扩大性解释，是指具有价值的可以管理的有体物、无体物以及财产性利益；非财产性利益，如性贿赂，不包括在内。

本条第2款规定了另一种受贿方式：国家工作人员在经济往来中，违反国家规定，收受各种名义的回扣、手续费，归个人所有的行为。回扣、手续费是经济活动中的一种交易手段，但并非所有的回扣、手续费都是正当合法的。我国《反不正当竞争法》规定，经营者在交易活动中，可以以明示方式向交易相对方支付折扣，或者向中间人支付佣金。经营者向交易相对方支付折扣、向中间人支付佣金的，应当如实入账。接受折扣、佣金的经营者也应当如实入账。

关联法规

《全国法院审理经济犯罪案件工作座谈会纪要》第3条

《最高人民法院、最高人民检察院关于办理受贿刑事案件适用法律若干问题的意见》

第三百八十六条 【受贿罪的处罚规定】对犯受贿罪的，根据受贿所得数额及情节，依照本法第三百八十三条的规定处罚。索贿的从重处罚。

第三百八十七条　【单位受贿罪】国家机关、国有公司、企业、事业单位、人民团体，索取、非法收受他人财物，为他人谋取利益，情节严重的，对单位判处罚金，并对其直接负责的主管人员和其他直接责任人员，处三年以下有期徒刑或者拘役；情节特别严重的，处三年以上十年以下有期徒刑。

前款所列单位，在经济往来中，在帐外暗中收受各种名义的回扣、手续费的，以受贿论，依照前款的规定处罚。

条文注释

根据第387条第1款的规定，单位受贿罪的犯罪主体是国家机关、国有公司、企业、事业单位、人民团体。除此以外，其他单位包括集体经济组织、中外合资企业、中外合作企业、外商独资企业和私营企业，都不能成为单位受贿罪的主体。本罪在行为上主要表现为上述单位索取、非法收受他人财物，为他人谋取利益，情节严重的行为，如国有商业银行利用发放贷款的职务便利，向申请贷款的单位或个人索要好处费。这里所说的"为他人谋取利益"，既包括谋取非法利益，也包括正当利益。至于是否为他人谋取到利益，不影响本罪的构成。应当注意的是，本罪的重要特征是将索取、非法收受的他人财物归单位所有。如果单位直接负责的主管人员和其他直接责任人员借单位名义索取、收受他人财物后私分、中饱私囊的，则不适用本条规定，而应根据对个人犯受贿罪的处刑规定追究刑事责任。

《刑法修正案(十二)》调整提高单位行贿罪的刑罚。此前，实践中一些行贿人以单位名义行贿，规避处罚，导致案件处理不平衡，各方面对此反映单位惩处力度不足，故《刑法修正案(十二)》调整单位行贿罪的刑罚档次，将行贿罪、单位行贿罪、单位受贿罪的起刑点由5年以下调整为3年以下，增加规定"情节特别严重的，处三年以上十年以下有期徒刑"，体现了罪刑相适应的刑法基本原则和体系性修改的思路。

第三百八十八条 【斡旋受贿罪】国家工作人员利用本人职权或者地位形成的便利条件，通过其他国家工作人员职务上的行为，为请托人谋取不正当利益，索取请托人财物或者收受请托人财物的，以受贿论处。

条文注释

本条规定了受贿罪的又一种形式，又称斡旋受贿罪，是指国家工作人员利用本人职权或者地位形成的便利条件，通过其他国家工作人员职务上的行为，为请托人谋取不正当利益，索取请托人财物或者收受请托人财物的行为。如利用上下级之间的隶属关系，同事关系，利用部门、单位之间的工作关系等，让其他国家工作人员为请托人办事。

第三百八十八条之一 【利用影响力受贿罪】国家工作人员的近亲属或者其他与该国家工作人员关系密切的人，通过该国家工作人员职务上的行为，或者利用该国家工作人员职权或者地位形成的便利条件，通过其他国家工作人员职务上的行为，为请托人谋取不正当利益，索取请托人财物或者收受请托人财物，数额较大或者有其他较重情节的，处三年以下有期徒刑或者拘役，并处罚金；数额巨大或者有其他严重情节的，处三年以上七年以下有期徒刑，并处罚金；数额特别巨大或者有其他特别严重情节的，处七年以上有期徒刑，并处罚金或者没收财产。

离职的国家工作人员或者其近亲属以及其他与其关系密切的人，利用该离职的国家工作人员原职权或者地位形成的便利条件实施前款行为的，依照前款的规定定罪处罚。

条文注释

根据本条第 1 款的规定，本罪的犯罪主体包括：与国家工作人员有着某种特定关系的非国家工作人员，包括国家工作人员的近亲属或者其他与该国家工作人员关系密切的人。这里规定的近亲属，主要是指夫、妻、父、母、子、女、同胞兄弟姐妹、祖父母、外祖父母、孙子女、外孙子女。这里所说的"谋取不正当利益",是指根据法律及有关政策规定不应得到的利益。应当说明的是,受贿罪与贪污罪不同,受贿的数额可能不大,但给国家和人民的利益造成的损失可能是巨大的,因此,对受贿罪的量刑,除了要考虑数额,还要考虑其他情节。

第三百八十九条　【行贿罪】为谋取不正当利益,给予国家工作人员以财物的,是行贿罪。

在经济往来中,违反国家规定,给予国家工作人员以财物,数额较大的,或者违反国家规定,给予国家工作人员以各种名义的回扣、手续费的,以行贿论处。

因被勒索给予国家工作人员以财物,没有获得不正当利益的,不是行贿。

条文注释

行贿罪,是指为谋取不正当利益,给予国家工作人员以财物的行为。(1)行贿罪的客观方面表现为行为人实施了给予国家工作人员以财物的行为。给予财物的方式可以是主动给予,即在国家工作人员没有提出要求的情况下,为了利用国家工作人员职务上的便利谋取不正当利益而主动给予财物;也可以是被动给予,即在国家工作人员主动要求、索取财物的情况下,被动地交付财物。但是,如果是因被国家工作人员勒索而被迫交付财物,本人也没有获取不正当利益的,则不构成行贿罪。(2)行贿罪的主观方面为故意,并且有"为了谋取不正当利益"的目的。"为谋取不正当利益"是行贿犯罪的主观要件,并不必然外化为客观行为,但当行贿人"为谋取不正当利益"外化为客观行为且构成其他犯罪的情况下,行贿人实施了两个行为(一个是行贿行为本身,另一个是"为谋取不正当利益"的客观行为),侵犯了两个犯罪客体,应当对其数罪并罚。如果谋取不正当利益的行为仅构成一般违法,尚未构成犯罪的,则作为量刑情节考虑。

关联法规

《最高人民法院、最高人民检察院关于办理行贿刑事案件具体应用法律若干问题的解释》

第三百九十条　【行贿罪的处罚规定】对犯行贿罪的，处三年以下有期徒刑或者拘役，并处罚金；因行贿谋取不正当利益，情节严重的，或者使国家利益遭受重大损失的，处三年以上十年以下有期徒刑，并处罚金；情节特别严重的，或者使国家利益遭受特别重大损失的，处十年以上有期徒刑或者无期徒刑，并处罚金或者没收财产。

有下列情形之一的，从重处罚：

（一）多次行贿或者向多人行贿的；

（二）国家工作人员行贿的；

（三）在国家重点工程、重大项目中行贿的；

（四）为谋取职务、职级晋升、调整行贿的；

（五）对监察、行政执法、司法工作人员行贿的；

（六）在生态环境、财政金融、安全生产、食品药品、防灾救灾、社会保障、教育、医疗等领域行贿，实施违法犯罪活动的；

（七）将违法所得用于行贿的。

行贿人在被追诉前主动交待行贿行为的，可以从轻或者减轻处罚。其中，犯罪较轻的，对调查突破、侦破重大案件起关键作用的，或者有重大立功表现的，可以减轻或者免除处罚。

条文注释

《刑法修正案（十二）》是将党中央确定要重点查处的行贿行为在立法上进一步加强惩治，故对本条增加一款规定作为第 2 款：对多次行贿、向多人行贿，国家工作人员行贿等七类情形从重处罚。同时，本条调整行贿罪的起刑点和刑罚档次，与受贿罪相衔接。

本条对行贿人主动交待行贿行为从宽处理的条件作了特别规定。只要行贿人在被追诉前主动交待行贿行为的，就可以从轻或者减轻处罚。这一规定与《刑法》第 68 条关于犯罪分子有揭发他人犯罪行为，查证属实的，或者提供重要线索，从而得以侦破其他案件等立功表现的，可以从轻或者减轻处罚的规定基本一致。这里所说的“被追诉前”，是指检察机关对行贿人的行贿行为刑事立案前。根据本款规定，可以对行贿人减轻或者免除处罚的首要条件是行贿人在被追诉前主动交待行贿行为，在此前提下，符合以下三个条件之一的，即可以对行贿人减轻或者免除处罚：(1)犯罪情节较轻的，如犯罪数额较少，行贿行为没有造成严重后果、偶犯、初犯等。(2)对调查突破、侦破重大案件起关键作用的。实践中，揭发检举他人的犯罪行为或者提供重要线索，使得其他案件得以破获的才算立功。但行贿犯罪有自己的特点，行贿人主动交待行贿，实际与立功的作用相近，所以，这里明确，只要是行贿人主动交待行贿行为，并且对调查突破、侦破重大案件起关键作用的，就可以对行贿人减轻或者免除处罚。《刑法修正案(十二)》对《刑法》第390条第3款规定未作实质修改，只是将“侦破”修改为“调查突破、侦破”，这是与《监察法》相衔接。刑事立法做出这样的规定，已经考虑到贿赂犯罪的隐蔽性以及行贿人与受贿人之间的信任关系，旨在使司法机关尽快、尽量发现、查处贿赂犯罪事实。(3)有重大立功表现的。这里所说的“重大立功表现”，是指《刑法》第78条所列的重大立功表现之一。

第三百九十条之一　【对有影响力的人行贿罪】为谋取不正当利益，向国家工作人员的近亲属或者其他与该国家工作人员关系密切的人，或者向离职的国家工作人员或者其近亲属以及其他与其关系密切的人行贿的，处三年以下有期徒刑或者拘役，并处罚金；情节严重的，或者使国家利益遭受重大损失的，处三年以上七年以下有期徒刑，并处罚金；情节特别严重的，或者使国家利益遭受特别重大损失的，处七年以上十年以下有期徒刑，并处罚金。

单位犯前款罪的，对单位判处罚金，并对其直接负责的主管人员和其他直接责任人员，处三年以下有期徒刑或者拘役，并处罚金。

条文注释

本条第1款规定的行贿犯罪主体是一般主体，行贿的对象有五类：第一类是国家工作人员的近亲属；第二类是与该国家工作人员关系密切的人；第三类是离职的国家工作人员；第四类是离职的国家工作人员的近亲属；第五类是其他与离职的国家工作人员关系密切的人。这里所说的“近亲属”，主要是指夫、妻、父、母、子、女、同胞兄弟姐妹、祖父母、外祖父母、孙子女、外孙子女。这里所说的“谋取不正当利益”，是指根据法律及有关政策规定不应得到的利益。这里所说的“离职的国家工作人员”，是指曾经是国家工作人员，但目前的状态是已离开国家工作人员的岗位，包括离休、退休、辞职、辞退等情况。

第三百九十一条　【对单位行贿罪】为谋取不正当利益，给予国家机关、国有公司、企业、事业单位、人民团体以财物的，或者在经济往来中，违反国家规定，给予各种名义的回扣、手续费的，处三年以下有期徒刑或者拘役，并处罚金；情节严重的，处三年以上七年以下有期徒刑，并处罚金。

单位犯前款罪的，对单位判处罚金，并对其直接负责的主管人员和其他直接责任人员，依照前款的规定处罚。

第三百九十二条　【介绍贿赂罪】向国家工作人员介绍贿赂，情节严重的，处三年以下有期徒刑或者拘役，并处罚金。

介绍贿赂人在被追诉前主动交待介绍贿赂行为的，可以减轻处罚或者免除处罚。

条文注释

介绍贿赂罪，是指在行贿人和受贿人之间进行联系、沟通、促使贿赂得以实现的犯罪行为。首先，行贿人主观上应当具有向国家工作人员介绍贿赂的故意。如果行为人主观上没有介绍贿赂的故意，即不知道请托人有给付国家工作人员财物的意图，而从中帮忙联系的，即使请托人事实上暗中给予了国家工作人员财物的，该介绍人也不构成介绍贿赂罪。其次，行为人在客观上具有介绍行贿人与受贿人沟通关系，促使行贿实现的行为。构成介绍贿赂罪，必须达到“情节严重”的条件。

第392条第2款对介绍贿赂犯罪的从宽处罚规定比《刑法》第390条第2款关于行贿犯罪的从宽处罚规定还要宽，也就是说，介绍贿赂人在被追诉前主动交待介绍贿赂行为的，就可以依法减轻或者免除处罚，不需要受犯罪较轻等情节的限制。

第三百九十三条　【单位行贿罪】单位为谋取不正当利益而行贿，或者违反国家规定，给予国家工作人员以回扣、手续费，情节严重的，对单位判处罚金，并对其直接负责的主管人员和其他直接责任人员，处三年以下有期徒刑或者拘役，并处罚金；情节特别严重的，处三年以上十年以下有期徒刑，并处罚金。因行贿取得的违法所得归个人所有的，依照本法第三百八十九条、第三百九十条的规定定罪处罚。

第三百九十四条　【贪污罪】国家工作人员在国内公务活动或者对外交往中接受礼物，依照国家规定应当交公而不交公，数额较大的，依照本法第三百八十二条、第三百八十三条的规定定罪处罚。

第三百九十五条　【巨额财产来源不明罪】国家工作人员的财产、支出明显超过合法收入，差额巨大的，可以责令该国家工作人员说明来源，不能说明来源的，差额部分以非法所得论，处五年以下有期徒刑或者拘役；差额特别巨大的，处五年以上十年以下有期徒刑。财产的差额部分予以追缴。

【隐瞒境外存款罪】国家工作人员在境外的存款，应当依照国家规定申报。数额较大、隐瞒不报的，处二年以下有期徒刑或者拘役；情节较轻的，由其所在单位或者上级主管机关酌情给予行政处分。

条文注释

巨额财产来源不明罪，是指国家工作人员的财产、支出明显超过合法收入，差额巨大，不能说明其合法来源的行为。“不能说明来源”，根据相关司法解释包括以下情况：(1)行为人拒不说明财产来源；(2)行为人无法说明财产的具体来源；(3)行为人所说的财产来源经司法机关查证并不属实；(4)行为人所说的财产来源因线索不具体等原因，司法机关无法查实，但能排除存在来源合法的可能性和合理性。此外，需要说明的是，“国家工作人员的财产、支出明显超过合法收入，差额巨大”应当由司法机关承担举证责任；至于“不能说明来源的，差额部分以非法所得论”，属于法律规定的推定情形，而非证明责任倒置，这与《刑事诉讼法》的举证责任规定并不矛盾。

关联法规

《全国法院审理经济犯罪案件工作座谈会纪要》第5条

第三百九十六条　【私分国有资产罪】国家机关、国有公司、企业、事业单位、人民团体，违反国家规定，以单位名义将国有资产集体私分给个人，数额较大的，对其直接负责的主管人员和其他直接责任人员，处三年以下有期徒刑或者拘役，并处或者单处罚金；数额巨大的，处三年以上七年以下有期徒刑，并处罚金。

【私分罚没财物罪】司法机关、行政执法机关违反国家规定，将应当上缴国家的罚没财物，以单位名义集体私分给个人的，依照前款的规定处罚。

第九章　渎　职　罪

第三百九十七条　【滥用职权罪；玩忽职守罪】国家机关工作人员滥用职权或者玩忽职守，致使公共财产、国家和人民利益遭受重大损失的，处三年以下有期徒刑或者拘役；情节特别严重的，处三年以上七年以下有期徒刑。本法另有规定的，依照规定。

国家机关工作人员徇私舞弊，犯前款罪的，处五年以下有期徒刑或者拘役；情节特别严重的，处五年以上十年以下有期徒刑。本法另有规定的，依照规定。

条文注释

滥用职权罪，是指国家机关工作人员不依法正当行使职权或者任意扩大自己的职务权限，致使公共财产、国家和人民利益遭受重大损失的行为。根据我国司法实践，滥用职权表现为：(1)超越职权，擅自决定或处理没有具体决定、处理权限的事项；(2)玩弄职权，随心所欲地对事项作出决定或者处理；(3)故意不履行应当履行的职责，或者任意放弃职责；(4)以权谋私、假公济私，不正确地履行职责。所谓重大损失，是指造成人员伤亡、重大经济损失、严重损害国家声誉、造成恶劣社会影响等情况。本罪主观方面为故意。

玩忽职守罪,是指国家机关工作人员玩忽职守,致使公共财产、国家和人民利益遭受重大损失的行为。所谓玩忽职守,是指行为人严重不负责任,不履行或者不正确履行职责的行为。不履行,是指行为人应当履行且有条件、有能力履行职责,但违背职责没有履行,其中包括擅离职守的行为;不正确履行,是指在履行职责过程中,违反职责规定,粗心大意。本罪主观方面为过失。

应注意本章关于主体的规定。除国家机关工作人员以外,在行使国家权力时,玩忽职守、滥用职权、徇私舞弊构成犯罪,应依照《刑法》关于渎职罪的规定追究刑事责任的还包括以下三类人:(1)在依照法律、法规规定行使国家行政管理职权的组织中从事公务的人员。(2)在受国家机关委托代表国家机关行使职权的组织中从事公务的人员。(3)虽未列入国家机关人员编制但在国家机关中从事公务的人员。这主要是指那些虽不属于国家机关的正式在编人员,但由于临时借调、聘用关系而在国家机关中行使国家机关职权的人员。此外,依法或者受委托行使国家行政管理职权的公司、企业、事业单位的工作人员,在行使行政管理职权时滥用职权或者玩忽职守,构成犯罪的,应当依照《全国人民代表大会常务委员会关于〈中华人民共和国刑法〉第九章渎职罪主体适用问题的解释》的规定,适用渎职罪的规定追究刑事责任。

适用本章罪名还需要注意以下问题:(1)国家机关工作人员滥用职权或者玩忽职守,因不具备徇私舞弊等情形,不符合《刑法》分则第398条至第419条的规定,但依法构成第397条规定的犯罪的,以滥用职权罪或者玩忽职守罪定罪处罚。(2)国家机关工作人员实施渎职犯罪并收受贿赂,同时构成受贿罪的,除《刑法》另有规定外,以渎职犯罪和受贿罪数罪并罚。(3)国家机关工作人员实施渎职行为,放纵他人犯罪或者帮助他人逃避刑事处罚,构成犯罪的,依照渎职罪的规定定罪处罚。(4)国家机关工作人员与他人共谋,利用其职务行为帮助他人实施其他犯罪行为,同时构成渎职犯罪和共谋实施的其他犯罪共犯的,依照处罚较重的规定定罪处罚。(5)国家机关工作人员与他人共谋，既利用其职务行为帮助他人实施其他犯罪，又以非职务行为与他人共同实施该其他犯罪行为，同时构成渎职犯罪和其他犯罪的共犯的，依照数罪并罚的规定定罪处罚。(6)以“集体研究”形式实施的渎职犯罪，应当依照《刑法》分则第9章的规定追究国家机关负有责任的人员的刑事责任。对于具体执行人员，应当在综合认定其行为性质、是否提出反对意见、危害结果大小等情节的基础上决定是否追究刑事责任和应当判处的刑罚。

关联法规

《全国人民代表大会常务委员会关于〈中华人民共和国刑法〉第九章渎职罪主体适用问题的解释》

《全国人民代表大会常务委员会关于惩治骗购外汇、逃汇和非法买卖外汇犯罪的决定》六

《全国法院审理经济犯罪案件工作座谈会纪要》第6条

《最高人民法院、最高人民检察院关于办理渎职刑事案件适用法律若干问题的解释(一)》

《最高人民检察院关于渎职侵权犯罪案件立案标准的规定》

第三百九十八条 【故意泄露国家秘密罪；过失泄露国家秘密罪】国家机关工作人员违反保守国家秘密法的规定，故意或者过失泄露国家秘密，情节严重的，处三年以下有期徒刑或者拘役；情节特别严重的，处三年以上七年以下有期徒刑。

非国家机关工作人员犯前款罪的，依照前款的规定酌情处罚。

条文注释

本罪主体一般来说是特殊主体，即国家机关工作人员。但是，司法实践中，非国家机关工作人员知道国家重要机密的也不少。因此，本条第2款规定，“非国家机关工作人员犯前款罪的，依照前款的规定酌情处罚”。但需要注意的是，非国家机关工作人员犯泄露国家秘密罪的，不具有渎职性质，不属于国家机关工作人员渎职犯罪的类别。

关联法规

《最高人民法院关于审理为境外窃取、刺探、收买、非法提供国家秘密、情报案件具体应用法律若干问题的解释》第6条

第三百九十九条　【徇私枉法罪】司法工作人员徇私枉法、徇情枉法,对明知是无罪的人而使他受追诉、对明知是有罪的人而故意包庇不使他受追诉,或者在刑事审判活动中故意违背事实和法律作枉法裁判的,处五年以下有期徒刑或者拘役;情节严重的,处五年以上十年以下有期徒刑;情节特别严重的,处十年以上有期徒刑。

【民事、行政枉法裁判罪】在民事、行政审判活动中故意违背事实和法律作枉法裁判,情节严重的,处五年以下有期徒刑或者拘役;情节特别严重的,处五年以上十年以下有期徒刑。

【执行判决、裁定失职罪;执行判决、裁定滥用职权罪】在执行判决、裁定活动中,严重不负责任或者滥用职权,不依法采取诉讼保全措施、不履行法定执行职责,或者违法采取诉讼保全措施、强制执行措施,致使当事人或者其他人的利益遭受重大损失的,处五年以下有期徒刑或者拘役;致使当事人或者其他人的利益遭受特别重大损失的,处五年以上十年以下有期徒刑。

司法工作人员收受贿赂,有前三款行为的,同时又构成本法第三百八十五条规定之罪的,依照处罚较重的规定定罪处罚。

条文注释

徇私枉法罪的主体为特殊主体,只能是司法工作人员。根据本法第94条的规定,司法工作人员,是指负有侦查、检察、审判、监管职责的工作人员。徇私枉法罪的主观方面为直接故意,要求必须"明知",过失行为不能构成本罪。在办案过程中,司法工作人员由于政策观念不强,工作不深入、不细致,调查研究不够,以至于造成工作上的错误,如错捕、错判的案件,确实需要追究刑事责任的,应当依照玩忽职守罪、滥用职权罪定罪处罚。本罪客观行为表现为在刑事诉讼活动中"徇私枉法、徇情枉法",具体而言,有以下三种行为方式:(1)"对明知是无罪的人而使他受追诉",是指在刑事诉讼过程中,司法工作

人员在明知他人没有犯罪的情况下，却因徇私情对不该立案的立案，不该起诉的起诉，不该审判的审判。(2)“对明知是有罪的人而故意包庇不使他受追诉”，是指在刑事诉讼中，司法工作人员明知他人犯有罪行，却由于徇私情而不予追诉。(3)“在刑事审判活动中故意违背事实和法律作枉法裁判”，是指司法工作人员利用掌握刑事审判的便利条件，故意歪曲案情真相，作出违背事实和违反法律的判决、裁定，包括在刑事案件中明知是无罪而故意判有罪，明知是有罪而故意判无罪，也包括故意轻罪重判、重罪轻判等。这种行为具体表现为搜集制造假的证据材料，篡改、销毁足以证明事实真相的证据材料，曲解或者滥用法律条文，违反诉讼程序等。

还应注意，在审理刑事附带民事诉讼案件中，如果仅就附带民事案件部分作枉法裁判构成犯罪的，应适用本条第2款的规定；如果刑事部分和民事部分都作了枉法裁判的，从一重罪处罚。

第三百九十九条之一 【**枉法仲裁罪**】依法承担仲裁职责的人员，在仲裁活动中故意违背事实和法律作枉法裁决，情节严重的，处三年以下有期徒刑或者拘役；情节特别严重的，处三年以上七年以下有期徒刑。

第四百条 【**私放在押人员罪**】司法工作人员私放在押的犯罪嫌疑人、被告人或者罪犯的，处五年以下有期徒刑或者拘役；情节严重的，处五年以上十年以下有期徒刑；情节特别严重的，处十年以上有期徒刑。

【**失职致使在押人员脱逃罪**】司法工作人员由于严重不负责任，致使在押的犯罪嫌疑人、被告人或者罪犯脱逃，造成严重后果的，处三年以下有期徒刑或者拘役；造成特别严重后果的，处三年以上十年以下有期徒刑。

条文注释

根据第400条第1款的规定，构成私放在押人员罪主观上必须是故意的。本罪的动机是各种各样的，有的是为了贪图钱财而私放，有的是为了徇私情而私放，有的是为了包庇犯罪同伙而私放。

如果由于疏忽大意、严重不负责任使犯罪嫌疑人、被告人或者罪犯脱逃,造成严重后果的,则不构成本罪,而应当按照本条第2款的规定处理。构成本罪在客观方面必须是实施了私放犯罪嫌疑人、被告人或者罪犯的行为。这里的"私放",是指擅自、非法将在押人员释放使其逃出监管机关的监控范围。监控范围可以是看守所等固定场所,也可以是押解途中,监管场所以外的劳动作业场所等临时性场所。私放的行为主要表现为:司法工作人员利用职务之便,如利用看守、押解、关押在押人员等职务、职责的便利条件,私自将犯罪嫌疑人、被告人或者罪犯放走或者授意、指使他人放走;伪造、变造或者涂改有关法律文件,将犯罪嫌疑人、被告人或者罪犯放走;为犯罪嫌疑人、被告人或者罪犯提供便利条件,帮助使其脱逃等情形。

第四百零一条　【徇私舞弊减刑、假释、暂予监外执行罪】司法工作人员徇私舞弊,对不符合减刑、假释、暂予监外执行条件的罪犯,予以减刑、假释或者暂予监外执行的,处三年以下有期徒刑或者拘役;情节严重的,处三年以上七年以下有期徒刑。

第四百零二条　【徇私舞弊不移交刑事案件罪】行政执法人员徇私舞弊,对依法应当移交司法机关追究刑事责任的不移交,情节严重的,处三年以下有期徒刑或者拘役;造成严重后果的,处三年以上七年以下有期徒刑。

条文注释

构成徇私舞弊不移交刑事案件罪应具备以下条件:(1)本罪的主体为特殊主体,即行政执法人员。"行政执法人员",是指在具有行政执法权的行政机关中从事公务的人员,如公安人员、税务机关工作人员、工商行政管理人员。对于依照法律法规授权,具有管理公共事务职能,在法定授权范围内实施行政处罚的组织的执法人员实施本条规定的行为的,也可以构成本罪。(2)本罪在主观上必须是故意,即行政执法人员明知自己对应当移交司法机关追究刑事责任而不移交的行为会产生危害社会的后果,但仍徇私舞弊不移交。(3)在客观方面,行政执法人员实施了对依法应当移交司法机关追究刑事责任的不移交,情节严重的行为。此外,公安机关的工作人员行使行政执法权时,如果徇私舞弊,对明知是构成犯罪应当提交立案进行刑事侦查的仍不移送,应以徇私枉法罪追究其刑事责任。

第四百零三条 【滥用管理公司、证券职权罪】国家有关主管部门的国家机关工作人员,徇私舞弊,滥用职权,对不符合法律规定条件的公司设立、登记申请或者股票、债券发行、上市申请,予以批准或者登记,致使公共财产、国家和人民利益遭受重大损失的,处五年以下有期徒刑或者拘役。

上级部门强令登记机关及其工作人员实施前款行为的,对其直接负责的主管人员,依照前款的规定处罚。

第四百零四条 【徇私舞弊不征、少征税款罪】税务机关的工作人员徇私舞弊,不征或者少征应征税款,致使国家税收遭受重大损失的,处五年以下有期徒刑或者拘役;造成特别重大损失的,处五年以上有期徒刑。

条文注释

徇私舞弊不征、少征税款罪具有以下特征:(1)主体必须是税务机关的工作人员。这里的“税务机关”,是指各级税务局、税务分局和税务所。非税务机关人员不能构成本罪。(2)主观方面必须是故意。也就是说,税务机关的工作人员明知自己不征或少征应征税款,会给国家税收造成重大损失,但为了徇私情、私利,不征或少征税款。(3)客观方面实施了不征或少征应征税款,并使国家税收遭受重大损失的行为。“应征税款”,是指税务机关根据法律、行政法规规定的税种、税率,应当向纳税人征收的税款。行为人的行为具体表现为擅自决定税收的停征、减征或者免征,即为徇私情对应当征收税款的不征收、少征收;或者对纳税人欠缴税款的,本应通知银行或其他金融机构从纳税人存款中扣缴,而不通知;对应当扣押、查封、拍卖价值与欠税人应纳税款相当的物品,而不扣押、查封或拍卖等。另外,税务机关的工作人员实施的前述行为,必须是使国家税收遭受重大损失的才能构成犯罪,这是区分罪与非罪的界限。

还应注意两个问题:(1)如果行为人在征税工作中因不认真负责而计算有误,没有征收或者少征了应征税款,致使国家税收遭受重大损失,可按玩忽职守罪追究其刑事责任。(2)如果行为人与纳税人相勾结,帮助纳税人偷税,如为其出主意,然后不征或少征其应缴的税款,应按逃税罪的共犯追究其刑事责任。

第四百零五条　【徇私舞弊发售发票、抵扣税款、出口退税罪】税务机关的工作人员违反法律、行政法规的规定,在办理发售发票、抵扣税款、出口退税工作中,徇私舞弊,致使国家利益遭受重大损失的,处五年以下有期徒刑或者拘役;致使国家利益遭受特别重大损失的,处五年以上有期徒刑。

【违法提供出口退税凭证罪】其他国家机关工作人员违反国家规定,在提供出口货物报关单、出口收汇核销单等出口退税凭证的工作中,徇私舞弊,致使国家利益遭受重大损失的,依照前款的规定处罚。

第四百零六条　【国家机关工作人员签订、履行合同失职被骗罪】国家机关工作人员在签订、履行合同过程中,因严重不负责任被诈骗,致使国家利益遭受重大损失的,处三年以下有期徒刑或者拘役;致使国家利益遭受特别重大损失的,处三年以上七年以下有期徒刑。

条文注释

根据第406条的规定,本罪的客观方面为行为人因严重不负责任而在签订、履行合同过程中被诈骗。主要表现为未向主管单位或有关单位了解对方当事人的合同主体资格、资信情况、履约能力和资源等情况,盲目同无资金或无货源的另一方签订购销合同而被诈骗;对供方销售的以次充好不符合质量要求、质次价高的货物,应检查而未检查,擅自同意发货,不坚持按合同验收,致使被诈骗;被诈骗后,对质次货劣的商品,不及时采取措施,延误索赔期或擅自决定不索赔,造成重大经济损失等。行为人实施上述行为,必须是“致使国家利益遭受重大损失的”才能构成本罪。司法实践中,应当区分由于市场行情、受个人本身水平限制以及出现不可抗力等情况的原因,使国家机关工作人员在签订、履行合同过程中,致使国家利益遭受重大损失与本罪的界限,如果出现上述情况,应当具体情况具体分析,不能简单地以本罪论处。根据本条规定,构成本罪主观上主要是过失,即行为人应当预见自己的行为可能发生被诈骗的危害结果,由于主观上疏忽大意没有预见,或者已经预见而轻信能够避免,严重不负责任,致使造成重大损失。但也有部分是由间接故意构成,即行为人明知自己不负责任签订、履行合同的行为会造成被诈骗的危害后果,而放任这种结果的发生。

第四百零七条 【违法发放林木采伐许可证罪】林业主管部门的工作人员违反森林法的规定,超过批准的年采伐限额发放林木采伐许可证或者违反规定滥发林木采伐许可证,情节严重,致使森林遭受严重破坏的,处三年以下有期徒刑或者拘役。

第四百零八条 【环境监管失职罪】负有环境保护监督管理职责的国家机关工作人员严重不负责任,导致发生重大环境污染事故,致使公私财产遭受重大损失或者造成人身伤亡的严重后果的,处三年以下有期徒刑或者拘役。

条文注释

环境监管失职罪的主体是对环境保护负有监督管理职责的国家机关工作人员,主要包括在国务院环境保护行政主管部门、县级以上地方人民政府环境保护行政主管部门从事环境保护监督管理工作的人员,也包括在国家海洋行政主管部门、港务监督、渔政渔港监督、军队环境保护部门和各级公安、交通、铁道、民航管理部门中,依照有关法律的规定对环境污染防治实施监督管理的人员。另外,在县级以上人民政府的土地、矿产、林业、农业、水利行政主管部门中,依照有关法律的规定对资源的保护实施监督管理的人员,也可以构成本罪的主体。构成本罪必须是上述人员严重不负责任,不认真履行监督管理职责,以致发生重大环境污染事故,致使公私财产遭受重大损失或者造成人身伤亡的严重后果。“重大环境污染事故”,是指造成大气、水源、海洋、土地等环境质量标准严重不符合国家规定标准,造成公私财产重大损失或人身伤亡的严重事件。“污染”,是指在生产建设或者其他活动中产生的足以危害人体健康的废气、废水、废渣、粉尘、恶臭气体、放射性物质以及噪声、振动、电磁波辐射等。根据本条规定,对造成环境污染事故的,必须是“致使公私财产遭受重大损失或者造成人身伤亡的严重后果”才构成犯罪。如果没有造成严重后果,可以由有关部门予以行政处分。应当注意的是,只要具备“致使公私财产遭受重大损失”或者“造成人身伤亡”其中任何一个条件即构成本罪。

第四百零八条之一　【食品、药品监管渎职罪】负有食品药品安全监督管理职责的国家机关工作人员,滥用职权或者玩忽职守,有下列情形之一,造成严重后果或者有其他严重情节的,处五年以下有期徒刑或者拘役;造成特别严重后果或者有其他特别严重情节的,处五年以上十年以下有期徒刑:

(一)瞒报、谎报食品安全事故、药品安全事件的;

(二)对发现的严重食品药品安全违法行为未按规定查处的;

(三)在药品和特殊食品审批审评过程中,对不符合条件的申请准予许可的;

(四)依法应当移交司法机关追究刑事责任不移交的;

(五)有其他滥用职权或者玩忽职守行为的。

徇私舞弊犯前款罪的,从重处罚。

条文注释

《刑法修正案(十一)》对本罪进行了修改,将“负有食品安全监督管理职责”改为“负有食品药品安全监督管理职责”,加大了对药品安全监管的力度。本罪是结果犯、情形犯,必须造成严重后果或有其他严重情节才构成犯罪。此外,《刑法修正案(十一)》对本罪规定了五种加重犯情形。

第四百零九条　【传染病防治失职罪】从事传染病防治的政府卫生行政部门的工作人员严重不负责任,导致传染病传播或者流行,情节严重的,处三年以下有期徒刑或者拘役。

关联法规

《最高人民法院、最高人民检察院关于办理妨害预防、控制突发传染病疫情等灾害的刑事案件具体应用法律若干问题的解释》第16条

第四百一十条　【非法批准征收、征用、占用土地罪；非法低价出让国有土地使用权罪】国家机关工作人员徇私舞弊，违反土地管理法规，滥用职权，非法批准征收、征用、占用土地，或者非法低价出让国有土地使用权，情节严重的，处三年以下有期徒刑或者拘役；致使国家或者集体利益遭受特别重大损失的，处三年以上七年以下有期徒刑。

关联法规

《全国人民代表大会常务委员会关于〈中华人民共和国刑法〉第二百二十八条、第三百四十二条、第四百一十条的解释》

《最高人民法院关于审理破坏土地资源刑事案件具体应用法律若干问题的解释》第4~7、9条

《最高人民法院关于审理破坏森林资源刑事案件适用法律若干问题的解释》

《最高人民法院关于审理破坏草原资源刑事案件应用法律若干问题的解释》第3条

第四百一十一条　【放纵走私罪】海关工作人员徇私舞弊，放纵走私，情节严重的，处五年以下有期徒刑或者拘役；情节特别严重的，处五年以上有期徒刑。

条文注释

在海关机构中从事公务的工作人员，如果实施了徇私舞弊、放纵走私，情节严重的行为即构成本罪。“徇私舞弊、放纵走私”，是指海关工作人员为袒护亲友或徇其他私情私利，违背法律，对明知是走私行为而予以放纵，使之不受查究的行为。既包括明知是走私货物而私自放行，也包括应当没收走私货物、物品、违法所得而不予没收，应当予以罚款的不予罚款；既包括放纵走私犯罪分子，也包括放纵不构成犯罪的走私行为人。“情节”是否“严重”，是区分罪与非罪

的界限。“情节严重”,是指多次实施徇私舞弊,放纵走私的行为或者由于徇私舞弊,放纵走私的行为,致使公共财产、国家和人民的利益遭受重大损失的情形。

此外,《最高人民法院、最高人民检察院、海关总署关于办理走私刑事案件适用法律若干问题的意见》规定:负有特定监管义务的海关工作人员徇私舞弊,利用职权,放任、纵容走私犯罪行为,情节严重的,构成放纵走私罪。放纵走私行为,一般是消极的不作为。如果海关工作人员与走私分子通谋,在放纵走私过程中以积极的行为配合走私分子逃避海关监管或者在放纵走私之后分得赃款的,应以共同走私犯罪追究刑事责任。海关工作人员收受贿赂又放纵走私的,应以受贿罪和放纵走私罪数罪并罚。

第四百一十二条　【商检徇私舞弊罪】国家商检部门、商检机构的工作人员徇私舞弊,伪造检验结果的,处五年以下有期徒刑或者拘役;造成严重后果的,处五年以上十年以下有期徒刑。

【商检失职罪】前款所列人员严重不负责任,对应当检验的物品不检验,或者延误检验出证、错误出证,致使国家利益遭受重大损失的,处三年以下有期徒刑或者拘役。

第四百一十三条　【动植物检疫徇私舞弊罪】动植物检疫机关的检疫人员徇私舞弊,伪造检疫结果的,处五年以下有期徒刑或者拘役;造成严重后果的,处五年以上十年以下有期徒刑。

【动植物检疫失职罪】前款所列人员严重不负责任,对应当检疫的检疫物不检疫,或者延误检疫出证、错误出证,致使国家利益遭受重大损失的,处三年以下有期徒刑或者拘役。

第四百一十四条　【放纵制售伪劣商品犯罪行为罪】对生产、销售伪劣商品犯罪行为负有追究责任的国家机关工作人员,徇私舞弊,不履行法律规定的追究职责,情节严重的,处五年以下有期徒刑或者拘役。

关联法规

《最高人民法院、最高人民检察院关于办理生产、销售伪劣商品刑事案件具体应用法律若干问题的解释》第 8 条

第四百一十五条 【办理偷越国(边)境人员出入境证件罪;放行偷越国(边)境人员罪】负责办理护照、签证以及其他出入境证件的国家机关工作人员,对明知是企图偷越国(边)境的人员,予以办理出入境证件的,或者边防、海关等国家机关工作人员,对明知是偷越国(边)境的人员,予以放行的,处三年以下有期徒刑或者拘役;情节严重的,处三年以上七年以下有期徒刑。

第四百一十六条 【不解救被拐卖、绑架妇女、儿童罪】对被拐卖、绑架的妇女、儿童负有解救职责的国家机关工作人员,接到被拐卖、绑架的妇女、儿童及其家属的解救要求或者接到其他人的举报,而对被拐卖、绑架的妇女、儿童不进行解救,造成严重后果的,处五年以下有期徒刑或者拘役。

【阻碍解救被拐卖、绑架妇女、儿童罪】负有解救职责的国家机关工作人员利用职务阻碍解救的,处二年以上七年以下有期徒刑;情节较轻的,处二年以下有期徒刑或者拘役。

第四百一十七条 【帮助犯罪分子逃避处罚罪】有查禁犯罪活动职责的国家机关工作人员,向犯罪分子通风报信、提供便利,帮助犯罪分子逃避处罚的,处三年以下有期徒刑或者拘役;情节严重的,处三年以上十年以下有期徒刑。

条文注释

第417条中的“有查禁犯罪活动职责的国家机关工作人员”,主要是指有查禁犯罪活动职责的公安机关、国家安全机关、检察机关、审判机关中的司法工作人员。“通风报信”,是指向犯罪分子有意泄露或者直接告知犯罪分子有关部门查禁活动的部署、措施、时间、地点等情况的行为;“提供便利”,是指为犯罪分子提供隐藏处所、交通工具、通信设备或其他便利条件,协助其逃避法律追究的行为。“通风报信、提供便利”只是法条列举的帮助犯罪分子逃避处罚的通常行为。因此,以“通风报信、提供便利”之外的方法,帮助犯罪分子逃避处罚的,也成立本罪。

本罪的主观方面为故意,即行为人在主观上必须具有使犯罪分子逃避处罚的目的，而故意实施向犯罪分子通风报信、提供便利，才能适用第417条的规定；如果行为人是无意中泄露有关情况，或者是在不知情的情况下，为犯罪分子提供了便利，则不能适用。

关联法规

《最高人民法院、最高人民检察院、公安部、国家工商行政管理局关于依法查处盗窃、抢劫机动车案件的规定》第10条

第四百一十八条　【招收公务员、学生徇私舞弊罪】国家机关工作人员在招收公务员、学生工作中徇私舞弊，情节严重的，处三年以下有期徒刑或者拘役。

第四百一十九条　【失职造成珍贵文物损毁、流失罪】国家机关工作人员严重不负责任，造成珍贵文物损毁或者流失，后果严重的，处三年以下有期徒刑或者拘役。

第十章　军人违反职责罪

第四百二十条　【军人违反职责罪的概念】军人违反职责，危害国家军事利益，依照法律应当受刑罚处罚的行为，是军人违反职责罪。

第四百二十一条　【战时违抗命令罪】战时违抗命令，对作战造成危害的，处三年以上十年以下有期徒刑；致使战斗、战役遭受重大损失的，处十年以上有期徒刑、无期徒刑或者死刑。

第四百二十二条　【隐瞒、谎报军情罪；拒传、假传军令罪】故意隐瞒、谎报军情或者拒传、假传军令，对作战造成危害的，处三年以上十年以下有期徒刑；致使战斗、战役遭受重大损失的，处十年以上有期徒刑、无期徒刑或者死刑。

第四百二十三条　【投降罪】在战场上贪生怕死，自动放下武器投降敌人的，处三年以上十年以下有期徒刑；情节严重的，处十年以上有期徒刑或者无期徒刑。

投降后为敌人效劳的，处十年以上有期徒刑、无期徒刑或者死刑。

第四百二十四条　【战时临阵脱逃罪】战时临阵脱逃的，处三年以下有期徒刑；情节严重的，处三年以上十年以下有期徒刑；致使战斗、战役遭受重大损失的，处十年以上有期徒刑、无期徒刑或者死刑。

第四百二十五条　【擅离、玩忽军事职守罪】指挥人员和值班、值勤人员擅离职守或者玩忽职守，造成严重后果的，处三年以下有期徒刑或者拘役；造成特别严重后果的，处三年以上七年以下有期徒刑。

战时犯前款罪的，处五年以上有期徒刑。

第四百二十六条　【阻碍执行军事职务罪】以暴力、威胁方法，阻碍指挥人员或者值班、值勤人员执行职务的，处五年以下有期徒刑或者拘役；情节严重的，处五年以上十年以下有期徒刑；情节特别严重的，处十年以上有期徒刑或者无期徒刑。战时从重处罚。

第四百二十七条　【指使部属违反职责罪】滥用职权，指使部属进行违反职责的活动，造成严重后果的，处五年以下有期徒刑或者拘役；情节特别严重的，处五年以上十年以下有期徒刑。

第四百二十八条　【违令作战消极罪】指挥人员违抗命令，临阵畏缩，作战消极，造成严重后果的，处五年以下有期徒刑；致使战斗、战役遭受重大损失或者有其他特别严重情节的，处五年以上有期徒刑。

第四百二十九条　【拒不救援友邻部队罪】在战场上明知友邻部队处境危急请求救援，能救援而不救援，致使友邻部队遭受重大损失的，对指挥人员，处五年以下有期徒刑。

第四百三十条　【军人叛逃罪】在履行公务期间，擅离岗位，叛逃境外或者在境外叛逃，危害国家军事利益的，处五年以下有期徒刑或者拘役；情节严重的，处五年以上有期徒刑。

驾驶航空器、舰船叛逃的，或者有其他特别严重情节的，处十年以上有期徒刑、无期徒刑或者死刑。

第四百三十一条　【非法获取军事秘密罪】以窃取、刺探、收买方法，非法获取军事秘密的，处五年以下有期徒刑；情节严重的，处五年以上十年以下有期徒刑；情节特别严重的，处十年以上有期徒刑。

【为境外窃取、刺探、收买、非法提供军事秘密罪】为境外的机构、组织、人员窃取、刺探、收买、非法提供军事秘密的，处五年以上十年以下有期徒刑；情节严重的，处十年以上有期徒刑、无期徒刑或者死刑。

第四百三十二条　【故意泄露军事秘密罪；过失泄露军事秘密罪】违反保守国家秘密法规，故意或者过失泄露军事秘密，情节严重的，处五年以下有期徒刑或者拘役；情节特别严重的，处五年以上十年以下有期徒刑。

战时犯前款罪的，处五年以上十年以下有期徒刑；情节特别严重的，处十年以上有期徒刑或者无期徒刑。

第四百三十三条　【战时造谣惑众罪】战时造谣惑众，动摇军心的，处三年以下有期徒刑；情节严重的，处三年以上十年以下有期徒刑；情节特别严重的，处十年以上有期徒刑或者无期徒刑。

第四百三十四条　【战时自伤罪】战时自伤身体，逃避军事义务的，处三年以下有期徒刑；情节严重的，处三年以上七年以下有期徒刑。

第四百三十五条　【逃离部队罪】违反兵役法规，逃离部队，情节严重的，处三年以下有期徒刑或者拘役。

战时犯前款罪的，处三年以上七年以下有期徒刑。

关联法规

《最高人民法院、最高人民检察院关于对军人非战时逃离部队的行为能否定罪处罚问题的批复》

第四百三十六条　【武器装备肇事罪】违反武器装备使用规定，情节严重，因而发生责任事故，致人重伤、死亡或者造成其他严重后果的，处三年以下有期徒刑或者拘役；后果特别严重的，处三年以上七年以下有期徒刑。

第四百三十七条　【擅自改变武器装备编配用途罪】违反武器装备管理规定，擅自改变武器装备的编配用途，造成严重后果的，处三年以下有期徒刑或者拘役；造成特别严重后果的，处三年以上七年以下有期徒刑。

第四百三十八条　【盗窃、抢夺武器装备、军用物资罪】盗窃、抢夺武器装备或者军用物资的，处五年以下有期徒刑或者拘役；情节严重的，处五年以上十年以下有期徒刑；情节特别严重的，处十年以上有期徒刑、无期徒刑或者死刑。

【盗窃、抢夺枪支、弹药、爆炸物、危险物质罪】盗窃、抢夺枪支、弹药、爆炸物的，依照本法第一百二十七条的规定处罚。

第四百三十九条　【非法出卖、转让武器装备罪】非法出卖、转让军队武器装备的，处三年以上十年以下有期徒刑；出卖、转让大量武器装备或者有其他特别严重情节的，处十年以上有期徒刑、无期徒刑或者死刑。

第四百四十条　【遗弃武器装备罪】违抗命令，遗弃武器装备的，处五年以下有期徒刑或者拘役；遗弃重要或者大量武器装备的，或者有其他严重情节的，处五年以上有期徒刑。

第四百四十一条　【遗失武器装备罪】遗失武器装备，不及时报告或者有其他严重情节的，处三年以下有期徒刑或者拘役。

第四百四十二条　【擅自出卖、转让军队房地产罪】违反规定，擅自出卖、转让军队房地产，情节严重的，对直接责任人员，处三年以下有期徒刑或者拘役；情节特别严重的，处三年以上十年以下有期徒刑。

第四百四十三条　【虐待部属罪】滥用职权，虐待部属，情节恶劣，致人重伤或者造成其他严重后果的，处五年以下有期徒刑或者拘役；致人死亡的，处五年以上有期徒刑。

第四百四十四条　【遗弃伤病军人罪】在战场上故意遗弃伤病军人，情节恶劣的，对直接责任人员，处五年以下有期徒刑。

第四百四十五条　【战时拒不救治伤病军人罪】战时在救护治疗职位上，有条件救治而拒不救治危重伤病军人的，处五年以下有期徒刑或者拘役；造成伤病军人重残、死亡或者有其他严重情节的，处五年以上十年以下有期徒刑。

第四百四十六条　【战时残害居民、掠夺居民财物罪】战时在军事行动地区，残害无辜居民或者掠夺无辜居民财物的，处五年以下有期徒刑；情节严重的，处五年以上十年以下有期徒刑；情节特别严重的，处十年以上有期徒刑、无期徒刑或者死刑。

第四百四十七条 【私放俘虏罪】私放俘虏的，处五年以下有期徒刑；私放重要俘虏、私放俘虏多人或者有其他严重情节的，处五年以上有期徒刑。

第四百四十八条 【虐待俘虏罪】虐待俘虏，情节恶劣的，处三年以下有期徒刑。

第四百四十九条 【战时缓刑】在战时，对被判处三年以下有期徒刑没有现实危险宣告缓刑的犯罪军人，允许其戴罪立功，确有立功表现时，可以撤销原判刑罚，不以犯罪论处。

第四百五十条 【本章适用的主体范围】本章适用于中国人民解放军的现役军官、文职干部、士兵及具有军籍的学员和中国人民武装警察部队的现役警官、文职干部、士兵及具有军籍的学员以及文职人员、执行军事任务的预备役人员和其他人员。

第四百五十一条 【战时的界定】本章所称战时，是指国家宣布进入战争状态、部队受领作战任务或者遭敌突然袭击时。

部队执行戒严任务或者处置突发性暴力事件时，以战时论。

附 则

第四百五十二条 【施行日期及法律的废止与保留】本法自 1997 年 10 月 1 日起施行。

列于本法附件一的全国人民代表大会常务委员会制定的条例、补充规定和决定，已纳入本法或者已不适用，自本法施行之日起，予以废止。

列于本法附件二的全国人民代表大会常务委员会制定的补充规

定和决定予以保留。其中，有关行政处罚和行政措施的规定继续有效；有关刑事责任的规定已纳入本法，自本法施行之日起，适用本法规定。

附件一

全国人民代表大会常务委员会制定的下列条例、补充规定和决定，已纳入本法或者已不适用，自本法施行之日起，予以废止：

1. 中华人民共和国惩治军人违反职责罪暂行条例
2. 关于严惩严重破坏经济的罪犯的决定
3. 关于严惩严重危害社会治安的犯罪分子的决定
4. 关于惩治走私罪的补充规定
5. 关于惩治贪污罪贿赂罪的补充规定
6. 关于惩治泄露国家秘密犯罪的补充规定
7. 关于惩治捕杀国家重点保护的珍贵、濒危野生动物犯罪的补充规定
8. 关于惩治侮辱中华人民共和国国旗国徽罪的决定
9. 关于惩治盗掘古文化遗址古墓葬犯罪的补充规定
10. 关于惩治劫持航空器犯罪分子的决定
11. 关于惩治假冒注册商标犯罪的补充规定
12. 关于惩治生产、销售伪劣商品犯罪的决定
13. 关于惩治侵犯著作权的犯罪的决定
14. 关于惩治违反公司法的犯罪的决定
15. 关于处理逃跑或者重新犯罪的劳改犯和劳教人员的决定

附件二

全国人民代表大会常务委员会制定的下列补充规定和决定予以保留，其中，有关行政处罚和行政措施的规定继续有效；有关刑事责任的规定已纳入本法，自本法施行之日起，适用本法规定：

1. 关于禁毒的决定①
2. 关于惩治走私、制作、贩卖、传播淫秽物品的犯罪分子的决定
3. 关于严惩拐卖、绑架妇女、儿童的犯罪分子的决定
4. 关于严禁卖淫嫖娼的决定
5. 关于惩治偷税、抗税犯罪的补充规定②
6. 关于严惩组织、运送他人偷越国（边）境犯罪的补充规定③
7. 关于惩治破坏金融秩序犯罪的决定
8. 关于惩治虚开、伪造和非法出售增值税专用发票犯罪的决定

---

① 根据《中华人民共和国禁毒法》第71条的规定，本决定自2008年6月1日起废止。

② 根据《全国人民代表大会常务委员会关于废止部分法律的决定》，本决定自2009年6月27日起废止。

③ 根据《全国人民代表大会常务委员会关于废止部分法律的决定》，本决定自2009年6月27日起废止。

附录一

全国人民代表大会常务委员会关于惩治骗购外汇、逃汇和非法买卖外汇犯罪的决定

（1998 年 12 月 29 日第九届全国人民代表大会常务委员会第六次会议通过 1998 年 12 月 29 日中华人民共和国主席令第 14 号公布 自公布之日起施行）

为了惩治骗购外汇、逃汇和非法买卖外汇的犯罪行为，维护国家外汇管理秩序，对刑法作如下补充修改：

一、有下列情形之一，骗购外汇，数额较大的，处五年以下有期徒刑或者拘役，并处骗购外汇数额百分之五以上百分之三十以下罚金；数额巨大或者有其他严重情节的，处五年以上十年以下有期徒刑，并处骗购外汇数额百分之五以上百分之三十以下罚金；数额特别巨大或者有其他特别严重情节的，处十年以上有期徒刑或者无期徒刑，并处骗购外汇数额百分之五以上百分之三十以下罚金或者没收财产：

（一）使用伪造、变造的海关签发的报关单、进口证明、外汇管理部门核准件等凭证和单据的；

（二）重复使用海关签发的报关单、进口证明、外汇管理部门核准件等凭证和单据的；

（三）以其他方式骗购外汇的。

伪造、变造海关签发的报关单、进口证明、外汇管理部门核准件等凭证和单据，并用于骗购外汇的，依照前款的规定从重处罚。

明知用于骗购外汇而提供人民币资金的，以共犯论处。

单位犯前三款罪的，对单位依照第一款的规定判处罚金，并对其直接负责的主管人员和其他直接责任人员，处五年以下有期徒刑或者拘役；数额巨大或者有其他严重情节的，处五年以上十年以下有期徒刑；数额特别巨大或者有其他特别严重情节的，处十年以上有期徒刑或者无期徒刑。

二、买卖伪造、变造的海关签发的报关单、进口证明、外汇管理部门核准件等凭证和单据或者国家机关的其他公文、证件、印章的，依照刑法第二百八十条的规定定罪处罚。

三、将刑法第一百九十条修改为：公司、企业或者其他单位，违反国家规定，擅自将外汇存放境外，或者

将境内的外汇非法转移到境外，数额较大的，对单位判处逃汇数额百分之五以上百分之三十以下罚金，并对其直接负责的主管人员和其他直接责任人员，处五年以下有期徒刑或者拘役；数额巨大或者有其他严重情节的，对单位判处逃汇数额百分之五以上百分之三十以下罚金，并对其直接负责的主管人员和其他直接责任人员，处五年以上有期徒刑。

四、在国家规定的交易场所以外非法买卖外汇，扰乱市场秩序，情节严重的，依照刑法第二百二十五条的规定定罪处罚。

单位犯前款罪的，依照刑法第二百三十一条的规定处罚。

五、海关、外汇管理部门以及金融机构、从事对外贸易经营活动的公司、企业或者其他单位的工作人员与骗购外汇或者逃汇的行为人通谋，为其提供购买外汇的有关凭证或者其他便利的，或者明知是伪造、变造的凭证和单据而售汇、付汇的，以共犯论，依照本决定从重处罚。

六、海关、外汇管理部门的工作人员严重不负责任，造成大量外汇被骗购或者逃汇，致使国家利益遭受重大损失的，依照刑法第三百九十七条的规定定罪处罚。

七、金融机构、从事对外贸易经营活动的公司、企业的工作人员严重不负责任，造成大量外汇被骗购或者逃汇，致使国家利益遭受重大损失的，依照刑法第一百六十七条的规定定罪处罚。

八、犯本决定规定之罪，依法被追缴、没收的财物和罚金，一律上缴国库。

九、本决定自公布之日起施行。

全国人民代表大会常务委员会关于惩治走私、制作、贩卖、传播淫秽物品的犯罪分子的决定

（1990年12月28日第七届全国人民代表大会常务委员会第十七次会议通过　根据2009年8月27日第十一届全国人民代表大会常务委员会第十次会议《关于修改部分法律的决定》修正）

为了惩治走私、制作、贩卖、传播淫秽的书刊、影片、录像带、录音带、图片或者其他淫秽物品的犯罪分子，维护社会治安秩序，加强社会主义精神文明建设，抵制资产阶级腐朽思想的侵蚀，特作如下决定：

一、以牟利或者传播为目的，走私淫秽物品的，依照关于惩治走私罪

的补充规定处罚。不是为了牟利、传播、携带、邮寄少量淫秽物品进出境的，依照海关法的有关规定处罚。

二、以牟利为目的，制作、复制、出版、贩卖、传播淫秽物品的，处3年以下有期徒刑或者拘役，并处罚金；情节严重的，处3年以上10年以下有期徒刑，并处罚金；情节特别严重的，处10年以上有期徒刑或者无期徒刑，并处罚金或者没收财产。情节较轻的，由公安机关依照治安管理处罚法的有关规定处罚。

为他人提供书号，出版淫秽书刊的，处3年以下有期徒刑或者拘役，并处或者单处罚金；明知他人用于出版淫秽书刊而提供书号的，依照前款的规定处罚。

三、在社会上传播淫秽的书刊、影片、录像带、录音带、图片或者其他淫秽物品，情节严重的，处2年以下有期徒刑或者拘役。情节较轻的，由公安机关依照治安管理处罚法的有关规定处罚。

组织播放淫秽的电影、录像等音像制品的，处3年以下有期徒刑或者拘役，可以并处罚金；情节严重的，处3年以上10年以下有期徒刑，并处罚金。情节较轻的，由公安机关依照治安管理处罚法的有关规定处罚。

制作、复制淫秽的电影、录像等音像制品组织播放的，依照第二款的规定从重处罚。

向不满18岁的未成年人传播淫秽物品的，从重处罚。

不满16岁的未成年人传抄、传看淫秽的图片、书刊或者其他淫秽物品的，家长、学校应当加强管教。

四、利用淫秽物品进行流氓犯罪的，依照刑法第一百六十条的规定处罚；流氓犯罪集团的首要分子，或者进行流氓犯罪活动危害特别严重的，依照关于严惩严重危害社会治安的犯罪分子的决定第一条的规定，可以在刑法规定的最高刑以上处刑，直至判处死刑。

利用淫秽物品传授犯罪方法的，依照关于严惩严重危害社会治安的犯罪分子的决定第二条的规定处罚，情节特别严重的，处无期徒刑或者死刑。

五、单位有本决定第一条、第二条、第三条规定的违法犯罪行为的，对其直接负责的主管人员和其他直接责任人员，依照各该条的规定处罚，对单位判处罚金或者予以罚款，行政主管部门并可以责令停业整顿或者吊销执照。

六、有下列情节之一的，依照本决定有关规定从重处罚：

（一）犯罪集团的首要分子；

（二）国家工作人员利用工作职务便利，走私、制作、复制、出版、贩卖、传播淫秽物品的；

（三）管理录像、照像、复印等设备的人员，利用所管理的设备，犯有本决定第二条、第三条、第四条规定的违法犯罪行为的；

（四）成年人教唆不满18岁的未成年人走私、制作、复制、贩卖、传播淫秽物品的。

七、淫秽物品和走私、制作、复制、出版、贩卖、传播淫秽物品的违法所得以及属于本人所有的犯罪工具，予以没收。没收的淫秽物品，按照国家规定销毁。罚没收入一律上缴国库。

八、本决定所称淫秽物品，是指具体描绘性行为或者露骨宣扬色情的诲淫性的书刊、影片、录像带、录音带、图片及其他淫秽物品。

有关人体生理、医学知识的科学著作不是淫秽物品。

包含有色情内容的有艺术价值的文学、艺术作品不视为淫秽物品。

淫秽物品的种类和目录，由国务院有关主管部门规定。

九、本决定自公布之日起施行。

全国人民代表大会常务委员会关于严禁卖淫嫖娼的决定

（1991年9月4日第七届全国人民代表大会常务委员会第二十一次会议通过　根据2009年8月27日第十一届全国人民代表大会常务委员会第十次会议《关于修改部分法律的决定》修正）

为了严禁卖淫、嫖娼，严惩组织、强迫、引诱、容留、介绍他人卖淫的犯罪分子，维护社会治安秩序和良好的社会风气，对刑法有关规定作如下补充修改：

一、组织他人卖淫的，处10年以上有期徒刑或者无期徒刑，并处1万元以下罚金或者没收财产；情节特别严重的，处死刑，并处没收财产。

协助组织他人卖淫的，处3年以上10年以下有期徒刑，并处1万元以下罚金；情节严重的，处10年以上有期徒刑，并处1万元以下罚金或者没收财产。

二、强迫他人卖淫的，处5年以上10年以下有期徒刑，并处1万元以下罚金；有下列情形之一的，处10

年以上有期徒刑或者无期徒刑，并处1万元以下罚金或者没收财产；情节特别严重的，处死刑，并处没收财产：

（一）强迫不满14岁的幼女卖淫的；

（二）强迫多人卖淫或者多次强迫他人卖淫的；

（三）强奸后迫使卖淫的；

（四）造成被强迫卖淫的人重伤、死亡或者其他严重后果的。

三、引诱、容留、介绍他人卖淫的，处5年以下有期徒刑或者拘役，并处5000元以下罚金；情节严重的，处5年以上有期徒刑，并处1万元以下罚金；情节较轻的，依照《中华人民共和国治安管理处罚法》的规定处罚。

引诱不满14岁的幼女卖淫的，依照本决定第二条关于强迫不满14岁的幼女卖淫的规定处罚。

四、卖淫、嫖娼的，依照《中华人民共和国治安管理处罚法》的规定处罚。

对卖淫、嫖娼的，可以由公安机关会同有关部门强制集中进行法律、道德教育和生产劳动，使之改掉恶习。期限为6个月至2年。具体办法由国务院规定。

因卖淫、嫖娼被公安机关处理后又卖淫、嫖娼的，实行劳动教养，并由公安机关处5000元以下罚款。

对卖淫、嫖娼的，一律强制进行性病检查。对患有性病的，进行强制治疗。

五、明知自己患有梅毒、淋病等严重性病卖淫、嫖娼的，处5年以下有期徒刑、拘役或者管制，并处5000元以下罚金。

嫖宿不满14岁的幼女的，依照刑法关于强奸罪的规定处罚。

六、旅馆业、饮食服务业、文化娱乐业、出租汽车业等单位的人员，利用本单位的条件，组织、强迫、引诱、容留、介绍他人卖淫的，依照本决定第一条、第二条、第三条的规定处罚。

前款所列单位的主要负责人，有前款规定的行为的，从重处罚。

七、旅馆业、饮食服务业、文化娱乐业、出租汽车业等单位，对发生在本单位的卖淫、嫖娼活动，放任不管、不采取措施制止的，由公安机关处1万元以上10万元以下罚款，并可以责令其限期整顿、停业整顿，经整顿仍不改正的，由工商行政主管部门吊销营业执照；对直接负责的主管人员和其他直接责任人员，由本单位或者上级主管部门予以行政处分，由公安机关处1000元以下罚款。

八、旅馆业、饮食服务业、文化娱乐业、出租汽车业等单位的负责人和职工，在公安机关查处卖淫、嫖娼活动时，隐瞒情况或者为违法犯罪分子通风报信的，依照刑法第一百六十二条的规定处罚。

九、有查禁卖淫、嫖娼活动职责的国家工作人员，为使违法犯罪分子逃避处罚，向其通风报信、提供便利的，依照刑法第一百八十八条的规定处罚。

犯前款罪，事前与犯罪分子通谋的，以共同犯罪论处。

十、组织、强迫、引诱、容留、介绍他人卖淫以及卖淫的非法所得予以没收。

罚没收入一律上缴国库。

十一、本决定自公布之日起施行。

全国人民代表大会常务委员会关于严惩拐卖、绑架妇女、儿童的犯罪分子的决定

（1991年9月4日第七届全国人民代表大会常务委员会第二十一次会议通过　根据2009年8月27日第十一届全国人民代表大会常务委员会第十次会议《关于修改部分法律的决定》修正）

为了严惩拐卖、绑架妇女、儿童的犯罪分子，保护妇女、儿童的人身安全，维护社会治安秩序，对刑法有关规定作如下补充修改：

一、拐卖妇女、儿童的，处5年以上10年以下有期徒刑，并处1万元以下罚金；有下列情形之一的，处10年以上有期徒刑或者无期徒刑，并处1万元以下罚金或者没收财产；情节特别严重的，处死刑，并处没收财产：

（一）拐卖妇女、儿童集团的首要分子；

（二）拐卖妇女、儿童三人以上的；

（三）奸淫被拐卖的妇女的；

（四）诱骗、强迫被拐卖的妇女卖淫或者将被拐卖的妇女卖给他人迫使其卖淫的；

（五）造成被拐卖的妇女、儿童或者其亲属重伤、死亡或者其他严重后果的；

（六）将妇女、儿童卖往境外的。

拐卖妇女、儿童是指以出卖为目的，有拐骗、收买、贩卖、接送、中转妇女、儿童的行为之一的。

二、以出卖为目的，使用暴力、胁迫或者麻醉方法绑架妇女、儿童的，处10年以上有期徒刑或者无期徒刑，并处1万元以下罚金或者没收财产；情节特别严重的，处死刑，并处没收财产。

以出卖或者勒索财物为目的，偷盗婴幼儿的，依照本条第一款的规定

处罚。

以勒索财物为目的绑架他人的，依照本条第一款的规定处罚。

三、严禁收买被拐卖、绑架的妇女、儿童。收买被拐卖、绑架的妇女、儿童的，处3年以下有期徒刑、拘役或者管制。

收买被拐卖、绑架的妇女，强行与其发生性关系的，依照刑法关于强奸罪的规定处罚。

收买被拐卖、绑架的妇女、儿童，非法剥夺、限制其人身自由或者有伤害、侮辱、虐待等犯罪行为的，依照刑法的有关规定处罚。

收买被拐卖、绑架的妇女、儿童，并有本条第二款、第三款规定的犯罪行为的，依照刑法关于数罪并罚的规定处罚。

收买被拐卖、绑架的妇女、儿童又出卖的，依照本决定第一条的规定处罚。

收买被拐卖、绑架的妇女、儿童，按照被买妇女的意愿，不阻碍其返回原居住地的，对被买儿童没有虐待行为，不阻碍对其进行解救的，可以不追究刑事责任。

四、任何个人或者组织不得阻碍对被拐卖、绑架的妇女、儿童的解救，并不得向被拐卖、绑架的妇女、儿童及其家属或者解救人索要收买妇女、儿童的费用和生活费用；对已经索取的收买妇女、儿童的费用和生活费用，予以追回。

以暴力、威胁方法阻碍国家工作人员解救被收买的妇女、儿童的，依照刑法第一百五十七条的规定处罚；协助转移、隐藏或者以其他方法阻碍国家工作人员解救被收买的妇女、儿童，未使用暴力、威胁方法的，依照治安管理处罚法的规定处罚。

聚众阻碍国家工作人员解救被收买的妇女、儿童的首要分子，处5年以下有期徒刑或者拘役；其他参与者，依照本条第二款的规定处罚。

五、各级人民政府对被拐卖、绑架的妇女、儿童负有解救职责，解救工作由公安机关会同有关部门负责执行。负有解救职责的国家工作人员接到被拐卖、绑架的妇女、儿童及其家属的解救要求或者接到其他人的举报，而对被拐卖、绑架的妇女、儿童不进行解救，造成严重后果的，依照刑法第一百八十七条的规定处罚；情节较轻的，予以行政处分。

负有解救职责的国家工作人员利用职务阻碍解救的，处2年以上7年以下有期徒刑；情节较轻的，处2年以下有期徒刑或者拘役。

六、拐卖、绑架妇女、儿童的非法所得予以没收。

罚没收入一律上缴国库。

七、本决定自公布之日起施行。

全国人民代表大会常务委员会关于惩治破坏金融秩序犯罪的决定

（1995 年 6 月 30 日第八届全国人民代表大会常务委员会第十四次会议通过　1995 年 6 月 30 日中华人民共和国主席令第 52 号公布　自公布之日起施行）

为了惩治伪造货币和金融票据诈骗、信用证诈骗、非法集资诈骗等破坏金融秩序的犯罪，特作如下决定：

一、伪造货币的，处 3 年以上 10 年以下有期徒刑，并处 5 万元以上 50 万元以下罚金。有下列情形之一的，处 10 年以上有期徒刑、无期徒刑或者死刑，并处没收财产：

（一）伪造货币集团的首要分子；

（二）伪造货币数额特别巨大的；

（三）有其他特别严重情节的。

二、出售、购买伪造的货币或者明知是伪造的货币而运输，数额较大的，处 3 年以下有期徒刑或者拘役，并处 2 万元以上 20 万元以下罚金；数额巨大的，处 3 年以上 10 年以下有期徒刑，并处 5 万元以上 50 万元以下罚金；数额特别巨大的，处 10 年以上有期徒刑或者无期徒刑，并处没收财产。

银行或者其他金融机构的工作人员购买伪造的货币或者利用职务上的便利，以伪造的货币换取货币的，处 3 年以上 10 年以下有期徒刑，并处 2 万元以上 20 万元以下罚金；数额巨大或者有其他严重情节的，处 10 年以上有期徒刑或者无期徒刑，并处没收财产；情节较轻的，处 3 年以下有期徒刑或者拘役，并处或者单处 1 万元以上 10 万元以下罚金。

伪造货币并出售或者运输伪造的货币的，依照第一条的规定从重处罚。

三、走私伪造的货币的，依照全国人民代表大会常务委员会《关于惩治走私罪的补充规定》的有关规定处罚。

四、明知是伪造的货币而持有、使用，数额较大的，处 3 年以下有期徒刑或者拘役，并处 1 万元以上 10 万元以下罚金；数额巨大的，处 3 年以上 10 年以下有期徒刑，并处 2 万元以上 20 万元以下罚金；数额特别巨大的，处 10 年以上有期徒刑，并处 5 万元以上 50 万元以下罚金或者没收财产。

五、变造货币，数额较大的，处 3

年以下有期徒刑或者拘役，并处1万元以上10万元以下罚金；数额巨大的，处3年以上10年以下有期徒刑，并处2万元以上20万元以下罚金。

六、未经中国人民银行批准，擅自设立商业银行或者其他金融机构的，处3年以下有期徒刑或者拘役，并处或者单处2万元以上20万元以下罚金；情节严重的，处3年以上10年以下有期徒刑，并处5万元以上50万元以下罚金。

伪造、变造、转让商业银行或者其他金融机构经营许可证的，依照前款的规定处罚。

单位犯前两款罪的，对单位判处罚金，并对直接负责的主管人员和其他直接责任人员，依照第一款的规定处罚。

七、非法吸收公众存款或者变相吸收公众存款，扰乱金融秩序的，处3年以下有期徒刑或者拘役，并处或者单处2万元以上20万元以下罚金；数额巨大或者有其他严重情节的，处3年以上10年以下有期徒刑，并处5万元以上50万元以下罚金。

单位犯前款罪的，对单位判处罚金，并对直接负责的主管人员和其他直接责任人员，依照前款的规定处罚。

八、以非法占有为目的，使用诈骗方法非法集资的，处3年以下有期徒刑或者拘役，并处2万元以上20万元以下罚金；数额巨大或者有其他严重情节的，处3年以上10年以下有期徒刑，并处5万元以上50万元以下罚金；数额特别巨大或者有其他特别严重情节的，处10年以上有期徒刑、无期徒刑或者死刑，并处没收财产。

单位犯前款罪的，对单位判处罚金，并对直接负责的主管人员和其他直接责任人员，依照前款的规定处罚。

九、银行或者其他金融机构的工作人员违反法律、行政法规规定，向关系人发放信用贷款或者发放担保贷款的条件优于其他借款人同类贷款的条件，造成较大损失的，处5年以下有期徒刑或者拘役，并处1万元以上10万元以下罚金；造成重大损失的，处5年以上有期徒刑，并处2万元以上20万元以下罚金。

银行或者其他金融机构的工作人员违反法律、行政法规规定，玩忽职守或者滥用职权，向关系人以外的其他人发放贷款，造成重大损失的，处5年以下有期徒刑或者拘役，并处1万元以上10万元以下罚金；造成特别重大损失的，处5年以上有期徒刑，并处2万元以上20万元以下罚金。

单位犯前两款罪的，对单位判处

罚金,并对直接负责的主管人员和其他直接责任人员,依照前两款的规定处罚。

十、有下列情形之一,以非法占有为目的,诈骗银行或者其他金融机构的贷款,数额较大的,处5年以下有期徒刑或者拘役,并处2万元以上20万元以下罚金;数额巨大或者有其他严重情节的,处5年以上10年以下有期徒刑,并处5万元以上50万元以下罚金;数额特别巨大或者有其他特别严重情节的,处10年以上有期徒刑或者无期徒刑,并处没收财产:

(一)编造引进资金、项目等虚假理由的;

(二)使用虚假的经济合同的;

(三)使用虚假的证明文件的;

(四)使用虚假的产权证明作担保的;

(五)以其他方法诈骗贷款的。

十一、有下列情形之一,伪造、变造金融票证的,处5年以下有期徒刑或者拘役,并处2万元以上20万元以下罚金;情节严重的,处5年以上10年以下有期徒刑,并处5万元以上50万元以下罚金;情节特别严重的,处10年以上有期徒刑或者无期徒刑,并处没收财产:

(一)伪造、变造汇票、本票、支票的;

(二)伪造、变造委托收款凭证、汇款凭证、银行存单等其他银行结算凭证的;

(三)伪造、变造信用证或者附随的单据、文件的;

(四)伪造信用卡的。

单位犯前款罪的,对单位判处罚金,并对直接负责的主管人员和其他责任人员,依照前款的规定处罚。

十二、有下列情形之一,进行金融票据诈骗活动,数额较大的,处5年以下有期徒刑或者拘役,并处2万元以上20万元以下罚金;数额巨大或者有其他严重情节的,处5年以上10年以下有期徒刑,并处5万元以上50万元以下罚金;数额特别巨大或者有其他特别严重情节的,处10年以上有期徒刑、无期徒刑或者死刑,并处没收财产:

(一)明知是伪造、变造的汇票、本票、支票而使用的;

(二)明知是作废的汇票、本票、支票而使用的;

(三)冒用他人的汇票、本票、支票的;

(四)签发空头支票或者与其预留印鉴不符的支票,骗取财物的;

(五)汇票、本票的出票人签发无资金保证的汇票、本票或者在出票时作虚假记载,骗取财物的。

使用伪造、变造的委托收款凭

证、汇款凭证、银行存单等其他银行结算凭证的，依照前款的规定处罚。

单位犯前两款罪的，对单位判处罚金，并对直接负责的主管人员和其他直接责任人员，依照第一款的规定处罚。

十三、有下列情形之一，进行信用证诈骗活动的，处5年以下有期徒刑或者拘役，并处2万元以上20万元以下罚金；数额巨大或者有其他严重情节的，处5年以上10年以下有期徒刑，并处5万元以上50万元以下罚金；数额特别巨大或者有其他特别严重情节的，处10年以上有期徒刑、无期徒刑或者死刑，并处没收财产：

（一）使用伪造、变造的信用证或者附随的单据、文件的；

（二）使用作废的信用证的；

（三）骗取信用证的；

（四）以其他方法进行信用证诈骗活动的。

单位犯前款罪的，对单位判处罚金，并对直接负责的主管人员和其他直接责任人员，依照前款的规定处罚。

十四、有下列情形之一，进行信用卡诈骗活动，数额较大的，处5年以下有期徒刑或者拘役，并处2万元以上20万元以下罚金；数额巨大或者有其他严重情节的，处5年以上10年以下有期徒刑，并处5万元以上50万元以下罚金；数额特别巨大或者有其他特别严重情节的，处10年以上有期徒刑或者无期徒刑，并处没收财产：

（一）使用伪造的信用卡的；

（二）使用作废的信用卡的；

（三）冒用他人信用卡的；

（四）恶意透支的。

盗窃信用卡并使用的，依照刑法关于盗窃罪的规定处罚。

十五、银行或者其他金融机构的工作人员违反规定为他人出具信用证或者其他保函、票据、资信证明，造成较大损失的，处5年以下有期徒刑或者拘役；造成重大损失的，处5年以上有期徒刑。

单位犯前款罪的，对单位判处罚金，并对直接负责的主管人员和其他直接负责人员，依照前款的规定处罚。

十六、有下列情形之一，进行保险诈骗活动，数额较大的，处5年以下有期徒刑或者拘役，并处1万元以上10万元以下罚金；数额巨大或者有其他严重情节的，处5年以上10年以下有期徒刑，并处2万元以上20万元以下罚金；数额特别巨大或者有其他特别严重情节的，处10年以上有期徒刑，并处没收财产：

（一）投保人故意虚构保险标的，骗取保险金的；

（二）投保人、被保险人或者受益人对发生的保险事故编造虚假的原因或者夸大损失的程度，骗取保险金的；

（三）投保人、被保险人或者受益人编造未曾发生的保险事故，骗取保险金的；

（四）投保人、被保险人故意造成财产损失的保险事故，骗取保险金的；

（五）投保人、受益人故意造成被保险人死亡、伤残或者疾病，骗取保险金的。

有前款第（四）项、第（五）项所列行为，同时构成其他犯罪的，依照刑法数罪并罚的规定处罚。

保险事故的鉴定人、证明人、财产评估人故意提供虚假的证明文件，为他人诈骗提供条件的，以保险诈骗的共犯论处。

单位犯第一款罪的，对单位判处罚金，并对直接负责的主管人员和其他直接责任人员，依照第一款的规定处罚。

十七、保险公司的工作人员利用职务上的便利，故意编造未曾发生的保险事故进行虚假理赔，骗取保险金的，分别依照全国人民代表大会常务委员会《关于惩治贪污罪贿赂罪的补充规定》和《关于惩治违反公司法的犯罪的决定》的有关规定处罚。

十八、银行或者其他金融机构的工作人员在金融业务活动中索取、收受贿赂，或者违反国家规定收受各种名义的回扣、手续费的，分别依照全国人民代表大会常务委员会《关于惩治贪污罪贿赂罪的补充规定》和《关于惩治违反公司法的犯罪的决定》的有关规定处罚。

十九、银行或者其他金融机构的工作人员利用职务上的便利，挪用单位或者客户资金的，分别依照全国人民代表大会常务委员会《关于惩治贪污罪贿赂罪的补充规定》和《关于惩治违反公司法的犯罪的决定》的有关规定处罚。

二十、银行或者其他金融机构的工作人员，与本决定规定的进行金融诈骗活动的犯罪分子串通，为其诈骗活动提供帮助的，以共犯论处。

二十一、有本决定第二条、第四条、第五条、第十一条、第十二条、第十四条、第十六条规定的行为，情节轻微不构成犯罪的，可以由公安机关处15日以下拘留、5000元以下罚款。

二十二、犯本决定规定之罪的违法所得应当予以追缴或者责令退赔被害人；供犯罪使用的财物一律没收。

伪造、变造的货币，伪造、变造、作废的票据、信用证、信用卡或者其他银行结算凭证一律收缴，上交中国人民银行统一销毁。

收缴伪造、变造的货币的具体办法由中国人民银行制定。

二十三、本决定所称的货币是指人民币和外币。

二十四、本决定自公布之日起施行。

全国人民代表大会常务委员会关于惩治虚开、伪造和非法出售增值税专用发票犯罪的决定

（1995年10月30日第八届全国人民代表大会常务委员会第十六次会议通过　1995年10月30日中华人民共和国主席令第57号公布　自公布之日起施行）

为了惩治虚开、伪造和非法出售增值税专用发票和其他发票进行偷税、骗税等犯罪活动，保障国家税收，特作如下决定：

一、虚开增值税专用发票的，处3年以下有期徒刑或者拘役，并处2万元以上20万元以下罚金；虚开的税款数额较大或者有其他严重情节的，处3年以上10年以下有期徒刑，并处5万元以上50万元以下罚金；虚开的税款数额巨大或者有其他特别严重情节的，处10年以上有期徒刑或者无期徒刑，并处没收财产。

有前款行为骗取国家税款，数额特别巨大、情节特别严重、给国家利益造成特别重大损失的，处无期徒刑或者死刑，并处没收财产。

虚开增值税专用发票的犯罪集团的首要分子，分别依照前两款的规定从重处罚。

虚开增值税专用发票是指有为他人虚开、为自己虚开、让他人为自己虚开、介绍他人虚开增值税专用发票行为之一的。

二、伪造或者出售伪造的增值税专用发票的，处3年以下有期徒刑或者拘役，并处2万元以上20万元以下罚金；数量较大或者有其他严重情节的，处3年以上10年以下有期徒刑，并处5万元以上50万元以下罚金；数量巨大或者有其他特别严重情节的，处10年以上有期徒刑或者无期徒刑，并处没收财产。

伪造并出售伪造的增值税专用发票，数量特别巨大、情节特别严重、严重破坏经济秩序的，处无期徒刑或者死刑，并处没收财产。

伪造、出售伪造的增值税专用发票的犯罪集团的首要分子，分别依照前两款的规定从重处罚。

三、非法出售增值税专用发票的，处3年以下有期徒刑或者拘役，

并处2万元以上20万元以下罚金；数量较大的，处3年以上10年以下有期徒刑，并处5万元以上50万元以下罚金；数量巨大的，处10年以上有期徒刑或者无期徒刑，并处没收财产。

四、非法购买增值税专用发票或者购买伪造的增值税专用发票的，处5年以下有期徒刑、拘役，并处或者单处2万元以上20万元以下罚金。

非法购买增值税专用发票或者购买伪造的增值税专用发票又虚开或者出售的，分别依照第一条、第二条、第三条的规定处罚。

五、虚开用于骗取出口退税、抵扣税款的其他发票的，依照本决定第一条的规定处罚。

虚开用于骗取出口退税、抵扣税款的其他发票是指有为他人虚开、为自己虚开、让他人为自己虚开、介绍他人虚开用于骗取出口退税、抵扣税款的其他发票行为之一的。

六、伪造、擅自制造或者出售伪造、擅自制造的可以用于骗取出口退税、抵扣税款的其他发票的，处3年以下有期徒刑或者拘役，并处2万元以上20万元以下罚金；数量巨大的，处3年以上7年以下有期徒刑，并处5万元以上50万元以下罚金；数量特别巨大的，处7年以上有期徒刑，并处没收财产。

伪造、擅自制造或者出售伪造、擅自制造的前款规定以外的其他发票的，比照刑法第一百二十四条的规定处罚。

非法出售可以用于骗取出口退税、抵扣税款的其他发票的，依照第一款的规定处罚。

非法出售前款规定以外的其他发票的，比照刑法第一百二十四条的规定处罚。

七、盗窃增值税专用发票或者其他发票的，依照刑法关于盗窃罪的规定处罚。

使用欺骗手段骗取增值税专用发票或者其他发票的，依照刑法关于诈骗罪的规定处罚。

八、税务机关或者其他国家机关的工作人员有下列情形之一的，依照本决定的有关规定从重处罚：

（一）与犯罪分子相勾结，实施本决定规定的犯罪的；

（二）明知是虚开的发票，予以退税或者抵扣税款的；

（三）明知犯罪分子实施本决定规定的犯罪，而提供其他帮助的。

九、税务机关的工作人员违反法律、行政法规的规定，在发售发票、抵扣税款、出口退税工作中玩忽职守，致使国家利益遭受重大损失的，处5年以下有期徒刑或者拘役；致使国家利益遭受特别重大损失的，处5年以上有期徒刑。

十、单位犯本决定第一条、第二条、第三条、第四条、第五条、第六条、第七条第二款规定之罪的，对单位判处罚金，并对直接负责的主管人员和其他直接责任人员依照各该条的规定追究刑事责任。

十一、有本决定第二条、第三条、第四条第一款、第六条规定的行为，情节显著轻微，尚不构成犯罪的，由公安机关处15日以下拘留、5000元以下罚款。

十二、对追缴犯本决定规定之罪的犯罪分子的非法抵扣和骗取的税款，由税务机关上交国库，其他的违法所得和供犯罪使用的财物一律没收。

供本决定规定的犯罪所使用的发票和伪造的发票一律没收。

十三、本决定自公布之日起施行。

全国人民代表大会常务委员会关于取缔邪教组织、防范和惩治邪教活动的决定

（1999年10月30日第九届全国人民代表大会常务委员会第十二次会议通过）

为了维护社会稳定，保护人民利益，保障改革开放和社会主义现代化建设的顺利进行，必须取缔邪教组织、防范和惩治邪教活动。根据宪法和有关法律，特作如下决定：

一、坚决依法取缔邪教组织，严厉惩治邪教组织的各种犯罪活动。邪教组织冒用宗教、气功或者其他名义，采用各种手段扰乱社会秩序，危害人民群众生命财产安全和经济发展，必须依法取缔，坚决惩治。人民法院、人民检察院和公安、国家安全、司法行政机关要各司其职，共同做好这项工作。对组织和利用邪教组织破坏国家法律、行政法规实施，聚众闹事，扰乱社会秩序，以迷信邪说蒙骗他人，致人死亡，或者奸淫妇女、诈骗财物等犯罪活动，依法予以严惩。

二、坚持教育与惩罚相结合，团结、教育绝大多数被蒙骗的群众，依法严惩极少数犯罪分子。在依法处理邪教组织的工作中，要把不明真相参与邪教活动的人同组织和利用邪教组织进行非法活动、蓄意破坏社会稳定的犯罪分子区别开来。对受蒙骗的群众不予追究。对构成犯罪的组织者、策划者、指挥者和骨干分子，坚决依法追究刑事责任；对于自首或者有立功表现的，可以依法从轻、减轻或者免除处罚。

三、在全体公民中深入持久地开展宪法和法律的宣传教育，普及科学

文化知识。依法取缔邪教组织，惩治邪教活动，有利于保护正常的宗教活动和公民的宗教信仰自由。要使广大人民群众充分认识邪教组织严重危害人类、危害社会的实质，自觉反对和抵制邪教组织的影响，进一步增强法制观念，遵守国家法律。

四、防范和惩治邪教活动，要动员和组织全社会的力量，进行综合治理。各级人民政府和司法机关应当认真落实责任制，把严防邪教组织的滋生和蔓延，防范和惩治邪教活动作为一项重要任务长期坚持下去，维护社会稳定。

全国人民代表大会常务委员会关于维护互联网安全的决定

（2000 年 12 月 28 日第九届全国人民代表大会常务委员会第十九次会议通过　根据 2009 年 8 月 27 日第十一届全国人民代表大会常务委员会第十次会议《关于修改部分法律的决定》修正）

我国的互联网，在国家大力倡导和积极推动下，在经济建设和各项事业中得到日益广泛的应用，使人们的生产、工作、学习和生活方式已经开始并将继续发生深刻的变化，对于加快我国国民经济、科学技术的发展和社会服务信息化进程具有重要作用。同时，如何保障互联网的运行安全和信息安全问题已经引起全社会的普遍关注。为了兴利除弊，促进我国互联网的健康发展，维护国家安全和社会公共利益，保护个人、法人和其他组织的合法权益，特作如下决定：

一、为了保障互联网的运行安全，对有下列行为之一，构成犯罪的，依照刑法有关规定追究刑事责任：

（一）侵入国家事务、国防建设、尖端科学技术领域的计算机信息系统；

（二）故意制作、传播计算机病毒等破坏性程序，攻击计算机系统及通信网络，致使计算机系统及通信网络遭受损害；

（三）违反国家规定，擅自中断计算机网络或者通信服务，造成计算机网络或者通信系统不能正常运行。

二、为了维护国家安全和社会稳定，对有下列行为之一，构成犯罪的，依照刑法有关规定追究刑事责任：

（一）利用互联网造谣、诽谤或者发表、传播其他有害信息，煽动颠覆国家政权、推翻社会主义制度，或者煽动分裂国家、破坏国家统一；

（二）通过互联网窃取、泄露国家

秘密、情报或者军事秘密；

（三）利用互联网煽动民族仇恨、民族歧视，破坏民族团结；

（四）利用互联网组织邪教组织、联络邪教组织成员，破坏国家法律、行政法规实施。

三、为了维护社会主义市场经济秩序和社会管理秩序，对有下列行为之一，构成犯罪的，依照刑法有关规定追究刑事责任：

（一）利用互联网销售伪劣产品或者对商品、服务作虚假宣传；

（二）利用互联网损害他人商业信誉和商品声誉；

（三）利用互联网侵犯他人知识产权；

（四）利用互联网编造并传播影响证券、期货交易或者其他扰乱金融秩序的虚假信息；

（五）在互联网上建立淫秽网站、网页，提供淫秽站点链接服务，或者传播淫秽书刊、影片、音像、图片。

四、为了保护个人、法人和其他组织的人身、财产等合法权利，对有下列行为之一，构成犯罪的，依照刑法有关规定追究刑事责任：

（一）利用互联网侮辱他人或者捏造事实诽谤他人；

（二）非法截获、篡改、删除他人电子邮件或者其他数据资料，侵犯公民通信自由和通信秘密；

（三）利用互联网进行盗窃、诈骗、敲诈勒索。

五、利用互联网实施本决定第一条、第二条、第三条、第四条所列行为以外的其他行为，构成犯罪的，依照刑法有关规定追究刑事责任。

六、利用互联网实施违法行为，违反社会治安管理，尚不构成犯罪的，由公安机关依照《治安管理处罚法》予以处罚；违反其他法律、行政法规，尚不构成犯罪的，由有关行政管理部门依法给予行政处罚；对直接负责的主管人员和其他直接责任人员，依法给予行政处分或者纪律处分。

利用互联网侵犯他人合法权益，构成民事侵权的，依法承担民事责任。

七、各级人民政府及有关部门要采取积极措施，在促进互联网的应用和网络技术的普及过程中，重视和支持对网络安全技术的研究和开发，增强网络的安全防护能力。有关主管部门要加强对互联网的运行安全和信息安全的宣传教育，依法实施有效的监督管理，防范和制止利用互联网进行的各种违法活动，为互联网的健康发展创造良好的社会环境。从事互联网业务的单位要依法开展活动，发现互联网上出现违法犯罪行为和有害信息时，要采取措施，停止传输有害信息，并及时向有关机关报告。

任何单位和个人在利用互联网时，都要遵纪守法，抵制各种违法犯罪行为和有害信息。人民法院、人民检察院、公安机关、国家安全机关要各司其职，密切配合，依法严厉打击利用互联网实施的各种犯罪活动。要动员全社会的力量，依靠全社会的共同努力，保障互联网的运行安全与信息安全，促进社会主义精神文明和物质文明建设。

全国人民代表大会常务委员会关于《中华人民共和国刑法》第九十三条第二款的解释

（2000年4月29日第九届全国人民代表大会常务委员会第十五次会议通过　根据2009年8月27日第十一届全国人民代表大会常务委员会第十次会议《关于修改部分法律的决定》修正）

全国人民代表大会常务委员会讨论了村民委员会等村基层组织人员在从事哪些工作时属于刑法第九十三条第二款规定的“其他依照法律从事公务的人员”，解释如下：

村民委员会等村基层组织人员协助人民政府从事下列行政管理工作，属于刑法第九十三条第二款规定的“其他依照法律从事公务的人员”：

（一）救灾、抢险、防汛、优抚、扶贫、移民、救济款物的管理；

（二）社会捐助公益事业款物的管理；

（三）国有土地的经营和管理；

（四）土地征收、征用补偿费用的管理；

（五）代征、代缴税款；

（六）有关计划生育、户籍、征兵工作；

（七）协助人民政府从事的其他行政管理工作。

村民委员会等村基层组织人员从事前款规定的公务，利用职务上的便利，非法占有公共财物、挪用公款、索取他人财物或者非法收受他人财物，构成犯罪的，适用刑法第三百八十二条和第三百八十三条贪污罪、第三百八十四条挪用公款罪、第三百八十五条和第三百八十六条受贿罪的规定。

现予公告。

全国人民代表大会常务委员会关于《中华人民共和国刑法》第二百二十八条、第三百四十二条、第四百一十条的解释

（2001年8月31日第九届全国人民代表大会常务委员会第二十三次会议通过　根据2009年8月27日第十一届全国人民代表大会常务委员会第十次会议《关于修改部分法律的决定》修正）

全国人民代表大会常务委员会讨论了刑法第二百二十八条、第三百四十二条、第四百一十条规定的“违反土地管理法规”和第四百一十条规定的“非法批准征收、征用、占用土地”的含义问题，解释如下：

刑法第二百二十八条、第三百四十二条、第四百一十条规定的“违反土地管理法规”，是指违反土地管理法、森林法、草原法等法律以及有关行政法规中关于土地管理的规定。

刑法第四百一十条规定的“非法批准征收、征用、占用土地”，是指非法批准征收、征用、占用耕地、林地等农用地以及其他土地。

现予公告。

全国人民代表大会常务委员会关于《中华人民共和国刑法》第三百八十四条第一款的解释

（2002年4月28日第九届全国人民代表大会常务委员会第二十七次会议通过）

全国人民代表大会常务委员会讨论了刑法第三百八十四条第一款规定的国家工作人员利用职务上的便利，挪用公款“归个人使用”的含义问题，解释如下：

有下列情形之一的，属于挪用公款“归个人使用”：

（一）将公款供本人、亲友或者其他自然人使用的；

（二）以个人名义将公款供其他单位使用的；

（三）个人决定以单位名义将公款供其他单位使用，谋取个人利益的。

现予公告。

全国人民代表大会常务委员会关于《中华人民共和国刑法》第二百九十四条第一款的解释

（2002 年 4 月 28 日第九届全国人民代表大会常务委员会第二十七次会议通过）

全国人民代表大会常务委员会讨论了刑法第二百九十四条第一款规定的“黑社会性质的组织”的含义问题，解释如下：

刑法第二百九十四条第一款规定的“黑社会性质的组织”应当同时具备以下特征：

（一）形成较稳定的犯罪组织，人数较多，有明确的组织者、领导者，骨干成员基本固定；

（二）有组织地通过违法犯罪活动或者其他手段获取经济利益，具有一定的经济实力，以支持该组织的活动；

（三）以暴力、威胁或者其他手段，有组织地多次进行违法犯罪活动，为非作恶，欺压、残害群众；

（四）通过实施违法犯罪活动，或者利用国家工作人员的包庇或者纵容，称霸一方，在一定区域或者行业内，形成非法控制或者重大影响，严重破坏经济、社会生活秩序。

现予公告。

全国人民代表大会常务委员会关于《中华人民共和国刑法》第三百一十三条的解释

（2002 年 8 月 29 日第九届全国人民代表大会常务委员会第二十九次会议通过）

全国人民代表大会常务委员会讨论了刑法第三百一十三条规定的“对人民法院的判决、裁定有能力执行而拒不执行，情节严重”的含义问题，解释如下：

刑法第三百一十三条规定的“人民法院的判决、裁定”，是指人民法院依法作出的具有执行内容并已发生法律效力的判决、裁定。人民法院为依法执行支付令、生效的调解书、仲裁裁决、公证债权文书等所作的裁定属于该条规定的裁定。

下列情形属于刑法第三百一十三条规定的“有能力执行而拒不执行，情节严重”的情形：

（一）被执行人隐藏、转移、故意毁损财产或者无偿转让财产、以明显不合理的低价转让财产，致使判决、裁定无法执行的；

（二）担保人或者被执行人隐藏、转移、故意毁损或者转让已向人民法院提供担保的财产，致使判决、裁定无法执行的；

（三）协助执行义务人接到人民法院协助执行通知书后，拒不协助执行，致使判决、裁定无法执行的；

（四）被执行人、担保人、协助执行义务人与国家机关工作人员通谋，利用国家机关工作人员的职权妨害执行，致使判决、裁定无法执行的；

（五）其他有能力执行而拒不执行，情节严重的情形。

国家机关工作人员有上述第四项行为的，以拒不执行判决、裁定罪的共犯追究刑事责任。国家机关工作人员收受贿赂或者滥用职权，有上述第四项行为的，同时又构成刑法第三百八十五条、第三百九十七条规定之罪的，依照处罚较重的规定定罪处罚。

现予公告。

全国人民代表大会常务委员会关于《中华人民共和国刑法》第九章渎职罪主体适用问题的解释

（2002年12月28日第九届全国人民代表大会常务委员会第三十一次会议通过）

全国人大常委会根据司法实践中遇到的情况，讨论了刑法第九章渎职罪主体的适用问题，解释如下：

在依照法律、法规规定行使国家行政管理职权的组织中从事公务的人员，或者在受国家机关委托代表国家机关行使职权的组织中从事公务的人员，或者虽未列入国家机关人员编制但在国家机关中从事公务的人员，在代表国家机关行使职权时，有渎职行为，构成犯罪的，依照刑法关于渎职罪的规定追究刑事责任。

现予公告。

全国人民代表大会常务委员会关于《中华人民共和国刑法》有关信用卡规定的解释

（2004年12月29日第十届全国人民代表大会常务委员会第十三次会议通过）

全国人民代表大会常务委员会根据司法实践中遇到的情况，讨论了刑法规定的“信用卡”的含义问题，解释如下：

刑法规定的“信用卡”，是指由商业银行或者其他金融机构发行的具有消费支付、信用贷款、转账结算、存取现金等全部功能或者部分功能的电子支付卡。

现予公告。

全国人民代表大会常务委员会关于《中华人民共和国刑法》有关文物的规定适用于具有科学价值的古脊椎动物化石、古人类化石的解释

（2005年12月29日第十届全国人民代表大会常务委员会第十九次会议通过）

全国人民代表大会常务委员会根据司法实践中遇到的情况，讨论了关于走私、盗窃、损毁、倒卖或者非法转让具有科学价值的古脊椎动物化石、古人类化石的行为适用刑法有关规定的问题，解释如下：

刑法有关文物的规定，适用于具有科学价值的古脊椎动物化石、古人类化石。

现予公告。

全国人民代表大会常务委员会关于《中华人民共和国刑法》有关出口退税、抵扣税款的其他发票规定的解释

（2005年12月29日第十届全国人民代表大会常务委员会第十九次会议通过）

全国人民代表大会常务委员会根据司法实践中遇到的情况，讨论了刑法规定的“出口退税、抵扣税款的其他发票”的含义问题，解释如下：

刑法规定的“出口退税、抵扣税款的其他发票”，是指除增值税专用发票以外的，具有出口退税、抵扣税款功能的收付款凭证或者完税凭证。

现予公告。

全国人民代表大会常务委员会关于《中华人民共和国刑法》第三十条的解释

(2014年4月24日第十二届全国人民代表大会常务委员会第八次会议通过)

全国人民代表大会常务委员会根据司法实践中遇到的情况,讨论了刑法第三十条的含义及公司、企业、事业单位、机关、团体等单位实施刑法规定的危害社会的行为,法律未规定追究单位的刑事责任的,如何适用刑法有关规定的问题,解释如下:

公司、企业、事业单位、机关、团体等单位实施刑法规定的危害社会的行为,刑法分则和其他法律未规定追究单位的刑事责任的,对组织、策划、实施该危害社会行为的人依法追究刑事责任。

现予公告。

全国人民代表大会常务委员会关于《中华人民共和国刑法》第一百五十八条、第一百五十九条的解释

(2014年4月24日第十二届全国人民代表大会常务委员会第八次会议通过)

全国人民代表大会常务委员会讨论了公司法修改后刑法第一百五十八条、第一百五十九条对实行注册资本实缴登记制、认缴登记制的公司的适用范围问题,解释如下:

刑法第一百五十八条、第一百五十九条的规定,只适用于依法实行注册资本实缴登记制的公司。

现予公告。

全国人民代表大会常务委员会关于《中华人民共和国刑法》第二百六十六条的解释

(2014年4月24日第十二届全国人民代表大会常务委员会第八次会议通过)

全国人民代表大会常务委员会根据司法实践中遇到的情况,讨论了

刑法第二百六十六条的含义及骗取养老、医疗、工伤、失业、生育等社会保险金或者其他社会保障待遇的行为如何适用刑法有关规定的问题，解释如下：

以欺诈、伪造证明材料或者其他手段骗取养老、医疗、工伤、失业、生育等社会保险金或者其他社会保障待遇的，属于刑法第二百六十六条规定的诈骗公私财物的行为。

现予公告。

全国人民代表大会常务委员会关于《中华人民共和国刑法》第三百四十一条、第三百一十二条的解释

（2014年4月24日第十二届全国人民代表大会常务委员会第八次会议通过）

全国人民代表大会常务委员会根据司法实践中遇到的情况，讨论了刑法第三百四十一条第一款规定的非法收购国家重点保护的珍贵、濒危野生动物及其制品的含义和收购刑法第三百四十一条第二款规定的非法狩猎的野生动物如何适用刑法有关规定的问题，解释如下：

知道或者应当知道是国家重点保护的珍贵、濒危野生动物及其制品，为食用或者其他目的而非法购买的，属于刑法第三百四十一条第一款规定的非法收购国家重点保护的珍贵、濒危野生动物及其制品的行为。

知道或者应当知道是刑法第三百四十一条第二款规定的非法狩猎的野生动物而购买的，属于刑法第三百一十二条第一款规定的明知是犯罪所得而收购的行为。

现予公告。

附录二

《刑法》历次修改条文新旧对照表①

1. 根据《全国人民代表大会常务委员会关于惩治骗购外汇、逃汇和非法买卖外汇犯罪的决定》修改的条文新旧对照表

修改前的法律条文	修改后的法律条文
第一百九十条　**国有**公司、企业或者其他**国有**单位，违反国家规定，擅自将外汇存放境外，或者将境内的外汇非法转移到境外，情节严重的，对单位判处罚金，并对其直接负责的主管人员和其他直接责任人员，处五年以下有期徒刑或者拘役。	第一百九十条　公司、企业或者其他单位，违反国家规定，擅自将外汇存放境外，或者将境内的外汇非法转移到境外，**数额较大**的，对单位判处**逃汇数额百分之五以上百分之三十以下**罚金，并对其直接负责的主管人员和其他直接责任人员处五年以下有期徒刑或者拘役；**数额巨大或者有其他严重情节的，对单位判处逃汇数额百分之五以上百分之三十以下罚金，并对其直接负责的主管人员和其他直接责任人员处五年以上有期徒刑。**

① 本部分标注了条文的主要变化，仅供参考。

2. 根据1999年《中华人民共和国刑法修正案》修改的条文新旧对照表①

修改前的法律条文	修改后的法律条文
第一百六十八条　国有公司、企业直接负责的主管人员，徇私舞弊，造成国有公司、企业破产或者严重亏损，致使国家利益遭受重大损失的，处三年以下有期徒刑或者拘役。	第一百六十八条　国有公司、企业**的工作人员，由于严重不负责任或者滥用职权**，造成国有公司、企业破产或者严重**损失**，致使国家利益遭受重大损失的，处三年以下有期徒刑或者拘役；**致使国家利益遭受特别重大损失的，处三年以上七年以下有期徒刑。** **国有事业单位的工作人员有前款行为，致使国家利益遭受重大损失的，依照前款的规定处罚。** **国有公司、企业、事业单位的工作人员，徇私舞弊，犯前两款罪的，依照第一款的规定从重处罚。**
第一百七十四条　未经中国人民银行批准，擅自设立商业银行或者其他金融机构的，处三年以下有期徒刑或者拘役，并处或者单处二万元以上二十万元以下罚金；情节严重的，处三年以上十年以下有期徒刑，并处五万元以上五十万元以下罚金。 伪造、变造、转让商业银行或者其他金融机构经营许可证的，依照前款的规定处罚。 单位犯前两款罪的，对单位判处罚金，并对其直接负责的主管人员和其他直接责任人员，依照第一款的规定处罚。	第一百七十四条　未经**国家有关主管部门**批准，擅自设立商业银行、**证券交易所、期货交易所、证券公司、期货经纪公司、保险公司**或者其他金融机构的，处三年以下有期徒刑或者拘役，并处或者单处二万元以上二十万元以下罚金；情节严重的，处三年以上十年以下有期徒刑，并处五万元以上五十万元以下罚金。 伪造、变造、转让商业银行、**证券交易所、期货交易所、证券公司、期货经纪公司、保险公司**或者其他金融机构的经营许可证**或者批准文件**的，依照前款的规定处罚。 单位犯前两款罪的，对单位判处罚金，并对其直接负责的主管人员和其他直接责任人员，依照第一款的规定处罚。

① 不含新增条，含新增款，下同。

续表

修改前的法律条文	修改后的法律条文
第一百八十条　证券交易内幕信息的知情人员或者非法获取证券交易内幕信息的人员，在涉及证券的发行、交易或者其他对证券的价格有重大影响的信息尚未公开前，买入或者卖出该证券，或者泄露该信息，情节严重的，处五年以下有期徒刑或者拘役，并处或者单处违法所得一倍以上五倍以下罚金；情节特别严重的，处五年以上十年以下有期徒刑，并处违法所得一倍以上五倍以下罚金。 单位犯前款罪的，对单位判处罚金，并对其直接负责的主管人员和其他直接责任人员，处五年以下有期徒刑或者拘役。 内幕信息的范围，依照法律、行政法规的规定确定。 知情人员的范围，依照法律、行政法规的规定确定。	第一百八十条　证券、**期货**交易内幕信息的知情人员或者非法获取证券、**期货**交易内幕信息的人员，在涉及证券的发行，**证券、期货**交易或者其他对证券、**期货交易**价格有重大影响的信息尚未公开前，买入或者卖出该证券，**或者从事与该内幕信息有关的期货交易**，或者泄露该信息，情节严重的，处五年以下有期徒刑或者拘役，并处或者单处违法所得一倍以上五倍以下罚金；情节特别严重的，处五年以上十年以下有期徒刑，并处违法所得一倍以上五倍以下罚金。 单位犯前款罪的，对单位判处罚金，并对其直接负责的主管人员和其他直接责任人员，处五年以下有期徒刑或者拘役。 内幕信息、知情人员的范围，依照法律、行政法规的规定确定。
第一百八十一条　编造并且传播影响证券交易的虚假信息，扰乱证券交易市场，造成严重后果的，处五年以下有期徒刑或者拘役，并处或者单处一万元以上十万元以下罚金。 证券交易所、证券公司的从业人员，证券业协会或者证券管理部门的工作人员，故意提供虚假信息或者伪造、变造、销毁交易记录，诱骗投资者买卖证券，造成严重后果的，处五年以下有期徒刑或者拘役，并处或者单处一万元以上十万元以下罚金；情节特别恶劣的，处五年以上	第一百八十一条　编造并且传播影响证券、**期货**交易的虚假信息，扰乱证券、**期货**交易市场，造成严重后果的，处五年以下有期徒刑或者拘役，并处或者单处一万元以上十万元以下罚金。 证券交易所、**期货交易所**、证券公司、**期货经纪公司**的从业人员，证券业协会、**期货业协会**或者证券**期货监督**管理部门的工作人员，故意提供虚假信息或者伪造、变造、销毁交易记录，诱骗投资者买卖证券、**期货合约**，造成严重后果的，处五年以下有期徒刑或者拘役，并处

续表

修改前的法律条文	修改后的法律条文
十年以下有期徒刑,并处二万元以上二十万元以下罚金。 单位犯前两款罪的,对单位判处罚金,并对其直接负责的主管人员和其他直接责任人员,处五年以下有期徒刑或者拘役。	或者单处一万元以上十万元以下罚金;情节特别恶劣的,处五年以上十年以下有期徒刑,并处二万元以上二十万元以下罚金。 单位犯前两款罪的,对单位判处罚金,并对其直接负责的主管人员和其他直接责任人员,处五年以下有期徒刑或者拘役。
第一百八十二条　有下列情形之一,操纵证券交易价格,获取不正当利益或者转嫁风险,情节严重的,处五年以下有期徒刑或者拘役,并处或者单处违法所得一倍以上五倍以下罚金: (一)单独或者合谋,集中资金优势、持股优势或者利用信息优势联合或者连续买卖,操纵证券交易价格的; (二)与他人串通,以事先约定的时间、价格和方式相互进行证券交易或者相互买卖并不持有的证券,影响证券交易价格或者证券交易量的; (三)以自己为交易对象,进行不转移证券所有权的自买自卖,影响证券交易价格或者证券交易量的; (四)以其他方法操纵证券交易价格的。 单位犯前款罪的,对单位判处罚金,并对其直接负责的主管人员和其他直接责任人员,处五年以下有期徒刑或者拘役。	第一百八十二条　有下列情形之一,操纵证券、**期货**交易价格,获取不正当利益或者转嫁风险,情节严重的,处五年以下有期徒刑或者拘役,并处或者单处违法所得一倍以上五倍以下罚金: (一)单独或者合谋,集中资金优势、持股**或者持仓**优势或者利用信息优势联合或者连续买卖,操纵证券、**期货**交易价格的; (二)与他人串通,以事先约定的时间、价格和方式相互进行证券、**期货**交易,或者相互买卖并不持有的证券,影响证券、**期货**交易价格或者证券、**期货**交易量的; (三)以自己为交易对象,进行不转移证券所有权的自买自卖,**或者以自己为交易对象,自买自卖期货合约,**影响证券、**期货**交易价格或者证券、**期货**交易量的; (四)以其他方法操纵证券、**期货**交易价格的。 单位犯前款罪的,对单位判处罚金,并对其直接负责的主管人员和其他直接责任人员,处五年以下有期徒刑或者拘役。

续表

修改前的法律条文	修改后的法律条文
第一百八十五条　银行或者其他金融机构的工作人员利用职务上的便利，挪用本单位或者客户资金的，依照本法第二百七十二条的规定定罪处罚。 国有金融机构工作人员和国有金融机构委派到非国有金融机构从事公务的人员有前款行为的，依照本法第三百八十四条的规定定罪处罚。	第一百八十五条　**商业银行、证券交易所、期货交易所、证券公司、期货经纪公司、保险公司**或者其他金融机构的工作人员利用职务上的便利，挪用本单位或者客户资金的，依照本法第二百七十二条的规定定罪处罚。 **国有商业银行、证券交易所、期货交易所、证券公司、期货经纪公司、保险公司或者其他**国有金融机构的工作人员和**国有商业银行、证券交易所、期货交易所、证券公司、期货经纪公司、保险公司或者其他**国有金融机构委派到**前款规定中的**非国有机构从事公务的人员有前款行为的，依照本法第三百八十四条的规定定罪处罚。
第二百二十五条第三项　（三）其他严重扰乱市场秩序的非法经营行为。	第二百二十五条第三项、第四项 **（三）未经国家有关主管部门批准，非法经营证券、期货或者保险业务的；** **（四）**其他严重扰乱市场秩序的非法经营行为。

3. 根据《中华人民共和国刑法修正案（二）》修改的条文新旧对照表

修改前的法律条文	修改后的法律条文
第三百四十二条　违反土地管理法规，非法占用耕地改作他用，数量较大，造成耕地大量毁坏的，处五年以下有期徒刑或者拘役，并处或者单处罚金。	第三百四十二条　违反土地管理法规，非法占用耕地、**林地等农用地，改变被占用土地用途**，数量较大，造成耕地、**林地等农用地**大量毁坏的，处五年以下有期徒刑或者拘役，并处或者单处罚金。

4. 根据《中华人民共和国刑法修正案(三)》修改的条文新旧对照表

修改前的法律条文	修改后的法律条文
第一百一十四条　放火、决水、爆炸、投毒或者以其他危险方法破坏工厂、矿场、油田、港口、河流、水源、仓库、住宅、森林、农场、谷场、牧场、重要管道、公共建筑物或者其他公私财产,危害公共安全,尚未造成严重后果的,处三年以上十年以下有期徒刑。	第一百一十四条　放火、决水、爆炸**以及投放毒害性、放射性、传染病病原体等物质**或者以其他危险方法危害公共安全,尚未造成严重后果的,处三年以上十年以下有期徒刑。
第一百一十五条第一款　放火、决水、爆炸、投毒或者以其他危险方法致人重伤、死亡或者使公私财产遭受重大损失的,处十年以上有期徒刑、无期徒刑或者死刑。	第一百一十五条第一款　放火、决水、爆炸**以及投放毒害性、放射性、传染病病原体等物质**或者以其他危险方法致人重伤、死亡或者使公私财产遭受重大损失的,处十年以上有期徒刑、无期徒刑或者死刑。
第一百二十条第一款　组织、领导和积极参加恐怖活动组织的,处三年以上十年以下有期徒刑;其他参加的,处三年以下有期徒刑、拘役或者管制。	第一百二十条第一款　组织、领导恐怖活动组织的,**处十年以上有期徒刑或者无期徒刑;积极参加的,**处三年以上十年以下有期徒刑;其他参加的,处三年以下有期徒刑、拘役、**管制或者剥夺政治权利。**
第一百二十五条第二款　非法买卖、运输核材料的,依照前款的规定处罚。	第一百二十五条第二款　非法**制造**、买卖、运输、**储存毒害性、放射性、传染病病原体等物质,危害公共安全的,**依照前款的规定处罚。
第一百二十七条　盗窃、抢夺枪支、弹药、爆炸物的,处三年以上十年以下有期徒刑;情节严重的,处十年以上有期徒刑、无期徒刑或者死刑。	第一百二十七条　盗窃、抢夺枪支、弹药、爆炸物的,**或者盗窃、抢夺毒害性、放射性、传染病病原体等物质,危害公共安全的,**处三年以上十年以下有期徒刑;情节严重的,处十年以上有期徒刑、无期徒刑或者死刑。

续表

修改前的法律条文	修改后的法律条文
抢劫枪支、弹药、爆炸物或者盗窃、抢夺国家机关、军警人员、民兵的枪支、弹药、爆炸物的，处十年以上有期徒刑、无期徒刑或者死刑。	抢劫枪支、弹药、爆炸物的，**或者抢劫毒害性、放射性、传染病病原体等物质，危害公共安全的，**或者盗窃、抢夺国家机关、军警人员、民兵的枪支、弹药、爆炸物的，处十年以上有期徒刑、无期徒刑或者死刑。
第一百九十一条　明知是毒品犯罪、黑社会性质的组织犯罪、走私犯罪的违法所得及其产生的收益，为掩饰、隐瞒其来源和性质，有下列行为之一的，没收实施以上犯罪的违法所得及其产生的收益，处五年以下有期徒刑或者拘役，并处或者单处洗钱数额百分之五以上百分之二十以下罚金；情节严重的，处五年以上十年以下有期徒刑，并处洗钱数额百分之五以上百分之二十以下罚金： （一）提供资金帐户的； （二）协助将财产转换为现金或者金融票据的； （三）通过转帐或者其他结算方式协助资金转移的； （四）协助将资金汇往境外的； （五）以其他方法掩饰、隐瞒犯罪的违法所得及其收益的性质和来源的。 单位犯前款罪的，对单位判处罚金，并对其直接负责的主管人员和其他直接责任人员，处五年以下有期徒刑或者拘役。	第一百九十一条　明知是毒品犯罪、黑社会性质的组织犯罪、**恐怖活动犯罪、**走私犯罪的违法所得及其产生的收益，为掩饰、隐瞒其来源和性质，有下列行为之一的，没收实施以上犯罪的违法所得及其产生的收益，处五年以下有期徒刑或者拘役，并处或者单处洗钱数额百分之五以上百分之二十以下罚金；情节严重的，处五年以上十年以下有期徒刑，并处洗钱数额百分之五以上百分之二十以下罚金： （一）提供资金帐户的； （二）协助将财产转换为现金或者金融票据的； （三）通过转帐或者其他结算方式协助资金转移的； （四）协助将资金汇往境外的； （五）以其他方法掩饰、隐瞒犯罪的违法所得及其收益**的来源和性质的。** 单位犯前款罪的，对单位判处罚金，并对其直接负责的主管人员和其他直接责任人员，处五年以下有期徒刑或者拘役；**情节严重的，处五年以上十年以下有期徒刑。**

5. 根据《中华人民共和国刑法修正案(四)》修改的条文新旧对照表

修改前的法律条文	修改后的法律条文
第一百四十五条　生产不符合保障人体健康的国家标准、行业标准的医疗器械、医用卫生材料,或者销售明知是不符合保障人体健康的国家标准、行业标准的医疗器械、医用卫生材料,对人体健康造成严重危害的,处五年以下有期徒刑,并处销售金额百分之五十以上二倍以下罚金;后果特别严重的,处五年以上十年以下有期徒刑,并处销售金额百分之五十以上二倍以下罚金,其中情节特别恶劣的,处十年以上有期徒刑或者无期徒刑,并处销售金额百分之五十以上二倍以下罚金或者没收财产。	第一百四十五条　生产不符合保障人体健康的国家标准、行业标准的医疗器械、医用卫生材料,或者销售明知是不符合保障人体健康的国家标准、行业标准的医疗器械、医用卫生材料,**足以严重危害人体健康的,处三年以下有期徒刑或者拘役**,并处销售金额百分之五十以上二倍以下罚金;**对人体健康造成严重危害的,处三年以上十年以下有期徒刑**,并处销售金额百分之五十以上二倍以下罚金;**后果特别严重的**,处十年以上有期徒刑或者无期徒刑,并处销售金额百分之五十以上二倍以下罚金或者没收财产。
第一百五十二条　以牟利或者传播为目的,走私淫秽的影片、录像带、录音带、图片、书刊或者其他淫秽物品的,处三年以上十年以下有期徒刑,并处罚金;情节严重的,处十年以上有期徒刑或者无期徒刑,并处罚金或者没收财产;情节较轻的,处三年以下有期徒刑、拘役或者管制,并处罚金。 单位犯前款罪的,对单位判处罚金,并对其直接负责的主管人员和其他直接责任人员,依照前款的规定处罚。	第一百五十二条　以牟利或者传播为目的,走私淫秽的影片、录像带、录音带、图片、书刊或者其他淫秽物品的,处三年以上十年以下有期徒刑,并处罚金;情节严重的,处十年以上有期徒刑或者无期徒刑,并处罚金或者没收财产;情节较轻的,处三年以下有期徒刑、拘役或者管制,并处罚金。 **逃避海关监管将境外固体废物、液态废物和气态废物运输进境,情节严重的,处五年以下有期徒刑,并处或者单处罚金;情节特别严重的,处五年以上有期徒刑,并处罚金。**

续表

修改前的法律条文	修改后的法律条文
	单位犯**前两款**罪的，对单位判处罚金，并对其直接负责的主管人员和其他直接责任人员，依照**前两款**的规定处罚。
第一百五十五条　下列行为，以走私罪论处，依照本节的有关规定处罚： （一）直接向走私人非法收购国家禁止进口物品的，或者直接向走私人非法收购走私进口的其他货物、物品，数额较大的； （二）在内海、领海运输、收购、贩卖国家禁止进出口物品的，或者运输、收购、贩卖国家限制进出口货物、物品，数额较大，没有合法证明的； **（三）逃避海关监管将境外固体废物运输进境的。**	第一百五十五条　下列行为，以走私罪论处，依照本节的有关规定处罚： （一）直接向走私人非法收购国家禁止进口物品的，或者直接向走私人非法收购走私进口的其他货物、物品，数额较大的； （二）在内海、领海、**界河、界湖**运输、收购、贩卖国家禁止进出口物品的，或者运输、收购、贩卖国家限制进出口货物、物品，数额较大，没有合法证明的。
第三百三十九条第三款　以原料利用为名，进口不能用作原料的固体废物的，依照本法第一百五十五条的规定定罪处罚。	第三百三十九条第三款　以原料利用为名，进口不能用作原料的固体废物、**液态废物和气态废物的**，依照本法**第一百五十二条第二款、第三款**的规定定罪处罚。
第三百四十四条　违反森林法的规定，非法采伐、毁坏珍贵树木的，处三年以下有期徒刑、拘役或者管制，并处罚金；情节严重的，处三年以上七年以下有期徒刑，并处罚金。	第三百四十四条　违反**国家**规定，非法采伐、毁坏珍贵树木**或者国家重点保护的其他植物的，或者非法收购、运输、加工、出售珍贵树木或者国家重点保护的其他植物及其制品的，**处三年以下有期徒刑、拘役或者管制，并处罚金；情节严重的，处三年以上七年以下有期徒刑，并处罚金。

续表

修改前的法律条文	修改后的法律条文
第三百四十五条　盗伐森林或者其他林木，数量较大的，处三年以下有期徒刑、拘役或者管制，并处或者单处罚金；数量巨大的，处三年以上七年以下有期徒刑，并处罚金；数量特别巨大的，处七年以上有期徒刑，并处罚金。 违反森林法的规定，滥伐森林或者其他林木，数量较大的，处三年以下有期徒刑、拘役或者管制，并处或者单处罚金；数量巨大的，处三年以上七年以下有期徒刑，并处罚金。 **以牟利为目的，在林区**非法收购明知是盗伐、滥伐的林木，情节严重的，处三年以下有期徒刑、拘役或者管制，并处或者单处罚金；情节特别严重的，处三年以上七年以下有期徒刑，并处罚金。 盗伐、滥伐国家级自然保护区内的森林或者其他林木的，从重处罚。	第三百四十五条　盗伐森林或者其他林木，数量较大的，处三年以下有期徒刑、拘役或者管制，并处或者单处罚金；数量巨大的，处三年以上七年以下有期徒刑，并处罚金；数量特别巨大的，处七年以上有期徒刑，并处罚金。 违反森林法的规定，滥伐森林或者其他林木，数量较大的，处三年以下有期徒刑、拘役或者管制，并处或者单处罚金；数量巨大的，处三年以上七年以下有期徒刑，并处罚金。 非法收购、**运输**明知是盗伐、滥伐的林木，情节严重的，处三年以下有期徒刑、拘役或者管制，并处或者单处罚金；情节特别严重的，处三年以上七年以下有期徒刑，并处罚金。 盗伐、滥伐国家级自然保护区内的森林或者其他林木的，从重处罚。
第三百九十九条　司法工作人员徇私枉法、徇情枉法，对明知是无罪的人而使他受追诉、对明知是有罪的人而故意包庇不使他受追诉，或者在刑事审判活动中故意违背事实和法律作枉法裁判的，处五年以下有期徒刑或者拘役；情节严重的，处五年以上十年以下有期徒刑；情节特别严重的，处十年以上有期徒刑。	第三百九十九条　司法工作人员徇私枉法、徇情枉法，对明知是无罪的人而使他受追诉、对明知是有罪的人而故意包庇不使他受追诉，或者在刑事审判活动中故意违背事实和法律作枉法裁判的，处五年以下有期徒刑或者拘役；情节严重的，处五年以上十年以下有期徒刑；情节特别严重的，处十年以上有期徒刑。

续表

修改前的法律条文	修改后的法律条文
在民事、行政审判活动中故意违背事实和法律作枉法裁判,情节严重的,处五年以下有期徒刑或者拘役;情节特别严重的,处五年以上十年以下有期徒刑。 司法工作人员贪赃枉法,有前两款行为的,同时又构成本法第三百八十五条规定之罪的,依照处罚较重的规定定罪处罚。	在民事、行政审判活动中故意违背事实和法律作枉法裁判,情节严重的,处五年以下有期徒刑或者拘役;情节特别严重的,处五年以上十年以下有期徒刑。 **在执行判决、裁定活动中,严重不负责任或者滥用职权,不依法采取诉讼保全措施、不履行法定执行职责,或者违法采取诉讼保全措施、强制执行措施,致使当事人或者其他人的利益遭受重大损失的,处五年以下有期徒刑或者拘役;致使当事人或者其他人的利益遭受特别重大损失的,处五年以上十年以下有期徒刑。** 司法工作人员**收受贿赂**,有前三款行为的,同时又构成本法第三百八十五条规定之罪的,依照处罚较重的规定定罪处罚。

6. 根据《中华人民共和国刑法修正案(五)》修改的条文新旧对照表

修改前的法律条文	修改后的法律条文
第一百九十六条　有下列情形之一,进行信用卡诈骗活动,数额较大的,处五年以下有期徒刑或者拘役,并处二万元以上二十万元以下罚金;数额巨大或者有其他严重情节的,处五年以上十年以下有期徒刑,并处五万元以上五十万元以下罚金;数额特别巨大或者有其他特别严重情节的,处十年以上有期徒刑	第一百九十六条　有下列情形之一,进行信用卡诈骗活动,数额较大的,处五年以下有期徒刑或者拘役,并处二万元以上二十万元以下罚金;数额巨大或者有其他严重情节的,处五年以上十年以下有期徒刑,并处五万元以上五十万元以下罚金;数额特别巨大或者有其他特别严重情节的,处十年以上有期

续表

修改前的法律条文	修改后的法律条文
或者无期徒刑，并处五万元以上五十万元以下罚金或者没收财产： （一）使用伪造的信用卡的； （二）使用作废的信用卡的； （三）冒用他人信用卡的； （四）恶意透支的。 前款所称恶意透支，是指持卡人以非法占有为目的，超过规定限额或者规定期限透支，并且经发卡银行催收后仍不归还的行为。 盗窃信用卡并使用的，依照本法第二百六十四条的规定定罪处罚。	徒刑或者无期徒刑，并处五万元以上五十万元以下罚金或者没收财产： （一）使用伪造的信用卡，**或者使用以虚假的身份证明骗领的信用卡的；** （二）使用作废的信用卡的； （三）冒用他人信用卡的； （四）恶意透支的。 前款所称恶意透支，是指持卡人以非法占有为目的，超过规定限额或者规定期限透支，并且经发卡银行催收后仍不归还的行为。 盗窃信用卡并使用的，依照本法第二百六十四条的规定定罪处罚。
第三百六十九条　破坏武器装备、军事设施、军事通信的，处三年以下有期徒刑、拘役或者管制；破坏重要武器装备、军事设施、军事通信的，处三年以上十年以下有期徒刑；情节特别严重的，处十年以上有期徒刑、无期徒刑或者死刑。战时从重处罚。	第三百六十九条　破坏武器装备、军事设施、军事通信的，处三年以下有期徒刑、拘役或者管制；破坏重要武器装备、军事设施、军事通信的，处三年以上十年以下有期徒刑；情节特别严重的，处十年以上有期徒刑、无期徒刑或者死刑。 **过失犯前款罪，造成严重后果的，处三年以下有期徒刑或者拘役；造成特别严重后果的，处三年以上七年以下有期徒刑。** 战时**犯前两款罪的，**从重处罚。

7. 根据《中华人民共和国刑法修正案(六)》修改的条文新旧对照表

修改前的法律条文	修改后的法律条文
第一百三十四条　工厂、矿山、林场、建筑企业或者其他企业、事业单位的职工,由于不服管理、违反规章制度,或者强令工人违章冒险作业,因而发生重大伤亡事故或者造成其他严重后果的,处三年以下有期徒刑或者拘役;情节特别恶劣的,处三年以上七年以下有期徒刑。	第一百三十四条　**在生产、作业中违反有关安全管理的规定**,因而发生重大伤亡事故或者造成其他严重后果的,处三年以下有期徒刑或者拘役;情节特别恶劣的,处三年以上七年以下有期徒刑。 **强令他人违章冒险作业,因而发生重大伤亡事故或者造成其他严重后果的,处五年以下有期徒刑或者拘役;情节特别恶劣的,处五年以上有期徒刑。**
第一百三十五条　工厂、矿山、林场、建筑企业或者其他企业、事业单位的劳动安全设施不符合国家规定,经有关部门或者单位职工提出后,对事故隐患仍不采取措施,因而发生重大伤亡事故或者造成其他严重后果的,对直接责任人员,处三年以下有期徒刑或者拘役;情节特别恶劣的,处三年以上七年以下有期徒刑。	第一百三十五条　**安全生产设施或者安全生产条件**不符合国家规定,因而发生重大伤亡事故或者造成其他严重后果的,对**直接负责的主管人员和其他**直接责任人员,处三年以下有期徒刑或者拘役;情节特别恶劣的,处三年以上七年以下有期徒刑。
第一百六十一条　公司向股东和社会公众提供虚假的或者隐瞒重要事实的财务会计报告,严重损害股东或者其他人利益的,对其直接负责的主管人员和其他直接责任人员,处三年以下有期徒刑或者拘役,并处或者单处二万元以上二十万元以下罚金。	第一百六十一条　**依法负有信息披露义务的公司、企业**向股东和社会公众提供虚假的或者隐瞒重要事实的财务会计报告,**或者对依法应当披露的其他重要信息不按照规定披露**,严重损害股东或者其他人利益,**或者有其他严重情节的**,对其直接负责的主管人员和其他直接责任人员,处三年以下有期徒刑或者拘役,并处或者单处二万元以上二十万元以下罚金。

续表

修改前的法律条文	修改后的法律条文
第一百六十三条　公司、企业的工作人员利用职务上的便利，索取他人财物或者非法收受他人财物，为他人谋取利益，数额较大的，处五年以下有期徒刑或者拘役；数额巨大的，处五年以上有期徒刑，可以并处没收财产。 公司、企业的工作人员在经济往来中，违反国家规定，收受各种名义的回扣、手续费，归个人所有的，依照前款的规定处罚。 国有公司、企业中从事公务的人员和国有公司、企业委派到非国有公司、企业从事公务的人员有前两款行为的，依照本法第三百八十五条、第三百八十六条的规定定罪处罚。	第一百六十三条　公司、企业**或者其他单位**的工作人员利用职务上的便利，索取他人财物或者非法收受他人财物，为他人谋取利益，数额较大的，处五年以下有期徒刑或者拘役；数额巨大的，处五年以上有期徒刑，可以并处没收财产。 公司、企业**或者其他单位**的工作人员在经济往来中，**利用职务上的便利**，违反国家规定，收受各种名义的回扣、手续费，归个人所有的，依照前款的规定处罚。 国有公司、企业**或者其他国有单位**中从事公务的人员和国有公司、企业**或者其他国有单位**委派到非国有公司、企业**以及其他单位**从事公务的人员有前两款行为的，依照本法第三百八十五条、第三百八十六条的规定定罪处罚。
第一百六十四条第一款　为谋取不正当利益，给予公司、企业的工作人员以财物，数额较大的，处三年以下有期徒刑或者拘役；数额巨大的，处三年以上十年以下有期徒刑，并处罚金。	第一百六十四条第一款　为谋取不正当利益，给予公司、企业**或者其他单位**的工作人员以财物，数额较大的，处三年以下有期徒刑或者拘役；数额巨大的，处三年以上十年以下有期徒刑，并处罚金。
第一百八十二条　有下列情形之一，操纵证券、期货交易价格，获取不正当利益或者转嫁风险，情节严重的，处五年以下有期徒刑或者拘役，并处或者单处违法所得一倍以上五倍以下罚金：	第一百八十二条　有下列情形之一，操纵证券、期货**市场**，情节严重的，处五年以下有期徒刑或者拘役，并处或者单处**罚金；情节特别严重的，处五年以上十年以下有期徒刑，并处罚金：**

续表

修改前的法律条文	修改后的法律条文
（一）单独或者合谋，集中资金优势、持股或者持仓优势或者利用信息优势联合或者连续买卖，操纵证券、期货交易价格的； （二）与他人串通，以事先约定的时间、价格和方式相互进行证券、期货交易，**或者相互买卖并不持有的证券**，影响证券、期货交易价格或者证券、期货交易量的； （三）**以自己为交易对象，进行不转移证券所有权的自买自卖**，或者以自己为交易对象，自买自卖期货合约，影响证券、期货交易价格或者证券、期货交易量的； （四）以其他方法操纵证券、期货交易价格的。 单位犯前款罪的，对单位判处罚金，并对其直接负责的主管人员和其他直接责任人员，处五年以下有期徒刑或者拘役。	（一）单独或者合谋，集中资金优势、持股或者持仓优势或者利用信息优势联合或者连续买卖，操纵证券、期货交易价格**或者证券、期货交易量的**； （二）与他人串通，以事先约定的时间、价格和方式相互进行证券、期货交易，影响证券、期货交易价格或者证券、期货交易量的； （三）**在自己实际控制的帐户之间进行证券交易**，或者以自己为交易对象，自买自卖期货合约，影响证券、期货交易价格或者证券、期货交易量的； （四）以其他方法操纵证券、期货**市场**的。 单位犯前款罪的，对单位判处罚金，并对其直接负责的主管人员和其他直接责任人员，**依照前款的规定处罚**。
第一百八十六条第一、二款　银行或者其他金融机构的工作人员违反法律、行政法规规定，向关系人发放信用贷款或者发放担保贷款的条件优于其他借款人同类贷款的条件，造成较大损失的，处五年以下有期徒刑或者拘役，并处一万元以上十万元以下罚金；造成重大损失的，处五年以上有期徒刑，并处二万元以上二十万元以下罚金。 银行或者其他金融机构的工作人员违反法律、行政法规规定，向关系人以外的其他人发放贷款，造成重大损失的，处五年以下有期徒刑或	第一百八十六条第一、二款　银行或者其他金融机构的工作人员违反**国家规定发放贷款，数额巨大或者造成重大损失的**，处五年以下有期徒刑或者拘役，并处一万元以上十万元以下罚金；**数额特别巨大或者**造成**特别**重大损失的，处五年以上有期徒刑，并处二万元以上二十万元以下罚金。 银行或者其他金融机构的工作人员违反**国家规定，向关系人发放贷款的，依照前款的规定从重处罚**。

续表

修改前的法律条文	修改后的法律条文
者拘役，并处一万元以上十万元以下罚金；造成特别重大损失的，处五年以上有期徒刑，并处二万元以上二十万元以下罚金。	
第一百八十七条第一款　银行或者其他金融机构的工作人员**以牟利为目的，采取**吸收客户资金不入帐**的方式，将资金用于非法拆借、发放贷款，**造成重大损失的，处五年以下有期徒刑或者拘役，并处二万元以上二十万元以下罚金；造成特别重大损失的，处五年以上有期徒刑，并处五万元以上五十万元以下罚金。	第一百八十七条第一款　银行或者其他金融机构的工作人员吸收客户资金不入帐，**数额巨大或者造成重大损失的，**处五年以下有期徒刑或者拘役，并处二万元以上二十万元以下罚金；**数额特别巨大或者**造成特别重大损失的，处五年以上有期徒刑，并处五万元以上五十万元以下罚金。
第一百八十八条第一款　银行或者其他金融机构的工作人员违反规定，为他人出具信用证或者其他保函、票据、存单、资信证明，造成较大损失的，处五年以下有期徒刑或者拘役；造成重大损失的，处五年以上有期徒刑。	第一百八十八条第一款　银行或者其他金融机构的工作人员违反规定，为他人出具信用证或者其他保函、票据、存单、资信证明，**情节严重的，**处五年以下有期徒刑或者拘役；**情节特别严重的，**处五年以上有期徒刑。
第一百九十一条第一款　明知是毒品犯罪、黑社会性质的组织犯罪、恐怖活动犯罪、走私犯罪的违法所得及其产生的收益，为掩饰、隐瞒其来源和性质，有下列行为之一的，没收实施以上犯罪的违法所得及其产生的收益，处五年以下有期徒刑或者拘役，并处或者单处洗钱数额百分之五以上百分之二十以下罚金；情节严重的，处五年以上十年以下有期徒刑，并处洗钱数额百分之五以上百分之二十以下罚金：	第一百九十一条第一款　明知是毒品犯罪、黑社会性质的组织犯罪、恐怖活动犯罪、走私犯罪、**贪污贿赂犯罪、破坏金融管理秩序犯罪、金融诈骗犯罪的所得**及其产生的收益，为掩饰、隐瞒其来源和性质，有下列行为之一的，没收实施以上犯罪的所得及其产生的收益，处五年以下有期徒刑或者拘役，并处或者单处洗钱数额百分之五以上百分之二十以下罚金；情节严重的，处五年以上十年以下有期徒刑，并处洗钱数额百分之五以上百分之二十以下罚金：

续表

修改前的法律条文	修改后的法律条文
(一)提供资金帐户的; (二)协助将财产转换为现金或者金融票据的; (三)通过转帐或者其他结算方式协助资金转移的; (四)协助将资金汇往境外的; (五)以其他方法掩饰、隐瞒犯罪的违法所得及其收益的来源和性质的。	(一)提供资金帐户的; (二)协助将财产转换为现金、金融票据、**有价证券的;** (三)通过转帐或者其他结算方式协助资金转移的; (四)协助将资金汇往境外的; (五)以其他方法掩饰、隐瞒犯罪所得及其收益的来源和性质的。
第三百零三条　以营利为目的,聚众赌博、开设赌场或者以赌博为业的,处三年以下有期徒刑、拘役或者管制,并处罚金。	第三百零三条　以营利为目的,聚众赌博或者以赌博为业的,处三年以下有期徒刑、拘役或者管制,并处罚金。 **开设赌场的,处三年以下有期徒刑、拘役或者管制,并处罚金;情节严重的,处三年以上十年以下有期徒刑,并处罚金。**
第三百一十二条　明知是犯罪所得的赃物而予以窝藏、转移、收购或者代为销售的,处三年以下有期徒刑、拘役或者管制,并处或者单处罚金。	第三百一十二条　明知是犯罪所得**及其产生的收益**而予以窝藏、转移、收购、代为销售**或者以其他方法掩饰、隐瞒的,**处三年以下有期徒刑、拘役或者管制,并处或者单处罚金;**情节严重的,处三年以上七年以下有期徒刑,并处罚金。**

8. 根据《中华人民共和国刑法修正案(七)》修改的条文新旧对照表

修改前的法律条文	修改后的法律条文
第一百五十一条第三款　走私国家禁止进出口的珍稀植物及其制品的,处五年以下有期徒刑,并处或者单处罚金;情节严重的,处五年以上有期徒刑,并处罚金。	第一百五十一条第三款　走私珍稀植物及其制品**等**国家禁止进出口的**其他货物、物品的**,处五年以下有期徒刑**或者拘役**,并处或者单处罚金;情节严重的,处五年以上有期徒刑,并处罚金。
第一百八十条　证券、期货交易内幕信息的知情人员或者非法获取证券、期货交易内幕信息的人员,在涉及证券的发行,证券、期货交易或者其他对证券、期货交易价格有重大影响的信息尚未公开前,买入或者卖出该证券,或者从事与该内幕信息有关的期货交易,或者泄露该信息,情节严重的,处五年以下有期徒刑或者拘役,并处或者单处违法所得一倍以上五倍以下罚金;情节特别严重的,处五年以上十年以下有期徒刑,并处违法所得一倍以上五倍以下罚金。 单位犯前款罪的,对单位判处罚金,并对其直接负责的主管人员和其他直接责任人员,处五年以下有期徒刑或者拘役。 内幕信息、知情人员的范围,依照法律、行政法规的规定确定。	第一百八十条　证券、期货交易内幕信息的知情人员或者非法获取证券、期货交易内幕信息的人员,在涉及证券的发行,证券、期货交易或者其他对证券、期货交易价格有重大影响的信息尚未公开前,买入或者卖出该证券,或者从事与该内幕信息有关的期货交易,或者泄露该信息,**或者明示、暗示他人从事上述交易活动**,情节严重的,处五年以下有期徒刑或者拘役,并处或者单处违法所得一倍以上五倍以下罚金;情节特别严重的,处五年以上十年以下有期徒刑,并处违法所得一倍以上五倍以下罚金。 单位犯前款罪的,对单位判处罚金,并对其直接负责的主管人员和其他直接责任人员,处五年以下有期徒刑或者拘役。 内幕信息、知情人员的范围,依照法律、行政法规的规定确定。 **证券交易所、期货交易所、证券公司、期货经纪公司、基金管理公司、商业银行、保险公司等金融机**

续表

修改前的法律条文	修改后的法律条文
	构的从业人员以及有关监管部门或者行业协会的工作人员，利用因职务便利获取的内幕信息以外的其他未公开的信息，违反规定，从事与该信息相关的证券、期货交易活动，或者明示、暗示他人从事相关交易活动，情节严重的，依照第一款的规定处罚。
第二百零一条　纳税人采取伪造、变造、隐匿、擅自销毁帐簿、记帐凭证，在帐簿上多列支出或者不列、少列收入，经税务机关通知申报而拒不申报或者进行虚假的纳税申报的手段，不缴或者少缴应纳税款，偷税数额占应纳税额的百分之十以上不满百分之三十并且偷税数额在一万元以上不满十万元的，或者因偷税被税务机关给予二次行政处罚又偷税的，处三年以下有期徒刑或者拘役，并处偷税数额一倍以上五倍以下罚金；偷税数额占应纳税额的百分之三十以上并且偷税数额在十万元以上的，处三年以上七年以下有期徒刑，并处偷税数额一倍以上五倍以下罚金。 扣缴义务人采取前款所列手段，不缴或者少缴已扣、已收税款，数额占应缴税额的百分之十以上并且数额在一万元以上的，依照前款的规定处罚。 对多次犯有前两款行为，未经处理的，按照累计数额计算。	第二百零一条　纳税人采取**欺骗、隐瞒手段进行虚假纳税申报或者不申报，逃避缴纳税款数额较大并且占应纳税额百分之十以上的，**处三年以下有期徒刑或者拘役，并处罚金；**数额巨大并且占应纳税额百分之三十以上的，**处三年以上七年以下有期徒刑，并处罚金。 扣缴义务人采取前款所列手段，不缴或者少缴已扣、已收税款，**数额较大的，**依照前款的规定处罚。 对多次**实施**前两款行为，未经处理的，按照累计数额计算。 **有第一款行为，经税务机关依法下达追缴通知后，补缴应纳税款，缴纳滞纳金，已受行政处罚的，不予追究刑事责任；但是，五年内因逃避缴纳税款受过刑事处罚或者被税务机关给予二次以上行政处罚的除外。**

续表

修改前的法律条文	修改后的法律条文
第二百二十五条第三项　（三）未经国家有关主管部门批准，非法经营证券、期货或者保险业务的；	第二百二十五条第三项　（三）未经国家有关主管部门批准非法经营证券、期货、保险业务的，**或者非法从事资金支付结算业务的；**
第二百三十九条　以勒索财物为目的绑架他人的，或者绑架他人作为人质的，处十年以上有期徒刑或者无期徒刑，并处罚金或者没收财产；致使被绑架人死亡或者杀害被绑架人的，处死刑，并处没收财产。 以勒索财物为目的偷盗婴幼儿的，依照前款的规定处罚。	第二百三十九条　以勒索财物为目的绑架他人的，或者绑架他人作为人质的，处十年以上有期徒刑或者无期徒刑，并处罚金或者没收财产；**情节较轻的，处五年以上十年以下有期徒刑，并处罚金。** **犯前款罪，致使被绑架人死亡或者杀害被绑架人的，处死刑，并处没收财产。** 以勒索财物为目的偷盗婴幼儿的，依照前**两**款的规定处罚。
无	**第二百八十五条第二、三款　违反国家规定，侵入前款规定以外的计算机信息系统或者采用其他技术手段，获取该计算机信息系统中存储、处理或者传输的数据，或者对该计算机信息系统实施非法控制，情节严重的，处三年以下有期徒刑或者拘役，并处或者单处罚金；情节特别严重的，处三年以上七年以下有期徒刑，并处罚金。** **提供专门用于侵入、非法控制计算机信息系统的程序、工具，或者明知他人实施侵入、非法控制计算机信息系统的违法犯罪行为而为其提供程序、工具，情节严重的，依照前款的规定处罚。**

续表

修改前的法律条文	修改后的法律条文
无	**第三百一十二条第二款　单位犯前款罪的，对单位判处罚金，并对其直接负责的主管人员和其他直接责任人员，依照前款的规定处罚。**
第三百三十七条第一款　违反进出境动植物检疫法的规定，逃避动植物检疫，引起重大动植物疫情的，处三年以下有期徒刑或者拘役，并处或者单处罚金。	第三百三十七条第一款　违反**有关动植物防疫、检疫的国家规定**，引起重大动植物疫情的，**或者有引起重大动植物疫情危险，情节严重的**，处三年以下有期徒刑或者拘役，并处或者单处罚金。
第三百七十五条　伪造、变造、买卖或者盗窃、抢夺武装部队公文、证件、印章的，处三年以下有期徒刑、拘役、管制或者剥夺政治权利；情节严重的，处三年以上十年以下有期徒刑。 非法生产、买卖武装部队制式服装、车辆号牌等专用标志，情节严重的，处三年以下有期徒刑、拘役或者管制，并处或者单处罚金。 单位犯第二款罪的，对单位判处罚金，并对其直接负责的主管人员和其他直接责任人员，依照该款的规定处罚。	第三百七十五条　伪造、变造、买卖或者盗窃、抢夺武装部队公文、证件、印章的，处三年以下有期徒刑、拘役、管制或者剥夺政治权利；情节严重的，处三年以上十年以下有期徒刑。 非法生产、买卖武装部队制式服装，情节严重的，处三年以下有期徒刑、拘役或者管制，并处或者单处罚金。 **伪造、盗窃、买卖或者非法提供、使用武装部队车辆号牌等专用标志，情节严重的，处三年以下有期徒刑、拘役或者管制，并处或者单处罚金；情节特别严重的，处三年以上七年以下有期徒刑，并处罚金。** 单位犯第二款、**第三款**罪的，对单位判处罚金，并对其直接负责的主管人员和其他直接责任人员，依照各该款的规定处罚。

续表

修改前的法律条文	修改后的法律条文
第三百九十五条第一款　国家工作人员的财产或者支出明显超过合法收入，差额巨大的，可以责令说明来源。本人不能说明其来源是合法的，差额部分以非法所得论，处五年以下有期徒刑或者拘役，财产的差额部分予以追缴。	第三百九十五条第一款　国家工作人员的财产、支出明显超过合法收入，差额巨大的，可以责令**该国家工作人员**说明来源，**不能说明来源的**，差额部分以非法所得论，处五年以下有期徒刑或者拘役；**差额特别巨大的，处五年以上十年以下有期徒刑**。财产的差额部分予以追缴。

9. 根据《全国人民代表大会常务委员会关于修改部分法律的决定》修改的条文新旧对照表

修改前的法律条文	修改后的法律条文
第三百八十一条　战时拒绝军事征用，情节严重的，处三年以下有期徒刑或者拘役。	第三百八十一条　战时拒绝军事**征收、征用**，情节严重的，处三年以下有期徒刑或者拘役。
第四百一十条　国家机关工作人员徇私舞弊，违反土地管理法规，滥用职权，非法批准征用、占用土地，或者非法低价出让国有土地使用权，情节严重的，处三年以下有期徒刑或者拘役；致使国家或者集体利益遭受特别重大损失的，处三年以上七年以下有期徒刑。	第四百一十条　国家机关工作人员徇私舞弊，违反土地管理法规，滥用职权，非法批准**征收、征用**、占用土地，或者非法低价出让国有土地使用权，情节严重的，处三年以下有期徒刑或者拘役；致使国家或者集体利益遭受特别重大损失的，处三年以上七年以下有期徒刑。

10. 根据《中华人民共和国刑法修正案(八)》修改的条文新旧对照表

修改前的法律条文	修改后的法律条文
第三十八条　管制的期限,为三个月以上二年以下。 被判处管制的犯罪分子,由公安机关执行。	第三十八条　管制的期限,为三个月以上二年以下。 **判处管制,可以根据犯罪情况,同时禁止犯罪分子在执行期间从事特定活动,进入特定区域、场所,接触特定的人。** 对判处管制的犯罪分子,**依法实行社区矫正。** **违反第二款规定的禁止令的,由公安机关依照《中华人民共和国治安管理处罚法》的规定处罚。**
第四十九条　犯罪的时候不满十八周岁的人和审判的时候怀孕的妇女,不适用死刑。	第四十九条　犯罪的时候不满十八周岁的人和审判的时候怀孕的妇女,不适用死刑。 **审判的时候已满七十五周岁的人,不适用死刑,但以特别残忍手段致人死亡的除外。**
第五十条　判处死刑缓期执行的,在死刑缓期执行期间,如果没有故意犯罪,二年期满以后,减为无期徒刑;如果确有重大立功表现,二年期满以后,减为十五年以上二十年以下有期徒刑;如果故意犯罪,查证属实的,由最高人民法院核准,执行死刑。	第五十条　判处死刑缓期执行的,在死刑缓期执行期间,如果没有故意犯罪,二年期满以后,减为无期徒刑;如果确有重大立功表现,二年期满以后,减为**二十五年**有期徒刑;如果故意犯罪,查证属实的,由最高人民法院核准,执行死刑。 **对被判处死刑缓期执行的累犯以及因故意杀人、强奸、抢劫、绑架、放火、爆炸、投放危险物质或者有组织的暴力性犯罪被判处死刑缓期执行的犯罪分子,人民法院根据犯罪情节等情况可以同时决定对其限制减刑。**

续表

修改前的法律条文	修改后的法律条文
第六十三条第一款　犯罪分子具有本法规定的减轻处罚情节的，应当在法定刑以下判处刑罚。	第六十三条第一款　犯罪分子具有本法规定的减轻处罚情节的，应当在法定刑以下判处刑罚；**本法规定有数个量刑幅度的，应当在法定量刑幅度的下一个量刑幅度内判处刑罚。**
第六十五条第一款　被判处有期徒刑以上刑罚的犯罪分子，刑罚执行完毕或者赦免以后，在五年以内再犯应当判处有期徒刑以上刑罚之罪的，是累犯，应当从重处罚，但是过失犯罪除外。	第六十五条第一款　被判处有期徒刑以上刑罚的犯罪分子，刑罚执行完毕或者赦免以后，在五年以内再犯应当判处有期徒刑以上刑罚之罪的，是累犯，应当从重处罚，但是过失犯罪**和不满十八周岁的人犯罪的**除外。
第六十六条　危害国家安全的犯罪分子在刑罚执行完毕或者赦免以后，在任何时候再犯危害国家安全罪的，都以累犯论处。	第六十六条　危害国家安全犯罪、**恐怖活动犯罪、黑社会性质的组织犯罪的犯罪分子，**在刑罚执行完毕或者赦免以后，在任何时候再犯**上述任一类罪的，**都以累犯论处。
无	**第六十七条第三款　犯罪嫌疑人虽不具有前两款规定的自首情节，但是如实供述自己罪行的，可以从轻处罚；因其如实供述自己罪行，避免特别严重后果发生的，可以减轻处罚。**
第六十八条第二款　犯罪后自首又有重大立功表现的，应当减轻或者免除处罚。	删去
第六十九条　判决宣告以前一人犯数罪的，除判处死刑和无期徒刑的以外，应当在总和刑期以下、数刑中最高刑期以上，酌情决定执行的刑期，但是管制最高不能超过三年，	第六十九条　判决宣告以前一人犯数罪的，除判处死刑和无期徒刑的以外，应当在总和刑期以下、数刑中最高刑期以上，酌情决定执行的刑期，但是管制最高不能超过

续表

修改前的法律条文	修改后的法律条文
拘役最高不能超过一年，有期徒刑最高不能超过二十年。 如果数罪中有判处附加刑的，附加刑仍须执行。	三年，拘役最高不能超过一年，**有期徒刑总和刑期不满三十五年的，最高不能超过二十年，总和刑期在三十五年以上的，最高不能超过二十五年。** 数罪中有判处附加刑的，附加刑仍须执行，**其中附加刑种类相同的，合并执行，种类不同的，分别执行。**
第七十二条　对于被判处拘役、三年以下有期徒刑的犯罪分子，根据犯罪分子的犯罪情节和悔罪表现，适用缓刑确实不致再危害社会的，可以宣告缓刑。 被宣告缓刑的犯罪分子，如果被判处附加刑，附加刑仍须执行。	第七十二条　对于被判处拘役、三年以下有期徒刑的犯罪分子，同**时符合下列条件的，**可以宣告缓刑，**对其中不满十八周岁的人、怀孕的妇女和已满七十五周岁的人，应当宣告缓刑：** **（一）犯罪情节较轻；** **（二）有悔罪表现；** **（三）没有再犯罪的危险；** **（四）宣告缓刑对所居住社区没有重大不良影响。** **宣告缓刑，可以根据犯罪情况，同时禁止犯罪分子在缓刑考验期限内从事特定活动，进入特定区域、场所，接触特定的人。** 被宣告缓刑的犯罪分子，如果被判处附加刑，附加刑仍须执行。
第七十四条　对于累犯，不适用缓刑。	第七十四条　对于累犯**和犯罪集团的首要分子，**不适用缓刑。
第七十六条　被宣告缓刑的犯罪分子，在缓刑考验期限内，由公安机关考察，所在单位或者基层组织予以配合，如果没有本法第七十七条规定的情形，缓刑考验期满，原判的刑罚就不再执行，并公开予以宣告。	第七十六条　**对**宣告缓刑的犯罪分子，在缓刑考验期限内，**依法实行社区矫正，**如果没有本法第七十七条规定的情形，缓刑考验期满，原判的刑罚就不再执行，并公开予以宣告。

续表

修改前的法律条文	修改后的法律条文
第七十七条第二款　被宣告缓刑的犯罪分子，在缓刑考验期限内，违反法律、行政法规或者国务院公安部门有关缓刑的监督管理规定，情节严重的，应当撤销缓刑，执行原判刑罚。	第七十七条第二款　被宣告缓刑的犯罪分子，在缓刑考验期限内，违反法律、行政法规或者国务院**有关部门关于**缓刑的监督管理规定，**或者违反人民法院判决中的禁止令**，情节严重的，应当撤销缓刑，执行原判刑罚。
第七十八条第二款　减刑以后实际执行的刑期，判处管制、拘役、有期徒刑的，不能少于原判刑期的二分之一；判处无期徒刑的，不能少于十年。	第七十八条第二款　减刑以后实际执行的刑期**不能少于下列期限：** **（一）判处管制、拘役、有期徒刑的，不能少于原判刑期的二分之一；** **（二）判处无期徒刑的，不能少于十三年；** **（三）人民法院依照本法第五十条第二款规定限制减刑的死刑缓期执行的犯罪分子，缓期执行期满后依法减为无期徒刑的，不能少于二十五年，缓期执行期满后依法减为二十五年有期徒刑的，不能少于二十年。**
第八十一条　被判处有期徒刑的犯罪分子，执行原判刑期二分之一以上，被判处无期徒刑的犯罪分子，实际执行十年以上，如果认真遵守监规，接受教育改造，确有悔改表现，假释后不致再危害社会的，可以假释。如果有特殊情况，经最高人民法院核准，可以不受上述执行刑期的限制。	第八十一条　被判处有期徒刑的犯罪分子，执行原判刑期二分之一以上，被判处无期徒刑的犯罪分子，实际执行**十三年**以上，如果认真遵守监规，接受教育改造，确有悔改表现，**没有再犯罪的危险的**，可以假释。如果有特殊情况，经最高人民法院核准，可以不受上述执行刑期的限制。

续表

修改前的法律条文	修改后的法律条文
对累犯以及因杀人、爆炸、抢劫、强奸、绑架等暴力性犯罪被判处十年以上有期徒刑、无期徒刑的犯罪分子,不得假释。	对累犯以及因**故意**杀人、强奸、抢劫、绑架、**放火、**爆炸、**投放危险物质或者有组织的**暴力性犯罪被判处十年以上有期徒刑、无期徒刑的犯罪分子,不得假释。 **对犯罪分子决定假释时,应当考虑其假释后对所居住社区的影响。**
第八十五条　被假释的犯罪分子,在假释考验期限内,由公安机关予以监督,如果没有本法第八十六条规定的情形,假释考验期满,就认为原判刑罚已经执行完毕,并公开予以宣告。	第八十五条　**对**假释的犯罪分子,在假释考验期限内,**依法实行社区矫正,**如果没有本法第八十六条规定的情形,假释考验期满,就认为原判刑罚已经执行完毕,并公开予以宣告。
第八十六条第三款　被假释的犯罪分子,在假释考验期限内,有违反法律、行政法规或者国务院公安部门有关假释的监督管理规定的行为,尚未构成新的犯罪的,应当依照法定程序撤销假释,收监执行未执行完毕的刑罚。	第八十六条第三款　被假释的犯罪分子,在假释考验期限内,有违反法律、行政法规或者国务院**有关部门**关于假释的监督管理规定的行为,尚未构成新的犯罪的,应当依照法定程序撤销假释,收监执行未执行完毕的刑罚。
无	**第一百条第二款　犯罪的时候不满十八周岁被判处五年有期徒刑以下刑罚的人,免除前款规定的报告义务。**
第一百零七条　境内外机构、组织或者个人资助**境内组织或者个人**实施本章第一百零二条、第一百零三条、第一百零四条、第一百零五条规定之罪的,对直接责任人员,处五年以下有期徒刑、拘役、管制或者剥夺政治权利;情节严重的,处五年以上有期徒刑。	第一百零七条　境内外机构、组织或者个人资助实施本章第一百零二条、第一百零三条、第一百零四条、第一百零五条规定之罪的,对直接责任人员,处五年以下有期徒刑、拘役、管制或者剥夺政治权利;情节严重的,处五年以上有期徒刑。

续表

修改前的法律条文	修改后的法律条文
第一百零九条　国家机关工作人员在履行公务期间，擅离岗位，叛逃境外或者在境外叛逃，**危害中华人民共和国国家安全的**，处五年以下有期徒刑、拘役、管制或者剥夺政治权利；情节严重的，处五年以上十年以下有期徒刑。 掌握国家秘密的国家工作人员犯前款罪的，依照前款的规定从重处罚。	第一百零九条　国家机关工作人员在履行公务期间，擅离岗位，叛逃境外或者在境外叛逃的，处五年以下有期徒刑、拘役、管制或者剥夺政治权利；情节严重的，处五年以上十年以下有期徒刑。 掌握国家秘密的国家工作人员**叛逃境外或者在境外叛逃的**，依照前款的规定从重处罚。
无	**第一百三十三条之一　在道路上驾驶机动车追逐竞驶，情节恶劣的，或者在道路上醉酒驾驶机动车的，处拘役，并处罚金。** **有前款行为，同时构成其他犯罪的，依照处罚较重的规定定罪处罚。**
第一百四十一条第一款　生产、销售假药，**足以严重危害人体健康的**，处三年以下有期徒刑或者拘役，并处**或者单处销售金额百分之五十以上二倍以下**罚金；对人体健康造成严重危害的，处三年以上十年以下有期徒刑，并处**销售金额百分之五十以上二倍以下**罚金；致人死亡或者对人体健康造成特别严重危害的，处十年以上有期徒刑、无期徒刑或者死刑，并处**销售金额百分之五十以上二倍以下**罚金或者没收财产。	第一百四十一条第一款　生产、销售假药**的**，处三年以下有期徒刑或者拘役，并处罚金；对人体健康造成严重危害**或者有其他严重情节的**，处三年以上十年以下有期徒刑，并处罚金；致人死亡或者**有其他特别严重情节的**，处十年以上有期徒刑、无期徒刑或者死刑，并处罚金或者没收财产。
第一百四十三条　生产、销售不符合卫生标准的食品，足以造成严重食物中毒事故或者其他严重食源性疾患的，处三年以下有期徒刑或者拘役，并处**或者单处销售金额百分之五十以上二倍以下**罚金；对人体健康造	第一百四十三条　生产、销售不符合**食品安全**标准的食品，足以造成严重食物中毒事故或者其他严重食源性**疾病**的，处三年以下有期徒刑或者拘役，并处罚金；对人体健康造成严重危害**或者有其他严**

续表

修改前的法律条文	修改后的法律条文
成严重危害的，处三年以上七年以下有期徒刑，并处**销售金额百分之五十以上二倍以下**罚金；后果特别严重的，处七年以上有期徒刑或者无期徒刑，并处**销售金额百分之五十以上二倍以下**罚金或者没收财产。	**重情节的，**处三年以上七年以下有期徒刑，并处罚金；后果特别严重的，处七年以上有期徒刑或者无期徒刑，并处罚金或者没收财产。
第一百四十四条　在生产、销售的食品中掺入有毒、有害的非食品原料的，或者销售明知掺有有毒、有害的非食品原料的食品的，处五年以下有期徒刑**或者拘役，**并处**或者单处销售金额百分之五十以上二倍以下**罚金；**造成严重食物中毒事故或者其他严重食源性疾患，**对人体健康造成严重危害的，处五年以上十年以下有期徒刑，并处**销售金额百分之五十以上二倍以下**罚金；致人死亡或者对人体健康造成特别严重危害的，依照本法第一百四十一条的规定处罚。	第一百四十四条　在生产、销售的食品中掺入有毒、有害的非食品原料的，或者销售明知掺有有毒、有害的非食品原料的食品的，处五年以下有期徒刑，并处罚金；对人体健康造成严重危害**或者有其他严重情节的，**处五年以上十年以下有期徒刑，并处罚金；致人死亡或者**有其他特别严重情节的，**依照本法第一百四十一条的规定处罚。
第一百五十一条　走私武器、弹药、核材料或者伪造的货币的，处七年以上有期徒刑，并处罚金或者没收财产；情节较轻的，处三年以上七年以下有期徒刑，并处罚金。 走私国家禁止出口的文物、黄金、白银和其他贵重金属或者国家禁止进出口的珍贵动物及其制品的，处五年以上有期徒刑，并处罚金；情节较轻的，处五年以下有期徒刑，并处罚金。 走私珍稀植物及其制品等国家禁止进出口的其他货物、物品的，处五年以下有期徒刑或者拘役，并处或者单处罚金；情节严重的，处五年以上有期徒刑，并处罚金。	第一百五十一条　走私武器、弹药、核材料或者伪造的货币的，处七年以上有期徒刑，并处罚金或者没收财产；情节**特别严重的，处无期徒刑或者死刑，并处没收财产；**情节较轻的，处三年以上七年以下有期徒刑，并处罚金。 走私国家禁止出口的文物、黄金、白银和其他贵重金属或者国家禁止进出口的珍贵动物及其制品的，处五年以上**十年以下**有期徒刑，并处罚金；**情节特别严重的，处十年以上有期徒刑或者无期徒刑，并处没收财产；**情节较轻的，处五年以下有期徒刑，并处罚金。 走私珍稀植物及其制品等国家禁止进出口的其他货物、物品的，处五

续表

修改前的法律条文	修改后的法律条文
犯第一款、第二款罪，情节特别严重的，处无期徒刑或者死刑，并处没收财产。 单位犯本条规定之罪的，对单位判处罚金，并对其直接负责的主管人员和其他直接责任人员，依照本条各款的规定处罚。	年以下有期徒刑或者拘役，并处或者单处罚金；情节严重的，处五年以上有期徒刑，并处罚金。 单位犯本条规定之罪的，对单位判处罚金，并对其直接负责的主管人员和其他直接责任人员，依照本条各款的规定处罚。
第一百五十三条第一款　走私本法第一百五十一条、第一百五十二条、第三百四十七条规定以外的货物、物品的，根据情节轻重，分别依照下列规定处罚： （一）走私货物、物品偷逃应缴税额在五十万元以上的，处十年以上有期徒刑或者无期徒刑，并处偷逃应缴税额一倍以上五倍以下罚金或者没收财产；情节特别严重的，依照本法第一百五十一条第四款的规定处罚。 （二）走私货物、物品偷逃应缴税额在十五万元以上不满五十万元的，处三年以上十年以下有期徒刑，并处偷逃应缴税额一倍以上五倍以下罚金；情节特别严重的，处十年以上有期徒刑或者无期徒刑，并处偷逃应缴税额一倍以上五倍以下罚金或者没收财产。 （三）走私货物、物品偷逃应缴税额在五万元以上不满十五万元的，处三年以下有期徒刑或者拘役，并处偷逃应缴税额一倍以上五倍以下罚金。	第一百五十三条第一款　走私本法第一百五十一条、第一百五十二条、第三百四十七条规定以外的货物、物品的，根据情节轻重，分别依照下列规定处罚： （一）走私货物、物品偷逃应缴税额**较大或者一年内曾因走私被给予二次行政处罚后又走私的，处三年以下有期徒刑或者拘役，并处偷逃应缴税额一倍以上五倍以下罚金。** （二）走私货物、物品偷逃应缴税额**巨大或者有其他严重情节的，**处三年以上十年以下有期徒刑，并处偷逃应缴税额一倍以上五倍以下罚金。 （三）走私货物、物品偷逃应缴税额**特别巨大或者有其他特别严重情节的，处十年以上有期徒刑或者无期徒刑，**并处偷逃应缴税额一倍以上五倍以下罚金**或者没收财产。**
第一百五十七条第一款　武装掩护走私的，依照本法第一百五十一条第一款、**第四款**的规定从重处罚。	第一百五十七条第一款　武装掩护走私的，依照本法第一百五十一条第一款的规定从重处罚。

续表

修改前的法律条文	修改后的法律条文
第一百六十四条　为谋取不正当利益，给予公司、企业的工作人员以财物，数额较大的，处三年以下有期徒刑或者拘役；数额巨大的，处三年以上十年以下有期徒刑，并处罚金。 单位犯前款罪的，对单位判处罚金，并对其直接负责的主管人员和其他直接责任人员，依照前款的规定处罚。 行贿人在被追诉前主动交待行贿行为的，可以减轻处罚或者免除处罚。	第一百六十四条　为谋取不正当利益，给予公司、企业**或者其他单位**的工作人员以财物，数额较大的，处三年以下有期徒刑或者拘役；数额巨大的，处三年以上十年以下有期徒刑，并处罚金。 **为谋取不正当商业利益，给予外国公职人员或者国际公共组织官员以财物的，依照前款的规定处罚。** 单位犯前**两**款罪的，对单位判处罚金，并对其直接负责的主管人员和其他直接责任人员，依照**第一款**的规定处罚。 行贿人在被追诉前主动交待行贿行为的，可以减轻处罚或者免除处罚。
第一百九十九条　犯本节第一百九十二条、**第一百九十四条、第一百九十五条**规定之罪，数额特别巨大并且给国家和人民利益造成特别重大损失的，处无期徒刑或者死刑，并处没收财产。	第一百九十九条　犯本节第一百九十二条规定之罪，数额特别巨大并且给国家和人民利益造成特别重大损失的，处无期徒刑或者死刑，并处没收财产。
第二百条　单位犯本节第一百九十二条、第一百九十四条、第一百九十五条规定之罪的，对单位判处罚金，并对其直接负责的主管人员和其他直接责任人员，处五年以下有期徒刑或者拘役；数额巨大或者有其他严重情节的，处五年以上十年以下有期徒刑；数额特别巨大或者有其他特别严重情节的，处十年以上有期徒刑或者无期徒刑。	第二百条　单位犯本节第一百九十二条、第一百九十四条、第一百九十五条规定之罪的，对单位判处罚金，并对其直接负责的主管人员和其他直接责任人员，处五年以下有期徒刑或者拘役，**可以并处罚金**；数额巨大或者有其他严重情节的，处五年以上十年以下有期徒刑，**并处罚金**；数额特别巨大或者有其他特别严重情节的，处十年以上有期徒刑或者无期徒刑，**并处罚金**。

续表

修改前的法律条文	修改后的法律条文
第二百零五条第二款　有前款行为骗取国家税款，数额特别巨大，情节特别严重，给国家利益造成特别重大损失的，处无期徒刑或者死刑，并处没收财产。	删去
第二百零六条第二款　伪造并出售伪造的增值税专用发票，数量特别巨大，情节特别严重，严重破坏经济秩序的，处无期徒刑或者死刑，并处没收财产。	删去
第二百二十六条　以暴力、威胁手段强买强卖商品、强迫他人提供服务或者强迫他人接受服务，情节严重的，处三年以下有期徒刑或者拘役，并处或者单处罚金。	第二百二十六条　以暴力、威胁手段，**实施下列行为之一**，情节严重的，处三年以下有期徒刑或者拘役，并处或者单处罚金；**情节特别严重的，处三年以上七年以下有期徒刑，并处罚金：** **（一）强买强卖商品的；** **（二）强迫他人提供或者接受服务的；** **（三）强迫他人参与或者退出投标、拍卖的；** **（四）强迫他人转让或者收购公司、企业的股份、债券或者其他资产的；** **（五）强迫他人参与或者退出特定的经营活动的。**
第二百四十四条　用人单位违反劳动管理法规，以限制人身自由方法强迫职工劳动，情节严重的，对直接责任人员，处三年以下有期徒刑或者拘役，并处或者单处罚金。	第二百四十四条　**以暴力、威胁或者**限制人身自由的方法强迫**他人**劳动的，处三年以下有期徒刑或者拘役，**并处罚金；情节严重的，处三年以上十年以下有期徒刑，并处罚金。** **明知他人实施前款行为，为其招募、运送人员或者有其他协助强迫他人劳动行为的，依照前款的规定处罚。**

续表

修改前的法律条文	修改后的法律条文
	单位犯前两款罪的，对单位判处罚金，并对其直接负责的主管人员和其他直接责任人员，依照第一款的规定处罚。
第二百六十四条　盗窃公私财物，数额较大或者多次盗窃的，处三年以下有期徒刑、拘役或者管制，并处或者单处罚金；数额巨大或者有其他严重情节的，处三年以上十年以下有期徒刑，并处罚金；数额特别巨大或者有其他特别严重情节的，处十年以上有期徒刑或者无期徒刑，并处罚金或者没收财产；**有下列情形之一的，处无期徒刑或者死刑，并处没收财产：** **（一）盗窃金融机构，数额特别巨大的；** **（二）盗窃珍贵文物，情节严重的。**	第二百六十四条　盗窃公私财物，数额较大的，或者多次盗窃、**入户盗窃、携带凶器盗窃、扒窃的，处三年以下有期徒刑、拘役或者管制，并处或者单处罚金**；数额巨大或者有其他严重情节的，处三年以上十年以下有期徒刑，并处罚金；数额特别巨大或者有其他特别严重情节的，处十年以上有期徒刑或者无期徒刑，并处罚金或者没收财产。
第二百七十四条　敲诈勒索公私财物，数额较大的，处三年以下有期徒刑、拘役或者管制；数额巨大或者有其他严重情节的，处三年以上十年以下有期徒刑。	第二百七十四条　敲诈勒索公私财物，数额较大**或者多次敲诈勒索的**，处三年以下有期徒刑、拘役或者管制，**并处或者单处罚金**；数额巨大或者有其他严重情节的，处三年以上十年以下有期徒刑，**并处罚金；数额特别巨大或者有其他特别严重情节的，处十年以上有期徒刑，并处罚金。**
第二百九十三条　有下列寻衅滋事行为之一，破坏社会秩序的，处五年以下有期徒刑、拘役或者管制： （一）随意殴打他人，情节恶劣的； （二）追逐、拦截、辱骂他人，情节恶劣的； （三）强拿硬要或者任意损毁、占	第二百九十三条　有下列寻衅滋事行为之一，破坏社会秩序的，处五年以下有期徒刑、拘役或者管制： （一）随意殴打他人，情节恶劣的； （二）追逐、拦截、辱骂、**恐吓**他人，情节恶劣的；

续表

修改前的法律条文	修改后的法律条文
用公私财物,情节严重的; (四)在公共场所起哄闹事,造成公共场所秩序严重混乱的。	(三)强拿硬要或者任意损毁、占用公私财物,情节严重的; (四)在公共场所起哄闹事,造成公共场所秩序严重混乱的。 **纠集他人多次实施前款行为,严重破坏社会秩序的,处五年以上十年以下有期徒刑,可以并处罚金。**
第二百九十四条　组织、领导**和积极参加以暴力、威胁或者其他手段,有组织地进行违法犯罪活动,称霸一方,为非作恶,欺压、残害群众,严重破坏经济、社会生活秩序的**黑社会性质的组织的,处三年以上十年以下有期徒刑;其他参加的,处三年以下有期徒刑、拘役、管制或者剥夺政治权利。 境外的黑社会组织的人员到中华人民共和国境内发展组织成员的,处三年以上十年以下有期徒刑。 犯前两款罪又有其他犯罪行为的,依照数罪并罚的规定处罚。 国家机关工作人员包庇黑社会性质的组织,或者纵容黑社会性质的组织进行违法犯罪活动的,处三年以下有期徒刑、拘役或者剥夺政治权利;情节严重的,处三年以上十年以下有期徒刑。	第二百九十四条　组织、领导黑社会性质的组织的,**处七年以上有期徒刑,并处没收财产;积极参加的,处三年以上七年以下有期徒刑,可以并处罚金或者没收财产;**其他参加的,处三年以下有期徒刑、拘役、管制或者剥夺政治权利,**可以并处罚金。** 境外的黑社会组织的人员到中华人民共和国境内发展组织成员的,处三年以上十年以下有期徒刑。 国家机关工作人员包庇黑社会性质的组织,或者纵容黑社会性质的组织进行违法犯罪活动的,**处五年以下有期徒刑;**情节严重的,**处五年以上有期徒刑。** 犯前**三**款罪又有其他犯罪行为的,依照数罪并罚的规定处罚。 **黑社会性质的组织应当同时具备以下特征:** **(一)形成较稳定的犯罪组织,人数较多,有明确的组织者、领导者,骨干成员基本固定;** **(二)有组织地通过违法犯罪活动或者其他手段获取经济利益,具有一定的经济实力,以支持该组织的活动;** **(三)以暴力、威胁或者其他手**

续表

修改前的法律条文	修改后的法律条文
	段，有组织地多次进行违法犯罪活动，为非作恶，欺压、残害群众； **（四）通过实施违法犯罪活动，或者利用国家工作人员的包庇或者纵容，称霸一方，在一定区域或者行业内，形成非法控制或者重大影响，严重破坏经济、社会生活秩序。**
第二百九十五条　传授犯罪方法的，处五年以下有期徒刑、拘役或者管制；情节严重的，处五年以上有期徒刑；情节特别严重的，处无期徒刑或者死刑。	第二百九十五条　传授犯罪方法的，处五年以下有期徒刑、拘役或者管制；情节严重的，处五年以上**十年以下**有期徒刑；情节特别严重的，处**十年以上有期徒刑或者无期徒刑**。
第三百二十八条第一款　盗掘具有历史、艺术、科学价值的古文化遗址、古墓葬的，处三年以上十年以下有期徒刑，并处罚金；情节较轻的，处三年以下有期徒刑、拘役或者管制，并处罚金；有下列情形之一的，处十年以上有期徒刑、无期徒刑**或者死刑**，并处罚金或者没收财产： （一）盗掘确定为全国重点文物保护单位和省级文物保护单位的古文化遗址、古墓葬的； （二）盗掘古文化遗址、古墓葬集团的首要分子； （三）多次盗掘古文化遗址、古墓葬的； （四）盗掘古文化遗址、古墓葬，并盗窃珍贵文物或者造成珍贵文物严重破坏的。	第三百二十八条第一款　盗掘具有历史、艺术、科学价值的古文化遗址、古墓葬的，处三年以上十年以下有期徒刑，并处罚金；情节较轻的，处三年以下有期徒刑、拘役或者管制，并处罚金；有下列情形之一的，处十年以上有期徒刑或者无期徒刑，并处罚金或者没收财产： （一）盗掘确定为全国重点文物保护单位和省级文物保护单位的古文化遗址、古墓葬的； （二）盗掘古文化遗址、古墓葬集团的首要分子； （三）多次盗掘古文化遗址、古墓葬的； （四）盗掘古文化遗址、古墓葬，并盗窃珍贵文物或者造成珍贵文物严重破坏的。

续表

修改前的法律条文	修改后的法律条文
第三百三十八条　违反国家规定，**向土地、水体、大气**排放、倾倒或者处置有放射性的废物、含传染病病原体的废物、有毒物质或者其他危险废物，造成重大环境污染事故，致使公私财产遭受重大损失或者人身伤亡的严重后果的，处三年以下有期徒刑或者拘役，并处或者单处罚金；后果特别严重的，处三年以上七年以下有期徒刑，并处罚金。	第三百三十八条　违反国家规定，排放、倾倒或者处置有放射性的废物、含传染病病原体的废物、有毒物质或者其他**有害物质，严重污染环境的**，处三年以下有期徒刑或者拘役，并处或者单处罚金；后果特别严重的，处三年以上七年以下有期徒刑，并处罚金。
第三百四十三条第一款　违反矿产资源法的规定，未取得采矿许可证擅自采矿的，擅自进入国家规划矿区、对国民经济具有重要价值的矿区和他人矿区范围采矿的，擅自开采国家规定实行保护性开采的特定矿种，经责令停止开采后拒不停止开采，造成矿产资源破坏的，处三年以下有期徒刑、拘役或者管制，并处或者单处罚金；造成矿产资源严重破坏的，处三年以上七年以下有期徒刑，并处罚金。	第三百四十三条第一款　违反矿产资源法的规定，未取得采矿许可证擅自采矿，擅自进入国家规划矿区、对国民经济具有重要价值的矿区和他人矿区范围采矿，或者擅自开采国家规定实行保护性开采的特定矿种，**情节严重的**，处三年以下有期徒刑、拘役或者管制，并处或者单处罚金；**情节特别严重的**，处三年以上七年以下有期徒刑，并处罚金。
第三百五十八条第三款　协助组织他人卖淫的，处五年以下有期徒刑，并处罚金；情节严重的，处五年以上十年以下有期徒刑，并处罚金。	第三百五十八条第三款　**为组织卖淫的人招募、运送人员或者有其他协助组织他人卖淫行为的**，处五年以下有期徒刑，并处罚金；情节严重的，处五年以上十年以下有期徒刑，并处罚金。

11.根据《中华人民共和国刑法修正案(九)》修改的条文新旧对照表

修改前的法律条文	修改后的法律条文
无	**第三十七条之一 因利用职业便利实施犯罪,或者实施违背职业要求的特定义务的犯罪被判处刑罚的,人民法院可以根据犯罪情况和预防再犯罪的需要,禁止其自刑罚执行完毕之日或者假释之日起从事相关职业,期限为三年至五年。** **被禁止从事相关职业的人违反人民法院依照前款规定作出的决定的,由公安机关依法给予处罚;情节严重的,依照本法第三百一十三条的规定定罪处罚。** **其他法律、行政法规对其从事相关职业另有禁止或者限制性规定的,从其规定。**
第五十条第一款 判处死刑缓期执行的,在死刑缓期执行期间,如果没有故意犯罪,二年期满以后,减为无期徒刑;如果确有重大立功表现,二年期满以后,减为二十五年有期徒刑;如果故意犯罪,查证属实的,由最高人民法院核准,执行死刑。	第五十条第一款 判处死刑缓期执行的,在死刑缓期执行期间,如果没有故意犯罪,二年期满以后,减为无期徒刑;如果确有重大立功表现,二年期满以后,减为二十五年有期徒刑;如果故意犯罪,**情节恶劣的,报请最高人民法院核准后执行死刑;对于故意犯罪未执行死刑的,死刑缓期执行的期间重新计算,并报最高人民法院备案。**
第五十三条 罚金在判决指定的期限内一次或者分期缴纳。期满不缴纳的,强制缴纳。对于不能全部缴纳罚金的,人民法院在任何时候发现被执行人有可以执行的财产,应当随时追缴。如果由于遭遇不能抗拒的灾祸缴纳确实有困难的,可以酌情减少或者免除。	第五十三条 罚金在判决指定的期限内一次或者分期缴纳。期满不缴纳的,强制缴纳。对于不能全部缴纳罚金的,人民法院在任何时候发现被执行人有可以执行的财产,应当随时追缴。

续表

修改前的法律条文	修改后的法律条文
	由于遭遇不能抗拒的灾祸**等原因**缴纳确实有困难的，**经人民法院裁定**，可以**延期缴纳**、酌情减少或者免除。
第六十九条第二款　数罪中有判处附加刑的，附加刑仍须执行，其中附加刑种类相同的，合并执行，种类不同的，分别执行。	第六十九条第二、三款　**数罪中有判处有期徒刑和拘役的，执行有期徒刑。数罪中有判处有期徒刑和管制，或者拘役和管制的，有期徒刑、拘役执行完毕后，管制仍须执行。** 数罪中有判处附加刑的，附加刑仍须执行，其中附加刑种类相同的，合并执行，种类不同的，分别执行。
第一百二十条　组织、领导恐怖活动组织的，处十年以上有期徒刑或者无期徒刑；积极参加的，处三年以上十年以下有期徒刑；其他参加的，处三年以下有期徒刑、拘役、管制或者剥夺政治权利。 犯前款罪并实施杀人、爆炸、绑架等犯罪的，依照数罪并罚的规定处罚。	第一百二十条　组织、领导恐怖活动组织的，处十年以上有期徒刑或者无期徒刑，**并处没收财产**；积极参加的，处三年以上十年以下有期徒刑，**并处罚金**；其他参加的，处三年以下有期徒刑、拘役、管制或者剥夺政治权利，**可以并处罚金。** 犯前款罪并实施杀人、爆炸、绑架等犯罪的，依照数罪并罚的规定处罚。
第一百二十条之一　资助恐怖活动组织或者实施恐怖活动的个人的，处五年以下有期徒刑、拘役、管制或者剥夺政治权利，并处罚金；情节严重的，处五年以上有期徒刑，并处罚金或者没收财产。 单位犯前款罪的，对单位判处罚金，并对其直接负责的主管人员和其他直接责任人员，依照前款的规定处罚。	第一百二十条之一　资助恐怖活动组织、实施恐怖活动的个人的，**或者资助恐怖活动培训的**，处五年以下有期徒刑、拘役、管制或者剥夺政治权利，并处罚金；情节严重的，处五年以上有期徒刑，并处罚金或者没收财产。 **为恐怖活动组织、实施恐怖活动或者恐怖活动培训招募、运送人员的，依照前款的规定处罚。**

续表

修改前的法律条文	修改后的法律条文
	单位犯前**两**款罪的，对单位判处罚金，并对其直接负责的主管人员和其他直接责任人员，依照**第一款**的规定处罚。
第一百三十三条之一　在道路上驾驶机动车追逐竞驶，情节恶劣的，或者在道路上醉酒驾驶机动车的，处拘役，并处罚金。 有前款行为，同时构成其他犯罪的，依照处罚较重的规定定罪处罚。	第一百三十三条之一　在道路上驾驶机动车，**有下列情形之一的，处拘役，并处罚金：** **（一）追逐竞驶，情节恶劣的；** **（二）醉酒驾驶机动车的；** **（三）从事校车业务或者旅客运输，严重超过额定乘员载客，或者严重超过规定时速行驶的；** **（四）违反危险化学品安全管理规定运输危险化学品，危及公共安全的。** **机动车所有人、管理人对前款第三项、第四项行为负有直接责任的，依照前款的规定处罚。** 有前**两**款行为，同时构成其他犯罪的，依照处罚较重的规定定罪处罚。
第一百五十一条第一款　走私武器、弹药、核材料或者伪造的货币的，处七年以上有期徒刑，并处罚金或者没收财产；情节特别严重的，处无期徒刑**或者死刑**，并处没收财产；情节较轻的，处三年以上七年以下有期徒刑，并处罚金。	第一百五十一条第一款　走私武器、弹药、核材料或者伪造的货币的，处七年以上有期徒刑，并处罚金或者没收财产；情节特别严重的，处无期徒刑，并处没收财产；情节较轻的，处三年以上七年以下有期徒刑，并处罚金。

续表

修改前的法律条文	修改后的法律条文
第一百六十四条第一款　为谋取不正当利益，给予公司、企业或者其他单位的工作人员以财物，数额较大的，处三年以下有期徒刑或者拘役；数额巨大的，处三年以上十年以下有期徒刑，并处罚金。	第一百六十四条第一款　为谋取不正当利益，给予公司、企业或者其他单位的工作人员以财物，数额较大的，处三年以下有期徒刑或者拘役，**并处罚金**；数额巨大的，处三年以上十年以下有期徒刑，并处罚金。
第一百七十条　伪造货币的，处三年以上十年以下有期徒刑，并处**五万元以上五十万元以下**罚金；有下列情形之一的，处十年以上有期徒刑、无期徒刑或者**死刑**，并处**五万元以上五十万元以下**罚金或者没收财产： （一）伪造货币集团的首要分子； （二）伪造货币数额特别巨大的； （三）有其他特别严重情节的。	第一百七十条　伪造货币的，处三年以上十年以下有期徒刑，并处罚金；有下列情形之一的，处十年以上有期徒刑或者无期徒刑，并处罚金或者没收财产： （一）伪造货币集团的首要分子； （二）伪造货币数额特别巨大的； （三）有其他特别严重情节的。
第一百九十九条　犯本节第一百九十二条规定之罪，数额特别巨大并且给国家和人民利益造成特别重大损失的，处无期徒刑或者死刑，并处没收财产。	删去
第二百三十七条　以暴力、胁迫或者其他方法强制猥亵妇女或者侮辱妇女的，处五年以下有期徒刑或者拘役。 聚众或者在公共场所当众犯前款罪的，处五年以上有期徒刑。 猥亵儿童的，依照前两款的规定从重处罚。	第二百三十七条　以暴力、胁迫或者其他方法强制猥亵**他人**或者侮辱妇女的，处五年以下有期徒刑或者拘役。 聚众或者在公共场所当众犯前款罪的，**或者有其他恶劣情节的**，处五年以上有期徒刑。 猥亵儿童的，依照前两款的规定从重处罚。

续表

修改前的法律条文	修改后的法律条文
第二百三十九条第二款 犯前款罪，致使被绑架人死亡或者杀害被绑架人的，处死刑，并处没收财产。	第二百三十九条第二款 犯前款罪，杀害被绑架人的，或者**故意伤害被绑架人，致人重伤、死亡的，**处**无期徒刑或者**死刑，并处没收财产。
第二百四十一条第六款 收买被拐卖的妇女、儿童，按照被买妇女的意愿，不阻碍其返回原居住地的，对被买儿童没有虐待行为，不阻碍对其进行解救的，可以不追究刑事责任。	第二百四十一条第六款 收买被拐卖的妇女、儿童，对被买儿童没有虐待行为，不阻碍对其进行解救的，**可以从轻处罚；**按照被买妇女的意愿，不阻碍其返回原居住地的，**可以从轻或者减轻处罚。**
无	**第二百四十六条第三款 通过信息网络实施第一款规定的行为，被害人向人民法院告诉，但提供证据确有困难的，人民法院可以要求公安机关提供协助。**
第二百五十三条之一 **国家机关或者金融、电信、交通、教育、医疗等单位的工作人员，**违反国家规定，**将本单位在履行职责或者提供服务过程中获得的**公民个人信息，出售或者非法提供给他人，情节严重的，处三年以下有期徒刑或者拘役，并处或者单处罚金。 窃取或者以其他方法非法获取上述信息，情节严重的，依照前款的规定处罚。 单位犯前**两**款罪的，对单位判处罚金，并对其直接负责的主管人员和其他直接责任人员，依照各该款的规定处罚。	第二百五十三条之一 违反国家有关规定，向他人出售或者提供公民个人信息，情节严重的，处三年以下有期徒刑或者拘役，并处或者单处罚金；情节特别严重的，处三年以上七年以下有期徒刑，并处罚金。 **违反国家有关规定，将在履行职责或者提供服务过程中获得的公民个人信息，出售或者提供给他人的，依照前款的规定从重处罚。** 窃取或者以其他方法非法获取公民个人信息的，依照**第一**款的规定处罚。 单位犯前**三**款罪的，对单位判处罚金，并对其直接负责的主管人员和其他直接责任人员，依照各该款的规定处罚。

续表

修改前的法律条文	修改后的法律条文
第二百六十条第三款　第一款罪，告诉的才处理。	第二百六十条第三款　第一款罪，告诉的才处理，**但被害人没有能力告诉，或者因受到强制、威吓无法告诉的除外。**
第二百六十七条第一款　抢夺公私财物，数额较大的，处三年以下有期徒刑、拘役或者管制，并处或者单处罚金；数额巨大或者有其他严重情节的，处三年以上十年以下有期徒刑，并处罚金；数额特别巨大或者有其他特别严重情节的，处十年以上有期徒刑或者无期徒刑，并处罚金或者没收财产。	第二百六十七条第一款　抢夺公私财物，数额较大的，**或者多次抢夺的，**处三年以下有期徒刑、拘役或者管制，并处或者单处罚金；数额巨大或者有其他严重情节的，处三年以上十年以下有期徒刑，并处罚金；数额特别巨大或者有其他特别严重情节的，处十年以上有期徒刑或者无期徒刑，并处罚金或者没收财产。
无	**第二百七十七条第五款　暴力袭击正在依法执行职务的人民警察的，依照第一款的规定从重处罚。**
第二百八十条　伪造、变造、买卖或者盗窃、抢夺、毁灭国家机关的公文、证件、印章的，处三年以下有期徒刑、拘役、管制或者剥夺政治权利；情节严重的，处三年以上十年以下有期徒刑。 伪造公司、企业、事业单位、人民团体的印章的，处三年以下有期徒刑、拘役、管制或者剥夺政治权利。 伪造、变造居民身份证的，处三年以下有期徒刑、拘役、管制或者剥夺政治权利；情节严重的，处三年以上七年以下有期徒刑。	第二百八十条　伪造、变造、买卖或者盗窃、抢夺、毁灭国家机关的公文、证件、印章的，处三年以下有期徒刑、拘役、管制或者剥夺政治权利，**并处罚金；**情节严重的，处三年以上十年以下有期徒刑，**并处罚金**。 伪造公司、企业、事业单位、人民团体的印章的，处三年以下有期徒刑、拘役、管制或者剥夺政治权利，**并处罚金**。 伪造、变造**、买卖**居民身份证**、护照、社会保障卡、驾驶证等依法可以用于证明身份的证件**的，处三年以下有期徒刑、拘役、管制或者剥夺政治权利，**并处罚金**；情节严重的，处三年以上七年以下有期徒刑，**并处罚金**。

续表

修改前的法律条文	修改后的法律条文
无	**第二百八十条之一　在依照国家规定应当提供身份证明的活动中，使用伪造、变造的或者盗用他人的居民身份证、护照、社会保障卡、驾驶证等依法可以用于证明身份的证件，情节严重的，处拘役或者管制，并处或者单处罚金。** **有前款行为，同时构成其他犯罪的，依照处罚较重的规定定罪处罚。**
第二百八十三条　非法生产、销售窃听、窃照等专用间谍器材的，处三年以下有期徒刑、拘役或者管制。	第二百八十三条　非法生产、销售**专用间谍器材或者窃听、窃照专用器材**的，处三年以下有期徒刑、拘役或者管制，**并处或者单处罚金；情节严重的，处三年以上七年以下有期徒刑，并处罚金。** **单位犯前款罪的，对单位判处罚金，并对其直接负责的主管人员和其他直接责任人员，依照前款的规定处罚。**
无	**第二百八十五条第四款　单位犯前三款罪的，对单位判处罚金，并对其直接负责的主管人员和其他直接责任人员，依照各该款的规定处罚。**
无	**第二百八十六条第四款　单位犯前三款罪的，对单位判处罚金，并对其直接负责的主管人员和其他直接责任人员，依照第一款的规定处罚。**

续表

修改前的法律条文	修改后的法律条文
第二百八十八条第一款　违反国家规定，擅自设置、使用无线电台（站），或者擅自占用频率，经责令停止使用后拒不停止使用，干扰无线电通讯正常进行，造成严重后果的，处三年以下有期徒刑、拘役或者管制，并处或者单处罚金。	第二百八十八条第一款　违反国家规定，擅自设置、使用无线电台（站），或者擅自**使用无线电频率，干扰无线电通讯秩序，情节严重的，处三年以下有期徒刑、拘役或者管制，并处或者单处罚金；情节特别严重的，处三年以上七年以下有期徒刑，并处罚金。**
第二百九十条　聚众扰乱社会秩序，情节严重，致使工作、生产、营业和教学、科研无法进行，造成严重损失的，对首要分子，处三年以上七年以下有期徒刑；对其他积极参加的，处三年以下有期徒刑、拘役、管制或者剥夺政治权利。 聚众冲击国家机关，致使国家机关工作无法进行，造成严重损失的，对首要分子，处五年以上十年以下有期徒刑；对其他积极参加的，处五年以下有期徒刑、拘役、管制或者剥夺政治权利。	第二百九十条　聚众扰乱社会秩序，情节严重，致使工作、生产、营业和教学、科研、**医疗**无法进行，造成严重损失的，对首要分子，处三年以上七年以下有期徒刑；对其他积极参加的，处三年以下有期徒刑、拘役、管制或者剥夺政治权利。 聚众冲击国家机关，致使国家机关工作无法进行，造成严重损失的，对首要分子，处五年以上十年以下有期徒刑；对其他积极参加的，处五年以下有期徒刑、拘役、管制或者剥夺政治权利。 **多次扰乱国家机关工作秩序，经行政处罚后仍不改正，造成严重后果的，处三年以下有期徒刑、拘役或者管制。** **多次组织、资助他人非法聚集，扰乱社会秩序，情节严重的，依照前款的规定处罚。**
无	**第二百九十一条之一第二款　编造虚假的险情、疫情、灾情、警情，在信息网络或者其他媒体上传播，或者明知是上述虚假信息，故意在信息网络或者其他媒体上传播，严重扰乱社会秩序的，处三年以下有期徒刑、拘役或者管制；造成严重后果的，处三年以上七年以下有期徒刑。**

续表

修改前的法律条文	修改后的法律条文
第三百条 组织和利用会道门、邪教组织或者利用迷信破坏国家法律、行政法规实施的，处三年以上七年以下有期徒刑；情节特别严重的，处七年以上有期徒刑。 组织和利用会道门、邪教组织或者利用迷信蒙骗他人，致人死亡的，依照前款的规定处罚。 组织和利用会道门、邪教组织或者利用迷信奸淫妇女、诈骗财物的，分别依照本法第二百三十六条、第二百六十六条的规定定罪处罚。	第三百条 组织、利用会道门、邪教组织或者利用迷信破坏国家法律、行政法规实施的，处三年以上七年以下有期徒刑，**并处罚金**；情节特别严重的，处七年以上有期徒刑**或者无期徒刑，并处罚金或者没收财产；情节较轻的，处三年以下有期徒刑、拘役、管制或者剥夺政治权利，并处或者单处罚金。** 组织、利用会道门、邪教组织或者利用迷信蒙骗他人，致人**重伤、**死亡的，依照前款的规定处罚。 **犯第一款罪又有奸淫妇女、诈骗财物等犯罪行为的，依照数罪并罚的规定处罚。**
第三百零二条 盗窃、侮辱尸体的，处三年以下有期徒刑、拘役或者管制。	第三百零二条 盗窃、侮辱、**故意毁坏**尸体、**尸骨、骨灰**的，处三年以下有期徒刑、拘役或者管制。
第三百零九条 聚众哄闹、冲击法庭，或者殴打司法工作人员，严重扰乱法庭秩序的，处三年以下有期徒刑、拘役、管制或者罚金。	**第三百零九条 有下列扰乱法庭秩序情形之一的，处三年以下有期徒刑、拘役、管制或者罚金：** **（一）**聚众哄闹、冲击法庭的； **（二）**殴打司法工作人员**或者诉讼参与人的；** **（三）侮辱、诽谤、威胁司法工作人员或者诉讼参与人，不听法庭制止，严重扰乱法庭秩序的；** **（四）有毁坏法庭设施，抢夺、损毁诉讼文书、证据等扰乱法庭秩序行为，情节严重的。**

续表

修改前的法律条文	修改后的法律条文
第三百一十一条　明知他人有间谍犯罪行为，在国家安全机关向其调查有关情况、收集有关证据时，拒绝提供，情节严重的，处三年以下有期徒刑、拘役或者管制。	第三百一十一条　明知他人有间谍犯罪**或者恐怖主义、极端主义犯罪行为，在司法机关**向其调查有关情况、收集有关证据时，拒绝提供，情节严重的，处三年以下有期徒刑、拘役或者管制。
第三百一十三条　对人民法院的判决、裁定有能力执行而拒不执行，情节严重的，处三年以下有期徒刑、拘役或者罚金。	第三百一十三条　对人民法院的判决、裁定有能力执行而拒不执行，情节严重的，处三年以下有期徒刑、拘役或者罚金；**情节特别严重的，处三年以上七年以下有期徒刑，并处罚金。** **单位犯前款罪的，对单位判处罚金，并对其直接负责的主管人员和其他直接责任人员，依照前款的规定处罚。**
第三百二十二条　违反国（边）境管理法规，偷越国（边）境，情节严重的，处一年以下有期徒刑、拘役或者管制，并处罚金。	第三百二十二条　违反国（边）境管理法规，偷越国（边）境，情节严重的，处一年以下有期徒刑、拘役或者管制，并处罚金；**为参加恐怖活动组织、接受恐怖活动培训或者实施恐怖活动，偷越国（边）境的，处一年以上三年以下有期徒刑，并处罚金。**
第三百五十条第一、二款　违反国家规定，非法运输、携带醋酸酐、乙醚、三氯甲烷或者其他用于制造毒品的原料或者配剂进出境的，或者违反国家规定，在境内非法买卖上述物品的，处三年以下有期徒刑、拘役或者管制，并处罚金；数量大的，处三年以上十年以下有期徒刑，并处罚金。	第三百五十条第一、二款　违反国家规定，非法**生产、买卖、运输醋酸酐、乙醚、三氯甲烷或者其他用于制造毒品的原料、配剂，或者携带上述物品进出境，情节较重的，处三年以下有期徒刑、拘役或者管制，并处罚金；情节严重的，处三年以上七年以下有期徒刑，并处罚金；情节特别严重的，处七年以上有期徒刑，并处罚金或者没收财产。**

续表

修改前的法律条文	修改后的法律条文
明知他人制造毒品而为其提供前款规定的物品的，以制造毒品罪的共犯论处。	明知他人制造毒品而为其**生产、买卖、运输**前款规定的物品的，以制造毒品罪的共犯论处。
第三百五十八条　组织他人卖淫或者强迫他人卖淫的，处五年以上十年以下有期徒刑，并处罚金；有下列情形之一的，处十年以上有期徒刑或者无期徒刑，并处罚金或者没收财产： （一）组织他人卖淫，情节严重的； （二）强迫不满十四周岁的幼女卖淫的； （三）强迫多人卖淫或者多次强迫他人卖淫的； （四）强奸后迫使卖淫的； （五）造成被强迫卖淫的人重伤、死亡或者其他严重后果的。 有前款所列情形之一，情节特别严重的，处无期徒刑或者死刑，并处没收财产。	第三百五十八条　**组织、强迫他人卖淫的，处五年以上十年以下有期徒刑，并处罚金；情节严重的，处十年以上有期徒刑或者无期徒刑，并处罚金或者没收财产。** **组织、强迫未成年人卖淫的，依照前款的规定从重处罚。** **犯前两款罪，并有杀害、伤害、强奸、绑架等犯罪行为的，依照数罪并罚的规定处罚。** 为组织卖淫的人招募、运送人员或者有其他协助组织他人卖淫行为的，处五年以下有期徒刑，并处罚金；情节严重的，处五年以上十年以下有期徒刑，并处罚金。
为组织卖淫的人招募、运送人员或者有其他协助组织他人卖淫行为的，处五年以下有期徒刑，并处罚金；情节严重的，处五年以上十年以下有期徒刑，并处罚金。	
第三百六十条第二款　嫖宿不满十四周岁的幼女的，处五年以上有期徒刑，并处罚金。	删去

续表

修改前的法律条文	修改后的法律条文
第三百八十三条　对犯贪污罪的，根据情节轻重，分别依照下列规定处罚： （一）个人贪污数额在十万元以上的，处十年以上有期徒刑或者无期徒刑，可以并处没收财产；情节特别严重的，处死刑，并处没收财产。 （二）个人贪污数额在五万元以上不满十万元的，处五年以上有期徒刑，可以并处没收财产；情节特别严重的，处无期徒刑，并处没收财产。 （三）个人贪污数额在五千元以上不满五万元的，处一年以上七年以下有期徒刑；情节严重的，处七年以上十年以下有期徒刑。个人贪污数额在五千元以上不满一万元，犯罪后有悔改表现、积极退赃的，可以减轻处罚或者免予刑事处罚，由其所在单位或者上级主管机关给予行政处分。 （四）个人贪污数额不满五千元，情节较重的，处二年以下有期徒刑或者拘役；情节较轻的，由其所在单位或者上级主管机关酌情给予行政处分。 对多次贪污未经处理的，按照累计贪污数额处罚。	第三百八十三条　对犯贪污罪的，根据情节轻重，分别依照下列规定处罚： **（一）贪污数额较大或者有其他较重情节的，处三年以下有期徒刑或者拘役，并处罚金。** **（二）贪污数额巨大或者有其他严重情节的，处三年以上十年以下有期徒刑，并处罚金或者没收财产。** **（三）贪污数额特别巨大或者有其他特别严重情节的，处十年以上有期徒刑或者无期徒刑，并处罚金或者没收财产；数额特别巨大，并使国家和人民利益遭受特别重大损失的，处无期徒刑或者死刑，并处没收财产。** 对多次贪污未经处理的，按照累计贪污数额处罚。 **犯第一款罪，在提起公诉前如实供述自己罪行、真诚悔罪、积极退赃，避免、减少损害结果的发生，有第一项规定情形的，可以从轻、减轻或者免除处罚；有第二项、第三项规定情形的，可以从轻处罚。** **犯第一款罪，有第三项规定情形被判处死刑缓期执行的，人民法院根据犯罪情节等情况可以同时决定在其死刑缓期执行二年期满依法减为无期徒刑后，终身监禁，不得减刑、假释。**
第三百九十条　对犯行贿罪的，处五年以下有期徒刑或者拘役；因	第三百九十条　对犯行贿罪的，处五年以下有期徒刑或者拘役，**并**

续表

修改前的法律条文	修改后的法律条文
行贿谋取不正当利益，情节严重的，或者使国家利益遭受重大损失的，处五年以上十年以下有期徒刑；情节特别严重的，处十年以上有期徒刑或者无期徒刑，**可以**并处没收财产。 行贿人在被追诉前主动交待行贿行为的，可以**减轻处罚或者免除处罚**。	**处罚金**；因行贿谋取不正当利益，情节严重的，或者使国家利益遭受重大损失的，处五年以上十年以下有期徒刑，**并处罚金**；情节特别严重的，**或者使国家利益遭受特别重大损失的**，处十年以上有期徒刑或者无期徒刑，**并处**罚金或者**没收财产**。 行贿人在被追诉前主动交待行贿行为的，可以**从轻或者减轻处罚。其中，犯罪较轻的，对侦破重大案件起关键作用的，或者有重大立功表现的，可以减轻或者免除处罚**。
第三百九十一条第一款　为谋取不正当利益，给予国家机关、国有公司、企业、事业单位、人民团体以财物的，或者在经济往来中，违反国家规定，给予各种名义的回扣、手续费的，处三年以下有期徒刑或者拘役。	第三百九十一条第一款　为谋取不正当利益，给予国家机关、国有公司、企业、事业单位、人民团体以财物的，或者在经济往来中，违反国家规定，给予各种名义的回扣、手续费的，处三年以下有期徒刑或者拘役，**并处罚金**。
第三百九十二条第一款　向国家工作人员介绍贿赂，情节严重的，处三年以下有期徒刑或者拘役。	第三百九十二条第一款　向国家工作人员介绍贿赂，情节严重的，处三年以下有期徒刑或者拘役，**并处罚金**。
第三百九十三条　单位为谋取不正当利益而行贿，或者违反国家规定，给予国家工作人员以回扣、手续费，情节严重的，对单位判处罚金，并对其直接负责的主管人员和其他直接责任人员，处五年以下有期徒刑或者拘役。因行贿取得的违法所得归个人所有的，依照本法第三百八十九条、第三百九十条的规定定罪处罚。	第三百九十三条　单位为谋取不正当利益而行贿，或者违反国家规定，给予国家工作人员以回扣、手续费，情节严重的，对单位判处罚金，并对其直接负责的主管人员和其他直接责任人员，处五年以下有期徒刑或者拘役，**并处罚金**。因行贿取得的违法所得归个人所有的，依照本法第三百八十九条、第三百九十条的规定定罪处罚。

续表

修改前的法律条文	修改后的法律条文
第四百二十六条　以暴力、威胁方法，阻碍指挥人员或者值班、值勤人员执行职务的，处五年以下有期徒刑或者拘役；情节严重的，处五年以上有期徒刑；致人重伤、死亡的，或者有其他特别严重情节的，处无期徒刑或者死刑。战时从重处罚。	第四百二十六条　以暴力、威胁方法，阻碍指挥人员或者值班、值勤人员执行职务的，处五年以下有期徒刑或者拘役；情节严重的，处**五年以上十年以下有期徒刑；情节特别严重的，处十年以上有期徒刑或者无期徒刑**。战时从重处罚。
第四百三十三条　战时造谣惑众，动摇军心的，处三年以下有期徒刑；情节严重的，处三年以上十年以下有期徒刑。 勾结敌人造谣惑众，动摇军心的，处十年以上有期徒刑或者无期徒刑；情节特别严重的，可以判处死刑。	第四百三十三条　战时造谣惑众，动摇军心的，处三年以下有期徒刑；情节严重的，处三年以上十年以下有期徒刑；**情节特别严重的，处十年以上有期徒刑或者无期徒刑**。

12. 根据《中华人民共和国刑法修正案（十）》修改的条文新旧对照表

修改前的法律条文	修改后的法律条文
第二百九十九条　在公众场合故意以焚烧、毁损、涂划、玷污、践踏等方式侮辱中华人民共和国国旗、国徽的，处三年以下有期徒刑、拘役、管制或者剥夺政治权利。	第二百九十九条　在**公共**场合，故意以焚烧、毁损、涂划、玷污、践踏等方式侮辱中华人民共和国国旗、国徽的，处三年以下有期徒刑、拘役、管制或者剥夺政治权利。 **在公共场合，故意篡改中华人民共和国国歌歌词、曲谱，以歪曲、贬损方式奏唱国歌，或者以其他方式侮辱国歌，情节严重的，依照前款的规定处罚。**

13. 根据《中华人民共和国刑法修正案(十一)》修改的条文新旧对照表

修改前的法律条文	修改后的法律条文
第十七条　已满十六周岁的人犯罪,应当负刑事责任。 已满十四周岁不满十六周岁的人,犯故意杀人、故意伤害致人重伤或者死亡、强奸、抢劫、贩卖毒品、放火、爆炸、**投毒罪**的,应当负刑事责任。 **已满十四周岁不满十八周岁的人犯罪**,应当从轻或者减轻处罚。 因不满十六周岁不予刑事处罚的,责令**他的家长**或者监护人加以管教;在必要的时候,**也可以由政府收容教养**。	第十七条　已满十六周岁的人犯罪,应当负刑事责任。已满十四周岁不满十六周岁的人,犯故意杀人、故意伤害致人重伤或者死亡、强奸、抢劫、贩卖毒品、放火、爆炸、**投放危险物质罪**的,应当负刑事责任。 **已满十二周岁不满十四周岁的人,犯故意杀人、故意伤害罪,致人死亡或者以特别残忍手段致人重伤造成严重残疾,情节恶劣,经最高人民检察院核准追诉的,应当负刑事责任。** **对依照前三款规定追究刑事责任的不满十八周岁的人**,应当从轻或者减轻处罚。 因不满十六周岁不予刑事处罚的,责令**其父母**或者**其他**监护人加以管教;在必要的时候,**依法进行专门矫治教育**。
无	**第一百三十三条之二　对行驶中的公共交通工具的驾驶人员使用暴力或者抢控驾驶操纵装置,干扰公共交通工具正常行驶,危及公共安全的,处一年以下有期徒刑、拘役或者管制,并处或者单处罚金。** **前款规定的驾驶人员在行驶的公共交通工具上擅离职守,与他人互殴或者殴打他人,危及公共安全的,依照前款的规定处罚。** **有前两款行为,同时构成其他犯**

续表

修改前的法律条文	修改后的法律条文
	罪的，依照处罚较重的规定定罪处罚。
第一百三十四条　在生产、作业中违反有关安全管理的规定，因而发生重大伤亡事故或者造成其他严重后果的，处三年以下有期徒刑或者拘役；情节特别恶劣的，处三年以上七年以下有期徒刑。 强令他人违章冒险作业，因而发生重大伤亡事故或者造成其他严重后果的，处五年以下有期徒刑或者拘役；情节特别恶劣的，处五年以上有期徒刑。	第一百三十四条　在生产、作业中违反有关安全管理的规定，因而发生重大伤亡事故或者造成其他严重后果的，处三年以下有期徒刑或者拘役；情节特别恶劣的，处三年以上七年以下有期徒刑。 强令他人违章冒险作业，**或者明知存在重大事故隐患而不排除，仍冒险组织作业，**因而发生重大伤亡事故或者造成其他严重后果的，处五年以下有期徒刑或者拘役；情节特别恶劣的，处五年以上有期徒刑。
无	**第一百三十四条之一　在生产、作业中违反有关安全管理的规定，有下列情形之一，具有发生重大伤亡事故或者其他严重后果的现实危险的，处一年以下有期徒刑、拘役或者管制：** **（一）关闭、破坏直接关系生产安全的监控、报警、防护、救生设备、设施，或者篡改、隐瞒、销毁其相关数据、信息的；** **（二）因存在重大事故隐患被依法责令停产停业、停止施工、停止使用有关设备、设施、场所或者立即采取排除危险的整改措施，而拒不执行的；** **（三）涉及安全生产的事项未经依法批准或者许可，擅自从事矿山开采、金属冶炼、建筑施工，以及危险物品生产、经营、储存等高度危险的生产作业活动的。**

续表

修改前的法律条文	修改后的法律条文
第一百四十一条　生产、销售假药的，处三年以下有期徒刑或者拘役，并处罚金；对人体健康造成严重危害或者有其他严重情节的，处三年以上十年以下有期徒刑，并处罚金；致人死亡或者有其他特别严重情节的，处十年以上有期徒刑、无期徒刑或者死刑，并处罚金或者没收财产。 **本条所称假药，是指依照《中华人民共和国药品管理法》的规定属于假药和按假药处理的药品、非药品。**	第一百四十一条　生产、销售假药的，处三年以下有期徒刑或者拘役，并处罚金；对人体健康造成严重危害或者有其他严重情节的，处三年以上十年以下有期徒刑，并处罚金；致人死亡或者有其他特别严重情节的，处十年以上有期徒刑、无期徒刑或者死刑，并处罚金或者没收财产。 **药品使用单位的人员明知是假药而提供给他人使用的，依照前款的规定处罚。**
第一百四十二条　生产、销售劣药，对人体健康造成严重危害的，处三年以上十年以下有期徒刑，并处**销售金额百分之五十以上二倍以下**罚金；后果特别严重的，处十年以上有期徒刑或者无期徒刑，并处**销售金额百分之五十以上二倍以下**罚金或者没收财产。 **本条所称劣药，是指依照《中华人民共和国药品管理法》的规定属于劣药的药品。**	第一百四十二条　生产、销售劣药，对人体健康造成严重危害的，处三年以上十年以下有期徒刑，并处罚金；后果特别严重的，处十年以上有期徒刑或者无期徒刑，并处罚金或者没收财产。 **药品使用单位的人员明知是劣药而提供给他人使用的，依照前款的规定处罚。**
无	**第一百四十二条之一　违反药品管理法规，有下列情形之一，足以严重危害人体健康的，处三年以下有期徒刑或者拘役，并处或者单处罚金；对人体健康造成严重危害或者有其他严重情节的，处三年以上七年以下有期徒刑，并处罚金：** **（一）生产、销售国务院药品监督管理部门禁止使用的药品的；** **（二）未取得药品相关批准证明文件生产、进口药品或者明知是上述药品而销售的；**

续表

修改前的法律条文	修改后的法律条文
	（三）药品申请注册中提供虚假的证明、数据、资料、样品或者采取其他欺骗手段的； **（四）编造生产、检验记录的。** **有前款行为，同时又构成本法第一百四十一条、第一百四十二条规定之罪或者其他犯罪的，依照处罚较重的规定定罪处罚。**
第一百六十条　在招股说明书、认股书、公司、企业债券募集办法中隐瞒重要事实或者编造重大虚假内容，发行股票或者公司、企业债券，数额巨大、后果严重或者有其他严重情节的，处五年以下有期徒刑或者拘役，并处或者单处**非法募集资金金额百分之一以上百分之五以下**罚金。 单位犯前款罪的，对单位判处罚金，并对其直接负责的主管人员和其他直接责任人员，**处五年以下有期徒刑或者拘役。**	第一百六十条　在招股说明书、认股书、公司、企业债券募集办法**等发行文件**中隐瞒重要事实或者编造重大虚假内容，发行股票或者公司、企业债券、**存托凭证或者国务院依法认定的其他证券**，数额巨大、后果严重或者有其他严重情节的，处五年以下有期徒刑或者拘役，并处或者单处罚金；**数额特别巨大、后果特别严重或者有其他特别严重情节的，处五年以上有期徒刑，并处罚金。** **控股股东、实际控制人组织、指使实施前款行为的，处五年以下有期徒刑或者拘役，并处或者单处非法募集资金金额百分之二十以上一倍以下罚金；数额特别巨大、后果特别严重或者有其他特别严重情节的，处五年以上有期徒刑，并处非法募集资金金额百分之二十以上一倍以下罚金。** 单位犯前**两**款罪的，对单位判处**非法募集资金金额百分之二十以上一倍以下**罚金，并对其直接负责的主管人员和其他直接责任人员，**依照第一款的规定处罚。**

续表

修改前的法律条文	修改后的法律条文
第一百六十一条　依法负有信息披露义务的公司、企业向股东和社会公众提供虚假的或者隐瞒重要事实的财务会计报告，或者对依法应当披露的其他重要信息不按照规定披露，严重损害股东或者其他人利益，或者有其他严重情节的，对其直接负责的主管人员和其他直接责任人员，处三年以下有期徒刑或者拘役，并处或者单处**二万元以上二十万元以下**罚金。	第一百六十一条　依法负有信息披露义务的公司、企业向股东和社会公众提供虚假的或者隐瞒重要事实的财务会计报告，或者对依法应当披露的其他重要信息不按照规定披露，严重损害股东或者其他人利益，或者有其他严重情节的，对其直接负责的主管人员和其他直接责任人员，处**五**年以下有期徒刑或者拘役，并处或者单处罚金**；情节特别严重的，处五年以上十年以下有期徒刑，并处罚金**。 **前款规定的公司、企业的控股股东、实际控制人实施或者组织、指使实施前款行为的，或者隐瞒相关事项导致前款规定的情形发生的，依照前款的规定处罚。** **犯前款罪的控股股东、实际控制人是单位的，对单位判处罚金，并对其直接负责的主管人员和其他直接责任人员，依照第一款的规定处罚。**
第一百六十三条　公司、企业或者其他单位的工作人员利用职务上的便利，索取他人财物或者非法收受他人财物，为他人谋取利益，数额较大的，处**五**年以下有期徒刑或者拘役；数额巨大的，处**五**年以上有期徒刑，**可以并处没收财产**。 公司、企业或者其他单位的工作人员在经济往来中，利用职务上的便利，违反国家规定，收受各种名义的回扣、手续费，归个人所有的，依照前款的规定处罚。 国有公司、企业或者其他国有单	第一百六十三条　公司、企业或者其他单位的工作人员，利用职务上的便利，索取他人财物或者非法收受他人财物，为他人谋取利益，数额较大的，处三年以下有期徒刑或者拘役**，并处罚金**；数额巨大**或者有其他严重情节的**，处三年以上**十年以下**有期徒刑，**并处罚金；数额特别巨大或者有其他特别严重情节的，处十年以上有期徒刑或者无期徒刑，并处罚金**。 公司、企业或者其他单位的工作人员在经济往来中，利用职务上的便利

续表

修改前的法律条文	修改后的法律条文
位中从事公务的人员和国有公司、企业或者其他国有单位委派到非国有公司、企业以及其他单位从事公务的人员有前两款行为的，依照本法第三百八十五条、第三百八十六条的规定定罪处罚。	便利，违反国家规定，收受各种名义的回扣、手续费，归个人所有的，依照前款的规定处罚。 国有公司、企业或者其他国有单位中从事公务的人员和国有公司、企业或者其他国有单位委派到非国有公司、企业以及其他单位从事公务的人员有前两款行为的，依照本法第三百八十五条、第三百八十六条的规定定罪处罚。
第一百七十五条之一　以欺骗手段取得银行或者其他金融机构贷款、票据承兑、信用证、保函等，给银行或者其他金融机构造成重大损失**或者有其他严重情节的**，处三年以下有期徒刑或者拘役，并处或者单处罚金；给银行或者其他金融机构造成特别重大损失或者有其他特别严重情节的，处三年以上七年以下有期徒刑，并处罚金。 单位犯前款罪的，对单位判处罚金，并对其直接负责的主管人员和其他直接责任人员，依照前款的规定处罚。	第一百七十五条之一　以欺骗手段取得银行或者其他金融机构贷款、票据承兑、信用证、保函等，给银行或者其他金融机构造成重大损失的，处三年以下有期徒刑或者拘役，并处或者单处罚金；给银行或者其他金融机构造成特别重大损失或者有其他特别严重情节的，处三年以上七年以下有期徒刑，并处罚金。 单位犯前款罪的，对单位判处罚金，并对其直接负责的主管人员和其他直接责任人员，依照前款的规定处罚。
第一百七十六条　非法吸收公众存款或者变相吸收公众存款，扰乱金融秩序的，处三年以下有期徒刑或者拘役，并处或者单处**二万元以上二十万元以下**罚金；数额巨大或者有其他严重情节的，处三年以上十年以下有期徒刑，并处**五万元以上五十万元以下**罚金。 单位犯前款罪的，对单位判处罚金，并对其直接负责的主管人员和其他直接责任人员，依照前款的规	第一百七十六条　非法吸收公众存款或者变相吸收公众存款，扰乱金融秩序的，处三年以下有期徒刑或者拘役，并处或者单处罚金；数额巨大或者有其他严重情节的，处三年以上十年以下有期徒刑，并处罚金**；数额特别巨大或者有其他特别严重情节的，处十年以上有期徒刑，并处罚金**。 单位犯前款罪的，对单位判处罚金，并对其直接负责的主管人员和

续表

修改前的法律条文	修改后的法律条文
定处罚。	其他直接责任人员，依照前款的规定处罚。 **有前两款行为，在提起公诉前积极退赃退赔，减少损害结果发生的，可以从轻或者减轻处罚。**
第一百八十二条　有下列情形之一，操纵证券、期货市场，情节严重的，处五年以下有期徒刑或者拘役，并处或者单处罚金；情节特别严重的，处五年以上十年以下有期徒刑，并处罚金： （一）单独或者合谋，集中资金优势、持股或者持仓优势或者利用信息优势联合或者连续买卖，**操纵证券、期货交易价格或者证券、期货交易量的；** （二）与他人串通，以事先约定的时间、价格和方式相互进行证券、期货交易，**影响证券、期货交易价格或者证券、期货交易量的；** （三）在自己实际控制的帐户之间进行证券交易，或者以自己为交易对象，自买自卖期货合约，**影响证券、期货交易价格或者证券、期货交易量的；** （四）以其他方法操纵证券、期货市场的。 单位犯前款罪的，对单位判处罚金，并对其直接负责的主管人员和其他直接责任人员，依照前款的规定处罚。	第一百八十二条　有下列情形之一，操纵证券、期货市场，**影响证券、期货交易价格或者证券、期货交易量，**情节严重的，处五年以下有期徒刑或者拘役，并处或者单处罚金；情节特别严重的，处五年以上十年以下有期徒刑，并处罚金： （一）单独或者合谋，集中资金优势、持股或者持仓优势或者利用信息优势联合或者连续买卖的； （二）与他人串通，以事先约定的时间、价格和方式相互进行证券、期货交易的； （三）在自己实际控制的帐户之间进行证券交易，或者以自己为交易对象，自买自卖期货合约的； **（四）不以成交为目的，频繁或者大量申报买入、卖出证券、期货合约并撤销申报的；** **（五）利用虚假或者不确定的重大信息，诱导投资者进行证券、期货交易的；** **（六）对证券、证券发行人、期货交易标的公开作出评价、预测或者投资建议，同时进行反向证券交易或者相关期货交易的；** （七）以其他方法操纵证券、期货市场的。 单位犯前款罪的，对单位判处罚金，并对其直接负责的主管人员和其他直接责任人员，依照前款的规定处罚。

续表

修改前的法律条文	修改后的法律条文
第一百九十一条 **明知是**毒品犯罪、黑社会性质的组织犯罪、恐怖活动犯罪、走私犯罪、贪污贿赂犯罪、破坏金融管理秩序犯罪、金融诈骗犯罪的所得及其产生的收益,**为掩饰、隐瞒其**来源和性质,有下列行为之一的,没收实施以上犯罪的所得及其产生的收益,处五年以下有期徒刑或者拘役,并处或者单处**洗钱数额百分之五以上百分之二十以下**罚金;情节严重的,处五年以上十年以下有期徒刑,并处**洗钱数额百分之五以上百分之二十以下**罚金: (一)提供资金帐户的; (二)**协助**将财产转换为现金、金融票据、有价证券的; (三)通过转帐或者其他结算方式**协助**资金转移的; (四)**协助**将资金汇往境外的; (五)以其他方法掩饰、隐瞒犯罪所得及其收益的来源和性质的。 单位犯前款罪的,对单位判处罚金,并对其直接负责的主管人员和其他直接责任人员,**处五年以下有期徒刑或者拘役;情节严重的,处五年以上十年以下有期徒刑。**	第一百九十一条 **为掩饰、隐瞒**毒品犯罪、黑社会性质的组织犯罪、恐怖活动犯罪、走私犯罪、贪污贿赂犯罪、破坏金融管理秩序犯罪、金融诈骗犯罪的所得及其产生的收益的来源和性质,有下列行为之一的,没收实施以上犯罪的所得及其产生的收益,处五年以下有期徒刑或者拘役,并处或者单处罚金;情节严重的,处五年以上十年以下有期徒刑,并处罚金: (一)提供资金帐户的; (二)将财产转换为现金、金融票据、有价证券的; (三)通过转帐或者其他支付结算方式转移资金的; (四)跨境转移资产的; (五)以其他方法掩饰、隐瞒犯罪所得及其收益的来源和性质的。 单位犯前款罪的,对单位判处罚金,并对其直接负责的主管人员和其他直接责任人员,**依照前款的规定处罚。**
第一百九十二条 以非法占有为目的,使用诈骗方法非法集资,数额较大的,处五年以下有期徒刑**或者拘役**,并处**二万元以上二十万元以下**罚金;数额巨大或者有其他严重情节的,处五年以上**十年以下**有期徒刑,并处**五万元以上五十万元以下**罚金;**数额特别巨大或者有其他特别严重情节的,处十年以上有期**	第一百九十二条 以非法占有为目的,使用诈骗方法非法集资,数额较大的,处**三年以上七**年以下有期徒刑,并处罚金;数额巨大或者有其他严重情节的,处**七**年以上有期徒刑或者无期徒刑,并处罚金**或者没收财产**。 **单位犯前款罪的,对单位判处罚金,并对其直接负责的主管人员和**

续表

修改前的法律条文	修改后的法律条文
徒刑或者无期徒刑,并处五万元以上五十万元以下罚金或者没收财产。	**其他直接责任人员,依照前款的规定处罚。**
第二百条　单位犯本节**第一百九十二条、**第一百九十四条、第一百九十五条规定之罪的,对单位判处罚金,并对其直接负责的主管人员和其他直接责任人员,处五年以下有期徒刑或者拘役,可以并处罚金;数额巨大或者有其他严重情节的,处五年以上十年以下有期徒刑,并处罚金;数额特别巨大或者有其他特别严重情节的,处十年以上有期徒刑或者无期徒刑,并处罚金。	第二百条　单位犯本节第一百九十四条、第一百九十五条规定之罪的,对单位判处罚金,并对其直接负责的主管人员和其他直接责任人员,处五年以下有期徒刑或者拘役,可以并处罚金;数额巨大或者有其他严重情节的,处五年以上十年以下有期徒刑,并处罚金;数额特别巨大或者有其他特别严重情节的,处十年以上有期徒刑或者无期徒刑,并处罚金。
第二百一十三条　未经注册商标所有人许可,在同一种商品上使用与其注册商标相同的商标,情节严重的,处三年以下有期徒刑或者拘役,并处或者单处罚金;情节特别严重的,处三年以上**七**年以下有期徒刑,并处罚金。	第二百一十三条　未经注册商标所有人许可,在同一种商品、**服务**上使用与其注册商标相同的商标,情节严重的,处三年以下有期徒刑,并处或者单处罚金;情节特别严重的,处三年以上十年以下有期徒刑,并处罚金。
第二百一十四条　销售明知是假冒注册商标的商品,**销售金额**数额较大的,处三年以下有期徒刑或者拘役,并处或者单处罚金;**销售金额**数额巨大的,处三年以上**七**年以下有期徒刑,并处罚金。	第二百一十四条　销售明知是假冒注册商标的商品,**违法所得**数额较大**或者有其他严重情节**的,处三年以下有期徒刑,并处或者单处罚金;**违法所得**数额巨大**或者有其他特别严重情节**的,处三年以上十年以下有期徒刑,并处罚金。

续表

修改前的法律条文	修改后的法律条文
第二百一十五条　伪造、擅自制造他人注册商标标识或者销售伪造、擅自制造的注册商标标识，情节严重的，处三年以下有期徒刑**、拘役或者管制**，并处或者单处罚金；情节特别严重的，处三年以上**七**年以下有期徒刑，并处罚金。	第二百一十五条　伪造、擅自制造他人注册商标标识或者销售伪造、擅自制造的注册商标标识，情节严重的，处三年以下有期徒刑，并处或者单处罚金；情节特别严重的，处三年以上**十**年以下有期徒刑，并处罚金。
第二百一十七条　以营利为目的，有下列侵犯著作权情形之一，违法所得数额较大或者有其他严重情节的，处三年以下有期徒刑**或者拘役**，并处或者单处罚金；违法所得数额巨大或者有其他特别严重情节的，处三年以上**七**年以下有期徒刑，并处罚金： （一）未经著作权人许可，复制发行其文字作品、音乐、**电影、电视、录像**作品、计算机软件及其他作品的； （二）出版他人享有专有出版权的图书的； （三）未经录音录像制作者许可，复制发行其制作的录音录像的； （四）制作、出售假冒他人署名的美术作品的。	第二百一十七条　以营利为目的，有下列侵犯著作权**或者与著作权有关的权利的**情形之一，违法所得数额较大或者有其他严重情节的，处三年以下有期徒刑，并处或者单处罚金；违法所得数额巨大或者有其他特别严重情节的，处三年以上**十**年以下有期徒刑，并处罚金： （一）未经著作权人许可，复制发行**、通过信息网络向公众传播**其文字作品、音乐、**美术**、**视听作品**、计算机软件**及法律、行政法规规定的**其他作品的； （二）出版他人享有专有出版权的图书的； （三）未经录音录像制作者许可，复制发行**、通过信息网络向公众传播**其制作的录音录像的； **（四）未经表演者许可，复制发行录有其表演的录音录像制品，或者通过信息网络向公众传播其表演的；** **（五）**制作、出售假冒他人署名的美术作品的； **（六）未经著作权人或者与著作权有关的权利人许可，故意避开或者破坏权利人为其作品、录音录像**

续表

修改前的法律条文	修改后的法律条文
	制品等采取的保护著作权或者与著作权有关的权利的技术措施的。
第二百一十八条　以营利为目的，销售明知是本法第二百一十七条规定的侵权复制品，违法所得数额巨大的，处**三**年以下有期徒刑**或者拘役**，并处或者单处罚金。	第二百一十八条　以营利为目的，销售明知是本法第二百一十七条规定的侵权复制品，违法所得数额巨大**或者有其他严重情节的**，处**五**年以下有期徒刑，并处或者单处罚金。
第二百一十九条　有下列侵犯商业秘密行为之一，**给商业秘密的权利人造成重大损失的**，处三年以下有期徒刑**或者拘役**，并处或者单处罚金；**造成特别严重后果的**，处三年以上**七**年以下有期徒刑，并处罚金： （一）以盗窃、**利诱**、胁迫或者其他不正当手段获取权利人的商业秘密的； （二）披露、使用或者允许他人使用以前项手段获取的权利人的商业秘密的； （三）违反**约定**或者违反权利人有关保守商业秘密的要求，披露、使用或者允许他人使用其所掌握的商业秘密的。 明知**或者应知**前款所列行为，获取、**使用或者披露**他人的商业秘密的，以侵犯商业秘密论。 **本条所称商业秘密，是指不为公众所知悉，能为权利人带来经济利益，具有实用性并经权利人采取保密措施的技术信息和经营信息。** 本条所称权利人，是指商业秘密的所有人和经商业秘密所有人许可的商业秘密使用人。	第二百一十九条　有下列侵犯商业秘密行为之一，**情节严重的**，处三年以下有期徒刑，并处或者单处罚金；**情节特别严重的**，处三年以上**十**年以下有期徒刑，并处罚金： （一）以盗窃、**贿赂**、**欺诈**、胁迫、**电子侵入**或者其他不正当手段获取权利人的商业秘密的； （二）披露、使用或者允许他人使用以前项手段获取的权利人的商业秘密的； （三）违反**保密义务**或者违反权利人有关保守商业秘密的要求，披露、使用或者允许他人使用其所掌握的商业秘密的。 明知前款所列行为，获取、**披露、使用或者允许**他人**使用**该商业秘密的，以侵犯商业秘密论。 本条所称权利人，是指商业秘密的所有人和经商业秘密所有人许可的商业秘密使用人。

续表

修改前的法律条文	修改后的法律条文
无	**第二百一十九条之一　为境外的机构、组织、人员窃取、刺探、收买、非法提供商业秘密的,处五年以下有期徒刑,并处或者单处罚金;情节严重的,处五年以上有期徒刑,并处罚金。**
第二百二十条　单位犯本节第二百一十三条至第二百一十九条规定之罪的,对单位判处罚金,并对其直接负责的主管人员和其他直接责任人员,依照本节各该条的规定处罚。	第二百二十条　单位犯本节第二百一十三条至第二百一十九条**之一**规定之罪的,对单位判处罚金,并对其直接负责的主管人员和其他直接责任人员,依照本节各该条的规定处罚。
第二百二十九条　承担资产评估、验资、验证、会计、审计、法律服务等职责的中介组织的人员故意提供虚假证明文件,情节严重的,处五年以下有期徒刑或者拘役,并处罚金。 **前款规定的人员,索取他人财物或者非法收受他人财物,犯前款罪的,处五年以上十年以下有期徒刑,并处罚金。** 第一款规定的人员,严重不负责任,出具的证明文件有重大失实,造成严重后果的,处三年以下有期徒刑或者拘役,并处或者单处罚金。	第二百二十九条　承担资产评估、验资、验证、会计、审计、法律服务、**保荐、安全评价、环境影响评价、环境监测**等职责的中介组织的人员故意提供虚假证明文件,情节严重的,处五年以下有期徒刑或者拘役,并处罚金;**有下列情形之一的,处五年以上十年以下有期徒刑,并处罚金:** **(一)提供与证券发行相关的虚假的资产评估、会计、审计、法律服务、保荐等证明文件,情节特别严重的;** **(二)提供与重大资产交易相关的虚假的资产评估、会计、审计等证明文件,情节特别严重的;** **(三)在涉及公共安全的重大工程、项目中提供虚假的安全评价、环境影响评价等证明文件,致使公共财产、国家和人民利益遭受特别重大损失的。** **有前款行为,同时索取他人财物**

续表

修改前的法律条文	修改后的法律条文
	或者非法收受他人财物构成犯罪的，依照处罚较重的规定定罪处罚。 第一款规定的人员，严重不负责任，出具的证明文件有重大失实，造成严重后果的，处三年以下有期徒刑或者拘役，并处或者单处罚金。
第二百三十六条　以暴力、胁迫或者其他手段强奸妇女的，处三年以上十年以下有期徒刑。奸淫不满十四周岁的幼女的，以强奸论，从重处罚。强奸妇女、奸淫幼女，有下列情形之一的，处十年以上有期徒刑、无期徒刑或者死刑：（一）强奸妇女、奸淫幼女情节恶劣的；（二）强奸妇女、奸淫幼女多人的；（三）在公共场所当众强奸妇女的；（四）二人以上轮奸的；（五）致使被害人重伤、死亡或者造成其他严重后果的。	第二百三十六条　以暴力、胁迫或者其他手段强奸妇女的，处三年以上十年以下有期徒刑。 奸淫不满十四周岁的幼女的，以强奸论，从重处罚。 强奸妇女、奸淫幼女，有下列情形之一的，处十年以上有期徒刑、无期徒刑或者死刑： （一）强奸妇女、奸淫幼女情节恶劣的； （二）强奸妇女、奸淫幼女多人的； （三）在公共场所当众强奸妇女、**奸淫幼女**的； （四）二人以上轮奸的； **（五）奸淫不满十周岁的幼女或者造成幼女伤害的；** **（六）**致使被害人重伤、死亡或者造成其他严重后果的。
无	**第二百三十六条之一　对已满十四周岁不满十六周岁的未成年女性负有监护、收养、看护、教育、医疗等特殊职责的人员，与该未成年女性发生性关系的，处三年以下有期徒刑；情节恶劣的，处三年以上十年以下有期徒刑。**

续表

修改前的法律条文	修改后的法律条文
	有前款行为，同时又构成本法第二百三十六条规定之罪的，依照处罚较重的规定定罪处罚。
第二百三十七条　以暴力、胁迫或者其他方法强制猥亵他人或者侮辱妇女的，处五年以下有期徒刑或者拘役。聚众或者在公共场所当众犯前款罪的，或者有其他恶劣情节的，处五年以上有期徒刑。猥亵儿童的，**依照前两款的规定从重处罚**。	第二百三十七条　以暴力、胁迫或者其他方法强制猥亵他人或者侮辱妇女的，处五年以下有期徒刑或者拘役。聚众或者在公共场所当众犯前款罪的，或者有其他恶劣情节的，处五年以上有期徒刑。 猥亵儿童的，**处五年以下有期徒刑；有下列情形之一的，处五年以上有期徒刑：** **（一）猥亵儿童多人或者多次的；** **（二）聚众猥亵儿童的，或者在公共场所当众猥亵儿童，情节恶劣的；** **（三）造成儿童伤害或者其他严重后果的；** **（四）猥亵手段恶劣或者有其他恶劣情节的。**
第二百七十一条　公司、企业或者其他单位的人员，利用职务上的便利，将本单位财物非法占为己有，数额较大的，处**五**年以下有期徒刑或者拘役；数额巨大的，处**五**年以上有期徒刑，**可以并处没收财产**。 国有公司、企业或者其他国有单位中从事公务的人员和国有公司、企业或者其他国有单位委派到非国有公司、企业以及其他单位从事公务的人员有前款行为的，依照本法第三百八十二条、第三百八十三条的规定定罪处罚。	第二百七十一条　公司、企业或者其他单位的**工作**人员，利用职务上的便利，将本单位财物非法占为己有，数额较大的，处三年以下有期徒刑或者拘役，**并处罚金**；数额巨大的，处三年以上**十年以下**有期徒刑，**并处罚金；数额特别巨大的，处十年以上有期徒刑或者无期徒刑，并处罚金**。 国有公司、企业或者其他国有单位中从事公务的人员和国有公司、企业或者其他国有单位委派到非国有公司、企业以及其他单位从事公务的人员有前款行为的，依照本

续表

修改前的法律条文	修改后的法律条文
	法第三百八十二条、第三百八十三条的规定定罪处罚。
第二百七十二条　公司、企业或者其他单位的工作人员，利用职务上的便利，挪用本单位资金归个人使用或者借贷给他人，数额较大、超过三个月未还的，或者虽未超过三个月，但数额较大、进行营利活动的，或者进行非法活动的，处三年以下有期徒刑或者拘役；挪用本单位资金数额巨大的，**或者数额较大不退还的**，处三年以上十年以下有期徒刑。 国有公司、企业或者其他国有单位中从事公务的人员和国有公司、企业或者其他国有单位委派到非国有公司、企业以及其他单位从事公务的人员有前款行为的，依照本法第三百八十四条的规定定罪处罚。	第二百七十二条　公司、企业或者其他单位的工作人员，利用职务上的便利，挪用本单位资金归个人使用或者借贷给他人，数额较大、超过三个月未还的，或者虽未超过三个月，但数额较大、进行营利活动的，或者进行非法活动的，处三年以下有期徒刑或者拘役；挪用本单位资金数额巨大的，处三年以上七年以下有期徒刑；**数额特别巨大的，处七年以上有期徒刑。** 国有公司、企业或者其他国有单位中从事公务的人员和国有公司、企业或者其他国有单位委派到非国有公司、企业以及其他单位从事公务的人员有前款行为的，依照本法第三百八十四条的规定定罪处罚。 **有第一款行为，在提起公诉前将挪用的资金退还的，可以从轻或者减轻处罚。其中，犯罪较轻的，可以减轻或者免除处罚。**
第二百七十七条　以暴力、威胁方法阻碍国家机关工作人员依法执行职务的，处三年以下有期徒刑、拘役、管制或者罚金。 以暴力、威胁方法阻碍全国人民代表大会和地方各级人民代表大会代表依法执行代表职务的，依照前款的规定处罚。 在自然灾害和突发事件中，以暴力、威胁方法阻碍红十字会工作人	第二百七十七条　以暴力、威胁方法阻碍国家机关工作人员依法执行职务的，处三年以下有期徒刑、拘役、管制或者罚金。 以暴力、威胁方法阻碍全国人民代表大会和地方各级人民代表大会代表依法执行代表职务的，依照前款的规定处罚。 在自然灾害和突发事件中，以暴力、威胁方法阻碍红十字会工作人

续表

修改前的法律条文	修改后的法律条文
员依法履行职责的，依照第一款的规定处罚。 故意阻碍国家安全机关、公安机关依法执行国家安全工作任务，未使用暴力、威胁方法，造成严重后果的，依照第一款的规定处罚。 暴力袭击正在依法执行职务的人民警察的，**依照第一款的规定从重处罚**。	员依法履行职责的，依照第一款的规定处罚。 故意阻碍国家安全机关、公安机关依法执行国家安全工作任务，未使用暴力、威胁方法，造成严重后果的，依照第一款的规定处罚。 暴力袭击正在依法执行职务的人民警察的，**处三年以下有期徒刑、拘役或者管制；使用枪支、管制刀具，或者以驾驶机动车撞击等手段，严重危及其人身安全的，处三年以上七年以下有期徒刑**。
无	**第二百八十条之二　盗用、冒用他人身份，顶替他人取得的高等学历教育入学资格、公务员录用资格、就业安置待遇的，处三年以下有期徒刑、拘役或者管制，并处罚金。** **组织、指使他人实施前款行为的，依照前款的规定从重处罚。** **国家工作人员有前两款行为，又构成其他犯罪的，依照数罪并罚的规定处罚。**
无	**第二百九十一条之二　从建筑物或者其他高空抛掷物品，情节严重的，处一年以下有期徒刑、拘役或者管制，并处或者单处罚金。** **有前款行为，同时构成其他犯罪的，依照处罚较重的规定定罪处罚。**

续表

修改前的法律条文	修改后的法律条文
无	**第二百九十三条之一　有下列情形之一,催收高利放贷等产生的非法债务,情节严重的,处三年以下有期徒刑、拘役或者管制,并处或者单处罚金:** **(一)使用暴力、胁迫方法的;** **(二)限制他人人身自由或者侵入他人住宅的;** **(三)恐吓、跟踪、骚扰他人的。**
无	**第二百九十九条之一　侮辱、诽谤或者以其他方式侵害英雄烈士的名誉、荣誉,损害社会公共利益,情节严重的,处三年以下有期徒刑、拘役、管制或者剥夺政治权利。**
第三百零三条　以营利为目的,聚众赌博或者以赌博为业的,处三年以下有期徒刑、拘役或者管制,并处罚金。 开设赌场的,处三年以下有期徒刑、拘役或者管制,并处罚金;情节严重的,处三年以上十年以下有期徒刑,并处罚金。	第三百零三条　以营利为目的,聚众赌博或者以赌博为业的,处三年以下有期徒刑、拘役或者管制,并处罚金。 开设赌场的,处**五**年以下有期徒刑、拘役或者管制,并处罚金;情节严重的,处**五**年以上十年以下有期徒刑,并处罚金。 **组织中华人民共和国公民参与国(境)外赌博,数额巨大或者有其他严重情节的,依照前款的规定处罚。**
第三百三十条　违反传染病防治法的规定,有下列情形之一,引起甲类传染病传播或者有传播严重危险的,处三年以下有期徒刑或者拘役;后果特别严重的,处三年以上七年以下有期徒刑: (一)供水单位供应的饮用水不符合国家规定的卫生标准的;	第三百三十条　违反传染病防治法的规定,有下列情形之一,引起甲类传染病**以及依法确定采取甲类传染病预防、控制措施的传染病**传播或者有传播严重危险的,处三年以下有期徒刑或者拘役;后果特别严重的,处三年以上七年以下有期徒刑:

续表

修改前的法律条文	修改后的法律条文
（二）拒绝按照**卫生防疫**机构提出的卫生要求，对传染病病原体污染的污水、污物、粪便进行消毒处理的； （三）准许或者纵容传染病病人、病原携带者和疑似传染病病人从事国务院卫生行政部门规定禁止从事的易使该传染病扩散的工作的； **（四）**拒绝执行**卫生防疫**机构依照传染病防治法提出的预防、控制措施的。 单位犯前款罪的，对单位判处罚金，并对其直接负责的主管人员和其他直接责任人员，依照前款的规定处罚。 甲类传染病的范围，依照《中华人民共和国传染病防治法》和国务院有关规定确定。	（一）供水单位供应的饮用水不符合国家规定的卫生标准的； （二）拒绝按照**疾病预防控制**机构提出的卫生要求，对传染病病原体污染的污水、污物、**场所和物品**进行消毒处理的； （三）准许或者纵容传染病病人、病原携带者和疑似传染病病人从事国务院卫生行政部门规定禁止从事的易使该传染病扩散的工作的； **（四）出售、运输疫区中被传染病病原体污染或者可能被传染病病原体污染的物品，未进行消毒处理的；** （五）拒绝执行**县级以上人民政府、疾病预防控制机构**依照传染病防治法提出的预防、控制措施的。 单位犯前款罪的，对单位判处罚金，并对其直接负责的主管人员和其他直接责任人员，依照前款的规定处罚。 甲类传染病的范围，依照《中华人民共和国传染病防治法》和国务院有关规定确定。
无	**第三百三十四条之一　违反国家有关规定，非法采集我国人类遗传资源或者非法运送、邮寄、携带我国人类遗传资源材料出境，危害公众健康或者社会公共利益，情节严重的，处三年以下有期徒刑、拘役或者管制，并处或者单处罚金；情节特别严重的，处三年以上七年以下有期徒刑，并处罚金。**

续表

修改前的法律条文	修改后的法律条文
无	**第三百三十六条之一　将基因编辑、克隆的人类胚胎植入人体或者动物体内，或者将基因编辑、克隆的动物胚胎植入人体内，情节严重的，处三年以下有期徒刑或者拘役，并处罚金；情节特别严重的，处三年以上七年以下有期徒刑，并处罚金。**
第三百三十八条　违反国家规定，排放、倾倒或者处置有放射性的废物、含传染病病原体的废物、有毒物质或者其他有害物质，严重污染环境的，处三年以下有期徒刑或者拘役，并处或者单处罚金；**后果特别**严重的，处三年以上七年以下有期徒刑，并处罚金。	第三百三十八条　违反国家规定，排放、倾倒或者处置有放射性的废物、含传染病病原体的废物、有毒物质或者其他有害物质，严重污染环境的，处三年以下有期徒刑或者拘役，并处或者单处罚金；**情**节严重的，处三年以上七年以下有期徒刑，并处罚金；**有下列情形之一的，处七年以上有期徒刑，并处罚金：** **（一）在饮用水水源保护区、自然保护地核心保护区等依法确定的重点保护区域排放、倾倒、处置有放射性的废物、含传染病病原体的废物、有毒物质，情节特别严重的；** **（二）向国家确定的重要江河、湖泊水域排放、倾倒、处置有放射性的废物、含传染病病原体的废物、有毒物质，情节特别严重的；** **（三）致使大量永久基本农田基本功能丧失或者遭受永久性破坏的；** **（四）致使多人重伤、严重疾病，或者致人严重残疾、死亡的。** **有前款行为，同时构成其他犯罪的，依照处罚较重的规定定罪处罚。**

续表

修改前的法律条文	修改后的法律条文
第三百四十一条　非法猎捕、杀害国家重点保护的珍贵、濒危野生动物的，或者非法收购、运输、出售国家重点保护的珍贵、濒危野生动物及其制品的，处五年以下有期徒刑或者拘役，并处罚金；情节严重的，处五年以上十年以下有期徒刑，并处罚金；情节特别严重的，处十年以上有期徒刑，并处罚金或者没收财产。 违反狩猎法规，在禁猎区、禁猎期或者使用禁用的工具、方法进行狩猎，破坏野生动物资源，情节严重的，处三年以下有期徒刑、拘役、管制或者罚金。	第三百四十一条　非法猎捕、杀害国家重点保护的珍贵、濒危野生动物的，或者非法收购、运输、出售国家重点保护的珍贵、濒危野生动物及其制品的，处五年以下有期徒刑或者拘役，并处罚金；情节严重的，处五年以上十年以下有期徒刑，并处罚金；情节特别严重的，处十年以上有期徒刑，并处罚金或者没收财产。 违反狩猎法规，在禁猎区、禁猎期或者使用禁用的工具、方法进行狩猎，破坏野生动物资源，情节严重的，处三年以下有期徒刑、拘役、管制或者罚金。 **违反野生动物保护管理法规，以食用为目的非法猎捕、收购、运输、出售第一款规定以外的在野外环境自然生长繁殖的陆生野生动物，情节严重的，依照前款的规定处罚。**
无	**第三百四十二条之一　违反自然保护地管理法规，在国家公园、国家级自然保护区进行开垦、开发活动或者修建建筑物，造成严重后果或者有其他恶劣情节的，处五年以下有期徒刑或者拘役，并处或者单处罚金。** **有前款行为，同时构成其他犯罪的，依照处罚较重的规定定罪处罚。**

续表

修改前的法律条文	修改后的法律条文
无	**第三百四十四条之一　违反国家规定，非法引进、释放或者丢弃外来入侵物种，情节严重的，处三年以下有期徒刑或者拘役，并处或者单处罚金。**
无	**第三百五十五条之一　引诱、教唆、欺骗运动员使用兴奋剂参加国内、国际重大体育竞赛，或者明知运动员参加上述竞赛而向其提供兴奋剂，情节严重的，处三年以下有期徒刑或者拘役，并处罚金。** **组织、强迫运动员使用兴奋剂参加国内、国际重大体育竞赛的，依照前款的规定从重处罚。**
第四百零八条之一　负有食品安全监督管理职责的国家机关工作人员，滥用职权或者玩忽职守，**导致发生重大食品安全事故或者造成其他严重后果的**，处五年以下有期徒刑或者拘役；造成特别严重后果的，处五年以上十年以下有期徒刑。 徇私舞弊犯前款罪的，从重处罚。	第四百零八条之一　负有食品药品安全监督管理职责的国家机关工作人员，滥用职权或者玩忽职守，**有下列情形之一，造成严重后果或者有其他严重情节的**，处五年以下有期徒刑或者拘役；造成特别严重后果**或者有其他特别严重情节**的，处五年以上十年以下有期徒刑： **（一）瞒报、谎报食品安全事故、药品安全事件的；** **（二）对发现的严重食品药品安全违法行为未按规定查处的；** **（三）在药品和特殊食品审批审评过程中，对不符合条件的申请准予许可的；** **（四）依法应当移交司法机关追究刑事责任不移交的；** **（五）有其他滥用职权或者玩忽职守行为的。** 徇私舞弊犯前款罪的，从重处罚。

续表

修改前的法律条文	修改后的法律条文
第四百三十一条　以窃取、刺探、收买方法，非法获取军事秘密的，处五年以下有期徒刑；情节严重的，处五年以上十年以下有期徒刑；情节特别严重的，处十年以上有期徒刑。 为境外的机构、组织、人员窃取、刺探、收买、非法提供军事秘密的，处十年以上有期徒刑、无期徒刑或者死刑。	第四百三十一条　以窃取、刺探、收买方法，非法获取军事秘密的，处五年以下有期徒刑；情节严重的，处五年以上十年以下有期徒刑；情节特别严重的，处十年以上有期徒刑。 为境外的机构、组织、人员窃取、刺探、收买、非法提供军事秘密的，**处五年以上十年以下有期徒刑；情节严重的**，处十年以上有期徒刑、无期徒刑或者死刑。
第四百五十条　本章适用于中国人民解放军的现役军官、文职干部、士兵及具有军籍的学员和中国人民武装警察部队的现役警官、文职干部、士兵及具有军籍的学员以及执行军事任务的预备役人员和其他人员。	第四百五十条　本章适用于中国人民解放军的现役军官、文职干部、士兵及具有军籍的学员和中国人民武装警察部队的现役警官、文职干部、士兵及具有军籍的学员以及**文职人员**、执行军事任务的预备役人员和其他人员。

14. 根据《中华人民共和国刑法修正案（十二）》修改的条文新旧对照表

修改前的法律条文	修改后的法律条文
第一百六十五条　国有公司、企业的董事、经理利用职务便利，自己经营或者为他人经营与其所任职公司、企业同类的营业，获取非法利益，数额巨大的，处三年以下有期徒刑或者拘役，并处或者单处罚金；数额特别巨大的，处三年以上七年以下有期徒刑，并处罚金。	第一百六十五条　国有公司、企业的董事、**监事、高级管理人员**，利用职务便利，自己经营或者为他人经营与其所任职公司、企业同类的营业，获取非法利益，数额巨大的，处三年以下有期徒刑或者拘役，并处或者单处罚金；数额特别巨大的，处三年以上七年以下有期徒刑，并处罚金。 **其他公司、企业的董事、监事、高**

续表

修改前的法律条文	修改后的法律条文
	级管理人员违反法律、行政法规规定，实施前款行为，致使公司、企业利益遭受重大损失的，依照前款的规定处罚。
第一百六十六条　国有公司、企业、事业单位的工作人员，利用职务便利，有下列情形之一，使国家利益遭受重大损失的，处三年以下有期徒刑或者拘役，并处或者单处罚金；致使国家利益遭受特别重大损失的，处三年以上七年以下有期徒刑，并处罚金： （一）将本单位的盈利业务交由自己的亲友进行经营的； （二）以明显高于市场的价格向自己的亲友经营管理的单位采购商品或者以明显低于市场的价格向自己的亲友经营管理的单位销售商品的； （三）向自己的亲友经营管理的单位采购不合格商品的。	第一百六十六条　国有公司、企业、事业单位的工作人员，利用职务便利，有下列情形之一，**致**使国家利益遭受重大损失的，处三年以下有期徒刑或者拘役，并处或者单处罚金；致使国家利益遭受特别重大损失的，处三年以上七年以下有期徒刑，并处罚金： （一）将本单位的盈利业务交由自己的亲友进行经营的； （二）以明显高于市场的价格**从**自己的亲友经营管理的单位采购商品、**接受服务**或者以明显低于市场的价格向自己的亲友经营管理的单位销售商品、**提供服务**的； （三）**从**自己的亲友经营管理的单位采购、**接受**不合格商品、**服务**的。 **其他公司、企业的工作人员违反法律、行政法规规定，实施前款行为，致使公司、企业利益遭受重大损失的，依照前款的规定处罚。**
第一百六十九条　国有公司、企业或者其上级主管部门直接负责的主管人员，徇私舞弊，将国有资产低价折股或者低价出售，致使国家利益遭受重大损失的，处三年以下有期徒刑或者拘役；致使国家利益遭受特别重大损失的，处三年以上七年以下有期徒刑。	第一百六十九条　国有公司、企业或者其上级主管部门直接负责的主管人员，徇私舞弊，将国有资产低价折股或者低价出售，致使国家利益遭受重大损失的，处三年以下有期徒刑或者拘役；致使国家利益遭受特别重大损失的，处三年以上七年以下有期徒刑。

续表

修改前的法律条文	修改后的法律条文
	其他公司、企业直接负责的主管人员，徇私舞弊，将公司、企业资产低价折股或者低价出售，致使公司、企业利益遭受重大损失的，依照前款的规定处罚。
第三百八十七条　国家机关、国有公司、企业、事业单位、人民团体，索取、非法收受他人财物，为他人谋取利益，情节严重的，对单位判处罚金，并对其直接负责的主管人员和其他直接责任人员，处**五**年以下有期徒刑或者拘役。 前款所列单位，在经济往来中，在帐外暗中收受各种名义的回扣、手续费的，以受贿论，依照前款的规定处罚。	第三百八十七条　国家机关、国有公司、企业、事业单位、人民团体，索取、非法收受他人财物，为他人谋取利益，情节严重的，对单位判处罚金，并对其直接负责的主管人员和其他直接责任人员，处三年以下有期徒刑或者拘役；**情节特别严重的，处三年以上十年以下有期徒刑。** 前款所列单位，在经济往来中，在帐外暗中收受各种名义的回扣、手续费的，以受贿论，依照前款的规定处罚。
第三百九十条　对犯行贿罪的，处**五**年以下有期徒刑或者拘役，并处罚金；因行贿谋取不正当利益，情节严重的，或者使国家利益遭受重大损失的，处**五**年以上十年以下有期徒刑，并处罚金；情节特别严重的，或者使国家利益遭受特别重大损失的，处十年以上有期徒刑或者无期徒刑，并处罚金或者没收财产。 行贿人在被追诉前主动交待行贿行为的，可以从轻或者减轻处罚。其中，犯罪较轻的，对**侦破**重大案件起关键作用的，或者有重大立功表现的，可以减轻或者免除处罚。	第三百九十条　对犯行贿罪的，处三年以下有期徒刑或者拘役，并处罚金；因行贿谋取不正当利益，情节严重的，或者使国家利益遭受重大损失的，处三年以上十年以下有期徒刑，并处罚金；情节特别严重的，或者使国家利益遭受特别重大损失的，处十年以上有期徒刑或者无期徒刑，并处罚金或者没收财产。 **有下列情形之一的，从重处罚：** **（一）多次行贿或者向多人行贿的；** **（二）国家工作人员行贿的；** **（三）在国家重点工程、重大项目中行贿的；**

续表

修改前的法律条文	修改后的法律条文
	（四）为谋取职务、职级晋升、调整行贿的； **（五）对监察、行政执法、司法工作人员行贿的；** **（六）在生态环境、财政金融、安全生产、食品药品、防灾救灾、社会保障、教育、医疗等领域行贿，实施违法犯罪活动的；** **（七）将违法所得用于行贿的。** 行贿人在被追诉前主动交待行贿行为的，可以从轻或者减轻处罚。其中，犯罪较轻的，对**调查突破**、侦破重大案件起关键作用的，或者有重大立功表现的，可以减轻或者免除处罚。
第三百九十一条　为谋取不正当利益，给予国家机关、国有公司、企业、事业单位、人民团体以财物的，或者在经济往来中，违反国家规定，给予各种名义的回扣、手续费的，处三年以下有期徒刑或者拘役，并处罚金。 单位犯前款罪的，对单位判处罚金，并对其直接负责的主管人员和其他直接责任人员，依照前款的规定处罚。	第三百九十一条　为谋取不正当利益，给予国家机关、国有公司、企业、事业单位、人民团体以财物的，或者在经济往来中，违反国家规定，给予各种名义的回扣、手续费的，处三年以下有期徒刑或者拘役，并处罚金**；情节严重的，处三年以上七年以下有期徒刑，并处罚金**。 单位犯前款罪的，对单位判处罚金，并对其直接负责的主管人员和其他直接责任人员，依照前款的规定处罚。
第三百九十三条　单位为谋取不正当利益而行贿，或者违反国家规定，给予国家工作人员以回扣、手续费，情节严重的，对单位判处罚金，并对其直接负责的主管人员和其他直接责任人员，处**五**年以下有期徒	第三百九十三条　单位为谋取不正当利益而行贿，或者违反国家规定，给予国家工作人员以回扣、手续费，情节严重的，对单位判处罚金，并对其直接负责的主管人员和其他直接责任人员，处**三**年以下

续表

修改前的法律条文	修改后的法律条文
刑或者拘役,并处罚金。因行贿取得的违法所得归个人所有的,依照本法第三百八十九条、第三百九十条的规定定罪处罚。	有期徒刑或者拘役,并处罚金;**情节特别严重的,处三年以上十年以下有期徒刑,并处罚金**。因行贿取得的违法所得归个人所有的,依照本法第三百八十九条、第三百九十条的规定定罪处罚。

附录三

《刑法》相关司法解释、司法业务文件汇总

一、总　　则

1. 刑法的适用范围

最高人民法院关于适用刑法时间效力规定若干问题的解释(1997.9.25)

最高人民检察院关于检察工作中具体适用修订刑法第十二条若干问题的通知(1997.10.6)

最高人民法院关于适用刑法第十二条几个问题的解释(1997.12.31)

最高人民检察院关于对跨越修订刑法施行日期的继续犯罪、连续犯罪以及其他同种数罪应如何具体适用刑法问题的批复(1998.12.2)

最高人民检察院关于《全国人民代表大会常务委员会关于〈中华人民共和国刑法〉第九十三条第二款的解释》的时间效力的批复(2000.6.29)

最高人民法院、最高人民检察院关于适用刑事司法解释时间效力问题的规定(2001.12.7)

最高人民法院关于《中华人民共和国刑法修正案(八)》时间效力问题的解释(2011.4.25)

最高人民法院关于《中华人民共和国刑法修正案(九)》时间效力问题的解释(2015.10.29)

2. 犯罪

(1)刑事责任

最高人民检察院关于已满十四周岁不满十六周岁的人承担刑事责任范围问题的复函(2002.8.9)

最高人民检察院法律政策研究室关于相对刑事责任年龄的人承担刑事责任范围有关问题的答复(2003.4.18)

最高人民法院关于审理未成年人刑事案件具体应用法律若干问题的解释(2006.1.11)

最高人民法院、最高人民检察院、公安部关于依法适用正当防卫制度的指导意见(2020.8.28)

(2)单位犯罪

最高人民法院关于在审理经济纠纷案件中涉及经济犯罪嫌疑若干问题的规定(1998.4.21)

最高人民法院关于审理单位犯罪案件具体应用法律有关问题的解释(1999.6.25)

最高人民法院关于审理单位犯罪案件对其直接负责的主管人员和其他直接责任人员是否区分主犯、从犯问题的批复(2000.9.30)

最高人民检察院关于涉嫌犯罪单位被撤销、注销、吊销营业执照或者宣告破产的应如何进行追诉问题的批复(2002.7.9)

最高人民法院研究室关于外国公司、企业、事业单位在我国领域内犯罪如何适用法律问题的答复(2003.10.15)

3. 刑罚

(1)主刑

最高人民法院关于对怀孕妇女在羁押期间自然流产审判时是否可以适用死刑问题的批复(1998.8.7)

最高人民法院关于刑事裁判文书中刑期起止日期如何表述问题的批复(2000.2.29)

最高人民法院关于统一行使死刑案件核准权有关问题的决定(2006.12.28)

最高人民法院关于死刑缓期执行限制减刑案件审理程序若干问题的规定(2011.4.25)

最高人民法院、最高人民检察院、公安部、司法部关于对判处管制、宣告缓刑的犯罪分子适用禁止令有关问题的规定(试行)(2011.4.28)

(2)附加刑

最高人民法院关于对故意伤害、盗窃等严重破坏社会秩序的犯罪分子能否附

加剥夺政治权利问题的批复(1997.12.31)

最高人民法院关于适用财产刑若干问题的规定(2000.12.13)

最高人民法院研究室关于如何理解“在法定刑以下判处刑罚”问题的答复(2012.5.30)

4. 刑罚的具体运用

(1)量刑

最高人民法院关于贯彻宽严相济刑事政策的若干意见(2010.2.8)

最高人民法院关于在审判执行工作中切实规范自由裁量权行使保障法律统一适用的指导意见(2012.2.28)

最高人民法院关于适用刑法第六十四条有关问题的批复(2013.10.21)

最高人民法院、最高人民检察院、公安部、国家安全部、司法部关于规范量刑程序若干问题的意见(2020.11.6)

最高人民法院、最高人民检察院关于常见犯罪的量刑指导意见(2021.6.16)

最高人民法院、最高人民检察院关于常见犯罪的量刑指导意见(二)(试行)(2024.6.25)

(2)自首和立功

最高人民法院关于处理自首和立功具体应用法律若干问题的解释(1998.4.17)

最高人民法院关于被告人对行为性质的辩解是否影响自首成立问题的批复(2004.3.26)

最高人民法院、最高人民检察院关于办理职务犯罪案件认定自首、立功等量刑情节若干问题的意见(2009.3.12)

最高人民法院关于处理自首和立功若干具体问题的意见(2010.12.22)

(3)数罪并罚

最高人民法院关于在执行附加刑剥夺政治权利期间犯新罪应如何处理的批复(2009.5.25)

最高人民法院关于罪犯因漏罪、新罪数罪并罚时原减刑裁定应如何处理的意见(2012.1.18)

(4)缓刑

最高人民检察院法律政策研究室关于对数罪并罚决定执行刑期为三年以下有期徒刑的犯罪分子能否适用缓刑问题的复函(1998.9.17)

最高人民法院关于撤销缓刑时罪犯在宣告缓刑前羁押的时间能否折抵刑期问题的批复(2002.4.10)

最高人民法院、最高人民检察院关于办理职务犯罪案件严格适用缓刑、免予刑事处罚若干问题的意见(2012.8.8)

最高人民法院、最高人民检察院关于缓刑犯在考验期满后五年内再犯应当判处有期徒刑以上刑罚之罪应否认定为累犯问题的批复(2020.1.17)

(5)减刑、假释

最高人民法院研究室关于假释时间效力法律适用问题的答复(2011.7.15)

最高人民法院关于执行《关于办理减刑、假释案件具体应用法律若干问题的规定》有关问题的通知(2013.9.11)

最高人民法院关于减刑、假释案件审理程序的规定(2014.4.23)

人民检察院办理减刑、假释案件规定(2014.8.1)

监狱提请减刑假释工作程序规定(2014.10.11 修订)

最高人民法院关于办理减刑、假释案件具体应用法律的规定(2016.11.14)

最高人民法院关于办理减刑、假释案件具体应用法律的补充规定(2019.4.24)

二、分　　则

1. 罪名

最高人民法院关于执行《中华人民共和国刑法》确定罪名的规定(1997.12.11)

最高人民检察院关于适用刑法分则规定的犯罪的罪名的意见(根据历次补充规定修正)

最高人民法院、最高人民检察院关于执行《中华人民共和国刑法》确定罪名的补充规定(2002.3.15)

最高人民法院、最高人民检察院关于执行《中华人民共和国刑法》确定罪名的补充规定(二)(2003.8.15)

最高人民法院、最高人民检察院关于执行《中华人民共和国刑法》确定罪名的补充规定(三)(2007.10.25)

最高人民法院、最高人民检察院关于执行《中华人民共和国刑法》确定罪名的补充规定(四)(2009.10.14)

最高人民法院、最高人民检察院关于执行《中华人民共和国刑法》确定罪名的补充规定(五)(2011.4.27)

最高人民法院、最高人民检察院关于执行《中华人民共和国刑法》确定罪名的补充规定(六)(2015.10.30)

最高人民法院、最高人民检察院关于执行《中华人民共和国刑法》确定罪名的补充规定(七)(2021.2.26)

最高人民法院、最高人民检察院关于执行《中华人民共和国刑法》确定罪名的补充规定(八)(2024.1.30)

2. 立案标准

最高人民检察院关于人民检察院直接受理立案侦查案件立案标准的规定(试行)(1999.9.9)

人民检察院直接受理立案侦查的渎职侵权重特大案件标准(试行)(2001.7.20)

最高人民检察院关于渎职侵权犯罪案件立案标准的规定(2006.7.26)

最高人民检察院、公安部关于公安机关管辖的刑事案件立案追诉标准的规定(一)(2008.6.25)

最高人民检察院、公安部关于公安机关管辖的刑事案件立案追诉标准的规定(二)(2020.9.7 修正)

最高人民检察院、公安部关于公安机关管辖的刑事案件立案追诉标准的规定(二)的补充规定(2011.11.21)

最高人民检察院、公安部关于公安机关管辖的刑事案件立案追诉标准的规定(三)(2012.5.16)

公安部关于妨害国(边)境管理犯罪案件立案标准及有关问题的通知(2000.3.31)

狱内刑事案件立案标准(2001.3.9)

军人违反职责罪案件立案标准的规定(2013.2.26)

3. 危害国家安全罪

最高人民法院关于审理为境外窃取、刺探、收买、非法提供国家秘密、情报案件具体应用法律若干问题的解释(2001.1.17)

4. 危害公共安全罪

最高人民检察院关于将公务用枪用作借债质押的行为如何适用法律问题的批复(1998.11.3)

最高人民法院关于审理交通肇事刑事案件具体应用法律若干问题的解释(2000.11.15)

最高人民法院、最高人民检察院关于办理非法制造、买卖、运输、储存毒鼠强等禁用剧毒化学品刑事案件具体应用法律若干问题的解释(2003.9.4)

最高人民法院关于审理破坏公用电信设施刑事案件具体应用法律若干问题的解释(2004.12.30)

最高人民法院、最高人民检察院关于办理盗窃油气、破坏油气设备等刑事案件具体应用法律若干问题的解释(2007.1.15)

最高人民法院关于审理破坏电力设备刑事案件具体应用法律若干问题的解释(2007.8.15)

最高人民法院关于醉酒驾车犯罪法律适用问题的意见(2009.9.11)

最高人民法院关于审理非法制造、买卖、运输枪支、弹药、爆炸物等刑事案件具体应用法律若干问题的解释(2009.11.16 修正)

最高人民法院关于审理破坏广播电视设施等刑事案件具体应用法律若干问题的解释(2011.6.7)

最高人民法院关于进一步加强危害生产安全刑事案件审判工作的意见(2011.12.30)

最高人民法院、最高人民检察院、公安部、司法部关于办理醉酒危险驾驶刑事案件的意见(2023.12.13)

最高人民法院、最高人民检察院关于办理危害生产安全刑事案件适用法律若干问题的解释(2015.12.14)

最高人民法院、最高人民检察院关于办理危害生产安全刑事案件适用法律若干问题的解释(二)(2022.12.25)

最高人民法院、最高人民检察院、公安部关于办理盗窃油气、破坏油气设备等刑事案件适用法律若干问题的意见(2018.9.28)

最高人民法院、最高人民检察院、公安部、司法部关于办理恐怖活动和极端主义犯罪案件适用法律若干问题的意见(2018.3.16)

最高人民法院、最高人民检察院、公安部关于依法惩治妨害公共交通工具安

全驾驶违法犯罪行为的指导意见(2019.1.8)

最高人民法院、最高人民检察院、公安部、司法部关于依法惩治妨害新型冠状病毒感染肺炎疫情防控违法犯罪的意见(2020.2.6)

最高人民法院、最高人民检察院、公安部关于办理涉窨井盖相关刑事案件的指导意见(2020.3.16)

5. 破坏社会主义市场经济秩序罪

(1)生产、销售伪劣商品罪

最高人民法院、最高人民检察院关于办理生产、销售伪劣商品刑事案件具体应用法律若干问题的解释(2001.4.9)

最高人民法院、最高人民检察院关于办理非法生产、销售、使用禁止在饲料和动物饮用水中使用的药品等刑事案件具体应用法律若干问题的解释(2002.8.16)

最高人民法院、最高人民检察院、公安部、国家烟草专卖局关于办理假冒伪劣烟草制品等刑事案件适用法律问题座谈会纪要(2003.12.23)

最高人民法院、最高人民检察院、公安部关于依法严惩"地沟油"犯罪活动的通知(2012.1.9)

最高人民法院、最高人民检察院关于办理危害食品安全刑事案件适用法律若干问题的解释(2021.12.30)

最高人民法院、最高人民检察院关于办理危害药品安全刑事案件适用法律若干问题的解释(2022.3.3)

(2)走私罪

最高人民检察院关于擅自销售进料加工保税货物的行为法律适用问题的解释(2000.10.16)

最高人民法院、最高人民检察院、海关总署关于办理走私刑事案件适用法律若干问题的意见(2002.7.8)

最高人民法院关于严格执行有关走私案件涉案财物处理规定的通知(2006.4.30)

最高人民法院关于审理走私犯罪案件适用法律有关问题的通知(2011.4.26)

最高人民法院、最高人民检察院关于办理走私刑事案件适用法律若干问题的解释(2014.8.12)

(3)妨害对公司、企业的管理秩序罪

最高人民检察院法律政策研究室关于中国农业发展银行及其分支机构的工作人员法律适用问题的答复(2002.9.23)

最高人民法院关于如何认定国有控股、参股股份有限公司中的国有公司、企业人员的解释(2005.8.1)

最高人民法院、最高人民检察院关于办理国家出资企业中职务犯罪案件具体应用法律若干问题的意见(2010.11.26)

最高人民检察院、公安部关于严格依法办理虚报注册资本和虚假出资抽逃出资刑事案件的通知(2014.5.20)

(4)破坏金融管理秩序罪

最高人民法院关于审理骗购外汇、非法买卖外汇刑事案件具体应用法律若干问题的解释(1998.8.28)

最高人民法院、最高人民检察院、公安部办理骗汇、逃汇犯罪案件联席会议纪要(1999.6.7)

最高人民法院关于农村合作基金会从业人员犯罪如何定性问题的批复(2000.5.8)

最高人民法院关于审理伪造货币等案件具体应用法律若干问题的解释(2000.9.8)

最高人民法院关于审理伪造货币等案件具体应用法律若干问题的解释(二)(2010.10.20)

全国法院审理金融犯罪案件工作座谈会纪要(2001.1.21)

最高人民法院、最高人民检察院关于办理洗钱刑事案件适用法律若干问题的解释(2024.8.20)

最高人民法院、最高人民检察院关于办理妨害信用卡管理刑事案件具体应用法律若干问题的解释(2018.11.28修正)

最高人民法院研究室关于信用卡犯罪法律适用若干问题的复函(2010.7.5)

最高人民法院关于审理非法集资刑事案件具体应用法律若干问题的解释(2022.2.23修正)

最高人民法院关于非法集资刑事案件性质认定问题的通知(2011.8.18)

最高人民法院、最高人民检察院关于办理内幕交易、泄露内幕信息刑事案件具体应用法律若干问题的解释(2012.3.29)

最高人民法院、最高人民检察院、公安部关于办理非法集资刑事案件适用法律若干问题的意见(2014.3.25)

(5)金融诈骗罪

最高人民检察院法律政策研究室关于保险诈骗未遂能否按犯罪处理问题的答复(1998.11.27)

最高人民检察院关于拾得他人信用卡并在自动柜员机(ATM 机)上使用的行为如何定性问题的批复(2008.4.18)

(6)危害税收征管罪

最高人民法院、最高人民检察院关于办理危害税收征管刑事案件适用法律若干问题的解释(2024.3.15)

最高人民检察院法律政策研究室关于税务机关工作人员通过企业以“高开低征”的方法代开增值税专用发票的行为如何适用法律问题的答复(2004.3.17)

(7)侵犯知识产权罪

最高人民法院关于审理非法出版物刑事案件具体应用法律若干问题的解释(1998.12.17)

最高人民法院、最高人民检察院关于办理侵犯知识产权刑事案件具体应用法律若干问题的解释(2004.12.8)

最高人民法院、最高人民检察院关于办理侵犯知识产权刑事案件具体应用法律若干问题的解释(二)(2007.4.5)

最高人民法院、最高人民检察院关于办理侵犯知识产权刑事案件具体应用法律若干问题的解释(三)(2020.9.12)

最高人民法院、最高人民检察院关于办理侵犯著作权刑事案件中涉及录音录像制品有关问题的批复(2005.10.13)

最高人民法院、最高人民检察院、公安部关于办理侵犯知识产权刑事案件适用法律若干问题的意见(2011.1.10)

(8)扰乱市场秩序罪

最高人民法院关于审理倒卖车票刑事案件有关问题的解释(1999.9.6)

最高人民法院关于审理扰乱电信市场管理秩序案件具体应用法律若干问题的解释(2000.5.12)

最高人民法院关于对变造、倒卖变造邮票行为如何适用法律问题的解释

(2000.12.5)

最高人民检察院关于非法经营国际或港澳台地区电信业务行为法律适用问题的批复(2002.2.6)

最高人民检察院关于公证员出具公证书有重大失实行为如何适用法律问题的批复(2009.1.7)

最高人民法院、最高人民检察院关于办理非法生产、销售烟草专卖品等刑事案件具体应用法律若干问题的解释(2010.3.2)

最高人民法院、最高人民检察院、公安部关于办理组织领导传销活动刑事案件适用法律若干问题的意见(2013.11.25)

最高人民法院、最高人民检察院、公安部、国家安全部关于依法办理非法生产销售使用"伪基站"设备案件的意见(2014.3.14)

最高人民检察院关于强迫借贷行为适用法律问题的批复(2014.4.17)

最高人民检察院关于地质工程勘测院和其他履行勘测职责的单位及其工作人员能否成为刑法第二百二十九条规定的有关犯罪主体的批复(2015.10.27)

6.侵犯公民人身权利、民主权利罪

最高人民检察院法律政策研究室关于以出卖为目的的倒卖外国妇女的行为是否构成拐卖妇女罪的答复(1998.12.24)

最高人民法院关于审理拐卖妇女案件适用法律有关问题的解释(2000.1.3)

公安部关于打击拐卖妇女儿童犯罪适用法律和政策有关问题的意见(2000.3.17)

最高人民法院关于对为索取法律不予保护的债务非法拘禁他人的行为如何定罪问题的解释(2000.7.13)

最高人民法院关于对在绑架过程中以暴力、胁迫等手段当场劫取被害人财物的行为如何适用法律问题的答复(2001.11.8)

最高人民法院、最高人民检察院、公安部、司法部关于依法惩治拐卖妇女儿童犯罪的意见(2010.3.15)

最高人民法院、最高人民检察院、公安部关于依法惩处侵害公民个人信息犯罪活动的通知(2013.4.23)

最高人民法院、最高人民检察院关于办理利用信息网络实施诽谤等刑事案件

适用法律若干问题的解释(2013.9.6)

最高人民法院、最高人民检察院、公安部、司法部关于办理性侵害未成年人刑事案件的意见(2023.11.30)

最高人民法院、最高人民检察院、公安部、司法部、国家卫生和计划生育委员会关于依法惩处涉医违法犯罪维护正常医疗秩序的意见(2014.4.22)

最高人民检察院关于强制隔离戒毒所工作人员能否成为虐待被监管人罪主体问题的批复(2015.2.15)

最高人民法院、最高人民检察院、公安部、司法部关于依法办理家庭暴力犯罪案件的意见(2015.3.2)

最高人民法院关于审理拐卖妇女儿童犯罪案件具体应用法律若干问题的解释(2016.12.21)

最高人民法院、最高人民检察院关于办理侵犯公民个人信息刑事案件适用法律若干问题的解释(2017.5.8)

最高人民法院、最高人民检察院关于办理扰乱无线电通讯管理秩序等刑事案件适用法律若干问题的解释(2017.6.27)

最高人民法院、最高人民检察院关于办理强奸、猥亵未成年人刑事案件适用法律若干问题的解释(2023.5.24)

7. 侵犯财产罪

最高人民法院、最高人民检察院、公安部、国家工商行政管理局关于依法查处盗窃、抢劫机动车案件的规定(1998.5.8)

最高人民法院关于村民小组组长利用职务便利非法占有公共财物行为如何定性问题的批复(1999.6.25)

最高人民法院关于对受委托管理、经营国有财产人员挪用国有资金行为如何定罪问题的批复(2000.2.16)

最高人民法院关于审理抢劫案件具体应用法律若干问题的解释(2000.11.22)

最高人民法院关于如何理解刑法第二百七十二条规定的"挪用本单位资金归个人使用或者借贷给他人"问题的批复(2000.7.20)

最高人民检察院关于挪用尚未注册成立公司资金的行为适用法律问题的批复(2000.10.9)

最高人民法院关于在国有资本控股、参股的股份有限公司中从事管理工作的人员利用职务便利非法占有本公司财物如何定罪问题的批复(2001.5.23)

最高人民法院关于抢劫过程中故意杀人案件如何定罪问题的批复(2001.5.23)

最高人民检察院关于单位有关人员组织实施盗窃行为如何适用法律问题的批复(2002.8.9)

最高人民检察院法律政策研究室关于通过伪造证据骗取法院民事裁判占有他人财物的行为如何适用法律问题的答复(2002.9.25)

最高人民检察院关于挪用失业保险基金和下岗职工基本生活保障资金的行为适用法律问题的批复(2003.1.28)

最高人民法院关于审理抢劫、抢夺刑事案件适用法律若干问题的意见(2005.6.8)

最高人民法院、最高人民检察院关于办理与盗窃、抢劫、诈骗、抢夺机动车相关刑事案件具体应用法律若干问题的解释(2007.5.9)

最高人民法院、最高人民检察院关于办理诈骗刑事案件具体应用法律若干问题的解释(2011.3.1)

最高人民法院关于审理拒不支付劳动报酬刑事案件适用法律若干问题的解释(2013.1.16)

最高人民法院、最高人民检察院关于办理盗窃刑事案件适用法律若干问题的解释(2013.4.2)

最高人民法院、最高人民检察院关于办理敲诈勒索刑事案件适用法律若干问题的解释(2013.4.23)

最高人民法院、最高人民检察院关于办理抢夺刑事案件适用法律若干问题的解释(2013.11.11)

最高人民法院关于审理抢劫刑事案件适用法律若干问题的指导意见(2016.1.6)

最高人民法院、最高人民检察院、公安部关于办理电信网络诈骗等刑事案件适用法律若干问题的意见(2016.12.19)

最高人民法院、最高人民检察院、公安部关于办理电信网络诈骗案刑事案件适用法律若干问题的意见(二)(2021.6.17)

8. 妨害社会管理秩序罪

(1)扰乱公共秩序罪

最高人民检察院法律政策研究室关于买卖伪造的国家机关证件行为是否构成犯罪问题的答复(1999.6.21)

最高人民检察院关于以暴力威胁方法阻碍事业编制人员依法执行行政执法职务是否可对侵害人以妨害公务罪论处的批复(2000.4.24)

最高人民法院关于审理黑社会性质组织犯罪的案件具体应用法律若干问题的解释(2000.12.5)

最高人民法院、最高人民检察院关于办理伪造、贩卖伪造的高等院校学历、学位证明刑事案件如何适用法律问题的解释(2001.7.3)

最高人民检察院法律政策研究室关于买卖尚未加盖印章的空白《边境证》行为如何适用法律问题的答复(2002.9.25)

最高人民检察院法律政策研究室关于伪造、变造、买卖政府设立的临时性机构的公文、证件、印章行为如何适用法律问题的答复(2003.6.3)

最高人民法院研究室关于对参加聚众斗殴受重伤或者死亡的人及其家属提出的民事赔偿请求能否予以支持问题的答复(2004.11.11)

最高人民法院、最高人民检察院关于办理赌博刑事案件具体应用法律若干问题的解释(2005.5.11)

最高人民法院、最高人民检察院、公安部办理黑社会性质组织犯罪案件座谈会纪要(2009.12.15)

最高人民法院、最高人民检察院、公安部关于办理网络赌博犯罪案件适用法律若干问题的意见(2010.8.31)

最高人民法院、最高人民检察院、公安部关于办理利用赌博机开设赌场案件适用法律若干问题的意见(2014.3.26)

最高人民法院、最高人民检察院关于办理危害计算机信息系统安全刑事案件应用法律若干问题的解释(2011.8.1)

最高人民法院、最高人民检察院关于办理寻衅滋事刑事案件适用法律若干问题的解释(2013.7.15)

最高人民法院关于审理编造、故意传播虚假恐怖信息刑事案件适用法律若干问题的解释(2013.9.18)

最高人民法院、最高人民检察院关于办理组织、利用邪教组织破坏法律实施

等刑事案件适用法律若干问题的解释(2017.1.25)

最高人民法院、最高人民检察院关于办理扰乱无线电通讯管理秩序等刑事案件适用法律若干问题的解释(2017.6.27)

最高人民法院、最高人民检察院关于办理组织考试作弊等刑事案件适用法律若干问题的解释(2019.9.2)

最高人民法院、最高人民检察院关于办理非法利用信息网络、帮助信息网络犯罪活动等刑事案件适用法律若干问题的解释(2019.10.21)

最高人民法院、最高人民检察院关于办理袭警刑事案件适用法律若干问题的解释(2025.1.15)

(2)妨害司法罪

最高人民法院研究室关于拒不执行人民法院调解书的行为是否构成拒不执行判决、裁定罪的答复(2000.12.14)

最高人民法院、最高人民检察院、公安部关于依法严肃查处拒不执行判决、裁定和暴力抗拒法院执行犯罪行为有关问题的通知(2007.8.30)

最高人民法院、最高人民检察院关于办理掩饰、隐瞒犯罪所得、犯罪所得收益刑事案件适用法律若干问题的解释(2025.8.25)

最高人民法院、最高人民检察院关于办理拒不执行判决、裁定刑事案件适用法律若干问题的解释(2024.10.30)

(3)妨害国(边)境管理罪

最高人民法院、最高人民检察院关于办理妨害国(边)境管理刑事案件应用法律若干问题的解释(2012.12.12)

(4)妨害文物管理罪

最高人民法院、最高人民检察院关于办理妨害文物管理等刑事案件适用法律若干问题的解释(2015.12.30)

(5)危害公共卫生罪

最高人民法院、最高人民检察院关于办理妨害预防、控制突发传染病疫情等灾害的刑事案件具体应用法律若干问题的解释(2003.5.14)

最高人民法院、最高人民检察院关于办理非法采供血液等刑事案件具体应用法律若干问题的解释(2008.9.22)

最高人民法院关于审理非法行医刑事案件具体应用法律若干问题的解释(2016.12.16修正)

最高人民法院、最高人民检察院、公安部等关于进一步加强国境卫生检疫工作　依法惩治妨害国境卫生检疫违法犯罪的意见(2020.3.13)

(6)破坏环境资源保护罪

最高人民法院关于审理破坏土地资源刑事案件具体应用法律若干问题的解释(2000.6.19)

最高人民法院关于审理破坏森林资源刑事案件适用法律若干问题的解释(2023.8.13)

最高人民法院关于审理破坏野生动物资源刑事案件具体应用法律若干问题的解释(2000.11.27)

最高人民法院关于在林木采伐许可证规定的地点以外采伐本单位或者本人所有的森林或者其他林木的行为如何适用法律问题的批复(2004.3.26)

最高人民法院、最高人民检察院、国家林业局、公安部、海关总署关于破坏野生动物资源刑事案件中涉及的 CITES 附录Ⅰ和附录Ⅱ所列陆生野生动物制品价值核定问题的通知(2012.9.17)

最高人民法院关于审理破坏草原资源刑事案件应用法律若干问题的解释(2012.11.2)

最高人民法院、最高人民检察院关于办理非法采矿、破坏性采矿刑事案件适用法律若干问题的解释(2016.11.28)

最高人民法院、最高人民检察院关于办理环境污染刑事案件适用法律若干问题的解释(2023.8.8)

最高人民法院、最高人民检察院关于适用《中华人民共和国刑法》第三百四十四条有关问题的批复(2020.3.19)

(7)走私、贩卖、运输、制造毒品罪

最高人民检察院法律政策研究室关于安定注射液是否属于刑法第三百五十五条规定的精神药品问题的答复(2002.10.24)

最高人民法院、最高人民检察院、公安部办理毒品犯罪案件适用法律若干问题的意见(2007.11.8)

最高人民法院、最高人民检察院、公安部关于办理制毒物品犯罪案件适用法律若干问题的意见(2009.6.23)

最高人民法院、最高人民检察院、公安部关于办理走私、非法买卖麻黄碱类复方制剂等刑事案件适用法律若干问题的意见(2012.6.18)

最高人民法院、最高人民检察院、公安部、农业部、国家食品药品监督管理总局关于进一步加强麻黄草管理严厉打击非法买卖麻黄草等违法犯罪活动的通知(2013.5.21)

最高人民法院、最高人民检察院、公安部关于规范毒品名称表述若干问题的意见(2014.8.20)

最高人民法院、最高人民检察院、公安部关于办理邻氯苯基环戊酮等三种制毒物品犯罪案件定罪量刑数量标准的通知(2014.9.5)

全国法院毒品犯罪审判工作会议纪要(2023.6.26)

最高人民法院关于审理毒品犯罪案件适用法律若干问题的解释(2016.4.6)

(8)组织、强迫、引诱、容留、介绍卖淫罪

最高人民法院、最高人民检察院关于办理组织、强迫、引诱、容留、介绍卖淫刑事案件适用法律若干问题的解释(2017.7.21)

(9)制作、贩卖、传播淫秽物品罪

最高人民法院、最高人民检察院关于办理利用互联网、移动通讯终端、声讯台制作、复制、出版、贩卖、传播淫秽电子信息刑事案件具体应用法律若干问题的解释(2004.9.3)

最高人民法院、最高人民检察院关于办理利用互联网、移动通讯终端、声讯台制作、复制、出版、贩卖、传播淫秽电子信息刑事案件具体应用法律若干问题的解释(二)(2010.2.2)

9. 危害国防利益罪

最高人民法院关于审理危害军事通信刑事案件具体应用法律若干问题的解释(2007.6.26)

最高人民法院、最高人民检察院关于办理妨害武装部队制式服装、车辆号牌管理秩序等刑事案件具体应用法律若干问题的解释(2011.7.20)

10. 贪污贿赂罪

最高人民检察院关于挪用国库券如何定性问题的批复(1997.10.13)

最高人民法院关于审理挪用公款案件具体应用法律若干问题的解释(1998.4.29)

最高人民检察院关于国家工作人员挪用非特定公物能否定罪的请示的批复

(2000.3.15)

最高人民法院关于审理贪污、职务侵占案件如何认定共同犯罪几个问题的解释(2000.6.30)

最高人民法院关于国家工作人员利用职务上的便利为他人谋取利益离退休后收受财物行为如何处理问题的批复(2000.7.13)

最高人民检察院关于佛教协会工作人员能否构成受贿罪或者公司、企业人员受贿罪主体问题的答复(2003.1.13)

最高人民检察院法律政策研究室关于集体性质的乡镇卫生院院长利用职务之便收受他人财物的行为如何适用法律问题的答复(2003.4.2)

最高人民法院关于挪用公款犯罪如何计算追诉期限问题的批复(2003.9.22)

全国法院审理经济犯罪案件工作座谈会纪要(2003.11.13)

最高人民法院研究室关于对行为人通过伪造国家机关公文、证件担任国家工作人员职务并利用职务上的便利侵占本单位财物、收受贿赂、挪用本单位资金等行为如何适用法律问题的答复(2004.3.20)

最高人民检察院法律政策研究室关于国家机关、国有公司、企业委派到非国有公司、企业从事公务但尚未依照规定程序获取该单位职务的人员是否适用刑法第九十三条第二款问题的答复(2004.11.3)

最高人民检察院法律政策研究室关于国有单位的内设机构能否构成单位受贿罪主体问题的答复(2006.9.12)

最高人民法院、最高人民检察院关于办理受贿刑事案件适用法律若干问题的意见(2007.7.8)

最高人民法院、最高人民检察院关于办理商业贿赂刑事案件适用法律若干问题的意见(2008.11.20)

最高人民法院、最高人民检察院关于办理国家出资企业中职务犯罪案件具体应用法律若干问题的意见(2010.11.26)

最高人民法院、最高人民检察院关于办理行贿刑事案件具体应用法律若干问题的解释(2012.12.26)

最高人民法院、最高人民检察院关于办理贪污贿赂刑事案件适用法律若干问题的解释(2016.4.18)

最高人民检察院关于贪污养老、医疗等社会保险基金能否适用《最高人民法院、最高人民检察院关于办理贪污贿赂刑事案件适用法律若干问题的解

释》第一条第二款第一项规定的批复(2017.7.26)

11. 渎职罪

最高人民检察院关于镇财政所所长是否适用国家机关工作人员的批复(2000.5.4)

最高人民法院关于未被公安机关正式录用的人员狱医能否构成失职致使在押人员脱逃罪主体问题的批复(2000.9.19)

最高人民检察院关于合同制民警能否成为玩忽职守罪主体问题的批复(2000.10.9)

最高人民检察院关于属工人编制的乡(镇)工商所所长能否依照刑法第397条的规定追究刑事责任问题的批复(2000.10.31)

最高人民检察院关于工人等非监管机关在编监管人员私放在押人员行为和失职致使在押人员脱逃行为适用法律问题的解释(2001.3.2)

最高人民检察院关于企业事业单位的公安机构在机构改革过程中其工作人员能否构成渎职侵权犯罪主体问题的批复(2002.4.29)

最高人民检察院法律政策研究室关于对海事局工作人员如何适用法律问题的答复(2003.1.13)

最高人民检察院法律政策研究室关于非司法工作人员是否可以构成徇私枉法罪共犯问题的答复(2003.4.16)

最高人民检察院关于对林业主管部门工作人员在发放林木采伐许可证之外滥用职权玩忽职守致使森林遭受严重破坏的行为适用法律问题的批复(2007.5.16)

最高人民法院、最高人民检察院关于办理渎职刑事案件适用法律若干问题的解释(一)(2012.12.7)

12. 军人违反职责罪

最高人民法院、最高人民检察院关于对军人非战时逃离部队的行为能否定罪处罚问题的批复(2000.12.5)

附录四

最高人民法院刑事指导案例汇总

【指导案例3号】

潘玉梅、陈宁受贿案*

（最高人民法院审判委员会讨论通过
2011年12月20日发布）

关键词 刑事 受贿罪 “合办”公司受贿 低价购房受贿承诺谋利 受贿数额计算 掩饰受贿退赃

裁判要点

1. 国家工作人员利用职务上的便利为请托人谋取利益，并与请托人以“合办”公司的名义获取“利润”，没有实际出资和参与经营管理的，以受贿论处。

2. 国家工作人员明知他人有请托事项而收受其财物，视为承诺“为他人谋取利益”，是否已实际为他人谋取利益或谋取到利益，不影响受贿的认定。

3. 国家工作人员利用职务上的便利为请托人谋取利益，以明显低于市场的价格向请托人购买房屋等物品的，以受贿论处，受贿数额按照交易时当地市场价格与实际支付价格的差额计算。

---

* 因篇幅有限，在此只收录指导案例中“裁判要点”等部分，如需阅读全文，请扫描侧边二维码，在线阅览。

4.国家工作人员收受财物后,因与其受贿有关联的人、事被查处,为掩饰犯罪而退还的,不影响认定受贿罪。

相关法条

《刑法》第 385 条第 1 款

【指导案例 4 号】

王志才故意杀人案

(最高人民法院审判委员会讨论通过
2011 年 12 月 20 日发布)

关键词 刑事 故意杀人罪 婚恋纠纷引发 坦白悔罪 死刑缓期执行 限制减刑

裁判要点

因恋爱、婚姻矛盾激化引发的故意杀人案件,被告人犯罪手段残忍,论罪应当判处死刑,但被告人具有坦白悔罪、积极赔偿等从轻处罚情节,同时被害人亲属要求严惩的,人民法院根据案件性质、犯罪情节、危害后果和被告人的主观恶性及人身危险性,可以依法判处被告人死刑,缓期二年执行,同时决定限制减刑,以有效化解社会矛盾,促进社会和谐。

相关法条

《刑法》第 50 条第 2 款

【指导案例 11 号】

杨延虎等贪污案

(最高人民法院审判委员会讨论通过
2012 年 9 月 18 日发布)

关键词 刑事 贪污罪 职务便利 骗取土地使用权

裁判要点

1. 贪污罪中的“利用职务上的便利”，是指利用职务上主管、管理、经手公共财物的权力及方便条件，既包括利用本人职务上主管、管理公共财物的职务便利，也包括利用职务上有隶属关系的其他国家工作人员的职务便利。

2. 土地使用权具有财产性利益，属于《刑法》第382条第1款规定中的“公共财物”，可以成为贪污的对象。

相关法条

《刑法》第382条第1款

【指导案例12号】

李飞故意杀人案

（最高人民法院审判委员会讨论通过
2012年9月18日发布）

关键词 刑事 故意杀人罪 民间矛盾引发 亲属协助抓捕 累犯 死刑缓期执行 限制减刑

裁判要点

对于因民间矛盾引发的故意杀人案件，被告人犯罪手段残忍，且系累犯，论罪应当判处死刑，但被告人亲属主动协助公安机关将其抓捕归案，并积极赔偿的，人民法院根据案件具体情节，从尽量化解社会矛盾角度考虑，可以依法判处被告人死刑，缓期二年执行，同时决定限制减刑。

相关法条

《刑法》第50条第2款

【指导案例13号】

王召成等非法买卖、储存危险物质案

（最高人民法院审判委员会讨论通过
2013年1月31日发布）

关键词 刑事 非法买卖、储存危险物质 毒害性物质

裁判要点

1. 国家严格监督管理的氰化钠等剧毒化学品，易致人中毒或者死亡，对人体、环境具有极大的毒害性和危险性，属于《刑法》第125条第2款规定的“毒害性”物质。

2. “非法买卖”毒害性物质，是指违反法律和国家主管部门规定，未经有关主管部门批准许可，擅自购买或者出售毒害性物质的行为，并不需要兼有买进和卖出的行为。

相关法条

《刑法》第125条第2款

【指导案例14号】

董某某、宋某某抢劫案

（最高人民法院审判委员会讨论通过
2013年1月31日发布）

关键词 刑事 抢劫罪 未成年人犯罪 禁止令

裁判要点

对判处管制或者宣告缓刑的未成年被告人，可以根据其犯罪的具体情况以及禁止事项与所犯罪行的关联程度，对其适用“禁止令”。对于未成年人因上网诱发犯罪的，可以禁止其在一定期限内进入网吧等特定场所。

相关法条

《刑法》第72条第2款

【指导案例27号】

臧进泉等盗窃、诈骗案

（最高人民法院审判委员会讨论通过
2014年6月23日发布）

关键词 刑事 盗窃 诈骗 利用信息网络

裁判要点

行为人利用信息网络，诱骗他人点击虚假链接而实际通过预先植入的计算机程序窃取财物构成犯罪的，以盗窃罪定罪处罚；虚构可供交易的商品或者服务，欺骗他人点击付款链接而骗取财物构成犯罪的，以诈骗罪定罪处罚。

相关法条

《刑法》第264条、第266条

【指导案例28号】

胡克金拒不支付劳动报酬案

（最高人民法院审判委员会讨论通过
2014年6月23日发布）

关键词 刑事 拒不支付劳动报酬罪 不具备用工主体资格的单位或者个人

裁判要点

1. 不具备用工主体资格的单位或者个人（包工头），违法用工且拒不支付劳动者报酬，数额较大，经政府有关部门责令支付仍不支付的，应当以拒不支付劳动报酬罪追究刑事责任。

2. 不具备用工主体资格的单位或者个人(包工头)拒不支付劳动报酬,即使其他单位或者个人在刑事立案前为其垫付了劳动报酬的,也不影响追究该用工单位或者个人(包工头)拒不支付劳动报酬罪的刑事责任。

相关法条

《刑法》第276条之一第1款

【指导案例32号】

张某某、金某危险驾驶案

(最高人民法院审判委员会讨论通过
2014年12月18日发布)

关键词　刑事　危险驾驶罪　追逐竞驶　情节恶劣

裁判要点

1. 机动车驾驶人员出于竞技、追求刺激、斗气或者其他动机,在道路上曲折穿行、快速追赶行驶的,属于《刑法》第133条之一规定的"追逐竞驶"。

2. 追逐竞驶虽未造成人员伤亡或财产损失,但综合考虑超过限速、闯红灯、强行超车、抗拒交通执法等严重违反道路交通安全法的行为,足以威胁他人生命、财产安全的,属于危险驾驶罪中"情节恶劣"的情形。

相关法条

《刑法》第133条之一

【指导案例61号】

马乐利用未公开信息交易案

（最高人民法院审判委员会讨论通过
2016年6月30日发布）

关键词　刑事　利用未公开信息交易罪　援引法定刑　情节特别严重

裁判要点

《刑法》第180条第4款规定的利用未公开信息交易罪援引法定刑的情形，应当是对第1款内幕交易、泄露内幕信息罪全部法定刑的引用，即利用未公开信息交易罪应有“情节严重”“情节特别严重”两种情形和两个量刑档次。

相关法条

《刑法》第180条

【指导案例63号】

徐加富强制医疗案

（最高人民法院审判委员会讨论通过
2016年6月30日发布）

关键词　刑事诉讼　强制医疗　有继续危害社会可能

裁判要点

审理强制医疗案件，对被申请人或者被告人是否“有继续危害社会可能”，应当综合被申请人或者被告人所患精神病的种类、症状，案件审理时其病情是否已经好转，以及其家属或者监护人有无严加看管和自行送医治疗的意愿和能力等情况予以判定。必要时，可以委托相关机构或者专家进行评估。

相关法条

《刑法》第18条第1款

《刑事诉讼法》第284条

【指导案例70号】

北京阳光一佰生物技术开发有限公司、习文有等生产、销售有毒、有害食品案

（最高人民法院审判委员会讨论通过
2016年12月28日发布）

关键词 刑事 生产、销售有毒、有害食品罪 有毒有害的非食品原料

裁判要点

行为人在食品生产经营中添加的虽然不是国务院有关部门公布的《食品中可能违法添加的非食用物质名单》和《保健食品中可能非法添加的物质名单》中的物质，但如果该物质与上述名单中所列物质具有同等属性，并且根据检验报告和专家意见等相关材料能够确定该物质对人体具有同等危害的，应当认定为《刑法》第144条规定的“有毒、有害的非食品原料”。

相关法条

《刑法》第144条

【指导案例71号】

毛建文拒不执行判决、裁定案

（最高人民法院审判委员会讨论通过
2016年12月28日发布）

关键词　刑事　拒不执行判决、裁定罪　起算时间

裁判要点

有能力执行而拒不执行判决、裁定的时间从判决、裁定发生法律效力时起算。具有执行内容的判决、裁定发生法律效力后，负有执行义务的人有隐藏、转移、故意毁损财产等拒不执行行为，致使判决、裁定无法执行，情节严重的，应当以拒不执行判决、裁定罪定罪处罚。

相关法条

《刑法》第313条

【指导案例87号】

郭明升、郭明锋、孙淑标假冒注册商标案

（最高人民法院审判委员会讨论通过
2017年3月6日发布）

关键词　刑事　假冒注册商标罪　非法经营数额　网络销售　刷信誉

裁判要点

假冒注册商标犯罪的非法经营数额、违法所得数额，应当综合被告人供述、证人证言、被害人陈述、网络销售电子数据、被告人银行账户往来记录、送货单、快递公司电脑系统记录、被告人等所作记账等证据认定。被告人辩解称网络销售记录存在刷信誉的不真实交易，但无证据证实

的，对其辩解不予采纳。

相关法条

《刑法》第213条

【指导案例93号】

于欢故意伤害案

（最高人民法院审判委员会讨论通过
2018年6月20日发布）

关键词 刑事 故意伤害罪 非法限制人身自由 正当防卫 防卫过当

裁判要点

1. 对正在进行的非法限制他人人身自由的行为，应当认定为《刑法》第20条第1款规定的“不法侵害”，可以进行正当防卫。

2. 对非法限制他人人身自由并伴有侮辱、轻微殴打的行为，不应当认定为《刑法》第20条第3款规定的“严重危及人身安全的暴力犯罪”。

3. 判断防卫是否过当，应当综合考虑不法侵害的性质、手段、强度、危害程度，以及防卫行为的性质、时机、手段、强度、所处环境和损害后果等情节。对非法限制他人人身自由并伴有侮辱、轻微殴打，且并不十分紧迫的不法侵害，进行防卫致人死亡重伤的，应当认定为《刑法》第20条第2款规定的“明显超过必要限度造成重大损害”。

4. 防卫过当案件，如系因被害人实施严重贬损他人人格尊严或者亵渎人伦的不法侵害引发的，量刑时对此应予充分考虑，以确保司法裁判既经得起法律检验，也符合社会公平正义观念。

相关法条

《刑法》第 20 条

【指导案例 97 号】

王力军非法经营再审改判无罪案

（最高人民法院审判委员会讨论通过
2018 年 12 月 19 日发布）

关键词 刑事 非法经营罪 严重扰乱市场秩序 社会危害性 刑事违法性 刑事处罚必要性

裁判要点

1. 对于《刑法》第 225 条第 4 项规定的“其他严重扰乱市场秩序的非法经营行为”的适用，应当根据相关行为是否具有与《刑法》第 225 条前三项规定的非法经营行为相当的社会危害性、刑事违法性和刑事处罚必要性进行判断。

2. 判断违反行政管理有关规定的经营行为是否构成非法经营罪，应当考虑该经营行为是否属于严重扰乱市场秩序。对于虽然违反行政管理有关规定，但尚未严重扰乱市场秩序的经营行为，不应当认定为非法经营罪。

相关法条

《刑法》第 225 条

【指导案例102号】

付宣豪、黄子超破坏计算机信息系统案

（最高人民法院审判委员会讨论通过
2018年12月25日发布）

关键词 刑事 破坏计算机信息系统罪 DNS劫持 后果严重 后果特别严重

裁判要点

1. 通过修改路由器、浏览器设置、锁定主页或者弹出新窗口等技术手段，强制网络用户访问指定网站的“DNS劫持”行为，属于破坏计算机信息系统，后果严重的，构成破坏计算机信息系统罪。

2. 对于“DNS劫持”，应当根据造成不能正常运行的计算机信息系统数量、相关计算机信息系统不能正常运行的时间，以及所造成的损失或者影响等，认定其是“后果严重”还是“后果特别严重”。

相关法条

《刑法》第286条

【指导案例103号】

徐强破坏计算机信息系统案

（最高人民法院审判委员会讨论通过
2018年12月25日发布）

关键词 刑事 破坏计算机信息系统罪 机械远程监控系统

裁判要点

企业的机械远程监控系统属于计算机信息系统。违

反国家规定,对企业的机械远程监控系统功能进行破坏,造成计算机信息系统不能正常运行,后果严重的,构成破坏计算机信息系统罪。

相关法条

《刑法》第286条第1款、第2款

【指导案例104号】

李森、何利民、张锋勃等人破坏计算机信息系统案

(最高人民法院审判委员会讨论通过
2018年12月25日发布)

关键词　刑事　破坏计算机信息系统罪　干扰环境质量监测　采样　数据失真　后果严重

裁判要点

环境质量监测系统属于计算机信息系统。用棉纱等物品堵塞环境质量监测采样设备,干扰采样,致使监测数据严重失真的,构成破坏计算机信息系统罪。

相关法条

《刑法》第286条第1款

【指导案例105号】

洪小强、洪礼沃、洪清泉、李志荣开设赌场案

(最高人民法院审判委员会讨论通过
2018年12月25日发布)

关键词　刑事　开设赌场罪　网络赌博　微信群

裁判要点

以营利为目的,通过邀请人员加入微信群的方式招揽

赌客,根据竞猜游戏网站的开奖结果等方式进行赌博,设定赌博规则,利用微信群进行控制管理,在一段时间内持续组织网络赌博活动的,属于《刑法》第303条第2款规定的“开设赌场”。

相关法条

《刑法》第303条第2款

【指导案例106号】

谢检军、高垒、高尔樵、杨泽彬开设赌场案

（最高人民法院审判委员会讨论通过
2018年12月25日发布）

关键词 刑事 开设赌场罪 网络赌博 微信群 微信群抢红包

裁判要点

以营利为目的,通过邀请人员加入微信群,利用微信群进行控制管理,以抢红包方式进行赌博,在一段时间内持续组织赌博活动的行为,属于《刑法》第303条第2款规定的“开设赌场”。

相关法条

《刑法》第303条第2款

【指导案例144号】

张那木拉正当防卫案

（最高人民法院审判委员会讨论通过
2020年12月29日发布）

关键词 刑事 正当防卫 特殊防卫 行凶 宣告无罪

裁判要点

1. 对于使用致命性凶器攻击他人要害部位，严重危及他人人身安全的行为，应当认定为刑法第二十条第三款规定的“行凶”，可以适用特殊防卫的有关规定。

2. 对于多人共同实施不法侵害，部分不法侵害人已被制伏，但其他不法侵害人仍在继续实施侵害的，仍然可以进行防卫。

相关法条

《刑法》第20条

【指导案例145号】

张竣杰等非法控制计算机信息系统案

（最高人民法院审判委员会讨论通过
2020年12月29日发布）

关键词 刑事 非法控制计算机信息系统罪 破坏计算机信息系统罪 采用其他技术手段 修改增加数据 木马程序

裁判要点

1. 通过植入木马程序的方式，非法获取网站服务器的控制权限，进而通过修改、增加计算机信息系统数据，向相关计算机信息系统上传网页链接代码的，应当认定为刑法第二百八十五条第二款“采用其他技术手段”非法控制计算机信息系统的行为。

2. 通过修改、增加计算机信息系统数据，对该计算机信息系统实施非法控制，但未造成系统功能实质性破坏或者不能正常运行的，不应当认定为破坏计算机信息系统罪，符合刑法第二百八十五条第二款规定的，应当认定为非法控制计算机信息系统罪。

相关法条

《刑法》第285条第1款、第2款

【指导案例146号】

陈庆豪、陈淑娟、赵延海开设赌场案

（最高人民法院审判委员会讨论通过
2020年12月29日发布）

关键词 刑事 开设赌场罪 “二元期权” 赌博网站

裁判要点

以“二元期权”交易的名义，在法定期货交易场所之外利用互联网招揽“投资者”，以未来某段时间外汇品种的价格走势为交易对象，按照“买涨”“买跌”确定盈亏，买对涨跌方向的“投资者”得利，买错的本金归网站（庄家）所有，盈亏结果不与价格实际涨跌幅度挂钩的，本质是“押大小、赌输赢”，是披着期权交易外衣的赌博行为。对相关网站应当认定为赌博网站。

相关法条

《刑法》第303条

【指导案例147号】

张永明、毛伟明、张鹭故意损毁名胜古迹案

（最高人民法院审判委员会讨论通过
2020年12月29日发布）

关键词 刑事 故意损毁名胜古迹罪 国家保护的名胜古迹 情节严重 专家意见

裁判要点

1. 风景名胜区的核心景区属于刑法第三百二十四条第二款规定的“国家保护的名胜古迹”。对核心景区内的世界自然遗产实施打岩钉等破坏活动,严重破坏自然遗产的自然性、原始性、完整性和稳定性的,综合考虑有关地质遗迹的特点、损坏程度等,可以认定为故意损毁国家保护的名胜古迹“情节严重”。

2. 对刑事案件中的专门性问题需要鉴定,但没有鉴定机构的,可以指派、聘请有专门知识的人就案件的专门性问题出具报告,相关报告在刑事诉讼中可以作为证据使用。

相关法条

《刑法》第324条

【指导案例186号】

龚品文等组织、领导、参加黑社会性质组织案

(最高人民法院审判委员会讨论通过
2022年11月29日发布)

关键词 刑事 组织、领导、参加黑社会性质组织罪 行为特征 软暴力

裁判要点

犯罪组织以其势力、影响和暴力手段的现实可能性为依托,有组织地长期采用多种“软暴力”手段实施大量违法犯罪行为,同时辅之以“硬暴力”,“软暴力”有向“硬暴力”转化的现实可能性,足以使群众产生恐惧、恐慌进而形成心理强制,并已造成严重危害后果,严重破坏经济、社会生活秩序的,应认定该犯罪组织具有黑社会性质组织的行为特征。

相关法条

《刑法》第294条

【指导案例187号】

吴强等敲诈勒索、抢劫、故意伤害案

（最高人民法院审判委员会讨论通过
2022年11月29日发布）

关键词　刑事　犯罪集团　恶势力犯罪集团　公然性

裁判要点

恶势力犯罪集团是符合犯罪集团法定条件的恶势力犯罪组织。恶势力犯罪集团应当具备“为非作恶、欺压百姓”特征，其行为“造成较为恶劣的社会影响”，因而实施违法犯罪活动必然具有一定的公然性，且手段应具有较严重的强迫性、压制性。普通犯罪集团实施犯罪活动如仅为牟取不法经济利益，缺乏造成较为恶劣社会影响的意图，在行为方式的公然性、犯罪手段的强迫压制程度等方面与恶势力犯罪集团存在区别，可按犯罪集团处理，但不应认定为恶势力犯罪集团。

相关法条

《刑法》第26条

【指导案例188号】

史广振等组织、领导、参加黑社会性质组织案

（最高人民法院审判委员会讨论通过
2022年11月29日发布）

关键词　刑事诉讼　组织、领导、参加黑社会性质组织罪

涉案财物权属　案外人

裁判要点

在涉黑社会性质组织犯罪案件审理中，应当对查封、扣押、冻结财物及其孳息的权属进行调查，案外人对查封、扣押、冻结财物及其孳息提出权属异议的，人民法院应当听取其意见，确有必要的，人民法院可以通知其出庭，以查明相关财物权属。

相关法条

《刑法》第294条